# A-Z LIV

CW00326774

## CONTENTS

| | |
|---|---|
| **Key to Map Pages** | 2 - |
| **Large Scale City Centre** | 4 - |
| **Map Pages** | 6 - 17 |

## REFERENCE

| | | | | |
|---|---|---|---|---|
| **Motorway** | M57 | **Car Park** | | P |
| **A Road** | A580 | **Church or Chapel** | | † |
| Proposed | | **Fire Station** | | ■ |
| **B Road** | B5202 | **Hospital** | | H |
| **Dual Carriageway** | | **House Numbers** A & B Roads only | | 18 · 25 |
| **One-way Street** Traffic flow on A Roads is indicated by a heavy line on the driver's left. All one-way streets are shown on Large Scale Pages 4-5 | → ⇨ | **Information Centre** | | i |
| | | **National Grid Reference** | | ³35 |
| **Restricted Access** | | **Police Station** | | ▲ |
| **Pedestrianized Road** | | **Post Office** | | ★ |
| **Track & Footpath** | | **Toilet** with Disabled Facilities | | ▽ 🚻 |
| **Railway** | Level Crossing / Station Tunnel | **Educational Establishment** | | |
| | | **Hospital or Hospice** | | |
| **Built-up Area** | STONE ST | **Industrial Building** | | |
| | | **Leisure or Recreational Facility** | | |
| **Local Authority Boundary** | | **Place of Interest** | | |
| **Postcode Boundary** | | **Public Building** | | |
| **Map Continuation** | 18 / Large Scale 4 | **Shopping Centre or Market** | | |
| | | **Other Selected Buildings** | | |

## SCALE

**Map Pages 6-175**
1:15840  4 inches to 1 mile

0 — ¼ Mile
0 — 250 Metres
6.31cm to 1km    10.16cm to 1 mile

**Map Pages 4-5**
1:10560  6 inches to 1 mile

0 — ⅛ — ¼ Mile
0 — 100 — 200 — 300 Metres
9.46cm to 1km    15.24cm to 1 mile

### Copyright of Geographers' A-Z Map Company Limited

Head Office:
Fairfield Road, Borough Green, Sevenoaks, Kent TN15 8PP
Tel: 01732 781000 (General Enquiries & Trade Sales)
Showrooms:
44 Gray's Inn Road, London WC1X 8HX
Tel: 020 7440 9500 (Retail Sales)
www.a-zmaps.co.uk

Edition 3  2000
Copyright © Geographers' A-Z Map Co. Ltd. 2000

Formby

Hightown

Ince Blundell

Homer Green

Lydiate

**6** **7**

**MAGHULL**

Aug

Mo
Si

Little
Crosby

**8** **9**

Lunt

Thornton

Sefton

**10** **11**

Netherton

**12** **13**

**1**

Me

LIVERPOOL

BAY

Crosby Channel

**CROSBY**

**16** **17**

Waterloo

Great
Crosby

Buckley
Hill

**18** **19**

**Litherland**

**20** **21**

**Aintree**

Wad

**2**

Seaforth

**32** **33**

Orrell

**34** **35**

Fazakerley

**36** **37**

**BOOTLE**

**Walton**

**3**

LARGE SCALE

**4** **5**

LIVERPOOL
CITY CENTRE

**50** **51**

New Brighton

**52** **53**

Kirkdale

**54** **55**

Everton

Anfield

**56** **57**

Norr
Gree

**5**

Wes
Der

**Meols**

**70** **71**

**Moreton**

**WALLASEY**

**72** ①**73**

Leasowe

Egremont

Liscard

(Kingsway)

**74** **75**

Seacombe

Mersey
Tunnels

**76** **77**

**LIVERPOOL**

**78** **79**

Kn

**8**

Old
Swa

**90** **91**

**HOYLAKE**

**92** **93**

**Greasby**

② Bidston

**Upton**

**94** **95**

Claughton

Clapton

**96** **97**

(Queensway)

**98** **99**

Toxteth

**Wavertree**

**100** **101**

Sefton
Park

**10**

Newton

Grange

**112** **113**

**West
Kirby**

Frankby

**114** **115**

Woodchurch

③

**BIRKENHEAD**

**116** **117**

Oxton

**Tranmere**

**118** **119**

Prenton

Rock
Ferry

**120** **121**

New
Ferry

Dingle

Mossley
Hill

**122** **123**

Aigburth

**12**

Gras

Caldy

**134** **135**

Thurstaston

Irby

**136** **137**

Pensby

**Thingwall**

**138** **139**

Barnston

Storeton

**140** **141**

**BEBINGTON**

**142** **143**

④

Port
Sunlight

**RIVER**

**14**

**MERSEY**

**HESWALL**

**156** **157**

**158** **159**

**Gayton**

**160** **161**

Thornton
Hough

Spital

**162** **163**

**Brookhurst**

Bromborough

Eastham
Ferry

**Eastham**

Gayton
Sands

RIVER
DEE

(AFON DYFRDWY)

Holywell
Bank

**SCALE**

0    1    2 Miles

0   1   2   3 Kilometres

**Parkgate**

**NESTON**

Little
Neston

ENGLAND

WALES

B5135

B5134

A540

B5133

A550

**170** **171**

**Willaston**

⑤

⑥

⑦ M53

⑧

Little
Sutton

Whitb

B5132

A5032

**Burton**

Ledsham

A41

ORMSKIRK

SKELMERSDALE  Orrell

Standish Lower Ground

WIGAN  Ince in Makerfield  Hindley

B5240  A577  M6  B5206  B5375  A49  A577

Royal Oak  A506  A570  B5312  Up Holland  26  A577  A571  Platt Bridge  B5237

M58  3  4  5  Rainford Junction  Higher End  B5206  B5238  A573  A58  Abram

Rainford  Billinge  Downall Green  25  ASHTON -IN-MAKERFIELD

5  wer Hill  B5203  B5205  B5207

| | | | | | | | |
|---|---|---|---|---|---|---|---|
| 3 | KIRKBY 24 25 | 26 27 | Crank 28 29 | Chadwick Green 30 31 | Garswood | |

Knowsley Ind. Est.  Moss Bank  Golborne  24  A58  B5207

Haresfinch  HAYDOCK  23  A580  Lane Head  M6

| 9 | 4 40 41 | 42 43 | Eccleston 44 45 | 46 47 | Blackbrook 48 49 | Newton-Le- Willows |
|---|---|---|---|---|---|---|

Knowsley  Gillar's Green  ST. HELENS  Earlestown  Collins Green

| 9 | 60 61 | PRESCOT 62 63 | 64 65 | Peasley Cross Parr 66 67 | 68 69 | Burtonwood |
|---|---|---|---|---|---|---|

Thatto Heath  Sutton Leach  Canal  Winwick  22  A579

2  BURTONWOOD  S

| 1 | 82 83 HUYTON | Whiston 84 85 | Rainhill 86 87 | 88 89 | |
|---|---|---|---|---|---|

M57  Clock Face  M62  9

3  7  Bold Heath  WARRINGTON

| 03 | 104 105 | 1/6 106 107 | Town End 108 109 | 110 111 | |
|---|---|---|---|---|---|

wall  Gateacre  Cronton  Shell Green  Great Sankey  Howley

M62  5  Farnworth  A57  A5080  A562

Tarbock Green  Appleton  Manchester Ship Canal

| 25 | Woolton 126 127 | 128 129 | 130 131 | Simm's Cross 132 133 | Stockton Heath |
|---|---|---|---|---|---|

rton  Halewood  Hough Green  Ditton  Moore  A56  A49

Hunt's Cross  Stretton  B5356

| 45 | 146 147 | 148 149 | 150 151 | West Bank 152 153 | 154 155 |
|---|---|---|---|---|---|

ston  Speke  Hale Bank  WIDNES  Keckwick

Liverpool Airport  Hale  11

sham Sands  RUNCORN  Halton  M56

| | 164 165 | 166 167 | 168 169 |
|---|---|---|---|

Stanlow Banks  Weston  Preston Brook  Preston on the Hill  Higher Whitley

LESMERE PORT  Ince Banks  Manchester Ship Canal  Sutton Weaver  Dutton  A533

12  Aston

| | 172 173 | 174 175 |
|---|---|---|

Frodsham  R. Weaver

Stanlow  CHESTER  A56  B5152  Acton Bridge  Little Leigh

Elton  S  14  A5117  M56  B5153

10  Helsby  B5393  Kingsley

3

⁴00

SIMONSWOOD MOSS

**1**

Spencer's House

ROAD

Acorn Venture Farm

Works

EY NTRE

ROAD

MOSS END WAY

ROAD

**2**

ROAD

ROAD

ROAD

99

ROAD

WELL ROAD

**L33**

WEST LANCASHIRE

BOUNDARY

Top House Farm

KNOWSLEY

LANE

**3**

Playing Fields

MOSS PLANTATION

**26** ▶

KIRKBY RANK LANE

Kirkby Moss

CHARLEY WOOD

Playing Field

**4**

FIELD

Pav.

98

PERIMETER

Sandy Brow

LANE RED

Private Road

CUT

Acorn Field Plantation

Sandy Brow Cottage

**5**

LANE CUT

BROW

NEW CUT

PINNEY V"

Cooper's Farm

MOLLY'S

**D**

LANE 44

SANDY

**E**

Sandy Lane Farm

**41** ▼

**F**

LA ³45

NEW CUT

LANE

Electricity Sub Station

LANE

CUT

Cooper's Moss Farm

New Cut House

Knowsley

**26** ³45

**A** **B** 46 **C**

⁴00
*SIMONSWOOD MOSS*

**1**

*WEST LANCASHIRE*
*ST. HELENS*
*COACH*

99

**2**

Brown Birch
Farm

*Brown
Birches*

Bunker
Hill

*MOSSBOROUGH*

Bunker
Hill Wood

HA

**3**

*ROAD*

◄**25**

*MOSS PLANTATION*

*LANE*

*ROAD*

**4**

Johnson's
Cottage

*Mossborough Moss*

Blackburn's
Plantation

**L33**

98

*CUT*

New Cut
Farm

*KNOWSLEY*
*ST. HELENS*

*RED*

Private

*CUT*

**5**

Road
*LANE*

*COACH*

Crab Tree
Plantation

Emma
Wood

*Windle*

New Cut
House

**A** **42** **B** 46 **C**

*LANE* 3⁴5 *CUT*

Gore's
Farm

Blackburn's Plantation

D    47

E    Whalley's Wood

Mossnook Farm

F    Mossborough Bridge

27

CHURCH
ROSE PL
ROSE DR.
STAR INN
WELL...
400

Brook

MOSS NOOK
MOSSBOROUGH ROAD
Rainford

48

RAINFORD    ROAD    A570    B-Y--P-A-S-S

Pasture La. Farm

1

ROAD
PASTURE

Clare's Wood

Moor Game House

B5203

Reed's Farm

REED'S

...Moss
...tion

Aspinwall's Wood

Sharples Plantation

LANE

REED'S

Barrows House Farm

2

Barrows Farm

99

Mossborough Wood

...sborough Halll

Keeper's Cottage

WA11

Reed's Moss

3

Mossborough Delf

MOSSBOROUGH    ROAD

Mossborough

28

4

LANE

Blind Foot Cottages

Harrison's Wood

Blind Foot Farm

B5203

WINDLE    MOSS

98

BLIND    FOOT    ROAD

Briary Wood

...oodside Farm

5

Brook

The Gables

LANE

...'s Wood ...ottage

Ramford Farm

D    47

E

43

Watery La... Farm

F    48

MOSS

RD
The Gables
D
's Wood
ttage
B5203
Farm

E
47

27
Stamford Farm

Watery Lane Farm

F
48

43

LA.
MOSS

St. Fc

WA11

BLINDFOOT

Brandreth House

Bowling Green

The Cottage

SADLER'S LANE

MOSS LANE

Windle Brook Bridge
1

A580  R  O  A  D
HOUGHTON

S  H  I  R  E
97

Windle Brook

KNOWSLEY
ST. HELEN'S

se

B5203

CATCHDALE MOSS LANE

GREEN

Orith Farm

Catchdale Moss Farm

Hilton's Farm

2

ECCLESFIELD
NICHOLL
CARMELITE CR
SANDFIELD RD
ROA
44
ECCLESFIELD RD
TREE
WALMESLEY
PIKE
HOU
3
BARRO

WA10

GILLARS

Park Side Farm

Catchdale Moss House

GILLARS LANE

VILLIERS

VILLIERS CRES

A
LANE
SPRINGFIEL
96

BROOKLANDS
ACACIA GRO.
SPRINGBRO
CL.

LAUREL DR.
RICHMOND CL.
Julie R.C. S. Sch.
4
Pike's Bridge
PIKES BRIDGE
CHURCH

HOWARD'S
Howard's Farm

Brook House Farm

Poplar Farm

MOSSLANDS
POPLAR AV.
GRIFFIN CL.
BOBBIES LA.
AV.
BOBBIES

Sports Ground

Sports Ground

LANE

Clay Lane Farm

CLAY LANE

Clay Lane Cottages

Parkside Farm

GILLARS LANE

B5203

STANWOOD CL.
MILLWOOD
BROOKHOUSE GRO.
KNOWLES HOUSE
ORITH AV.
HIGHAM AV.
SUMMERFIELD CL.
SEDDON
GILLARS GREEN CL.
BROOKHOUSE CL.

5
ORCHARD HF.
Eccl Mere Sch
MERE CL.
PINFOLD LANE

B5201
BURROW'S

D
47

E
63
sses m
Gillar's Green

F
48

Eccleston Mere

395

SPIN

**50** 27    **A**      **B**    28    **C**

³95

**1**

*LIVE*

**2**

94

**3**

**4**

*Mockbeggar*

*North Wirral Coastal Park*

93

*WALLASEY*

*GOLF COURSE*

**5**

P

*Gun Site*
*Picnic Area* P

**A**    27    ▼ **72**    **B**    28    **C**

*LEASOWE GOLF COURSE*    *G R E E N*

*TELEGRAPH*

*NORTH WA*

Branch
(No3)

33

395

Alexandra Dock

L20

Branch Dock
(No. 1)

**1**

Langton Dock

Brocklebank Dock

Branch

Liverpool to:
Belfast 8 hrs. 30mins.

**2**

94

R I V E R

SEFTON
LIVERPOOL

**3**

**54**

LIVERPOOL
WIRRAL

Huskisson Dock

**4**

M E R S E Y

93

Sando...
Dock

**5**

MADDOCK RD

**D** **E** **F** **61**

LANE

PARKLANDS 44

Kennel House 41

³45 395

Home Farm

HILL ROAD

RIDING HILL ROAD

FOUNTAIN RD

FARM

HOME FARM ROAD

JACKS ROAD

Jack's Brow Plantation

Knowsley Outdoor Education Centre & Water Sports

**1** White Mans Dam

e's Pond

Howard's Pits

Aviary Cottages

DARK ENTRY

Ash Plantation

**L34**

**2** **KNOWSLEY PARK**

94

Mill Pits

Dungeon Dam

Fish Pond

Bridge Lodge

Weir

Octagon Pond

**3**

Knowsley Hall

Home Pond

Mole Earth Pit

**62**

**4**

The Nursery

Oak Plantation

WAY

The Paddocks

93

**M57—MOTORWAY**

**Junction 2**

Knowsley Lane Farm **M57**

HALE AV

GEORGE

AIDEN LONG GRO

Playing Fields

Tennis Cts.

NEWARK

GREEN GATES

B5194

**5**

CRESCENT

BRUTON

ROAD

SHEPTON

PENNARD AV

LAYFORD

PENNARD

**L36**

AVENUE

PRIMROSE DRIVE

HILLSIDE

HEATH

Sch.

Training & Conference Cen.

Playing Fields

St. Columba's R.C. Prim. Sch.

**D** **E** **83** **F**

WOOLFALL

WAY

HARDS

GEORGE'S RD

44

ROAD

ASTLEY ROAD

LYME

MARTON ROAD

BARFORD

RADWAY

GROVE

CROSS

RADWAY

BARFORD

ROAD

**Longview**

LIVERPOOL ROAD

³45

HOLLYWOOD

WESTMINSTER GRO

The Hazels House

KINGSWOOD BUSINESS PARK

ALBERTA Gdn

24

**A**

**B**

3 25

**C**

**1**

*LIVERPOOL*

92

**2**

**3**

Wallasey

LANE

P

Lighthouse
(Disused)

LINGHAM

Th

91

North Wirral Coastal Park

Parkfield
House

Birket

Lingham
Farm

ard
n

**4**

*PARKFIELDS*

CH47

P
A
R
K

91

The

RD

C
A
R
R

Great
Meols

**5**

CURLEW WAY

TERN

CURLEW WAY

WESTDALE

CURLEW

MAY

CL

BRAT

MILLHOUSE

MILLHOUSE
CLOSE

BEDFORD

ARROWE

TERN
WAY

WHISTLE

WESTDALE
AV

MALLARD
WAY

ASTBURY

CURLEW

WN

ASPIN

BLENFIELD

BELFRY

BERMUDA

MEADOW

HARDIE

AV

MILLHOUSE

OAKHAM

DRIVE

WHINSTONE

ASHLEE

LINEAR Brook

BROAD
CL

BRADGATE CL

TARX

AUSTELL

BERI

WALLANDS

MORPETH

FELTON CL

TURBIN

90

3 90

FOLDGATE

TARXWORTH

ALNW

HUNTINGDON

ROTHBURY CL

KESTREL

ALNWICK DR

24

**A**

92

**B**

3 25

DR

**C**

KESTREL

KESTREL

RD

SNOWDEN

MACDONALD

HUXLEY

CL

KANE

ISEWOOD

WANWICK

KINGLEY

RETFORD

Clay Pit

This is a map of an area including Egremont, Seacombe, and the River Mersey.

**D** **32** **E** **53** **F** **33** **75**

**RIVER**

**Egremont**

Baths & Rec. Cen.

Guinea Gap

Prim Sch

Bowl. Grns.

Rec. Grd.

T.H.

**LIVERPOOL WIRRAL**

**1**

**2**

**76**

**92**

Trafalgar Dock

**3**

**KINGSWAY (MERSEY TUNNEL) (TOLL)**

Waterl... Loc...

**91**

Waterloo Entrance

**BOROUGH RD.**

Prim Sch.

BELLE VIEW RD.

Victoria PLA.

Seacombe Vw.

Ferryside

*Liverpool to Wallasey (Seacombe Foot Ferry) 7-8 minutes*

**4**

**M E R S E Y**

ST. PAUL'S ROAD

Rec. Grd.

**WHEATLAND LA.**

Wheatland Bus. Pk.

Scotts Qy.

Kings Wharf

Leonard Ho.

*Birkenhead to Wallasey (Foot Ferry) 10 minutes*

**Seacombe**

Works

Works

Vegetable Oil Refinery

Riverside Ho.

Alfred Pier Head

Dock Masters Office

**5**

**A5139 ROAD**

**KELVIN RD.**

Kelvin Pk.

Kelvinside

Alfred

Warehouse

**EAST FLOAT**

Mortar Mill Quay

Alfred Dock

**A554**

Bascule Bridge

**BRIDGES RD.**

**PUMP ROAD**

**90**

DOCKS

Wallasey Dock

**D** **32** **E** **97** **F** **33**

TOWER RD.

MERSEY TUNN...

**89**

Sutton Leach

Sports Ground

WA9

Willow Tree Prim. Sch.

Clock Face

Football Grd.
Cricket Grd.
Ten Cts.
Bowl. Gn.
Prim. Sch.

Works

Middle Field Farm

Abbotsfield Farm
Maypole Farm

Nursery

Home Farm

Dog Kennel Plantation

Works

Bushel's Farm

Union Bridge Farm

WA8

The Cottage

Crow's Nest

Coley Green Wood

Old Bold Hall Farm

M62 – MOTORWAY    M62

M62

A569

A569

Tibb's Cross Cottage

Tibb's Cross Lane

Kebb's Farm

GORSEY LANE

ABBOTSFIELD ROAD

**D** **E** **67** **F** **54** **89**

**1**

**2**

**3**

**4**

**5**

**D** **E** **111** **F**

92
91
90

53    54

**90** ³21 **Ⓐ** **Ⓑ** 22 **Ⓒ**

91

**❶**

*LIVERPOOL BAY*

**❷**

³90

**❸**

**HOYLAKE**

Model
Boating Pond

Jetty

Lifeboat
Station
SANDPIPERS
CT.

**❹**

Manor Rd.
Rec. Grd.

QUEENS
PARK

HOYLAKE
COTTAGE
HOSPITAL
Ⓗ

Football
Ground

Sports
Ground

89

CARR LANE
IND. EST.

**❺**

Rosecroft
CT.

Hoylake

Rec.
Grd.

T.A.
Centre

Sports
Grd.

*ROYAL LIVERPOOL*

*GOLF COURSE*

Club House

Club
House

*HOYLAKE MUNICIPAL*

*GOLF COURSE*

³21 **Ⓐ** **112** **Ⓑ** 22 **Ⓒ**

MEOLS

MORPETH
RD.

CLOCK FACE

Cottage

Farm

89

³90

's Cross Cottage

Kebb's Farm

**1**

Tibb's Cross Farm

Eccles Plantation

Nursery Farm

A569

Holly House

SCHOOL LA

Club House

MERSEY VALLEY GOLF COURSE

A57

Bold Heath

FERNDALE CL

Liverpool Road Nursery

Bold Heath Farm

Bold Heath Plantation

**2**

R O A

Works

Heath Side

A57

89

**Bold Heath**

ST. HELENS

HALTON LANE

Hayfield Farm

**3**

ENTRY LANE

MILL

GREEN

Mill Green Farm

LANE

**4**

LANE SOUTH

South Lane Farm

88

SOUTH LANE

**5**

A5080 ROAD FARNWORTH

Rose Farm

Boundary Farm

Abbey Farm

Pendlebury Farm

ROAD

**Barrow's Green**

GREEN LANE

CEDARDALE PK.

BARROWS

DAFFODIL CL

COWBERRY CL

WEATES

CLOSE

133

CROSS CGATES

C L O C

Moorfield Prim. Sch.

DYKIN RD.

WHALLEY GRO SCHOOL WY NURSERY GRO

Youth Centre

Wood End Farm

Works

Moorfield

ROAD

**122**

Recreation Ground

Dingle

St. Michael's
St. Michael's Hamlet
Priory Wood

Theatre

Otterspool

RIVER

LIVERPOOL
WIRRAL

MERSEY

86

385

336

37

321

22

CT.
SPINDRIFT
CT.

VICTORIA RD.
Gdns.
MOSTYN AV.
HYDRO AV.

SOUTH PARADE
BANS RD.
BANS RD.

VICTORIA HLDG.

SANDY

RIVER SIDE

Tell's Tower

HEADLAND CLOSE

MACDONA

AVENUE

ROAD

CALDY

LANE

PARK RD.

KIRBY

MOUNT

Avalon Prep. Sch.

NORFO DR.

SURREY DR.

STONEHEY

WARWICK DR.

86

1

BEACH WALK

DRIVE

HEATH CT.

WORDS WORTH WLK.

Wirral CL.

SHELLEY WAY

WELLONGCROFT CL.

CARISBROOKE CL.

B5141

CALDY

2

Cubbins Green

Way

CONCROFT DR. WEST

CROFT DRIVE WEST

KING'S

R

85

3

SHORE ROAD

P

CROFT BAR

ASHMORE CL.

MERSEY CT.

RIVER

Caldy Blacks

4

DEE

84

5

321

22

**136**

24

**A**

**114**

**B**

$^3$25

**C**

Thurstaston Hill

Benty Farm

THORSTONE DR

SANDY

NORTON DR

LESE

MOOR

LEDGE

MILL

HILL VIEW RD

FROST DR

LEACH WAY

**Irby Heath**

Thor's Stone

Thurstaston Common Recreation Ground

Hillside Farm

SCHOOL LANE

Dawpool C. of E. Prim. Sch.

HILL LANE

MARTIN LANE

**CH48**

**1**

P

THURSTASTON ROAD

LYNDHURST RD

DAWLISH RD

GREENHEYS

SOUTH

**135**

**2**

Dawpool

Hill Farm

**Thurstaston**

Dawpool Farm

STATION RD

CHURCH LA.

A540

Rectory

**CH61**

84

Thurstaston Hall

ROAD

Hall Farm

Grey Croft

STATION

**WIRRAL COUNTRY PARK**

**3**

ROAD

The Dungeon

**4**

WIRRAL

WAY

83

PIPERS

• Piper Wel.

**5**

*RIVER DEE*

Nursery

24

**A**

**156**

**B**

$^3$25

**C**

WAY

LANE

**159**

**139**

**D** 29 **E** **F** ³30 **159**

Whitehouse Cottage
Whitehouse Farm
Fairfield
The Brooklet
**1**
LANE A5137
MANOR
Westwood
Dunster House
Cloverley
**Heswall**
82
Boat House
**2**
Manor House
Jetty
LANE
Hilldene
Manor Wood
Pav.
160
Copley House
Westme
**CH63**
Fish Ponds
**3**
Hesketh Grange
Lodge
81
Lodge Farm
**4**
ETON DR.
OXFORD
DRIVE
DRIVE
ROAD
SMITHY
New Hall Farm
New Hall
WIDGEONS COVERT
B5136
CHESTER
WIRRAL
**CH64**
ELLESMERE PORT & NESTON
LANE
**5**
The Horseshoes
HIGH
NESTON
Lyndale Farm
Westwood Farm
Leighton Lodge
29
A540
PARKGATE
THE RUNNEL
ROAD
Runnell Nurseries
**D** **E** ROAD **F** ³30 ³80

**164** 48

**A** Hale Gate Marsh **150** **B** 49 **C**

Decoy Marsh

**1**

82

**2**

Willow Bed

**3**

Old Pits

81

**4**

**5**

³80

48 **A** **B** 49 **C**

M E R S E Y

R I V E R

MANCHESTER

Light

New Bass

SHIP

# INDEX

Including Streets, Places & Areas, Industrial Estates, Selected Subsidiary Addresses
and Selected Places of Interest.

## HOW TO USE THIS INDEX

1. Each street name is followed by its Posttown or Postal Locality and then by its map reference;
   e.g. Abberley Rd. *Liv* —5C **126** is in the Liverpool Posttown is to be found in square 5C on page **126**.
   The page number being shown in bold type.
   A strict alphabetical order is followed in which Av., Rd., St., etc. (though abbreviated) are read in full and as part of
   the street name; e.g. Adamson St. appears after Adam Rd. but before Adam St.

2. Streets and a selection of Subsidiary names not shown on the Maps, appear in the index in *Italics* with the
   thoroughfare to which it is connected shown in brackets; e.g. *Alexander Way. Liv* —5F **99** (off Pk. Hill Rd.)

3. The page references shown in brackets indicate those streets that appear on the large scale map pages 4-5;
   e.g. *Addison St. Liv* —3D **77** (2E **4**) appears in square 3D on page **77** also appears in the enlarged section in
   square 2E on page **4**.

3. Places and areas are shown in the index in **bold type**, the map reference referring to the actual map square in which
   the town or area is located and not to the place name; e.g. **Aigburth.** —4E **123**

4. An example of a selected place of interest is *Academy, The.* —3A **24** (Liverpool F.C.)

## GENERAL ABBREVIATIONS

| | | |
|---|---|---|
| All : Alley | Est : Estate | Pde : Parade |
| App : Approach | Fld : Field | Pk : Park |
| Arc : Arcade | Gdns : Gardens | Pas : Passage |
| Av : Avenue | Gth : Garth | Pl : Place |
| Bk : Back | Ga : Gate | Quad : Quadrant |
| Boulevd : Boulevard | Gt : Great | Res : Residential |
| Bri : Bridge | Grn : Green | Ri : Rise |
| B'way : Broadway | Gro : Grove | Rd : Road |
| Bldgs : Buildings | Ho : House | Shop : Shopping |
| Bus : Business | Ind : Industrial | S : South |
| Cvn : Caravan | Info : Information | Sq : Square |
| Cen : Centre | Junct : Junction | Sta : Station |
| Chu : Church | La : Lane | St : Street |
| Chyd : Churchyard | Lit : Little | Ter : Terrace |
| Circ : Circle | Lwr : Lower | Trad : Trading |
| Cir : Circus | Mc : Mac | Up : Upper |
| Clo : Close | Mnr : Manor | Va : Vale |
| Comn : Common | Mans : Mansions | Vw : View |
| Cotts : Cottages | Mkt : Market | Vs : Villas |
| Ct : Court | Mdw : Meadow | Vis : Visitors |
| Cres : Crescent | M : Mews | Wlk : Walk |
| Cft : Croft | Mt : Mount | W : West |
| Dri : Drive | Mus : Museum | Yd : Yard |
| E : East | N : North | |
| Embkmt : Embankment | Pal : Palace | |

## POSTTOWN AND POSTAL LOCALITY ABBREVIATIONS

| | | |
|---|---|---|
| *Aig* : Aigburth | *Brim* : Brimstage | *Dar* : Daresbury |
| *Ain* : Aintree | *Brom* : Bromborough | *Dent G* : Dentons Green |
| *Ain* : Aintree Racecourse Retail & | *Brom P* : Bromborough Pool | *Ding* : Dingle |
| Bus. Pk. | *Brook* : Brookvale | *Dove* : Dovecot |
| *Aller* : Allerton | *Brun B* : Brunswick Bus. Pk. | *Down* : Downholland |
| *Anf* : Anfield | *Btnwd* : Burtonwood | *Dut* : Dutton |
| *Ash M* : Ashton-in-Makerfield | *Burt* : Burton | *East* : Eastham |
| *Ast* : Astmoor | *C Grn* : Collins Green | *Ecc* : Eccleston |
| *Ast I* : Astmoor Ind. Est. | *Cald* : Caldy | *Ecc L* : Eccleston Lane Ends |
| *Aston* : Aston | *Cas* : Castlefields | *Ecc P* : Eccleston Park |
| *Augh* : Aughton | *Chil T* : Childer Thornton | *Edg H* : Edge Hill |
| *B Vale* : Belle Vale | *Child* : Childwall | *Ersk* : Erskine Ind. Est. |
| *B'grn* : Broadgreen | *Cltn* : Clifton | *Eve* : Everton |
| *Beb* : Bebington | *Clo F* : Clock Face | *Fair* : Fairfield |
| *Beech* : Beechwood | *Club* : Clubmoor | *Faz* : Fazakerley |
| *Bic* : Bickerstaffe | *Crank* : Crank | *Ford* : Ford |
| *Bil* : Billinge | *Cress* : Cressington | *Form* : Formby |
| *Birk* : Birkenhead | *Croft B* : Croft Bus. Pk. | *Fran* : Frankby |
| *Bold* : Bold | *Cron* : Cronton | *Frod* : Frodsham |
| *Bold H* : Bold Heath | *Cros* : Crosby | *Gars* : Garston |
| *Boot* : Bootle | *Crox* : Croxteth | *Gate* : Gateacre |
| *Bow P* : Bowring Park | *Cuer* : Cuerdley | *Gil I* : Gilmoss Ind. Est. |

# Posttown and Postal Locality Abbreviations

Grass P : Grassendale Park
Grea : Greasby
Gt Cro : Great Crosby
Hale V : Hale Village
Haleb : Halebank
Halew : Halewood
Hall P : Hallwood Park
Hals P : Halsnead Park
Halt : Halton
Halt B : Halton Brook
Halt L : Halton Lodge
Hay : Haydock
Hay I : Haydock Ind. Est.
Hel : Helsby
Hes : Heswall
High : Hightown
High B : Higher Bebington
Hoot : Hooton
Hoy : Hoylake
Hunts X : Hunts Cross
Huy : Huyton
Ince B : Ince Blundell
Irby : Irby
K Ash : Knotty Ash
K'ley : Kingsley
Kens : Kensington
Kirk : Kirkdale
Kirkby : Kirkby
Know : Knowsley
Know B : Knowsley Bus. Pk.
Know I : Knowsley Ind. Pk.
Know N : Knowsley Ind. Pk. N.
Know P : Knowsley Park
L Cro : Little Crosby Village
L Sut : Little Sutton
Laird T : Lairdside Technology Pk.
Lith : Litherland
Liv : Liverpool
Liv A : Liverpool Airport
Low H : Low Hill
Lyd : Lydiate
Mag : Maghull
Mell : Melling

Meol : Meols
Mil B : Millers Bridge Ind. Est.
Mnr P : Manor Park
Moore : Moore
More : Moreton
Moss H : Mossley Hill
Murd : Murdishaw
N'ley : Netherley
N'ton : Netherton
Nest : Neston
New F : New Ferry
Newt W : Newton-le-Willows
Nor C : North Cheshire Trad. Est.
Nor G : Norris Green
Norl : Norley
Nort : Norton
Old I : Old Hall Ind. Est.
Old R : Old Roan
Old S : Old Swan
Orr P : Orrell Park
Padd M : Paddock Moor
Page M : Page Moss
Pal : Palacefields
Park : Parkgate
Parr : Parr
Parr I : Parr Ind. Est.
Penk : Penketh
Pens : Pensby
Port S : Port Sunlight
Pren : Prenton
Pres B : Preston Brook
Pres H : Preston on the Hill
Prin P : Princes Park
Prsct : Prescot
Raby M : Raby Mere
Rain : Rainhill
Rainf : Rainford
Reg I : Reginald Road Ind. Est.
Roby : Roby
Run : Runcorn
St H : St Helens
S'frth : Seaforth
Sand P : Sandfield Park

Seft : Sefton
Seft P : Sefton Park
Sher I : Sherdley Road Ind. Est.
Sim : Simonswood
Speke : Speke
Spit : Spital
Stan : Stanley
Stock V : Stockbridge Village
Ston : Stoneycroft
Sut L : Sutton Leach
Sut M : Sutton Manor
Sut W : Sutton Weaver
Tarb : Tarbock
Tarb G : Tarbock Green
Tarr I : Tarran Ind. Est.
That H : Thatto Heath
Thing : Thingwall
Thor : Thornton
Thor H : Thornton Hough
Thur : Thurstaston
Tox : Toxteth
Tran : Tranmere
Tue : Tuebrook
Upt : Upton
W Der : West Derby
W Kir : West Kirby
W'chu : Woodchurch
W'tree : Wavertree
Wall : Wallasey
Walt : Walton
Wat : Waterloo
West : Weston
West P : Weston Point
Whis : Whiston
White I : Whitehouse Ind. Est.
Wid : Widnes
Will : Willaston
Wind : Windle
Wind H : Windmill Hill
Wir : Wirral
Wltn : Woolton

# INDEX

**A**bacus Rd. Liv —2A **80**
Abberley Clo. St H —5F **45**
Abberley Rd. Liv —5C **126**
(in two parts)
Abberton Pk. Boot —5A **12**
Abbey Clo. Birk —4F **97**
Abbey Clo. Kirkby —3F **23**
Abbey Clo. Wid —4C **130**
Abbey Ct. Liv —2B **126**
Abbeyfield Dri. Liv —4D **39**
Abbey Hey. Nort —2C **168**
Abbey Rd. Dent G —1D **45**
Abbey Rd. Hay —1E **49**
Abbey Rd. Liv —5B **56**
Abbey Rd. Wid —4C **130**
Abbey Rd. Wir —4B **112**
Abbeystead Av. Boot —4A **20**
Abbeystead Rd. Liv —1B **102**
Abbey St. Birk —4F **97**
Abbeyvale Dri. Liv —3C **104**
Abbey Vw. Liv —2E **103**
Abbeyway N. Hay —1F **49**
Abbeyway S. Hay —1F **49**
Abbeywood Gro. Whis —4F **85**
Abbot Clo. Pren —3C **94**
Abbotsbury Way. Liv —5E **39**
Abbots Dri. Wir —2F **141**
Abbotsfield Rd. Reg I —5E **67**
(in two parts)
Abbotsford Ct. Cros —2C **16**
Abbotsford Gdns. Liv —2C **16**
Abbotsford Rd. Cros —2C **16**

Abbotsford Rd. Nor G —1E **57**
Abbotsford St. Wall —4E **75**
Abbots Hall Av. Clo F —3D **89**
Abbots Way. Bil —2D **31**
Abbots Way. W Kir —3C **112**
Abbott Dri. Boot —3E **35**
Abbotts Clo. Liv —1B **124**
Abbotts Clo. Run —2A **166**
Abbottshey Av. Liv —1B **124**
Abdale Rd. Liv —5F **37**
Abercrombie Rd. Know I —1B **40**
Abercromby Sq. Liv —5F **77**
Aberdale Rd. Liv —3B **80**
Aberdeen St. Birk —2C **96**
Aberford Av. Wall —1E **73**
Abergele Rd. Liv —4F **79**
Aber St. Liv —3A **78**
Abingdon Gro. Halew —3A **128**
Abingdon Gro. Walt —1C **56**
Abingdon Rd. Liv —1C **56**
Abingdon Rd. Wir —1B **114**
Abington Wlk. Brook —5C **168**
Abney Clo. Liv —1B **100**
Aboyne Clo. Liv —4A **36**
Abram St. Liv —1E **77**
Abyssinia Clo. Liv —2E **101**
Acacia Av. Liv —5D **83**
Acacia Av. Wid —1B **132**
Acacia Clo. Wir —3C **114**
Acacia Gro. Ecc —4A **44**
Acacia Gro. Liv —2B **36**
Acacia Gro. Run —2C **166**

Acacia Gro. Wall —4E **75**
Acacia Gro. Wir —4A **112**
Acacia St. Newt W —4F **49**
*Academy, The. —3A 24*
*(Liverpool F.C.)*
Acanthus Rd. Liv —2A **80**
Access Rd. Liv —4D **59**
Acer Leigh. Liv —2D **123**
Acheson Rd. Liv —5E **57**
Ackers Hall. Liv —1F **81**
Ackers Hall Av. Liv —2F **81**
Ackers Hall Clo. Liv —1F **81**
Ackers La. Cros —3C **8**
Ackers La. Ecc —4C **44**
Ackers Rd. W'chu —2C **116**
Ackers St. Prsct —5D **63**
Acland Rd. Wall —2B **74**
Aconbury Clo. Liv —5F **37**
Aconbury Pl. Liv —5F **37**
Acorn Clo. Clo F —2C **88**
Acorn Clo. Wir —1D **141**
Acorn Ct. Liv —3E **99**
Acornfield Clo. Liv —5C **24**
Acornfield Rd. Know I —4D **25**
Acorn Way. Boot —3D **35**
Acott Pl. Prsct —1F **85**
Acrefield Bank. Liv —1A **126**
Acrefield Ct. Birk —3B **118**
Acrefield Pk. Liv —1A **126**
Acrefield Rd. Birk —3B **118**
Acrefield Rd. Liv —5A **104**
Acrefield Rd. Wid —3B **130**

Acre Grn. *Liv* —1A **148**
Acre La. *Brom* —3C **162**
(in two parts)
Acre La. *Hes* —1C **158**
Acres Clo. *Liv* —2A **104**
Acresfield. *Liv* —4B **80**
Acresgate Ct. *Liv* —3A **104**
Acres La. *Liv & Down* —1A **6**
Acres Rd. *Beb* —1F **141**
Acres Rd. *Meol* —4F **91**
Acreville Rd. *Wir* —2F **141**
Acton Clo. *Hay* —2C **48**
Acton Gro. *Liv* —5C **56**
Acton La. *Wir* —2C **92**
Acton Rake. *Boot* —5D **11**
Acton Rd. *Birk* —3A **120**
Acton Rd. *Btnwd* —5E **69**
Acton Rd. *Liv* —3C **22**
Acton Way. *Liv* —1C **100**
Acuba Gro. *Birk* —5E **97**
Acuba Rd. *Liv* —5C **80**
Adair Pl. *Liv* —4E **57**
Adair Rd. *Liv* —4E **57**
Adam Clo. *Liv* —2C **144**
Adam Rd. *St H* —2D **65**
Adamson St. *Liv* —4D **79**
Adam St. *Liv* —5F **55**
Adaston Av. *Wir* —1F **171**
Adcote Clo. *Liv* —3F **81**
Adcote Rd. *Liv* —3F **81**
Adderley Clo. *Run* —1C **166**
Adderley St. *Liv* —4B **78**
Addingham Av. *Wid* —5C **130**
Addingham Rd. *Liv* —4B **102**
Addington St. *Wall* —3D **75**
Addison Sq. *Wid* —3F **131**
Addison St. *Boot* —3A **34**
Addison St. *Liv* —3D **77** (2E **4**)
Addison Way. *Liv* —3D **77** (2E **4**)
Adelaide Av. *That H* —4E **65**
Adelaide Pl. *Liv* —2E **77**
Adelaide Rd. *Birk* —5C **96**
Adelaide Rd. *Kens* —4A **78**
Adelaide Rd. *S'frth* —1F **33**
Adelaide St. *Wall* —3B **74**
Adelaide Ter. *Liv* —4C **16**
Adela Rd. *Run* —5F **151**
Adele Thompson Dri. *Liv* —2A **100**
Adelphi St. *Birk* —3E **97**
Adkins St. *Liv* —5A **56**
Adlam Cres. *Liv* —1E **37**
Adlam Rd. *Liv* —1E **37**
Adlington Ho. *Liv* —3D **77** (2E **4**)
Adlington Rd. *Wind H* —5D **155**
Adlington St. *Liv* —3D **77** (2E **4**)
Admin Rd. *Know I* —5C **24**
Admiral Gro. *Liv* —4A **100**
Admiral St. *Liv* —4F **99**
Adrian's Way. *Liv* —3E **23**
Adshead Rd. *Liv* —4E **57**
Adstone Rd. *Liv* —4C **104**
Adswood Rd. *Liv* —3E **83**
A41 Expressway. *Birk* —1F **119**
Afton. *Wid* —2A **130**
Agar Rd. *Liv* —4F **57**
Agate St. *Liv* —1A **78**
Agincourt Rd. *Liv* —1C **80**
Agnes Gro. *Wall* —1C **74**
Agnes Rd. *Birk* —1D **119**
Agnes Rd. *Liv* —2C **16**
Agnes St. *Clo F* —3C **88**
Agnes Way. *Liv* —5B **78**
Aiden Long Gro. *Know P* —5E **61**
Aigburth. —4E **123**
Aigburth Dri. *Liv* —4C **100**
Aigburth Gro. *Wir* —1D **93**
Aigburth Hall Av. *Liv* —4F **123**
Aigburth Hall Rd. *Liv* —4A **124**
Aigburth Ho. *Liv* —1E **123**

Aigburth Rd. *Liv* —5B **100**
Aigburth St. *Liv* —1B **100**
Aigburth Vale. —2D **123**
Aigburth Va. *Liv* —2D **123**
(in two parts)
Ailsa Rd. *Wall* —1A **74**
Ainley Clo. *Brook* —5A **168**
Ainsdale Clo. *Brom* —5C **162**
Ainsdale Clo. *Liv* —5F **21**
Ainsdale Clo. *Thing* —2A **138**
Ainsdale Rd. *Boot* —2D **35**
Ainsworth Av. *Wir* —3C **92**
Ainsworth La. *Know B* —2B **40**
Ainsworth Rd. *Dent G* —3D **45**
Ainsworth St. *Liv* —5E **77** (5H **5**)
Aintree. —2C **20**
Aintree Clo. *Wir* —3F **71**
Aintree Ct. *Liv* —2C **20**
Aintree La. *Faz* —4F **21**
Aintree La. *Liv* —2C **20**
Aintree Racecourse. —4C **20**
Aintree Racecourse Retail Pk. *Ain R* —4B **20**
Aintree Rd. *Boot* —4D **35**
Aintree Rd. *Faz* —2D **37**
Aintree Way. *Ain R* —3C **20**
Airdale Clo. *Pren* —3C **94**
Airdale Rd. *Liv* —3E **101**
Airdrie Clo. *Wir* —2D **171**
Aire. *Wid* —2B **130**
Airegate. *Liv* —5B **6**
Airlie Gro. *Liv* —5D **57**
Airlie Rd. *Wir* —5B **90**
Aisthorpe Gro. *Liv* —3D **13**
Akbar, The. *Wir* —1C **156**
Akenside Ct. *Boot* —2A **34**
Akenside St. *Boot* —2A **34**
Alabama Way. *Birk* —3F **97**
Alamein Rd. *Liv* —2D **83**
Alan's Way. *Liv* —1E **23**
Alastair Cres. *Pren* —3F **117**
Alban Rd. *Liv* —1D **103**
Albany Av. *Ecc P* —4F **63**
Albany Rd. *Birk* —2E **119**
Albany Rd. *Kens* —4A **78**
Albany Rd. *Old S* —2A **80**
Albany Rd. *Prsct* —5E **63**
Albany Rd. *Walt* —1B **36**
Albany Ter. *Run* —5A **152**
Albemarle Rd. *Wall* —3D **75**
Alberta Gro. *Prsct* —1F **83**
Albert Dri. *Liv* —2F **35**
Albert Edward Rd. *Liv* —4A **78**
Albert Gro. *Cros* —1D **17**
Albert Gro. *W'tree* —1A **102**
Albert Pk. *Liv* —4B **100**
Albert Rd. *Birk* —5C **96**
Albert Rd. *Hoy* —5B **90**
Albert Rd. *Tue* —5D **57**
Albert Rd. *Wat* —4D **17**
Albert Rd. *W Kir* —5A **112**
Albert Rd. *Wid* —4B **132**
Albert Row. *Frod* —4B **172**
Albert Schweitzer Av. *Boot* —2F **19**
Albert Sq. *Wid* —4B **132**
Albert St. *Liv* —5A **78**
Albert St. *Run* —5A **152**
Albert St. *St H* —3A **46**
Albert St. *Wall* —2C **52**
Albert Ter. *C Grn* —2E **69**
Albion Pl. *Wall* —3B **52**
Albion St. *Birk* —3F **97**
(in two parts)
Albion St. *Liv* —5E **55**
Albion St. *St H* —5E **45**
(in two parts)
Albion St. *Wall* —3A **52**
Albourne Rd. *Liv* —5A **24**
Albury Clo. *Hay* —1C **48**

Albury Clo. *Liv* —1F **59**
Albury Rd. *Liv* —1F **39**
Alcester Rd. *Liv* —5C **58**
Alcock St. *Run* —4A **152**
Aldams Gro. *Liv* —2E **55**
Aldbourne Av. *Liv* —4E **103**
Aldbourne Clo. *Liv* —5E **103**
Alder Av. *Liv* —1A **106**
Alder Av. *Wid* —1A **132**
Alder Clo. *Prsct* —5F **63**
Alder Cres. *Liv* —2D **23**
Alderfield Dri. *Liv* —3F **147**
Alder Gro. *Liv* —3D **17**
Alder Hey Rd. *St H* —5C **44**
Alder La. *Btnwd* —4F **69**
Alder La. *Crank* —1F **29**
Alder La. *Know* —1B **60**
(in two parts)
Alder La. *Wid* —5F **107**
Alderley Av. *Birk* —2F **95**
Alderley Clo. *Bil* —1E **31**
Alderley Rd. *Wall* —3B **74**
Alderley Rd. *Wir* —4B **90**
Alderley Rd. N. *Wir* —4B **90**
Alderney Rd. *Liv* —1C **76**
Alder Rd. *Liv* —2B **80**
Alder Rd. *Prsct* —5F **63**
Alder Rd. *Wir* —3D **141**
Aldersey Clo. *Wind H* —1D **169**
Aldersgate. *Birk* —2F **119**
Aldersgate Av. *Murd* —3D **169**
Aldersgate Dri. *Liv* —1A **148**
Aldersley St. *Liv* —3D **77** (1F **5**)
Alderson Rd. *Liv* —2D **101**
Alderville Rd. *Liv* —1C **56**
Alder Wood Av. *Liv* —4E **147**
Alderwood Lodge. *Liv* —4A **148**
Aldford Clo. *Pren* —2E **117**
Aldford Clo. *Wir* —4B **162**
Aldford Rd. *Liv* —1E **39**
Aldridge Clo. *Liv* —5E **39**
Aldridge Dri. *Btnwd* —4F **69**
Aldrins La. *Boot* —1F **19**
Aldwark Rd. *Liv* —2A **82**
Aldwych Rd. *Liv* —5C **58**
Aldykes. *Liv* —2E **13**
Alexander Dri. *Liv* —4D **7**
Alexander Dri. *Wid* —4D **131**
Alexander Dri. *Wir* —4E **137**
Alexander Fleming Av. *Boot* —1F **19**
Alexander Grn. *Liv* —2E **83**
Alexander Ho. *S'frth* —1F **33**
Alexander Wlk. *Liv* —3F **35**
Alexander Way. *Liv* —5F **99**
(off Pk. Hill Rd.)
Alexandra Clo. *Liv* —3B **78**
Alexandra Ct. *That H* —3D **65**
Alexandra Ct. *Wall* —3A **52**
Alexandra Dri. *Birk* —3E **119**
Alexandra Dri. *Boot* —2E **35**
Alexandra Dri. *Liv* —5B **100**
Alexandra Dri. *St H* —2D **65**
Alexandra Grn. *Liv* —5B **100**
Alexandra Gro. *Run* —1C **166**
Alexandra Ho. *Liv* —5B **100**
Alexandra Ind. Est. *Wid* —5F **131**
Alexandra M. *Frod* —4B **172**
Alexandra Mt. *Liv* —5B **18**
Alexandra Pk. *Liv* —1B **122**
Alexandra Rd. *Cros* —1D **17**
Alexandra Rd. *Edg H* —1C **100**
Alexandra Rd. *Gars* —5C **124**
Alexandra Rd. *Old S* —4A **80**
Alexandra Rd. *Pren* —4B **96**
Alexandra Rd. *Wall* —3A **52**
Alexandra Rd. *Wat* —5E **17**
Alexandra St. *W Kir* —5A **112**
Alexandra St. *St H* —2D **65**
Alexandra St. *Wid* —5A **132**
Alexandra Vs. *Liv* —5B **18**

Alex Clo. *Liv* —3F **99**
Alfonso Rd. *Liv* —3D **55**
Alford Av. *Sut M* —2B **88**
Alforde St. *Wid* —5A **132**
(in two parts)
Alford St. *Liv* —4D **79**
Alfred Clo. *Wid* —4B **132**
Alfred M. *Liv* —2E **99**
Alfred Pl. *Liv* —1B **78**
Alfred Rd. *Hay* —1F **49**
Alfred Rd. *Pren* —4C **96**
Alfred Rd. *Wall* —5E **75**
Alfred Stocks Ct. *Liv* —1A **122**
Alfred St. *Liv* —1D **101**
Alfred St. *St H* —4B **46**
Alfred St. *Wid* —4B **132**
Alfriston Rd. *Liv* —5C **58**
Algernon St. *Run* —4F **151**
Alice Ct. *Wid* —3A **152**
Alice St. *St H* —3E **67**
Alicia Wlk. *Liv* —1B **38**
Alison Av. *Birk* —1F **119**
Alison Pl. *Liv* —4E **57**
Alison Rd. *Liv* —4E **57**
Alistair Dri. *Wir* —5C **162**
Allangate Clo. *Wir* —2C **114**
Allangate Rd. *Liv* —4A **124**
Allan Rd. *St H* —1C **46**
Allanson St. *St H* —1D **67**
Allcot Av. *Birk* —2D **119**
Allenby Av. *Liv* —3F **17**
Allenby Sq. *Liv* —4F **79**
Allendale. *Run* —4B **168**
Allendale Av. *Liv* —1B **36**
Allendale Av. *Rain* —3D **87**
Allen Ga. *Liv* —5E **9**
Allen Rd. *West P* —3D **165**
Allerford Rd. *Liv* —4C **58**
**Allerton. —4E 125**
Allerton Beeches. *Liv* —1C **124**
Allerton Dri. *Liv* —5B **102**
Allerton Gro. *Birk* —1D **119**
***Allerton Pk. Golf Course. —2E 125***
Allerton Rd. *Aller & Moss H*
  —4A **102**
Allerton Rd. *Birk* —5D **97**
Allerton Rd. *Wall* —5A **52**
Allerton Rd. *Wid* —3B **132**
Allerton Rd. *Wltn* —2A **126**
Allesley Rd. *Liv* —1F **81**
Alleyne Rd. *Liv* —3D **57**
Allington St. *Liv* —1B **122**
Allonby Clo. *Pren* —5E **95**
Allport La. *Wir* —2D **163**
Allport La. Precinct. *Wir* —1D **163**
Allport Rd. *Wir* —4C **162**
Allports, The. *Wir* —3D **163**
All Saints Clo. *Boot* —2E **19**
All Saints Rd. *Liv* —4C **146**
Alma Clo. *Liv* —1B **38**
Almacs Clo. *Liv* —2B **16**
Alma Dale Ter. *Boot* —5B **34**
Alman Ct. *Liv* —1B **122**
Alma Pl. *St H* —1C **66**
Alma Rd. *Liv* —4E **123**
Alma St. *Birk* —3E **97**
Alma St. *St H* —1C **66**
Alma St. *Wir* —5A **120**
Alma Ter. *Liv* —1F **101**
Almeda Rd. *Liv* —5A **148**
Almond Av. *Boot* —2C **18**
Almond Av. *Run* —2C **166**
Almond Clo. *Hay* —3F **47**
Almond Clo. *Liv* —5E **127**
Almond Ct. *Liv* —2E **145**
Almond Dri. *Btnwd* —5F **69**
Almond Gro. *Wid* —4D **131**
Almond Pl. *Wir* —1F **93**
Almond's Grn. *Liv* —3A **58**
Almond's Gro. *Liv* —4A **58**

Almond's Pk. *W Der* —3A **58**
Almonds Turn. *Boot* —1D **19**
Almond Tree Clo. *Hale V* —5E **149**
Almond Way. *Wir* —2C **114**
Alness Dri. *Rain* —4D **87**
Alnwick Dri. *Wir* —1B **92**
Aloeswood Clo. *Liv* —1B **78**
Alpass Av. *Liv* —1B **122**
Alpha Dri. *Birk* —3A **120**
Alpha St. *Liv* —3B **34**
Alpine Clo. *St H* —4C **44**
Alpine St. *Newt W* —5F **49**
Alresford Rd. *Liv* —4F **123**
Alroy Rd. *Liv* —4A **56**
Alscot Av. *Liv* —1A **38**
Alscot Clo. *Liv* —2D **13**
Alston Clo. *Wir* —1C **162**
Alstonfield Rd. *Liv* —2A **82**
Alston Rd. *Liv* —4E **123**
Alt. *Wid* —2B **130**
Alt Av. *Liv* —3C **12**
Altbridge Pk. *Liv* —4A **38**
(in two parts)
Altbridge Rd. *Liv* —2D **83**
Altcar Av. *Liv* —2C **100**
Altcar Dri. *Wir* —2D **93**
Altcar La. *Lyd* —2A **6**
Altcar Rd. *Boot* —3C **34**
Alt Ct. *Liv* —5E **15**
Altcross Rd. *Liv* —4C **38**
Altcross Way. *Liv* —4C **38**
Altfield Rd. *Liv* —4F **59**
Altfield Way. *Liv* —4F **59**
Altfinch Clo. *Liv* —4A **60**
Altham Rd. *Liv* —4F **57**
Althorp St. *Liv* —1F **121**
Altmoor Rd. *Liv* —1D **83**
Alton Av. *Liv* —4A **18**
Alton Rd. *Liv* —1D **79**
Alton Rd. *Pren* —4A **96**
*Alt Pk. —1D 83*
Alt Rd. *Boot* —3C **34**
Alt Rd. *Huy* —3E **83**
Altside Ct. *Liv* —1B **38**
Alt St. *Liv* —2B **100**
Altway. *Liv* —2C **20**
*Altway Ct. *Liv* —2C 20*
*(off Altway)*
Alundale Ct. *Boot* —5C **34**
Alundale Rd. *Liv* —1E **81**
Alvanley Grn. *Liv* —3C **22**
Alvanley Pl. *Pren* —3C **96**
Alvanley Rd. *Kirkby* —3C **22**
Alvanley Rd. *W Der* —1C **80**
Alvanley Ter. *Frod* —5B **172**
Alva Rd. *Rain* —4D **87**
Alvega Clo. *Wir* —5C **120**
Alverstone Av. *Birk* —2F **95**
Alverstone Rd. *Liv* —4F **101**
Alverstone Rd. *Wall* —3D **75**
Alverton Clo. *Wid* —4D **131**
Alvina La. *Kirkby* —5F **15**
Alvina La. *Kirk* —4E **55**
Alwain Grn. *Liv* —5F **147**
Alwen St. *Birk* —5F **73**
Alwyn Av. *Liv* —4B **18**
Alwyn Clo. *Liv* —1B **122**
Alwyn Gdns. *Wir* —1F **93**
Alwyn St. *Liv* —1B **122**
Alyssum Ct. *Beech* —1F **173**
Amanda Av. *Liv* —1B **38**
Amanda Rd. *Rain* —1B **86**
Amanda Way. *Liv* —1B **22**
Amaury Clo. *Liv* —5B **10**
Amaury Rd. *Liv* —5B **10**
Ambassador Dri. *Liv* —3A **128**
Ambergate Clo. *St H* —4D **67**
Ambergate Rd. *Liv* —5B **124**
Amberley Av. *Wir* —2C **92**
Amberley Clo. *Liv* —4D **57**

Amberley Clo. *Wir* —2C **92**
Amberley St. *Liv* —2A **100**
Amber Way. *Liv* —4A **60**
Ambleside Av. *Wir* —1D **93**
Ambleside Clo. *Beech* —5E **167**
Ambleside Clo. *Brom* —3E **163**
Ambleside Clo. *Thing* —1A **138**
Ambleside Pl. *St H* —4B **30**
Ambleside Rd. *Aller* —3D **125**
Ambleside Rd. *Mag* —5D **7**
Amelia Clo. *Liv* —3F **77**
Amelia Clo. *Wid* —5B **110**
Amersham Rd. *Liv* —1C **56**
(in two parts)
Amery Gro. *Birk* —2B **118**
Amethyst Clo. *Eve* —2B **78**
Amethyst Clo. *Liv* —5C **18**
Amherst Rd. *Liv* —2C **122**
Amity St. *Liv* —4F **99**
Amos Av. *Liv* —5C **18**
Ampleforth Clo. *Liv* —4C **22**
Ampthill Rd. *Liv* —2C **122**
Ampulla Rd. *Liv* —5C **38**
*Amusement Pk. —2B 52*
*(New Brighton)*
Amy Wlk. *Liv* —1B **38**
Ancaster Rd. *Liv* —2C **122**
Ancholme Clo. *Whis* —5A **64**
Anchorage La. *Liv* —1E **123**
Anchorage, The. *Liv* —3D **99**
Anchor Clo. *Murd* —4D **169**
Ancient Meadows. *Liv* —1B **36**
Ancroft Rd. *Liv* —3A **82**
Ancrum Rd. *Liv* —4D **15**
Anders Dri. *Liv* —5F **15**
Anderson Av. *Boot* —3A **34**
Anderson Clo. *Rain* —5D **87**
Anderson Clo. *Wir* —1A **138**
Anderson Ct. *Brom* —4D **163**
Anderson Rd. *Liv* —4D **19**
Anderson St. *Liv* —5E **55**
(in two parts)
Anderson Way. *Liv* —4D **19**
Anderton Ter. *Liv* —4C **82**
Andover Way. *Liv* —5D **127**
Andrew Av. *Liv* —2A **22**
Andrew Clo. *Wid* —4C **130**
Andrew St. *Liv* —2F **55**
Andrew's Wlk. *Wir* —2B **158**
Andromeda Way. *St H* —4A **68**
Anemone Way. *St H* —4A **68**
**Anfield. —4A 56**
**Anfield. —4A 56**
Anfield Rd. *Liv* —4F **55**
Angela St. *Liv* —1B **100**
Angers La. *Liv* —4B **14**
Anglesea Rd. *Liv* —5F **35**
Anglesea Way. *Liv* —5F **99**
Anglesey Rd. *Wall* —1B **74**
Anglesey Rd. *Wir* —3A **112**
Anglezark Clo. *Liv* —4B **78**
Anglican Ct. *Liv* —2E **99**
Anglo Clo. *Liv* —5C **20**
Angus Rd. *Liv* —3F **57**
Angus Rd. *Wir* —4C **162**
Annandale Clo. *Liv* —4D **15**
Anne Gro. *St H* —4C **66**
Annesley Rd. *Liv* —2C **122**
Annesley Rd. *Wall* —3C **74**
Anne St. *Clo F* —3D **89**
Annie Rd. *Boot* —2D **35**
Ann St. *Run* —4B **152**
Ann St. W. *Wid* —5B **132**
Anscot Av. *Wir* —1F **141**
Ansdell Dri. *Ecc* —3B **44**
Ansdell Rd. *Wid* —2B **132**
Ansdell Vs. Rd. *Rain* —2C **86**
Anson Pl. *Liv* —4F **77** (4J 5)
Anson St. *Liv* —4E **77** (4J 5)
Anson Ter. *Liv* —4F **77** (4J 5)

# Anstey Clo.—Ash La.

Anstey Clo. *Wir* —5B **70**
Anstey Rd. *Liv* —3B **80**
Ansty Clo. *St H* —2D **47**
Anthony's Way. *Wir* —3A **158**
Anthorn Clo. *Pren* —5D **95**
Antonio St. *Boot* —2D **55**
Antons Clo. *Liv* —1F **147**
Antons Rd. *Liv* —1F **147**
Antons Rd. *Wir* —2A **138**
Antrim Clo. *Hay* —2C **48**
Antrim St. *Liv* —4E **57**
Anvil Clo. *Boot* —4B **34**
Anzacs, The. *Wir* —1C **142**
Anzio Rd. *Liv* —2D **83**
Apollo Cres. *Liv* —1E **23**
Apollo Way. *Boot* —1F **19**
Apostles Way. *Kirkby* —5D **15**
Appin Rd. *Birk* —4E **97**
Appleby Clo. *Wid* —4C **130**
Appleby Dri. *Boot* —2C **18**
Appleby Grn. *Liv* —5D **59**
Appleby Gro. *Wir* —4D **163**
Appleby Lawn. *Liv* —5A **106**
Appleby Rd. *Liv* —5A **106**
 (L27)
Appleby Rd. *Liv* —1D **23**
 (L33)
Appleby Rd. *Wid* —4C **130**
Appleby Wlk. *Liv* —5A **106**
Appleby Wlk. *Wid* —4C **130**
Applecorn Clo. *Sut L* —5D **67**
*Apple Ct. Liv —3B 78*
 *(off Coleridge St.)*
Appledore Ct. *Liv* —3B **146**
Appledore Gro. *Sut L* —1C **88**
Apple Gth. *Wir* —3C **92**
**Appleton. —3B 132**
Appleton Dri. *Liv* —1E **115**
Appleton Rd. *Lith* —4A **18**
Appleton Rd. *St H* —2C **66**
Appleton Rd. *Walt* —2A **56**
Appleton Rd. *Wid* —3B **132**
Appleton St. *Wid* —1B **152**
Appleton Village. *Wid* —3A **132**
Appletree Clo. *Aller* —3B **124**
Apple Tree Clo. *Hale V* —5E **149**
Apple Tree Clo. *Stock V* —3B **60**
April Gro. *Liv* —1D **79**
April Ri. *Boot* —2E **19**
Apsley Av. *Wall* —5B **52**
Apsley Brow. *Liv* —1B **12**
Apsley Gro. *Wir* —1A **142**
Apsley Rd. *Liv* —5C **58**
Apsley Rd. *Wir* —4B **120**
Aquarius Clo. *Liv* —2A **82**
Arabis Gdns. *St H* —4B **68**
Aragon Clo. *Liv* —4E **7**
Aragon Ct. *Mnr P* —4C **154**
Aran Clo. *Hale V* —5D **149**
Arborn Dri. *Wir* —3A **94**
Arbour La. *Liv* —4A **24**
Arbury Av. *St H* —2D **47**
Arcadia Av. *Liv* —4D **7**
Archbishop Warlock Ct. *Liv* —2C **76**
Archer Clo. *Liv* —4E **55**
Archer Gro. *St H* —4E **47**
Archerfield Rd. *Liv* —3B **124**
Archers Ct. *Wir* —2A **116**
Archers Grn. *Wir* —1E **171**
Archer St. *Liv* —4E **55**
Archers Way. *Upt* —2A **116**
Arch La. *Ash M* —2F **31**
Archway Rd. *Liv* —4D **83**
Arctic Rd. *Boot* —5A **34**
Arden. *Wid* —2A **130**
Ardennes Rd. *Liv* —3E **83**
 (in two parts)
Arderne Clo. *Wir* —5B **142**
Ardleigh Clo. *Liv* —4F **79**
Ardleigh Gro. *Liv* —4F **79**

Ardleigh Pl. *Liv* —4E **79**
Ardleigh Rd. *Liv* —4E **79**
Ardmore Rd. *Liv* —2A **124**
Ardrossan Rd. *Liv* —3C **56**
Ardville Rd. *Liv* —5D **37**
Ardwick Rd. *Liv* —4F **147**
Ardwick St. *St H* —5C **46**
Argo Rd. *Liv* —4D **17**
Argos Pl. *Liv* —2D **55**
Argos Rd. *Liv* —2D **55**
Argyle Rd. *Anf* —5B **56**
Argyle Rd. *Gars* —1C **144**
Argyle St. *Birk* —3E **97**
Argyle St. *Liv* —1D **99** (7E **4**)
Argyle St. *St H* —3F **45**
Argyle St. S. *Birk* —4D **97**
Argyll Av. *Wir* —1D **171**
Ariel Pde. *Gars* —2C **144**
Aries Clo. *Liv* —1A **82**
Ariss Gro. *Whis* —1A **86**
Arkenstone Clo. *Wid* —2C **130**
Arkle Rd. *Pren* —1F **95**
Arkles La. *Liv* —4A **56**
Arkles Rd. *Liv* —5A **56**
Arklow Dri. *Hale V* —5D **149**
Ark Royal Way. *Laird T* —5F **97**
Arkwood Clo. *Wir* —4C **142**
Arkwright Ct. *Ast I* —4F **153**
Arkwright Rd. *Ast I* —4F **153**
Arlescourt Rd. *Liv* —1C **80**
Arley Clo. *Pren* —3C **94**
Arley Dri. *Wid* —2A **130**
Arley St. *Liv* —2C **76** (1D **4**)
Arlington Av. *Liv* —4E **101**
Arlington Ct. *Pren* —4F **95**
Arlington Rd. *Wall* —5E **51**
Armill Rd. *Liv* —5C **38**
Armitage Gdns. *Liv* —3B **124**
Armley Rd. *Liv* —4B **56**
Armour Gro. *Liv* —4A **80**
Armour Ho. *Liv* —5D **4**
Armoury, The. *Liv* —4B **58**
Armscot Clo. *Liv* —5B **126**
Armscot Pl. *Liv* —5B **126**
Armstrong Quay. *Liv* —1E **121**
Arncliffe Dri. *Btnwd* —5F **69**
Arncliffe Rd. *Liv* —4C **126**
Arndale. *Padd M* —5F **167**
Arnhem Rd. *Liv* —2E **83**
Arno Ct. *Pren* —1B **118**
Arnold Av. *Dent G* —3D **45**
Arnold Clo. *St H* —2C **66**
Arnold Gro. *Liv* —1A **102**
Arnold Pl. *Wid* —5C **130**
Arnold St. *Liv* —3F **99**
Arnold St. *Wall* —1B **74**
Arno Rd. *Pren* —1B **118**
Arnot Clo. *St H* —3F **45**
Arnot St. *Liv* —2F **55**
Arnot Way. *Wir* —1D **141**
Arnside. *Liv* —5D **19**
Arnside Av. *Hay* —2B **48**
Arnside Av. *Rain* —2A **86**
Arnside Rd. *Edg H* —5C **78**
Arnside Rd. *Huy* —4B **82**
Arnside Rd. *Pren* —5A **96**
Arnside Rd. *Wall* —1B **74**
Arrad St. *Liv* —1F **99** (7J **5**)
Arran Clo. *St H* —2E **47**
Arranmore Rd. *Liv* —2A **124**
Arrowe Av. *Wir* —2D **93**
Arrowe Brook La. *Wir* —3D **115**
Arrowe Brook Rd. *Wir* —2F **115**
***Arrowe Country Pk. —3A 116***
*Arrowe Ct. Wir —2A 116*
 *(off Childwall Grn.)*
**Arrowe Hill. —1F 115**
***Arrowe Pk. Golf Course. —5A 116***
Arrowe Pk. Rd. *Wir* —4A **94**
Arrowe Rd. *Wir* —1D **115**

Arrowe Side. *Wir* —5E **93**
Arrowsmith Rd. *Hay* —1F **49**
Arthur St. *Birk* —2C **96**
 (in two parts)
Arthur St. *Gars* —2D **145**
Arthur St. *Liv* —5F **35**
Arthur St. *Run* —5F **151**
Arundel Av. *Liv* —3C **100**
Arundel Av. *Wall* —5F **51**
Arundel Clo. *Wir* —2F **137**
Arundell Clo. *Btnwd* —5F **69**
Arundel St. *Prin P* —3A **100**
Arundel St. *Walt* —2E **55**
Arvon St. *Boot* —2D **35**
Asbridge St. *Liv* —2B **100**
Asbury Clo. *Liv* —1D **125**
Asbury Rd. *Wall* —5D **51**
Ascot Av. *Liv* —5A **18**
Ascot Av. *Run* —4B **166**
Ascot Dri. *Beb* —2F **141**
Ascot Dri. *Liv* —5E **15**
Ascot Gro. *Beb* —2F **141**
Ascot Pk. *Liv* —1F **17**
Ashbank Rd. *Liv* —1A **58**
Ashbourne Av. *Boot* —2E **19**
Ashbourne Av. *Liv* —1C **16**
Ashbourne Av. *Run* —4B **166**
Ashbourne Cres. *Liv* —4B **82**
Ashbourne Rd. *Liv* —2C **122**
Ashbrook Av. *Sut W* —2F **173**
Ashbrook Dri. *Liv* —2C **36**
Ashbrook Ter. *Wir* —1A **142**
Ashburn Av. *Liv* —1E **23**
Ashburton Av. *Pren* —3F **95**
Ashburton Rd. *Pren* —3F **95**
Ashburton Rd. *Wall* —2B **74**
Ashburton Rd. *Wir* —3B **112**
Ashbury Clo. *Wind H* —5D **155**
Ashbury Dri. *Hay* —1C **48**
Ashbury Rd. *Liv* —5B **60**
Ashby Clo. *Wir* —5B **70**
Ash Clo. *Liv* —1E **101**
Ashcombe Rd. *Liv* —3B **80**
Ash Cres. *Liv* —1E **105**
Ashcroft Dri. *Wir* —5F **137**
Ashcroft Rd. *Ain* —5B **20**
Ashcroft Rd. *Know I* —2B **24**
Ashcroft St. *Boot* —5B **34**
Ashcroft St. *St H* —5C **46**
Ashdale. *Liv* —4D **83**
Ashdale Pk. *Wir* —5B **92**
Ashdale Rd. *Moss H* —4A **102**
Ashdale Rd. *Walt* —4A **36**
Ashdale Rd. *Wat* —3D **17**
Ashdown Cres. *Clo F* —2C **88**
Ashdown Dri. *Wir* —2C **114**
Ashdown Gro. *Liv* —3A **128**
Ashfarm Ct. *Liv* —3F **81**
Ashfield. *Liv* —1D **101**
Ashfield. *Rain* —3D **87**
Ashfield Cres. *Bil* —1E **31**
Ashfield Cres. *Wir* —2D **163**
Ashfield Rd. *Brom* —2C **162**
Ashfield Rd. *Liv* —2D **123**
Ashfield St. *Liv* —1C **76**
Ashford Clo. *Liv* —5E **127**
Ashford Rd. *Birk* —5C **96**
Ashford Rd. *Wir* —3C **90**
Ashford Way. *Wid* —3D **133**
Ash Grange. *K Ash* —3D **81**
Ash Gro. *Clo F* —2C **88**
Ash Gro. *Liv* —3F **55**
Ash Gro. *Prsct* —2E **85**
Ash Gro. *Run* —2C **166**
Ash Gro. *S'frth* —2A **34**
Ash Gro. *Wall* —4C **52**
Ash Gro. *W'tree* —1D **101**
Ash Gro. *Wid* —4D **131**
Ashlands. *Frod* —5C **172**
Ash La. *Wid* —3E **129**

Ashlar Gro. *Liv* —1E **123**
Ashlar Rd. *Aig* —1E **123**
Ashlar Rd. *Wat* —3E **17**
Ashlea Rd. *Wir* —4F **137**
Ashleigh Rd. *Liv* —3F **13**
Ashley Av. *Wir* —2F **91**
Ashley Clo. *Liv* —5E **15**
Ashley Clo. *Rain* —4D **87**
Ashley Grn. *Wid* —4D **131**
Ashley Rd. *Run* —5D **153**
Ashley St. *Birk* —2F **119**
Ashley Way. *Wid* —1A **152**
Ashley Way W. *Wid* —5F **131**
Ashmore Clo. *Wir* —3C **134**
Ashmuir Hey. *Liv* —4F **23**
Ashover Av. *Liv* —2A **82**
Ash Priors. *Wid* —1D **131**
Ashridge St. *Run* —4F **151**
Ash Rd. *Birk* —5C **96**
Ash Rd. *Hay* —1E **49**
Ash Rd. *Liv* —1A **34**
Ash Rd. *Wir* —5F **119**
Ash St. *Boot* —4C **34**
Ashton Av. *Rain* —5C **86**
Ashton Clo. *Frod* —4C **172**
Ashton Clo. *West* —4F **165**
Ashton Clo. *Wir* —2E **171**
Ashton Ct. *Frod* —4C **172**
Ashton Dri. *Liv* —5B **126**
Ashton Dri. *Wir* —4A **112**
Ashton Pk. *Liv* —4D **127**
**Ashton's Green. —4A 48**
Ashtons Grn. Dri. *St H* —1F **67**
Ashton's La. *Hale V* —5F **147**
Ashton Sq. *Liv* —3B **126**
Ashton St. *Liv* —4F **77**
 (L3)
Ashton St. *Liv* —3A **80**
 (L13)
Ashtree Cft. *Will* —5A **170**
Ashtree Farm Ct. *Will* —5A **170**
Ashtree Gro. *Liv* —4E **39**
Ashurst Clo. *Liv* —5B **104**
Ashurst Clo. *St H* —2E **47**
Ashurst Dri. *St H* —2D **47**
Ash Va. *Liv* —1D **101**
Ash Vs. *Wall* —4C **74**
Ashville Rd. *Pren & Birk* —3A **96**
Ashville Rd. *Wall* —3C **74**
Ashville Way. *Sut W* —2E **173**
Ashwater Rd. *Liv* —1C **58**
Ash Way. *Wir* —4B **158**
Ashwell St. *Liv* —2E **99**
Ashwood Clo. *Kirkby* —5E **15**
Ashwood Clo. *N'ley* —4E **105**
Ashwood Ct. *Pren* —5C **72**
Ashwood Dri. *Liv* —5D **39**
Askern Rd. *Liv* —5F **23**
Askett Clo. *Hay* —1D **49**
Askew Clo. *Wall* —2D **75**
Askew St. *Liv* —2F **55**
Askham Clo. *Liv* —2B **100**
Aspen Clo. *Kirkby* —4F **15**
Aspen Clo. *Wir* —3D **159**
Aspendale Rd. *Birk* —5D **97**
Aspen Gdns. *St H* —5C **64**
Aspen Gro. *Tox* —3B **100**
Aspes Rd. *Liv* —4E **59**
Aspinall Pl. *St H* —3D **65**
Aspinall St. *Birk* —2C **96**
Aspinall St. *Liv* —4D **55**
Aspinall St. *Prsct* —5D **63**
Aspley Ho. *Wat* —4E **17**
Asquith Av. *Birk* —2B **96**
Asser Rd. *Liv* —3E **57**
Assheton Wlk. *Hale V* —5E **149**
Assissian Cres. *Boot* —1E **19**
Aster Cres. *Beech* —5F **167**
Aster Dri. *Liv* —5D **15**

Asterfield Av. *Wir* —5E **119**
Aster Rd. *Hay* —1F **49**
Astley Clo. *Wid* —1C **130**
Astley Gdns. *Murd* —3E **169**
Astley Rd. *Liv* —5E **61**
**Astmoor. —4F 153**
Astmoor Bri. La. *Cas* —5F **153**
Astmoor Ind. Est. *Ast I* —4F **153**
Astmoor La. *Cas* —5F **153**
Astmoor La. *Halt* —4C **152**
Astmoor Rd. *Ast I* —4E **153**
Astmoor Spine Rd. *Ast I* —4A **154**
Aston Clo. *Pren* —1F **117**
Aston Fields Rd. *White I* —1D **175**
**Aston Gardens. —4D 175**
Aston Grn. *Pres B* —4E **169**
**Aston Heath. —3E 175**
Aston La. *Pres B* —5E **169**
Aston La. *Sut W & Aston* —2A **174**
Aston La. N. *Run & Pres B* —1E **175**
Aston La. N. *White I* —1E **175**
Aston La. S. *White I* —2E **175**
Aston St. *Liv* —2C **144**
Astonwood Rd. *Birk* —1D **119**
Astor St. *Liv* —1F **55**
Atheldene Rd. *Liv* —1C **56**
Athelstan Clo. *Wir* —1D **163**
Atherton Clo. *Liv* —1E **77**
Atherton Ct. *Wall* —3A **52**
Atherton Dri. *Wir* —1A **116**
Atherton Rake. *Boot* —1D **19**
Atherton Rd. *Liv* —2C **36**
Atherton St. *Prsct* —5D **63**
Atherton St. *St H* —3F **45**
Atherton St. *Wall* —2A **52**
Athol Clo. *Newt W* —4F **49**
Athol Clo. *Wir* —5E **163**
Athol Dri. *Wir* —1E **171**
Atholl Cres. *Liv* —3D **21**
Athol St. *Birk* —2E **97**
Athol St. *Liv* —1B **76**
 (Gt. Howard St.)
Athol St. *Liv* —1C **76**
 (Vauxhall Rd.)
Atkinson Gro. *Liv* —2F **63**
Atlanta Ct. *Liv* —3D **15**
Atlantic Pavilion. *Liv* —1C **98** (7C **4**)
Atlantic Rd. *Boot* —5B **34**
Atlantic Way. *Boot* —5E **19**
Atlantic Way. *Brun B* —4D **99**
Atlas Bus. Complex. *Boot* —4A **34**
Atlas Clo. *St H* —5B **46**
Atlas Rd. *Boot* —4B **34**
Atlas St. *St H* —5B **46**
Atterbury Clo. *Wid* —2C **130**
Atterbury St. *Liv* —4D **99**
Attlee Rd. *Liv* —3A **84**
Attwood St. *Liv* —4F **55**
Atwell St. *Liv* —2A **78**
Atworth Ter. *Will* —5A **170**
 (off Neston Rd.)
Aubourn Clo. *Wid* —1C **130**
Aubrey Ct. *Liv* —2A **78**
Aubrey St. *Liv* —2F **77**
 (in two parts)
Auburn Rd. *Liv* —5E **57**
Auburn Rd. *Wall* —4A **52**
Aubynes, The. *Wall* —4E **51**
Auckland Gro. *St H* —4D **65**
Auckland Rd. *Liv* —4A **102**
Audlem Av. *Pren* —1F **117**
Audlem Clo. *Sut W* —1F **173**
Audley St. *Liv* —4E **77** (3H **5**)
Audrey Wlk. *Liv* —1B **38**
**Aughton. —1F 7**
Aughton Clo. *Bil* —1E **31**
Aughton Ct. *Upt* —4A **94**
Aughton Rd. *Boot* —3D **35**
Augusta Clo. *Liv* —4A **80**
August Rd. *Liv* —1C **78**

August St. *Boot* —3C **34**
Aurorean Clo. *Liv* —3D **105**
Austell Clo. *St H* —1D **47**
Austin Av. *St H* —3C **64**
Austin Clo. *Liv* —2D **23**
*Austin Rawlinson Sports Cen.*
 —4E **147**
Austin St. *Wall* —4A **74**
*Autoquest Stadium. —4F 131*
Autumn Gro. *Birk* —4E **119**
Autumn Way. *Clo F* —3C **88**
Avalon Ter. *Boot* —4B **34**
Avebury Clo. *Wid* —1E **133**
Avelon Clo. *Liv* —2B **6**
Avelon Clo. *Pren* —4D **95**
Avenue, The. *Ecc* —5A **44**
Avenue, The. *Gars* —2E **145**
Avenue, The. *Halew* —5E **127**
Avenue, The. *Huy* —3E **83**
Avenue, The. *Liv* —5F **35**
Avenue, The. *Wir* —2C **162**
Avery Ct. *Liv* —2F **35**
Avery Cres. *Hay* —1C **48**
Avery Rd. *Hay* —1C **48**
Avery Sq. *Hay* —1C **48**
Aviemore Rd. *Liv* —3F **79**
Avis Wlk. *Liv* —1B **38**
Avolon Rd. *Liv* —1D **81**
Avon. *Wid* —2A **130**
Avon Clo. *Kirkby* —4F **15**
Avon Clo. *Kirk* —3E **55**
Avon Ct. *Liv* —5E **9**
Avondale Av. *East* —5E **163**
Avondale Av. *Liv* —2C **12**
Avondale Av. *More* —5F **71**
Avondale Dri. *Wid* —3B **130**
Avondale Rd. *Hay* —1C **48**
Avondale Rd. *Liv* —3E **101**
Avondale Rd. *Wir* —4B **90**
Avonmore Av. *Liv* —1A **124**
Avon Rd. *Bil* —2D **31**
Avon St. *Birk* —5F **73**
Avon St. *Liv* —1B **78**
Awelon Clo. *Liv* —3B **58**
Axbridge Av. *Sut L* —1D **89**
Axholme Clo. *Wir* —2B **138**
Axholme Rd. *Wir* —1B **138**
Ayala Clo. *Liv* —1F **35**
Aycliffe Rd. *St H* —5D **65**
Aycliffe Wlk. *Wid* —4C **130**
Aylesbury Av. *Pren* —2E **117**
Aylesbury Rd. *Wall* —4C **52**
Aylesford Rd. *Liv* —3A **80**
Aylsham Clo. *Wid* —5C **108**
Aylsham Dri. *Wir* —2A **94**
Aylton Rd. *Liv* —2B **82**
Aylward Pl. *Boot* —4B **34**
Aynsley Ct. *St H* —5B **64**
Ayr Rd. *Liv* —1A **56**
Ayrshire Gdns. *St H* —1E **65**
Ayrshire Rd. *Liv* —3C **56**
Aysgarth Av. *Liv* —5C **58**
Aysgarth Rd. *Wall* —5F **51**
Azalea Clo. *Beech* —1F **173**
Azalea Gro. *Liv* —2D **127**

**B**abbacombe Rd. *Liv* —3E **103**
Bk. Barlow La. *Liv* —3E **55**
Bk. Beau St. *Liv* —2E **77** (1G **5**)
Bk. Bedford St. *Liv* —1F **99**
Bk. Belmont Rd. *Liv* —1B **78**
Bk. Berry St. *Liv* —1E **99** (7G **5**)
Bk. Blackfield Ter. *Liv* —4D **55**
Bk. Bold St. *Liv* —5E **77** (6F **5**)
 (in two parts)
Bk. Boundary Clo. *Liv* —5D **55**
Bk. Bridport St. *Liv* —4G **5**
 (in two parts)
Bk. Broadway. *Liv* —2E **57**

Bk. Canning St. *Liv* —1E **99**
Bk. Catharine St. *Liv* —1F **99**
Bk. Chadwick Mt. *Liv* —4E **55**
Bk. Chatham Pl. *Liv* —5A **78**
Bk. Colquitt St. *Liv* —1D **99** (7G 5)
Bk. Commutation Row. *Liv*
　　　　　　　—4E **77** (3G 5)
Bk. Egerton St. N. *Liv* —2F **99**
Bk. Egerton St. S. *Liv* —2F **99**
Bk. Falkner St. S. *Liv* —1F **99**
Backford Clo. *Brook* —5C **168**
Backford Clo. *Pren* —1E **117**
Backford Rd. *Wir* —2D **137**
Bk. Gillmoss La. *Liv* —2C **38**
Bk. Granton Rd. *Liv* —5A **56**
Bk. Guilford St. *Liv* —2F **77**
*Bk. Hadfield Pl. Liv* —2A **126**
　*(off Church Rd.)*
Bk. High St. *Run* —4A **152**
Bk. Holland Pl. *Liv* —5B **78**
Bk. Hope Pl. *Liv* —1E **99** (7H 5)
Bk. Huskisson St. *Liv* —2F **99**
Bk. Irvine St. *Liv* —5A **78**
Bk. Kelvin Gro. *Liv* —3A **100**
Bk. Knight St. *Liv* —1E **99** (7G 5)
Back La. *Augh* —1E **7**
Back La. *Btnwd* —3D **69**
Back La. *Cros* —2E **9**
Back La. *Cuer* —2F **133**
Back La. *Thor* —3B **10**
Bk. Langham St. *Liv* —3F **55**
Bk. Leeds St. *Liv* —3B **76** (2B 4)
Bk. Legh St. *Newt W* —2F **55**
Bk. Lime St. *Liv* —5F **5**
Bk. Lit. Canning St. *Liv* —2F **99**
Bk. Lord St. *Liv* —5C **76** (6D 4)
Bk. Market St. *Newt W* —4F **49**
Bk. Maryland St. *Liv* —1E **99** (7H 5)
Bk. Menai St. *Birk* —3C **96**
Bk. Mersey Vw. *Liv* —3C **16**
Bk. Mount St. *Wat* —4D **17**
Bk. Mt. Vernon Vw. *Liv* —4A **78**
Bk. Mulberry St. *Liv* —1F **99** (7J 5)
Bk. Oliver St. *Birk* —3E **97**
Bk. Orford St. *Liv* —1F **101**
Bk. Penny La. *C Grn* —2D **69**
Bk. Percy St. *Liv* —2F **99**
Bk. Pickop St. *Liv* —3C **76** (3D 4)
Bk. Price St. *Birk* —2D **97**
Bk. Renshaw St. *Liv* —5E **77** (6G 5)
Bk. Rockfield Rd. *Liv* —4F **55**
Bk. St Bride St. *Liv* —1F **99**
Bk. Sandon St. *Liv* —2F **99**
Bk. Sandown La. *Liv* —1F **101**
Bk. Sea Vw. *Wir* —4B **90**
Bk. Seel St. *Liv* —1D **99** (7F 5)
Bk. Sir Howard St. *Liv* —1F **99**
Bk. South Rd. *Liv* —4E **17**
Bk. Stanley Rd. *Boot* —5C **34**
Bk. Towerlands St. *Liv* —5B **78**
Bk. Wellesley Rd. *Liv* —5A **100**
Bk. Westminster Rd. *Liv* —3E **55**
Bk. Windsor Vw. *Liv* —2B **100**
Bk. Winstanley Rd. *Liv* —3E **17**
Bk. York Ter. *Liv* —5E **55**
Badbury Clo. *Hay* —1D **49**
Badby Wood. *Liv* —1F **23**
Baden Rd. *Liv* —3B **80**
Bader Clo. *Wir* —4F **137**
Badger Clo. *Pal* —4A **168**
Badger's Set. *Wir* —3D **135**
Badger Way. *Pren* —4E **117**
Badminton St. *Liv* —1F **121**
Baffin Clo. *Wir* —2A **72**
Bagnall St. *Liv* —4F **55**
Bagot St. *Liv* —2D **101**
Baguley Av. *Wid* —2A **150**
Bahama Clo. *Hay* —1D **49**
Bahama Rd. *Hay* —1D **49**
Bailey Ct. *Boot* —1E **35**

Bailey Dri. *Boot* —2E **35**
Baileys Clo. *Wid* —4A **110**
Bailey's La. *Hale V* —5A **148**
Bailey's La. *Halew* —4A **128**
　(in two parts)
Bailey's La. *Speke* —4A **146**
Bailey St. *Liv* —1D **99**
Bainton Clo. *Liv* —1A **40**
Bainton Rd. *Liv* —1A **40**
Baird Av. *Boot* —3A **34**
Baker Rd. *West P* —3D **165**
Bakers Grn. Rd. *Liv* —2E **83**
Baker St. *Liv* —3A **78**
　(L6)
Baker St. *Liv* —4A **84**
　(L36)
Baker St. *St H* —5C **46**
Baker Way. *Liv* —3A **78**
Bakewell Gro. *Liv* —1B **36**
Bakewell Rd. *Btnwd* —4F **69**
Bala Gro. *Wall* —3A **74**
Bala St. *Liv* —5B **56**
Balcarres Av. *Liv* —4F **101**
Baldwin Av. *Liv* —1E **103**
Baldwin St. *St H* —4A **46**
Bales, The. *Boot* —1A **20**
Balfe St. *Liv* —2A **34**
Balfour Av. *Boot* —3B **34**
Balfour Rd. *Boot* —3B **34**
Balfour Rd. *Pren* —4B **96**
Balfour Rd. *Wall* —3A **74**
Balfour St. *Liv* —4F **55**
Balfour St. *Run* —1F **165**
Balfour St. *St H* —5D **45**
Balham Clo. *Wid* —5A **110**
Balharry Av. *Hay* —1F **49**
Balker Dri. *St H* —3F **45**
Ballantrae Rd. *Liv* —1B **124**
Ballantyne Dri. *Pren* —5C **72**
Ballantyne Gro. *Boot* —2E **35**
Ballantyne Gro. *Liv* —4E **57**
Ballantyne Pl. *Liv* —5E **57**
Ballantyne Rd. *Liv* —5E **57**
Ballantyne Wlk. *Pren* —5C **72**
Ballard Rd. *Wir* —3F **113**
Ball Av. *Wall* —3A **52**
Balliol Clo. *Pren* —5C **72**
Balliol Ct. *Boot* —1C **54**
Balliol Gro. *Liv* —3B **16**
Balliol Rd. *Boot* —1C **54**
Balliol Rd. E. *Boot* —1D **55**
**Ball o' Ditton.** —3D **131**
Ball Path. *Wid* —3F **131**
Ball Path Way. *Wid* —3E **131**
Ball's Rd. *Pren* —5B **96**
Balls Rd. E. *Birk* —4C **96**
Ball St. *St H* —4D **47**
Balmer St. *That H* —3D **65**
Balmoral Av. *Liv* —2E **17**
Balmoral Av. *St H* —4C **66**
Balmoral Clo. *Liv* —5E **15**
Balmoral Ct. *Liv* —1E **79**
Balmoral Gdns. *Pren* —3F **117**
Balmoral Rd. *Fair* —2C **78**
Balmoral Rd. *Wall* —2B **52**
Balmoral Rd. *Walt* —2A **36**
Balmoral Rd. *Wid* —5A **110**
Balm St. *Liv* —4B **78**
Balniel St. *Clo F* —3D **89**
Balsham Clo. *Liv* —5C **126**
Baltic Rd. *Boot* —5B **34**
Baltic St. *Liv* —4F **55**
Baltimore St. *Liv* —1E **99** (7H 5)
Bamboo Clo. *Liv* —3E **105**
Bamford Clo. *Run* —3C **166**
Bampton Av. *Liv* —4B **30**
Bampton Rd. *Liv* —1D **103**
Banbury Av. *Liv* —2C **126**
Banbury Way. *Pren* —2E **117**
Bancroft Clo. *Liv* —4C **126**

Bancroft Rd. *Wid* —2D **133**
Bandon Clo. *Hale V* —5D **149**
Banff Av. *Wir* —5D **163**
Bangor Rd. *Wall* —5D **51**
Bangor St. *Liv* —1C **76**
Bankburn Rd. *Liv* —5E **57**
Bank Dene. *Birk* —4A **120**
Bankes La. *West & West P* —4E **165**
　(in two parts)
Bankfield Ct. *Liv* —1F **79**
Bankfield Rd. *Liv* —5F **57**
Bankfield Rd. *Wid* —3B **130**
Bankfield St. *Liv* —3B **54**
Bankhall La. *Liv* —3C **54**
Bankhall St. *Liv* —3C **54**
Bankland Rd. *Liv* —1F **79**
Bank La. *Mell* —3C **14**
Bank Rd. *Boot* —5B **34**
Bank's Av. *Wir* —3D **91**
Bankside. *Pres B* —3E **169**
Bankside Rd. *Birk* —4F **119**
Bank's La. *Gars* —3D **145**
Banks La. *Speke* —5F **145**
Banks Rd. *Hes* —3D **157**
Bank's Rd. *Liv* —2C **144**
Banks Rd. *W Kir* —4A **112**
Banks, The. *Wall* —4E **51**
Bank St. *Birk* —3E **97**
Bank St. *Newt W* —5F **49**
Bank St. *St H* —5E **45**
Bank St. *Wid* —3A **152**
Bank's Way. *Liv* —3D **145**
Bankville Rd. *Birk* —1D **119**
Banner Hey. *Whis* —5D **85**
Bannerman St. *Liv* —1C **100**
Banner St. *Liv* —2D **101**
Banner St. *St H* —5F **45**
*Banner Wlk. St H* —5E **45**
　*(off Banner St.)*
Banning Clo. *Birk* —2D **97**
Banstead Gro. *Liv* —2B **102**
Barbara Av. *Liv* —1A **38**
Barbara St. *Clo F* —3E **89**
Barberry Clo. *Wir* —1B **92**
Barberry Cres. *Boot* —1A **20**
Barber St. *St H* —4C **46**
Barbour Dri. *Boot* —2E **35**
Barbrook Way. *Liv* —5B **36**
Barchester Dri. *Liv* —3C **122**
Barclay St. *Liv* —5F **99**
Barcombe Rd. *Wir* —1D **159**
Bardley Cres. *Tarb G* —2A **106**
Bardon Clo. *Liv* —4C **104**
Bardsay Rd. *Liv* —2F **55**
Barford Clo. *Pren* —3B **94**
Barford Grange. *Will* —5B **170**
Barford Rd. *Hunts X* —1B **146**
Barford Rd. *Huy* —5F **61**
Barington Dri. *Murd* —3E **169**
Barkbeth Rd. *Liv* —1C **82**
Barkbeth Wlk. *Liv* —1C **82**
Barkeley Dri. *Liv* —2F **33**
Barker Clo. *Liv* —1F **105**
Barker La. *Wir* —2C **114**
　(in three parts)
Barker Rd. *Wir* —1F **137**
Barker's Hollow Rd. *Dut & Pres H*
　　　　　　　—4F **169**
Barkerville Clo. *Liv* —4D **57**
Barker Way. *Liv* —1B **78**
Barkhill Rd. *Liv* —3F **123**
Barkin Cen., The. *Wid* —4C **132**
Barkis Clo. *Liv* —4F **99**
Bark Rd. *Liv* —4C **18**
Barleyfield. *Wir* —3F **137**
Barlow Av. *Wir* —1A **142**
Barlow Gro. *St H* —1A **68**
Barlow La. *Liv* —3E **55**
Barlow's Clo. *Liv* —5D **21**
Barlow's La. *Liv* —5D **21**

Barlow St. *Liv* —3E **55**
Barmouth Rd. *Wall* —5D **51**
Barmouth Way. *Liv* —5C **54**
Barnacre La. *Wir* —3C **92**
Barnard Rd. *Pren* —4B **96**
Barn Clo. *Boot* —1A **20**
Barncroft. *Nort* —2D **169**
Barncroft Pl. *Liv* —4E **9**
Barncroft, The. *Wir* —5D **93**
Barndale Rd. *Liv* —5F **101**
Barnes Clo. *Wid* —2D **133**
Barnes Dri. *Liv* —3C **6**
Barnes Grn. *Wir* —5A **142**
Barnes Rd. *Wid* —2C **132**
Barnes St. *Liv* —1A **78**
Barneston Rd. *Wid* —1E **133**
Barnet Clo. *Liv* —1C **100**
Barnett Av. *Newt W* —5E **49**
Barnfield Av. *Murd* —5C **168**
Barnfield Clo. *Boot* —3E **19**
Barnfield Clo. *Liv* —5B **58**
Barnfield Clo. *Wir* —2E **91**
Barnfield Dri. *Liv* —5B **58**
Barnham Clo. *Liv* —3B **146**
Barnham Dri. *Liv* —2E **103**
Barn Hey. *Wir* —1A **112**
Barn Hey Cres. *Wir* —3F **91**
Barn Hey Grn. *Liv* —5B **58**
Barn Hey Rd. *Liv* —3A **24**
Barnhill Rd. *Liv* —3A **102**
Barnhurst Clo. *Liv* —2E **103**
Barnhurst Rd. *Liv* —2E **103**
Barn La. *Btnwd* —5F **69**
Barnmeadow Rd. *Liv* —4A **104**
Barnsbury Rd. *Liv* —1B **56**
Barnsdale Av. *Wir* —2B **138**
Barnside Ct. *Liv* —2E **103**
**Barnston. —3C 138**
Barnston La. *Wir* —5E **71**
Barnston Rd. *Hes & Thing* —5B **116**
Barnston Rd. *Liv* —1A **36**
Barnston Towers Clo. *Wir* —2C **158**
Barnstream Clo. *Liv* —3C **104**
Barn St. *Wid* —1A **152**
Barnwell Av. *Wall* —1B **74**
Barnwood Rd. *Liv* —2B **82**
Baroncroft Rd. *Liv* —5F **103**
Barons Clo. *Cas* —1F **167**
Barons Clo. *Wid* —4C **130**
Barons Hey. *Liv* —3F **59**
Barren Gro. *Pren* —5B **96**
Barrington Rd. *Liv* —3E **101**
Barrington Rd. *Wall* —3C **74**
Barrow Clo. *Liv* —2C **58**
Barrowfield Rd. *Ecc* —3A **44**
Barrows Cotts. *Whis* —3E **85**
**Barrow's Green. —5E 111**
Barrows Grn. La. *Wid* —2E **133**
Barrow's Row. *Wid* —5B **110**
Barrow St. *St H* —5A **46**
Barr St. *Liv* —3C **54**
Barrymore Rd. *Liv* —3F **79**
Barrymore Rd. *Run* —3B **166**
Barrymore Way. *Wir* —4B **162**
Bartholomew Clo. *Rain* —5C **87**
Bartlegate Clo. *Brook* —5B **168**
Bartlett St. *Liv* —2D **101**
Barton Clo. *Liv* —3A **18**
Barton Clo. *Murd* —3D **169**
Barton Clo. *St H* —4F **45**
Barton Clo. *Wir* —5A **90**
Barton Clough. *Bil* —1E **31**
Barton Hey Dri. *Wir* —3C **134**
Barton Rd. *Liv* —4F **35**
Barton Rd. *Wir* —5A **90**
Barwell Av. *St H* —2C **46**
Basil Clo. *Liv* —1D **103**
Basildon Clo. *St H* —4E **65**
Basil Rd. *Liv* —1D **103**

Basing St. *Liv* —5C **124**
Baskervyle Clo. *Wir* —4A **158**
Baskervyle Rd. *Wir* —4A **158**
Basnett St. *Liv* —5D **77** (5E **5**)
Bassendale Rd. *Croft B* —5E **143**
Bassenthwaite Av. *Liv* —1D **23**
Bassenthwaite Av. *Pren* —4D **95**
Bassenthwaite Av. *St H* —5A **30**
Batchelor St. *Liv* —4C **76** (4D **4**)
(in two parts)
Bates Cres. *St H* —3D **65**
Batey Av. *Rain* —2B **86**
Batherton Clo. *Wid* —5B **132**
Bathgate Way. *Liv* —4D **15**
Bath St. *Liv* —4B **76** (2A **4**)
Bath St. *St H* —5F **45**
Bath St. *Wat* —5D **17**
Bath St. *Wir* —2B **142**
Bathurst Rd. *Liv* —5B **124**
Batley St. *Liv* —3A **80**
Battenberg St. *Liv* —4A **78**
Battersea Ct. *Wid* —1E **131**
Battery Clo. *Liv* —2C **122**
Baucher Dri. *Boot* —1E **35**
Baumville Dri. *Wir* —5F **141**
Baxter Clo. *Murd* —3D **169**
(in two parts)
Baxters La. *St H* —3D **67**
Baxters La. Ind. Est. *St H* —3D **67**
Baycliffe Clo. *Beech* —5D **167**
Baycliff Rd. *Liv* —3E **59**
Bayfield Rd. *Liv* —5A **124**
Bayhorse La. *Liv* —4F **77** (3J **5**)
Baysdale Clo. *Liv* —5F **99**
Bayswater Clo. *Run* —3F **155**
Bayswater Ct. *Wall* —5D **51**
Bayswater Gdns. *Wall* —4D **51**
Bayswater Rd. *Wall* —5D **51**
Baythorne Rd. *Liv* —1C **56**
Baytree Rd. *Birk* —1E **119**
Baytree Rd. *Wir* —4F **113**
Bay Vw. Dri. *Wall* —4D **51**
Bayvil Clo. *Murd* —3E **169**
Beach Bank. *Liv* —3C **16**
Beachcroft Rd. *Wir* —2E **91**
Beach Gro. *Wall* —4C **52**
Beach Lawn. *Liv* —4C **16**
Beach Rd. *Liv* —5A **18**
(in two parts)
Beach Rd. *Wir* —5A **90**
Beach Wlk. *Wir* —1B **134**
Beacon Ct. *Liv* —5F **55**
Beacon Dri. *Wir* —4C **112**
Beacon Gro. *St H* —2D **47**
Beacon Hill Vw. *West P* —2D **165**
Beacon Ho. *Liv* —2E **77**
Beacon La. *Liv* —5F **55**
Beacon La. *Wir* —2A **158**
Beacon Pde. *Wir* —2A **158**
Beaconsfield. *Prsct* —5D **63**
Beaconsfield Clo. *Birk* —1E **119**
Beaconsfield Cres. *Wid* —5A **110**
Beaconsfield Gro. *Wid* —5B **110**
Beaconsfield Rd. *Dent G* —3C **44**
Beaconsfield Rd. *Run* —2E **165**
Beaconsfield Rd. *S'frth* —1F **33**
Beaconsfield Rd. *Wid* —1B **132**
Beaconsfield Rd. *Wir* —5B **120**
Beaconsfield Rd. *Wltn* —1E **125**
Beaconsfield St. *Liv* —3A **100**
Beacons, The. *Wir* —3A **158**
Beames Clo. *Liv* —5C **78**
Beamont St. *Wid* —3A **152**
*Beatles Story, The. —1C* **98**
Beatrice Av. *Wir* —5E **119**
Beatrice St. *Boot* —2D **55**
Beattock Clo. *Liv* —4D **15**
Beatty Clo. *Whis* —4D **85**
Beatty Clo. *Wir* —3C **134**
Beatty Rd. *Liv* —3A **80**

Beauclair Dri. *Liv* —2B **102**
Beaufort Clo. *Run* —3B **166**
Beaufort Clo. *Wid* —4A **130**
Beaufort Dri. *Wall* —1E **73**
Beaufort Rd. *Birk* —5F **73**
Beaufort St. *Liv* —3E **99**
(Hill St.)
Beaufort St. *Liv* —4E **99**
(Northumberland St.)
Beaufort St. *Liv* —3E **99**
(Stanhope St.)
Beaufort St. *St H* —2C **66**
Beau La. *Liv* —2E **77** (1G **5**)
Beaumaris Ct. *Pren* —4B **96**
Beaumaris Dri. *Hes* —1B **138**
Beaumaris Rd. *Wall* —5D **51**
Beaumaris St. *Liv* —3B **54**
(in two parts)
Beaumont Av. *St H* —4C **44**
Beaumont Dri. *Liv* —4E **21**
Beaumont St. *Liv* —2B **100**
Beau St. *Liv* —2E **77** (1G **5**)
Beauworth Av. *Wir* —1C **114**
Beaver Gro. *Liv* —2A **36**
**Bebington. —5B 120**
Bebington Rd. *Beb* —1A **142**
Bebington Rd. *Birk* —2D **119**
Bebington Rd. *New F & Port S*
(in two parts) —5A **120**
Bechers. *Wid* —1B **130**
Bechers Dri. *Ain R* —3B **20**
Bechers Row. *Liv* —2F **35**
Beck Clo. *Liv* —1B **38**
Beckenham Av. *Liv* —4F **101**
Beckenham Rd. *Wall* —2B **52**
Becket St. *Liv* —3D **55**
(in two parts)
Beckett Clo. *Liv* —5C **24**
Beck Gro. *St H* —4B **30**
Beck Rd. *Boot* —3C **34**
Beckwith St. *Birk* —1B **96**
Beckwith St. *Liv* —1C **98** (7E **4**)
Beckwith St. E. *Birk* —2D **97**
Becky St. *Liv* —1B **78**
Becontree Rd. *Liv* —2D **81**
Bective St. *Liv* —1C **100**
Bedale Wlk. *Liv* —1F **23**
Bedburn Dri. *Liv* —3A **82**
Bede Clo. *Liv* —4E **15**
Bedford Av. *Birk* —3E **119**
Bedford Av. *Liv* —4E **13**
Bedford Clo. *Edg H* —1F **99**
Bedford Clo. *Huy* —3A **84**
Bedford Ct. *Birk* —2F **119**
Bedford Dri. *Birk* —3D **119**
Bedford Pl. *Birk* —2A **120**
Bedford Pl. *Boot* —2B **54**
Bedford Pl. *Liv* —1F **33**
Bedford Rd. *Birk* —2F **119**
Bedford Rd. *Boot & Liv* —2C **54**
Bedford Rd. *Wall* —5B **52**
Bedford Rd. E. *Birk* —2A **120**
Bedford St. *Parr I & St H* —1D **67**
Bedford St. N. *Liv* —5F **77**
Bedford St. S. *Liv* —1F **99**
(in two parts)
Bedford Wlk. *Liv* —1F **99**
Beecham Clo. *Liv* —5D **83**
Beech Av. *Aig* —2A **122**
Beech Av. *Clo F* —2C **88**
Beech Av. *Cros* —4A **10**
Beech Av. *Ecc P* —4F **63**
Beech Av. *Frod* —5C **172**
Beech Av. *Hay* —1F **49**
Beech Av. *Hes* —3A **138**
Beech Av. *Mell* —2A **22**
Beech Av. *Upt* —3D **93**
Beechbank Rd. *Liv* —4E **101**
Beechburn Cres. *Liv* —3B **82**

Beechburn Rd. *Liv* —3A **82**
Beech Clo. *Kirkby* —2C **22**
Beech Clo. *W Der* —5D **39**
Beech Ct. *Birk* —5D **97**
Beech Ct. *Liv* —1C **124**
Beechcroft. *Liv* —1C **12**
Beechcroft Rd. *Wall* —4C **74**
Beechdale Rd. *Liv* —5A **102**
Beechdene Rd. *Liv* —4B **56**
Beeches, The. *Birk* —3F **119**
Beeches, The. *Liv* —4D **103**
Beeches, The. *Wir* —3E **71**
Beechfield. *Liv* —1E **13**
Beechfield Clo. *Wir* —3A **158**
Beechfield Rd. *Liv* —5D **103**
Beech Grn. *Liv* —3A **58**
Beech Gro. *Boot* —3A **20**
Beech Gro. *S'frth* —2F **33**
Beech Gro. *Walt* —2B **36**
Beech Hey La. *Will* —4B **170**
Beechill Clo. *Liv* —5C **104**
Beech La. *Liv* —4C **102**
Beech Lawn. *Liv* —5F **123**
Beech Lodge. *Pren* —4D **95**
Beech Meadows. *Prsct* —1A **84**
Beech Mt. *Liv* —4C **78**
Beech Pk. *Cros* —4F **9**
Beech Pk. *W Der* —5A **58**
Beech Rd. *Beb* —5F **119**
Beech Rd. *Birk* —5C **96**
Beech Rd. *Hes* —2C **158**
Beech Rd. *Huy* —5E **83**
Beech Rd. *Run* —2C **166**
Beech Rd. *Sut W* —1B **174**
Beech Rd. *Walt* —1A **56**
Beech St. *Boot* —4C **34**
Beech St. *Liv* —4C **78**
Beech St. *St H* —3D **65**
Beech Ter. *Liv* —4C **78**
Beech Ter. *Liv* —3A **152**
Beechtree Rd. *Liv* —5B **80**
Beechurst Clo. *Liv* —4B **104**
Beechurst Rd. *Liv* —4B **104**
Beechwalk, The. *Liv* —2B **80**
Beechway. *Liv* —1B **14**
Beechway. *Wir* —4F **141**
Beechway Av. *Liv* —1B **14**
**Beechwood. —5D 167**
   **(nr. Runcorn)**
**Beechwood. —1C 94**
   **(nr. Wallasey)**
Beechwood Av. *Beech* —4C **166**
Beechwood Av. *Liv* —5E **127**
Beechwood Av. *Wall* —1E **73**
Beechwood Clo. *Clo F* —2C **88**
Beechwood Clo. *Liv* —5F **123**
Beechwood Ct. *Liv* —1E **13**
Beechwood Ct. *Wir* —3B **116**
Beechwood Dri. *Pren* —2C **94**
Beechwood Gdns. *Liv* —5F **123**
Beechwood Grn. *Liv* —5A **124**
Beechwood Gro. *Prsct* —2E **85**
Beechwood Rd. *Cress* —5F **123**
Beechwood Rd. *Lith* —2B **34**
Beechwood Rd. *Wir* —2C **162**
Beesands Clo. *Liv* —5F **105**
Beesley Rd. *Prsct* —5C **62**
Beeston Clo. *Pren* —3C **94**
Beeston Ct. *Mnr P* —3C **154**
Beeston Dri. *Boot* —5B **12**
Beeston Dri. *Wir* —3F **137**
Beeston Gro. *Liv* —5A **124**
Beeston St. *Liv* —2E **55**
Begonia Gdns. *St H* —4A **68**
Beilby Rd. *Hay* —1F **49**
Beldale Pk. *Liv* —1B **22**
Beldon Cres. *Liv* —3B **82**
Belem Clo. *Liv* —4C **100**
Belem Tower. *Liv* —4B **100**
Belfast Rd. *Liv* —3B **80**

Belfield Cres. *Liv* —5E **83**
Belfield Dri. *Pren* —1B **118**
Belford Dri. *Wir* —1B **92**
Belfort Rd. *Liv* —5B **104**
Belfry Clo. *Liv* —5E **59**
Belfry Clo. *Wir* —5B **70**
Belgrave Av. *Wall* —2C **74**
Belgrave Clo. *Wid* —1E **133**
Belgrave Rd. *Aig* —1B **122**
Belgrave Rd. *S'frth* —1F **33**
Belgrave St. *Wall* —1B **74**
Belgravia Ct. *Wal* —1F **131**
Belhaven Rd. *Liv* —4F **101**
Bellair Av. *Liv* —1A **18**
Bellairs Rd. *Liv* —3E **57**
Bellamy Rd. *Liv* —1E **55**
Bell Clo. *Liv* —1F **105**
Belldene Gro. *Wir* —5F **137**
Bellefield Av. *Liv* —5B **58**
Belle Va. Rd. *Liv* —5B **104**
Belle Va. Shop. Cen. *Liv* —3B **104**
Belle Vw. Rd. *Wall* —4D **75**
Belle Vue Rd. *Liv* —5B **104**
Bellew Rd. *Liv* —4F **57**
Bellfield Cres. *Wall* —3A **52**
Bellgreen Rd. *Liv* —1A **58**
Bell Ho. Rd. *Wid* —3C **132**
Bellingham Dri. *Run* —2A **166**
Bellini Clo. *Liv* —2A **34**
Bellis Gro. *Liv* —5D **15**
Bell La. *Rain & Sut M* —4A **88**
Bellmore St. *Liv* —5B **124**
Bell Rd. *Wall* —3D **75**
Bell's Clo. *Liv* —3B **6**
Bells La. *Liv* —4A **5**
Bell St. *Liv* —3A **80**
Bellward Clo. *Wir* —5F **141**
Belmont. *Birk* —4C **96**
Belmont Av. *Wir* —1C **162**
Belmont Dri. *Liv* —1C **78**
Belmont Dri. *Wir* —4A **138**
Belmont Gro. *Liv* —1B **78**
Belmont Gro. *Pren* —4C **96**
Belmont Pl. *Liv* —1C **144**
Belmont Rd. *Liv* —1B **78**
Belmont Rd. *Wall* —2B **52**
Belmont Rd. *Wid* —2D **133**
Belmont Rd. *Wir* —3B **112**
Belmont St. *St H* —5D **45**
*Belmont Vw. Liv —1C 78*
   *(off Bk. Belmont Rd.)*
Beloe St. *Liv* —5F **99**
Belper St. *Liv* —1B **144**
Belsford Way. *Liv* —3B **146**
Belston Rd. *Liv* —1C **102**
Belton Rd. *Liv* —5D **61**
   (in two parts)
Belvedere Av. *Sut L* —5D **67**
Belvedere Clo. *Frod* —4C **172**
Belvedere Clo. *Prsct* —4E **63**
*Belvedere Ct. Wir —3A 116*
   *(off Childwall Grn.)*
Belvidere Pk. *Liv* —2E **17**
Belvidere Rd. *Cros* —2D **17**
Belvidere Rd. *Prin P* —4A **100**
Belvidere Rd. *Wall* —5F **51**
Belvoir Rd. *Liv* —4C **124**
Belvoir Rd. *Wid* —3B **132**
Bembridge Clo. *Wid* —5F **109**
Bempton Rd. *Liv* —2B **122**
Benbow St. *Boot* —1B **54**
Benedict Ct. *Boot* —2D **55**
Benedict St. *Boot* —2D **55**
Bengel St. *Liv* —4A **78**
Benledi St. *Liv* —1D **77**
Benmore Rd. *Liv* —2A **124**
Bennet's La. *Wir* —1E **91**
Bennett Clo. *Will* —5A **170**
Bennetts Hill. *Pren* —5B **96**

Bennetts La. *Wid* —3E **133**
Bennett St. *Liv* —1C **144**
Bennett Wlk. *Wir* —4F **137**
Ben Nevis Rd. *Birk* —2D **119**
Bennison Dri. *Liv* —5A **124**
Benson Clo. *Wir* —5F **93**
Benson St. *Liv* —5E **77** (6G **5**)
Bentfield. *Liv* —4E **123**
Bentfield Clo. *Wir* —5D **119**
Bentfield Gdns. *Wir* —5D **119**
Bentham Clo. *Pren* —1E **117**
Bentham Dri. *Liv* —1D **103**
Bentinck Clo. *Birk* —3C **96**
Bentinck Pl. *Birk* —3C **96**
Bentinck St. *Birk* —3C **96**
Bentinck St. *Liv* —1B **76**
Bentinck St. *Run* —4F **151**
Bentinck St. *St H* —2D **67**
Bentley Rd. *Liv* —3B **100**
Bentley Rd. *Pren* —5B **96**
Bentley Rd. *Wir* —2F **137**
Bentley St. *Clo F* —2C **88**
Benton Clo. *Liv* —5D **55**
Bent Way. *Wir* —1A **158**
Benty Clo. *Wir* —3E **141**
Benty Farm Gro. *Wir* —2A **138**
Benty Heath La. *Will* —2A **170**
Benwick Rd. *Liv* —3B **22**
Berbice Rd. *Liv* —3A **102**
Beresford Av. *Wir* —5A **120**
Beresford Clo. *Pren* —4A **96**
Beresford Rd. *Liv* —5F **99**
Beresford Rd. *Pren* —4F **95**
Beresford Rd. *Wall* —4F **51**
Beresford St. *Boot* —2B **54**
Beresford St. *Liv* —2E **77** (1H **5**)
Beresford St. *St H* —4E **65**
Bergen Clo. *Boot* —1E **55**
Berkeley Av. *Pren* —3F **117**
Berkeley Ct. *Mnr P* —3D **155**
*Berkeley Ct. Wir —3A 116*
   *(off Childwall Grn.)*
Berkeley Dri. *Wall* —4C **52**
Berkeley Rd. *Cros* —5C **8**
Berkeswell Rd. *Liv* —2A **58**
Berkley Av. *W Der* —3D **59**
Berkley St. *Liv* —2F **99**
   (in two parts)
Berkshire Gdns. *St H* —1E **65**
Bermuda Rd. *Wir* —5C **70**
Bernard Av. *Wall* —4C **52**
Berner's Rd. *Liv* —5B **124**
Berner St. *Birk* —1D **97**
Berrington Av. *Liv* —2F **125**
Berry Hill Av. *Know* —5C **40**
Berrylands Clo. *Wir* —5D **71**
Berrylands Rd. *Wir* —4D **71**
Berry Rd. *Wid* —3D **131**
Berrys La. *St H* —2F **67**
Berry St. *Boot* —5B **34**
Berry St. *Liv* —1E **99** (7G **5**)
Berry St. Ind. Est. *Boot* —5B **34**
Berrywood Dri. *Whis* —4F **85**
Bertha Gdns. *Birk* —1F **95**
Bertha St. *Birk* —1F **95**
Bertram Dri. *Wir* —3C **90**
Bertram Dri. N. *Wir* —3D **91**
Bertram Rd. *Liv* —5C **100**
Bertram St. *Newt W* —5F **49**
Berwick Av. *Wir* —1E **171**
Berwick Clo. *Liv* —2B **78**
Berwick Clo. *Pren* —3C **94**
Berwick Clo. *Wir* —1B **92**
Berwick Dri. *Liv* —5C **8**
Berwick St. *Liv* —2B **78**
Berwyn Av. *Hoy* —4C **90**
Berwyn Av. *Thing* —1A **138**
Berwyn Boulevd. *Wir* —4E **119**
Berwyn Dri. *Wir* —5A **138**

Berwyn Gro. *St H* —5F **47**
Berwyn Rd. *Liv* —3C **56**
Berwyn Rd. *Wall* —1C **74**
Beryl Rd. *Pren* —4C **94**
Beryl St. *Liv* —5A **80**
Beryl Wlk. *Liv* —1B **38**
Besford Ho. *Liv* —4B **104**
Besford Rd. *Liv* —4B **104**
Bessborough Rd. *Pren* —5B **96**
Bessbrook Rd. *Liv* —2D **123**
Bessemer St. *Liv* —5F **99**
Beta Clo. *Wir* —5A **120**
Betchworth Cres. *Beech* —4D **167**
Bethany Clo. *Hay* —1A **48**
Bethany Cres. *Wir* —2F **141**
Betjeman Gro. *Liv* —1E **103**
Betony Clo. *Liv* —3E **127**
Bettisfield Av. *Wir* —5D **163**
Betula Clo. *Liv* —4B **36**
Beulah Av. *Bil* —1D **31**
Bevan Clo. *That H* —5D **65**
Bevan's La. *Liv* —4C **58**
Beverley Dri. *Wir* —4B **158**
Beverley Gdns. *Wir* —1B **138**
Beverley Rd. *Liv* —3A **102**
Beverley Rd. *Wall* —5F **51**
Beverley Rd. *Wir* —4B **120**
Beversbrook Rd. *Liv* —1B **58**
Bevington Bush. *Liv* —3D **77** (1E **5**)
Bevington Hill. *Liv* —2D **77**
Bevington St. *Liv* —2D **77**
Bewey Clo. *Liv* —5E **99**
Bewley Dri. *Liv* —4D **22**
Bewsey St. *St H* —2D **65**
Bexhill Clo. *Speke* —3B **146**
Bianca St. *Boot* —2C **54**
Bibbys La. *Boot* —3A **34**
Bibby St. *Liv* —3F **79**
Bickerstaffe St. *Liv* —3E **77** (1H **5**)
Bickerstaffe St. *St H* —5A **46**
Bickerton Av. *Wir* —4D **119**
Bickerton St. *Liv* —1C **122**
Bickley Clo. *Run* —1C **166**
Bidder St. *Liv* —3E **77** (1H **5**)
Bideford Av. *Sut L* —1C **88**

**Bidston. —1D 95**
Bidston Av. *Birk* —2F **95**
Bidston Av. *St H* —3D **47**
Bidston Av. *Wall* —5E **51**
Bidston By-Pass. *Wir* —5B **72**
Bidston Ct. *Pren* —2E **95**
*Bidston Golf Course. —3C 72*
Bidston Grn. Ct. *Pren* —1C **94**
Bidston Grn. Dri. *Pren* —1C **94**
Bidston Ind. Est. *Wall* —3D **73**
Bidston Link Rd. *Pren* —4D **73**
Bidston Moss. *Wall* —3D **73**
*Bidston Moss Nature Reserve. —3C 72*
*Bidston Observatory. —1D 95*
Bidston Rd. *Liv* —3B **56**
Bidston Rd. *Pren* —3E **95**
Bidston Sta. App. *Pren* —4C **72**
Bidston Vw. *Pren* —5C **72**
Bidston Village Rd. *Pren* —5B **72**
Bidston Way. *St H* —3D **47**
Bigdale Dri. *Liv* —2F **23**
Bigham Rd. *Liv* —3C **78**
Biglands Dri. *Liv* —1F **105**
Big Mdw. Rd. *Wir* —5A **94**
**Billinge. —1D 31**
Billinge Cres. *St H* —2D **47**
Billingham Rd. *St H* —4D **65**
Billings Clo. *Liv* —5C **54**
Billington Rd. *Wid* —1B **130**
Bilston Rd. *Liv* —4E **123**
Bilton Clo. *Wid* —2E **133**
Bingley Rd. *Liv* —4D **56**
Binns Rd. *Liv* —4E **79**
Binns Rd. Ind. Est. *Liv* —5F **79**
Binns Way. *Liv* —5F **79**

Binsey Clo. *Wir* —4D **93**
Birbeck Rd. *Liv* —2A **24**
Birbeck Wlk. *Liv* —2A **24**
Birchall St. *Liv* —4C **54**
Birch Av. *Liv* —2B **36**
Birch Av. *St H* —2F **45**
Birch Av. *Wir* —3D **93**
Birch Clo. *Mag* —1F **13**
Birch Clo. *Pren* —1B **118**
Birch Clo. *Whis* —3E **85**
*Birch Ct. Liv —5A 100*
  *(off Weller Way)*
Birch Cres. *Newt W* —4F **49**
Birchdale Clo. *Wir* —4D **93**
Birchdale Rd. *Walt* —4A **36**
Birchdale Rd. *Wat* —3D **17**
Birchen Rd. *Liv* —5A **128**
Birches Clo. *Wir* —2A **158**
Birches, The. *Stock V* —4A **60**
Birches, The. *Wall* —4E **75**
Birchfield. *Wir* —2C **92**
Birchfield Av. *Wid* —2A **132**
Birchfield Clo. *Liv* —4E **79**
Birchfield Clo. *Wir* —2C **92**
Birchfield Rd. *Edg H* —4E **79**
Birchfield Rd. *Walt* —1A **56**
Birchfield Rd. *Wid* —4A **110**
Birchfield St. *Liv* —3E **77** (2H **5**)
Birchfield St. *That H* —4D **65**
Birchfield Way. *Liv* —2B **6**
Birch Gdns. *St H* —2F **45**
Birch Gro. *Huy* —4D **83**
Birch Gro. *Prsct* —2E **85**
Birch Gro. *Wall* —4C **52**
Birch Gro. *W'tree* —5A **80**
Birch Heys. *Wir* —3A **114**
Birchill Rd. *Know I* —3C **24**
Birchley Av. *Bil* —2C **30**
Birchley Rd. *Bil* —2B **30**
Birchley St. *St H* —4A **46**
Birchley Vw. *St H* —3B **30**
Birchmere. *Wir* —5E **137**
Birchmuir Hey. *Liv* —4F **23**
Birchridge Clo. *Wir* —5C **142**
Birch Rd. *Beb* —3A **142**
Birch Rd. *Hay* —1E **49**
Birch Rd. *Liv* —5E **83**
Birch Rd. *Meol* —3E **91**
Birch Rd. *Pren* —1B **118**
Birch Rd. *Run* —2B **166**
Birch Rd. *Wid* —1B **132**
Birch St. *Liv* —1B **76**
Birch Tree Av. *St H* —5F **29**
Birch Tree Ct. *Liv* —4A **58**
Birchtree Rd. *Liv* —1E **123**
Birchview Way. *Pren* —4D **95**
Birchway. *Hes* —5C **158**
Birchwood Av. *Birk* —2D **97**
Birchwood Clo. *Birk* —2D **97**
Birchwood Way. *Liv* —5F **15**
*Birdcage Cotts. Hay —1E 49*
  *(off Church Rd.)*
Bird St. *Liv* —2C **100**
Birdwood Rd. *St H* —3F **57**
Birkdale Av. *Wir* —4C **162**
Birkdale Clo. *Anf* —5D **57**
Birkdale Clo. *Huy* —5C **82**
Birkdale Rd. *Wid* —4B **110**
**Birkenhead. —3F 97**
*Birkenhead Pk. —2A 96*
*Birkenhead Pk. Cricket Club Ground.*
  *—3B 96*
*Birkenhead Pk. R. F.C. Ground.*
  *—2A 96*
*Birkenhead Priory Mus. —3F 97*
Birkenhead Rd. *Hoy & Meol* —3C **90**
Birkenhead Rd. *Wall* —5E **75**
*Birkenhead Town Hall. —3F 97*
Birkenshaw Av. *Liv* —5B **8**
Birket Av. *Wir* —3F **71**

Birket Clo. *Wir* —3A **72**
Birket Ho. *Birk* —2D **97**
Birket Sq. *Wir* —3A **72**
Birkett Rd. *Birk* —3E **119**
Birkett Rd. *Wir* —2B **112**
Birkett St. *Liv* —3E **77** (1G **5**)
Birkin Clo. *Liv* —5A **24**
Birkin Rd. *Liv* —5A **24**
Birkin Wlk. *Liv* —5A **24**
Birley Ct. *Liv* —2F **99**
Birnam Dri. *Rain* —4D **87**
Birnam Rd. *Wall* —3D **75**
Birstall Av. *St H* —3C **46**
Birstall Ct. *Run* —3D **167**
Birstall Rd. *Liv* —3B **78**
Birt Clo. *Liv* —2A **100**
Birtley Ct. *Wid* —2B **130**
Bisham Pk. *Run* —5D **155**
Bishopdale Dri. *Rain* —3D **87**
Bishop Dri. *Whis* —5C **84**
Bishopgate St. *Liv* —1D **101**
Bishop Reeves Rd. *Hay* —1E **49**
Bishop Rd. *Liv* —4C **56**
Bishop Rd. *St H* —3E **45**
Bishop Rd. *Wall* —4B **74**
Bishop Row. *St H* —5D **65**
Bishops Ct. *Wltn* —2B **126**
Bishop Sheppard Ct. *Liv* —2C **76**
Bishops Way. *Wid* —1D **133**
Bisley St. *Liv* —2E **101**
Bisley St. *Wall* —1B **74**
Bispham Dri. *Wir* —4E **91**
Bispham Ho. *Liv* —3D **77** (2E **5**)
Bispham St. *Liv* —3D **77** (2E **4**)
Bittern Clo. *Nort* —2D **169**
Bixteth St. *Liv* —4C **76** (3C **4**)
Blackberry Gro. *Liv* —2D **127**
Blackboards La. *Chil T* —5F **171**
**Blackbrook. —2F 47**
Blackbrook Clo. *Liv* —5A **36**
Blackbrook Clo. *Wid* —1C **130**
Blackbrook Rd. *St H* —3E **47**
Blackburne Av. *Wid* —2B **150**
Blackburne Dri. *Liv* —5D **127**
Blackburne Pl. *Liv* —1F **99**
Blackburne St. *Liv* —3C **144**
Blackburne Ter. *Liv* —1F **99**
Black Denton's Pl. *Wid* —3D **132**
Blackdown Gro. *St H* —1F **67**
Blackfield St. *Liv* —5D **55**
Blackheath Dri. *Wir* —3F **71**
Blackheath La. *Mnr P* —3E **155**
Black Horse Clo. *Wir* —3C **112**
Black Horse Hill. *Wir* —4C **112**
Black Horse La. *Liv* —2B **80**
Black Horse Pl. *Liv* —3B **80**
Blackhorse St. *St H* —4D **47**
Blackhouse Wlk. *Liv* —5E **35**
Blackhurst Rd. *Liv* —2C **6**
*Blackley Gro. Liv —5F 15*
  *(off Carl's Way)*
Blackleyhurst Av. *Bil* —1E **31**
Blacklock Hall Rd. *Liv* —4C **146**
Blacklow Brow. *Liv* —4D **83**
Blackmoor Dri. *Liv* —5C **58**
Blackpool St. *Birk* —4E **97**
Blackrod Av. *Liv* —3C **146**
Blackstock Ct. *Boot* —1D **19**
Blackstock St. *Liv* —3C **76** (1D **4**)
Blackstone Av. *St H* —3D **47**
Blackstone St. *Liv* —5B **54**
Blackthorn Cres. *Liv* —3B **60**
Blackthorne Clo. *Wir* —2F **93**
Blackthorne Rd. *Liv* —4B **36**
Blackwater Rd. *Liv* —4D **39**
Blackwood Av. *Liv* —5F **103**
Blair Dri. *Wid* —1B **130**
Blair Ind. Est. *Liv* —2F **17**
Blair Pk. *Wir* —4B **142**
Blair St. *Liv* —2E **99**

Blair Wlk. *Liv* —1F **147**
Blaisdon Clo. *Liv* —2A **58**
Blakeacre Clo. *Liv* —1F **147**
Blakeacre Rd. *Liv* —1F **147**
Blake Ct. *Liv* —2C **144**
Blakefield Rd. *Liv* —4C **10**
Blakeley Brow. *Wir* —4A **162**
Blakeley Ct. *Wir* —4A **162**
Blakeley Dell. *Raby M* —4B **162**
Blakeley Dene. *Wir* —3B **162**
Blakeley Rd. *Wir* —3A **162**
Blakeney Clo. *Wir* —2A **94**
Blakenhall Way. *Wir* —3D **93**
Blaking Dri. *Know* —4D **41**
Blantyre Rd. *Liv* —3D **101**
Blantyre St. *Run* —4F **151**
Blay Clo. *Liv* —4D **127**
Blaydon Clo. *Boot* —4F **19**
Blaydon Gro. *That H* —4D **65**
Blaydon Wlk. *Pren* —3E **95**
Bleak Hill Clo. *Wind* —1C **44**
Bleak Hill Rd. *St H & Wind* —3B **44**
Bleasdale Av. *Liv* —3E **21**
Bleasdale Clo. *Wir* —3E **93**
Bleasdale Rd. *Liv* —5A **102**
Bleasdale Way. *Liv* —1B **18**
Blenheim Av. *Liv* —5C **18**
Blenheim Dri. *Prsct* —1A **84**
Blenheim Rd. *Liv* —4F **101**
Blenheim Rd. *Wall* —1D **75**
Blenheim St. *Liv* —1C **76**
Blenheim Way. *Liv* —4B **146**
Blenheim Way. *St H* —2B **46**
Blessington Rd. *Liv* —4F **55**
Bletchley Av. *Wall* —2F **73**
Bligh St. *Liv* —2D **101**
Blindfoot Rd. *Rainf & Wind* —1D **43**
Blisworth St. *Liv* —2B **34**
Blomfield Rd. *Liv* —5D **125**
Bloomfield Grn. *Liv* —5C **100**
Bloomsbury Way. *Wid* —1D **131**
Blossom Gro. *Liv* —1F **39**
Blossom St. *Boot* —3C **34**
Blucher St. *Liv* —4C **16**
Bluebell Av. *Birk* —1F **95**
Bluebell Av. *Hay* —1E **49**
Bluebell Clo. *Liv* —4E **17**
Bluebell Ct. *Beech* —1F **173**
Blue Bell La. *Liv* —2F **83**
Blueberry Fields. *Liv* —2F **37**
Bluecoat Chambers. *Liv*
　　　—5D **77** (6E **5**)
*Bluecoat Chambers Art Gallery.*
　　　*—5D 77 (6E 5)*
Bluefields St. *Liv* —2F **99**
Blue Hatch. *Frod* —5C **172**
Blue Jay Clo. *Liv* —4E **105**
Bluestone La. *Liv* —1E **13**
Bluewood Dri. *Birk* —5D **73**
Blundell Rd. *Wid* —4C **130**
**Blundellsands. —1C 16**
Blundellsands Rd. E. *Liv* —1C **16**
Blundellsands Rd. W. *Liv* —2B **16**
Blundells Dri. *Wir* —5F **71**
**Blundell's Hill. —4B 86**
*Blundell's Hill Golf Course. —5A 86*
Blundell's La. *Rain* —5A **86**
Blundell St. *Liv* —2D **99**
Blyth Clo. *Murd* —5D **169**
Blythe Av. *Wid* —5B **110**
Blyth Hey. *Boot* —1D **19**
Blyth Rd. *Wir* —3C **162**
Blythswood St. *Liv* —1A **122**
Boaler St. *Liv* —3A **78**
Boaler St. Ind. Est. *Liv* —2B **78**
Boardmans La. *St H* —4E **47**
Boathouse La. *Park* —5C **158**
Bobbies La. *Ecc* —4A **44**
　(in two parts)
Bodden St. *Clo F* —2D **89**

Bodley St. *Liv* —4F **55**
Bodmin Clo. *Brook* —4B **168**
Bodmin Gro. *St H* —1D **47**
Bodmin Rd. *Liv* —2F **55**
Bodmin Way. *Liv* —4E **127**
Bognor Clo. *Liv* —3B **146**
Bolan St. *Liv* —3F **79**
**Bold. —5B 68**
Bolde Way. *Wir* —1A **162**
**Bold Heath. —2E 111**
Bold Ind. Est. *Wid* —4C **110**
Bold Ind. Pk. *Bold* —5B **68**
Bold La. *St H & C Grn* —4B **68**
Bold Pl. *Liv* —1E **99** (7G **5**)
Bold Rd. *St H* —4F **67**
Bold St. *Liv* —5D **77** (6F **5**)
Bold St. *Run* —4B **152**
　(in two parts)
Bold St. *St H* —5F **45**
Bold St. *Wid* —5A **132**
Boleyn Ct. *Mnr P* —4C **154**
Boleyn, The. *Liv* —4E **7**
Bollington Clo. *Pren* —1F **117**
Bolton Av. *Liv* —3C **22**
Bolton Rd. *Wir* —2B **142**
Bolton Rd. E. *Wir* —1C **142**
Bolton St. *Liv* —5D **77** (5G **5**)
Bolton St. *St H* —4C **46**
　(in two parts)
Bolton Wlk. *Liv* —3C **22**
Bonchurch Dri. *Liv* —5F **79**
Bond St. *Liv* —2D **77**
Bond St. *Prsct* —5D **63**
Bonnington Av. *Liv* —5C **8**
Bonsall Rd. *Liv* —5B **58**
Boode Cft. *Liv* —2B **60**
Booker Av. *Liv* —3A **124**
Booth St. *Liv* —3A **80**
Booth St. *St H* —4D **65**
Boothwood Clo. *Liv* —1B **100**
**Bootle. —4C 34**
*Bootle Municipal Golf Course.*
　　　*—3E 19*
*Bootle Stadium Sports Cen. —4E 35*
Borax St. *Liv* —4A **80**
Border Rd. *Wir* —2B **158**
Borella Rd. *Liv* —5F **57**
Borough Pavement. *Birk* —3D **97**
Borough Pl. *Birk* —3E **97**
Borough Rd. *Birk* —1C **118**
Borough Rd. *St H* —1E **65**
Borough Rd. *Wall* —3D **75**
　(in two parts)
Borough Rd. E. *Birk* —3E **97**
　(in two parts)
Borough Way. *Wall* —4E **75**
Borrowdale Clo. *Frod* —5D **173**
Borrowdale Rd. *Beb* —3E **141**
Borrowdale Rd. *Liv* —3E **101**
Borrowdale Rd. *More* —1D **93**
Borrowdale Rd. *St H* —3C **64**
Borrowdale Rd. *Wid* —4C **130**
Boscow Cres. *St H* —4D **67**
Bosnia St. *Liv* —1A **122**
Bossom Ct. *Liv* —5D **17**
Bostock St. *Liv* —1D **77**
Boston Av. *Run* —2B **166**
Boswell Rd. *Pren* —3F **117**
Boswell St. *Boot* —3A **34**
Boswell St. *Liv* —2B **100**
Bosworth Clo. *Wir* —5F **141**
Bosworth Rd. *St H* —2C **46**
Botanic Gro. *Liv* —5C **78**
Botanic Pl. *Liv* —4C **78**
Botanic Rd. *Liv* —4C **78**
Botany Rd. *Liv* —2C **146**
Botley Clo. *Wir* —4D **93**
Boulevard. *Liv* —2C **78**
Boulevard, The. *Liv* —3A **100**
　(L8)

Boulevard, The. *Liv* —3B **58**
　(L12)
Boulton Av. *New F* —4B **120**
Boulton Rd. *W Kir* —2B **112**
Boundary Dri. *Cros* —4D **9**
Boundary Dri. *Hunts X* —5D **127**
Boundary Farm Rd. *Liv* —1D **147**
Boundary La. *Eve* —2A **78**
Boundary La. *Kirkby* —3E **25**
Boundary La. *Wir* —2A **158**
Boundary Rd. *Huy* —1A **106**
Boundary Rd. *Lith* —3D **19**
　(in two parts)
Boundary Rd. *Port S* —5B **120**
Boundary Rd. *Pren* —5D **73**
Boundary Rd. *St H* —5E **45**
Boundary Rd. *W Kir* —1D **135**
Boundary St. *Liv* —5B **54**
Boundary St. E. *Liv* —5D **55**
Boundary Wlk. *Liv* —1A **106**
Bourne Gdns. *St H* —2C **66**
Bournemouth Clo. *Murd* —4D **169**
Bourne St. *Liv* —3B **78**
Bourton Rd. *Liv* —5B **126**
Bousfield St. *Liv* —4E **55**
Bowden Clo. *Liv* —1E **59**
Bowden Rd. *Liv* —1B **144**
Bowden St. *Liv* —2B **34**
Bowdon Clo. *Ecc* —1B **64**
Bowdon Rd. *Wall* —5A **52**
Bowen Clo. *Wid* —5D **109**
Bower Gro. *Liv* —1F **33**
Bower Ho. *Wir* —2F **93**
Bower Rd. *Huy* —2E **83**
Bower Rd. *Wir* —3C **158**
Bower Rd. *Wltn* —5A **104**
Bowers Bus. Pk. *Wid* —5B **132**
Bowers Pk. Ind. Est. *Wid* —5C **132**
Bower St. *Wid* —3C **132**
Bowfell Clo. *Wir* —2D **171**
Bowfield Rd. *Liv* —5B **124**
Bowgreen Clo. *Pren* —2C **94**
Bowland Av. *Liv* —5D **81**
Bowland Av. *Sut M* —3B **88**
Bowland Clo. *Beech* —5E **167**
Bowland Clo. *Wir* —1C **162**
Bowland Dri. *Liv* —1B **18**
Bowles St. *Boot* —2A **34**
Bowley Rd. *Liv* —1F **79**
Bowness Av. *Pren* —2A **118**
Bowness Av. *St H* —5B **30**
Bowness Av. *Wir* —5C **162**
Bowood St. *Liv* —1F **121**
*Bowring Golf Course. —5B 82*
**Bowring Park. —5A 82**
Bowring Pk. Av. *Liv* —5A **82**
Bowring Pk. Rd. *Liv* —5E **81**
Bowring St. *Liv* —5F **99**
Bowscale Clo. *Wir* —4E **93**
Bowscale Rd. *Liv* —2A **58**
Boxdale Ct. *Liv* —5A **102**
Boxdale Rd. *Liv* —5A **102**
Boxgrove Clo. *Wid* —1B **132**
Boxmoor Rd. *Liv* —2A **124**
Boxtree Clo. *Liv* —4F **39**
Boxwood Clo. *Liv* —4C **82**
Boycott St. *Liv* —5A **56**
Boyd Clo. *Wir* —3B **72**
Boydell Clo. *Liv* —4B **60**
Boyer Av. *Liv* —3D **13**
Boyes Brow. *Liv* —1D **23**
Boyton Ct. *Liv* —1C **100**
Brabant Rd. *Liv* —3E **123**
Braby Rd. *Liv* —2C **34**
Bracewell Clo. *St H* —5C **66**
Bracken Ct. *Clo F* —2C **88**
Brackendale. *Halt B* —2D **167**
Brackendale. *Wir* —1C **116**
Brackendale Av. *Liv* —1B **36**
Bracken Dri. *Wir* —4E **113**

Brackenhurst Dri. *Wall* —4C **52**
Brackenhurst Grn. *Liv* —3E **23**
Bracken La. *Wir* —2D **141**
Brackenside. *Wir* —5F **137**
Bracken Way. *W Der* —1A **80**
Bracken Wood. *Liv* —4E **39**
*Brackenwood Golf Course.* —3D **141**
Brackenwood Gro. *Whis* —3F **85**
Brackenwood Rd. *Wir* —4E **141**
Brackley Av. *Boot* —4B **34**
Brackley Clo. *Boot* —4B **34**
Brackley Clo. *Run* —4F **151**
Brackley Clo. *Wall* —3A **74**
Brackley St. *Run* —4F **151**
Bracknell Av. *Liv* —4D **23**
Bracknell Clo. *Liv* —4D **23**
Bradbourne Clo. *Liv* —5E **39**
Bradda Clo. *Wir* —2F **93**
Braddan Av. *Liv* —1E **79**
Bradden Clo. *Wir* —5B **142**
Bradewell Clo. *Liv* —3E **55**
Bradewell St. *Liv* —3E **55**
Bradfield Av. *Liv* —2C **20**
Bradfield St. *Liv* —4D **167**
Bradgate Clo. *Wir* —5B **70**
Bradkirk Ct. *Boot* —5D **11**
Bradley Fold. *Liv* —1B **106**
Bradley La. *Newt W* —1F **69**
Bradley Rd. *Liv* —4B **18**
Bradley Way. *Wid* —3B **132**
Bradman Rd. *Know I* —2C **24**
Bradman Rd. *Wir* —5C **70**
Bradmoor Rd. *Wir* —2D **163**
Bradshaw Clo. *St H* —4D **45**
Bradshaw Pl. *Liv* —3A **78**
Bradshaw St. *Wid* —2A **132**
Bradshaw Wlk. *Boot* —4B **34**
Bradstone Clo. *Liv* —2B **38**
Bradville Rd. *Liv* —1C **36**
Bradwell Clo. *Wir* —4D **113**
Braehaven Rd. *Wall* —4C **52**
Braemar Clo. *Whis* —3F **85**
Braemar St. *Liv* —2D **55**
Braemore Rd. *Wall* —2F **73**
Braeside Cres. *Bil* —1D **31**
Braeside Gdns. *Wir* —4F **93**
Brae St. *Liv* —4B **78**
Brahms Clo. *Liv* —3B **100**
Braid St. *Birk* —1D **97**
Brainerd St. *Liv* —1E **79**
Braithwaite Clo. *Beech* —4D **167**
Braithwaite Clo. *Rain* —3C **86**
Bramberton Pl. *Liv* —2C **56**
Bramberton Rd. *Liv* —2C **56**
Bramble Av. *Birk* —1F **95**
Bramble Way. *Padd M* —1E **173**
Bramble Way. *Wir* —4D **71**
Bramblewood Clo. *N'ley* —4E **105**
Bramblewood Clo. *Pren* —5D **95**
Brambling Clo. *Beech* —5F **167**
Brambling Pk. *Liv* —3E **127**
Bramcote Av. *St H* —2C **46**
Bramcote Clo. *Liv* —1A **24**
Bramcote Rd. *Liv* —1F **23**
Bramcote Wlk. *Liv* —1F **23**
Bramerton Ct. *Wir* —3A **112**
Bramford Clo. *Wir* —4E **93**
Bramhall Clo. *Wir* —5D **113**
Bramhall Dri. *Wir* —2F **171**
Bramhall Rd. *Liv* —5E **17**
Bramhill Clo. *Liv* —5E **147**
Bramley Av. *Wir* —5E **119**
Bramley Clo. *Liv* —4D **105**
Bramleys, The. *Liv* —3C **12**
Bramley Wlk. *Liv* —5D **147**
Bramley Way. *Liv* —2C **52**
Brampton Ct. *St H* —5B **48**
Brampton Dri. *Liv* —1A **100**
Bramwell Av. *Pren* —3A **118**
Bramwell St. *St H* —4E **47**

Branch Way. *Hay* —2D **49**
Brancker Av. *Rain* —2B **86**
Brancote Ct. *Pren* —3E **95**
Brancote Gdns. *Wir* —3D **163**
Brancote Mt. *Pren* —3F **95**
Brancote Rd. *Pren* —3F **95**
Brandearth Hey. *Liv* —4B **60**
Brandon. *Wid* —2A **130**
Brandon St. *Birk* —3F **97**
Brandreth Clo. *Rain* —3C **86**
Branfield Clo. *Liv* —4E **39**
Branstree Av. *Liv* —1F **57**
Bran St. *Liv* —4E **99**
Branthwaite Clo. *Liv* —2A **58**
Branthwaite Cres. *Liv* —1A **58**
Branthwaite Gro. *Liv* —2A **58**
Brasenose Rd. *Boot & Liv* —1B **54**
Brassey St. *Birk* —1A **96**
Brassey St. *Liv* —3E **99**
Brattan Rd. *Birk* —5C **96**
Braunton Rd. *Liv* —3E **123**
Braunton Rd. *Wall* —5A **52**
Braybrooke Rd. *Liv* —5F **37**
Bray Clo. *Beech* —4D **167**
Braydon Clo. *Liv* —1C **146**
Brayfield Rd. *Liv* —2D **57**
Bray Rd. *Liv* —3B **146**
Bray St. *Birk* —1B **96**
Brechin Rd. *Liv* —3F **23**
Breckfield Pl. *Liv* —1F **77**
Breckfield Rd. N. *Liv* —5F **55**
Breckfield Rd. S. *Liv* —1A **78**
Breck Pl. *Wall* —3A **74**
Breck Rd. *Eve & Anf* —2F **77**
Breck Rd. *Wall* —2F **73**
Breck Rd. *Wid* —3B **132**
Breckside Av. *Wall* —2E **73**
Breckside Pk. *Liv* —5C **56**
Brecon Av. *Boot* —4F **19**
Brecon Rd. *Birk* —3C **118**
Brecon Wlk. *Boot* —4A **20**
Breeze Clo. *Liv* —5F **35**
Breeze Hill. *Boot & Liv* —5D **35**
Breeze La. *Liv* —5F **35**
Brelade Rd. *Liv* —2F **79**
Bremhill Rd. *Liv* —5F **37**
Bremner Clo. *Liv* —5C **78**
Brenda Cres. *Thor* —3A **10**
Brendale Av. *Liv* —2C **12**
Brendon Av. *Liv* —4A **18**
Brendon Gro. *St H* —4A **48**
Brendor Rd. *Liv* —3B **126**
Brenig St. *Birk* —5F **73**
Brenka Av. *Liv* —4B **20**
Brentfield. *Wid* —2D **131**
Brent Way. *Liv* —1F **147**
(in two parts)
Brentwood Av. *Aig* —1C **122**
Brentwood Av. *Cros* —5F **9**
Brentwood Clo. *Ecc* —5B **44**
*Brentwood Ct. Wir* —2A **116**
(off Childwall Grn.)
Brentwood St. *Wall* —3C **74**
Brereton Av. *Liv* —2A **102**
Brereton Av. *Wir* —1A **142**
Brereton Clo. *Cas* —2A **168**
(in two parts)
Bretherton Pl. *Rain* —2C **86**
Bretherton Rd. *Prsct* —5E **63**
Bretlands Rd. *Liv* —4B **10**
Brett St. *Birk* —1B **96**
Brewery La. *Mell* —1E **21**
Brewster St. *Liv & Boot* —2E **55**
Brian Av. *Wir* —1F **137**
Brian Cummings Ct. *Liv* —2B **34**
Briardale Rd. *Beb* —5F **119**
Briardale Rd. *Birk* —5C **96**
Briardale Hey. *Liv* —4F **101**
Briardale Rd. *Wall* —4E **75**

Briardale Rd. *Will* —4A **170**
Briar Dri. *Liv* —4D **83**
Briar Dri. *Wir* —2A **158**
Briarfield Av. *Wid* —3A **130**
Briarfield Rd. *Hes* —2B **158**
Briars Clo. *Rain* —5D **87**
Briars Grn. *St H* —3F **45**
Briars La. *Liv* —1E **13**
Briar St. *Liv* —4D **55**
Briarswood Clo. *Birk* —4F **119**
Briarswood Clo. *Whis* —3F **85**
Briarwood. *Nort* —2C **168**
Briarwood Rd. *Liv* —1E **123**
Briary Clo. *Wir* —1B **158**
Brickfields. *Liv* —5A **84**
Brick St. *Newt W* —5F **49**
Brickwall Grn. *Liv* —3F **11**
Brickwall La. *Liv* —5D **11**
Bride St. *Liv* —1F **55**
Bridge Ct. *Boot* —1D **19**
Bridge Ct. *Wir* —3A **112**
Bridge Cft. *Liv* —2C **18**
Bridgecroft Rd. *Wall* —5B **52**
Bridge Farm Clo. *Wir* —5B **94**
Bridge Farm Dri. *Liv* —5F **7**
Bridgefield Clo. *Liv* —2B **104**
*Bridgefield Forum Leisure Cen.*
—2A **128**
Bridgeford Av. *Liv* —4A **58**
Bridge Gdns. *Liv* —3F **59**
Bridge Ind. Est. *Liv* —2B **146**
Bridge La. *Boot* —2E **19**
Bridge La. *Frod* —4C **172**
Bridgeman St. *St H* —5D **45**
(in two parts)
Bridgend Clo. *Wid* —1D **131**
Bridgenorth Rd. *Wir* —3E **137**
Bridge Rd. *Clo F* —4D **89**
Bridge Rd. *Cros* —2C **16**
Bridge Rd. *Edg H* —1C **100**
Bridge Rd. *Huy* —4C **82**
Bridge Rd. *Lith* —4B **34**
Bridge Rd. *Mag* —3D **13**
Bridge Rd. *Moss H* —1A **124**
Bridge Rd. *Prsct* —1D **85**
Bridge Rd. *Wir* —3A **112**
Bridges La. *Liv* —3F **11**
Bridge St. *Birk* —2E **97**
(in two parts)
Bridge St. *Boot* —1B **54**
Bridge St. *Port S* —2B **142**
(in two parts)
Bridge St. *Run* —4B **152**
Bridge St. *St H* —5A **46**
Bridge Vw. Clo. *Wid* —3A **152**
Bridgeview Dri. *Liv* —1F **23**
Bridgewater Clo. *Liv* —3A **18**
Bridgewater Expressway. *Run*
—5B **152**
Bri. Water Grange. *Pres B* —5F **169**
Bridgewater St. *Liv* —2D **99**
Bridgewater St. *Run* —4A **152**
Bridgewater Way. *Liv* —1A **106**
Bridgeway E. *Liv* —2E **57**
Bridgeway E. *Wind H* —5C **154**
Bridgeway W. *Wind H* —5B **154**
Bridle Av. *Wall* —4E **75**
Bridle Clo. *Pren* —3B **94**
Bridle Clo. *Wir* —3E **163**
Bridle Ct. *St H* —3C **66**
Bridle Pk. *Brom* —3D **163**
Bridle Rd. *Boot* —5E **19**
Bridle Rd. *Brom & East* —3E **163**
Bridle Rd. *Wall* —4E **75**
Bridle Rd. Ind. Est. *Boot* —5F **19**
Bridle Way. *Boot* —5F **19**
Bridley Wharf. *Pres H* —5F **169**
Bridport St. *Liv* —4E **77** (4G **5**)
Brierfield Rd. *Liv* —3F **101**

# Brierley Clo.—Brotherton Rd.

Brierley Clo. *Boot* —1B **20**
Briery Hey Av. *Liv* —3F **23**
Brightgate Clo. *Liv* —1B **100**
**Brighton le Sands. —3B 16**
Brighton Rd. *Huy* —3B **84**
Brighton Rd. *Wat* —4D **17**
Brighton St. *Wall* —2D **75**
Brighton Va. *Liv* —3C **16**
Bright St. *Birk* —3C **96**
(in two parts)
Bright St. *Liv* —3F **77**
Bright Ter. *Liv* —1F **121**
Brightwell Clo. *Wir* —5F **93**
Brill St. *Birk* —1B **96**
**Brimstage. —5B 140**
Brimstage Av. *Wir* —4D **119**
Brimstage Clo. *Wir* —3C **158**
Brimstage Grn. *Wir* —2D **159**
Brimstage La. *Wir* —3B **140**
Brimstage Rd. *Beb & High B* —5E **141**
Brimstage Rd. *Hes & Brim* —3C **158**
(in two parts)
Brimstage Rd. *Liv* —1E **55**
Brimstage St. *Birk* —4C **96**
Brindley Clo. *Liv* —3A **18**
Brindley Rd. *Ast I* —4F **153**
Brindley Rd. *Liv* —3C **22**
Brindley Rd. *Reg I* —5E **67**
Brindley St. *Liv* —3D **99**
Brindley St. *Run* —4F **151**
Brinley Clo. *Wir* —5D **163**
Brinton Clo. *Wid* —4D **131**
Brisbane Av. *Wall* —3A **52**
Brisbane St. *That H* —4D **65**
Briscoe Av. *Wir* —2E **93**
Briscoe Dri. *Wir* —2E **93**
Bristol Av. *Murd* —4E **169**
Bristol Av. *Wall* —2C **74**
Bristol Rd. *Liv* —3A **102**
Britannia Av. *Liv* —2C **100**
Britannia Cres. *Liv* —1F **121**
Britannia Pavilion. *Liv* —1C **98**
Britannia Rd. *Wall* —1A **74**
Britonside Av. *Liv* —5F **23**
Brittarge Brow. *Liv* —5E **105**
Britten Clo. *Liv* —3B **100**
Broadacre Clo. *Liv* —4C **92**
Broadbelt St. *Liv* —1F **55**
*Broadbent Ho. Liv —3D 13*
(off Boyer Av.)
Broadfield Av. *Pren* —2C **94**
Broadfield Clo. *Pren* —2C **94**
Broadfields. *Run* —2C **168**
Broadgate Av. *St H* —3C **66**
**Broad Green. —5D 81**
Broad Grn. Rd. *Liv* —3A **80**
Broadheath Av. *Pren* —2C **94**
Broadheath Ter. *Wid* —3D **131**
Broad Hey. *Boot* —2D **19**
Broad Hey Clo. *Liv* —1B **126**
Broadhurst St. *Liv* —1B **122**
Broadlake. *Will* —5A **170**
Broadlands. *Prsct* —1E **85**
Broad La. *Btnwd & C Grn* —2B **68**
Broad La. *Hes* —1C **156**
Broad La. *Kirkby* —5F **23**
Broad La. *Nor G* —2D **57**
Broad La. *St H* —3B **30**
Broad La. *Thor* —1C **10**
Broad La. Precinct. *Liv* —2F **57**
Broadmead. *Liv* —5D **125**
Broadmead. *Wir* —3C **158**
**Broad Oak. —5E 47**
Broad Oak Av. *Hay* —2B **48**
Broadoak Rd. *Liv* —3F **81**
(L14)
Broadoak Rd. *Liv* —1E **13**
(L31)
Broad Oak Rd. *St H* —5E **47**
Broad Pl. *Liv* —3F **57**

Broad Sq. *Liv* —3F **57**
Broadstone Dri. *Wir* —5F **141**
Broad Vw. *Liv* —3F **57**
Broadway. *Beb* —5D **119**
Broadway. *Ecc* —4A **44**
Broadway. *Faz* —1E **37**
Broadway. *Grea* —4E **93**
Broadway. *Liv* —2E **57**
Broadway. *St H* —3C **64**
Broadway. *Wall* —1F **73**
Broadway. *Wid* —3A **130**
Broadway Av. *Wall* —1F **73**
***Broadway Community Leisure Cen.***
—3C **64**
Broadway Mkt. *Liv* —2E **57**
Broadwood Av. *Liv* —3C **12**
Broadwood St. *Liv* —2E **101**
Brock Av. *Liv* —5E **7**
Brockenhurst Rd. *Liv* —3A **36**
Brock Gdns. *Hale V* —5E **149**
Brock Hall Clo. *Clo F* —2C **88**
Brockhall Clo. *Whis* —5A **64**
Brockholme Rd. *Liv* —3A **124**
Brocklebank La. *Liv* —4D **125**
Brockley Av. *Wall* —2B **52**
Brockmoor Tower. *Liv* —3D **55**
Brock St. *Liv* —3E **55**
Brodie Av. *Liv* —1A **124**
**Bromborough. —1E 163**
Bromborough Dock Est. *Wir* —1C **142**
***Bromborough Golf Course. —5A 162***
**Bromborough Pool. —2D 143**
**Bromborough Port. —3F 143**
Bromborough Rd. *Wir* —2A **142**
Bromborough Village Rd. *Wir*
—1D **163**
Brome Way. *Wir* —5B **142**
Bromilow Rd. *St H* —1F **67**
Bromley Av. *Liv* —4F **101**
Bromley Clo. *Wir* —3E **157**
Bromley Rd. *Wall* —4A **52**
Brompton Av. *Cros* —2C **16**
Brompton Av. *Kirkby* —5F **15**
Brompton Av. *Seft P* —3C **100**
Brompton Av. *Wall* —2C **74**
Brompton Ho. *Liv* —4C **100**
Bromsgrove Rd. *Wir* —5C **92**
Bromyard Clo. *Boot* —4B **34**
Bronington Av. *Wir* —4D **163**
Bronshill Ct. *Liv* —1A **16**
Bronte Clo. *Liv* —1B **16**
Bronte St. *Liv* —4E **77** (4H **5**)
Bronte St. *St H* —4D **45**
Brookbank Ct. *Liv* —1B **38**
Brookbridge Rd. *Liv* —5E **57**
Brook Clo. *Wall* —1C **74**
Brook Clo. *Wid* —3C **108**
Brookdale. *Wid* —1A **130**
Brookdale Av. N. *Wir* —5E **93**
Brookdale Av. S. *Wir* —5E **93**
Brookdale Clo. *Wir* —5E **93**
Brookdale Rd. *Liv* —3E **101**
Brook End. *St H* —2A **68**
Brooke Rd. E. *Liv* —3D **17**
Brooke Rd. W. *Liv* —3C **16**
Brookfield Av. *Cros* —2D **17**
Brookfield Av. *Rain* —1C **86**
Brookfield Av. *Run* —5D **153**
Brookfield Av. *Wat* —5F **17**
Brookfield Dri. *Liv* —3C **36**
Brookfield Gdns. *Wir* —4B **112**
Brookfield La. *Augh* —3F **7**
Brookfield Rd. *Wir* —4B **112**
**Brookfields Green. —2F 7**
Brook Furlong. *Frod* —3A **172**
Brook Hey Dri. *Liv* —1F **23**
Brook Hey Wlk. *Liv* —2A **24**
Brookhill Clo. *Boot* —5D **35**
Brookhill Rd. *Boot* —4D **35**
Brookhouse Gro. *Ecc* —5F **43**

**Brookhurst. —5C 162**
Brookhurst Av. *Wir* —4C **162**
Brookhurst Clo. *Wir* —5C **162**
Brookhurst Rd. *Wir* —4C **162**
Brookland La. *St H* —1A **68**
Brookland Rd. *Birk* —4D **97**
Brookland Rd. E. *Liv* —3A **80**
Brookland Rd. W. *Liv* —3A **80**
Brooklands. *Birk* —2D **97**
Brooklands Av. *Liv* —5E **17**
Brooklands Dri. *Liv* —2D **13**
Brooklands Rd. *Ecc* —4A **44**
Brooklands, The. *Liv* —5E **83**
Brook Lea Ho. *Liv* —2C **18**
Brooklet Rd. *Liv* —2C **158**
Brook Mdw. *Wir* —5E **115**
Brook Pk. *Liv* —3C **12**
Brook Rd. *Boot* —5B **34**
Brook Rd. *Liv* —2E **13**
Brook Rd. *Thor* —4A **10**
Brook Rd. *Walt* —4A **36**
Brooks All. *Liv* —5D **77** (6E **5**)
Brookside. *K Ash* —2D **81**
Brookside. *Mag* —1E **13**
Brookside. *W Der* —3F **59**
Brookside Av. *Ecc* —3B **44**
Brookside Av. *K Ash* —3D **81**
Brookside Av. *Wat* —5F **17**
Brookside Clo. *Bil* —1E **31**
Brookside Clo. *Hay* —1B **48**
Brookside Clo. *Prsct* —2E **85**
Brookside Ct. *Liv* —1E **17**
Brookside Cres. *Wir* —4D **93**
Brookside Dri. *Wir* —4E **93**
Brookside Rd. *Frod* —5A **172**
Brookside Rd. *Prsct* —2E **85**
Brookside Vw. *Hay* —1B **48**
Brookside Way. *Hay* —1B **48**
Brooks, The. *St H* —1A **46**
Brook St. *Birk* —1C **96**
Brook Va. *Liv* —5F **17**
Brookvale Av. N. *Run* —4B **168**
Brookvale Av. S. *Brook* —4B **168**
Brookvale Clo. *Btnwd* —5F **69**
***Brookvale Recreation Cen. —5C 168***
Brook Wlk. *Wir* —5D **115**
Brookway. *Nor C* —3E **117**
Brookway. *Wall* —1A **74**
Brookway. *Wir* —4E **93**
Brookway La. *St H* —2F **67**
Brookwood Rd. *Liv* —2E **83**
Broom Clo. *Ecc P* —5F **63**
Broome Ct. *Brook* —4B **168**
Broomfield Clo. *Wir* —1D **157**
Broomfield Gdns. *Liv* —3F **35**
Broomfield Rd. *Liv* —3F **35**
Broom Hill. *Pren* —2F **95**
Broomhill Clo. *Liv* —3C **104**
Broomlands. *Wir* —2F **157**
Broomleigh Clo. *Wir* —2D **141**
Broom Rd. *St H* —3B **64**
Brooms Gro. *Liv* —3E **21**
Broom Way. *Liv* —5E **127**
Broseley Av. *Wir* —1C **162**
Broster Av. *Wir* —1C **92**
Broster Clo. *Wir* —1C **92**
Brosters La. *Wir* —2E **91**
Brotherton Clo. *Wir* —1C **162**
***Brotherton Pk. —5C 142***
Brotherton Rd. *Wall* —4E **75**

Brougham Av. *Birk* —5F **97**
Brougham Rd. *Wall* —3D **75**
Brougham Ter. *Liv* —3A **78**
Broughton Av. *Wir* —3A **112**
Broughton Dri. *Liv* —5A **124**
Broughton Hall Rd. *Liv* —1E **81**
Broughton Rd. *Wall* —3B **74**
Broughton Way. *Wid* —2B **150**
Brow La. *Wir* —3F **157**
Brownbill Bank. *Liv* —4E **105**
**Brown Edge. —4D 65**
Brownheath Av. *Bil* —2D **31**
Browning Av. *Birk* —3F **119**
Browning Av. *Wid* —4F **131**
Browning Clo. *Liv* —5F **83**
Browning Rd. *Wall* —1D **73**
Browning Rd. *Wat* —3D **17**
Browning Rd. *W Der* —5F **83**
Browning St. *Boot* —4A **34**
Brownlow Arc. *St H* —5A **46**
Brownlow Hill. *Liv* —5E **77** (5G **5**)
Brownlow Rd. *Wir* —5B **120**
Brownlow St. *Liv* —5F **77** (5J **5**)
Brownmoor Clo. *Liv* —1A **18**
Brownmoor La. *Liv* —2F **17**
Brownmoor Pk. *Liv* —2F **17**
Brown's La. *Boot* —2F **19**
Brown St. *Wid* —5D **133**
Brownville Rd. *Liv* —4D **57**
Brow Rd. *Pren* —5D **73**
Brow Side. *Liv* —2F **77**
**Brow, The. —1F 167**
Broxholme Way. *Liv* —3D **13**
Broxton Av. *Pren* —2F **117**
Broxton Av. *Wir* —3C **112**
Broxton Clo. *Wid* —1C **130**
Broxton Rd. *Wall* —5F **51**
Broxton St. *Liv* —1E **101**
Bruce Cres. *Wir* —4C **162**
Bruce St. *Liv* —4A **100**
Bruce St. *St H* —4E **45**
Bruen Clo. *Liv* —3D **105**
Brunel Dri. *Liv* —3A **18**
Brunner Rd. *Wid* —4A **132**
Brunsborough Clo. *Wir* —4C **162**
Brunsfield Clo. *Wir* —2C **92**
Brunstath Clo. *Wir* —1C **158**
Brunswick. *Run* —4A **152**
Brunswick Bus. Pk. *Brun B* —5E **99**
Brunswick Clo. *Liv* —3E **55**
Brunswick M. *Birk* —2E **97**
Brunswick M. *Liv* —5E **17**
Brunswick Pde. *Liv* —5D **17**
Brunswick Pl. *Liv* —3B **54**
Brunswick Rd. *Liv* —3F **77** (2J **5**)
Brunswick Rd. *Newt W* —4F **49**
Brunswick St. *Gars* —4C **144**
Brunswick St. *Liv* —5B **76** (6B **4**)
Brunswick St. *St H* —5A **48**
Brunswick Way. *Brun B* —4D **99**
Brunt La. *Liv* —5E **125**
Brushford Clo. *Liv* —1B **58**
Bruton Rd. *Liv* —5D **61**
Bryanston Rd. *Birk* —2A **118**
Bryanston Rd. *Liv* —1B **122**
Bryant Av. *Liv* —2B **34**
Bryceway, The. *Liv* —2D **81**
Brydges St. *Liv* —5A **78**
Bryer Rd. *Prsct* —2D **85**
Bryn Bank. *Wall* —2C **74**
Brynmor Rd. *Liv* —3A **124**
Brynmoss Av. *Wall* —2F **73**
Brynn St. *St H* —4A **46**
Brynn St. *Wid* —4B **132**
Bryony Way. *Birk* —4F **119**
Brythen St. *Liv* —5D **77** (5F **5**)
Buccleuch St. *Birk* —5F **73**
Buccleuch Way. *Birk* —5F **73**
Buchanan Rd. *Liv* —5F **35**
Buchanan Rd. *Wall* —3D **75**

Buckfast Av. *Hay* —1F **49**
Buckfast Clo. *Boot* —1F **19**
Buckfast Ct. *Run* —4E **155**
Buckingham Av. *Liv* —3D **101**
Buckingham Av. *Pren* —2F **95**
Buckingham Av. *Wid* —5A **110**
Buckingham Av. *Wir* —5C **119**
Buckingham Clo. *Boot* —2C **18**
Buckingham Ct. *St H* —1E **65**
Buckingham Ct. *Liv* —1F **23**
Buckingham Dri. *St H* —1A **46**
Buckingham Ho. *Liv* —4D **101**
Buckingham Rd. *Mag* —1C **12**
Buckingham Rd. *Tue* —5D **57**
Buckingham Rd. *Wall* —2F **73**
Buckingham Rd. *Walt* —2A **36**
Buckingham St. *Liv* —1E **77**
Buckland Clo. *Wid* —5C **130**
Buckland Dri. *Liv* —5F **141**
Buckland St. *Liv* —1B **122**
Buckley Hill La. *Liv* —1D **19**
Buckley Wlk. *Liv* —5D **147**
Buckley Way. *Boot* —5D **11**
Buckthorn Clo. *Liv* —4B **60**
Buckthorn Gdns. *St H* —5C **64**
Bude Clo. *Pren* —3C **94**
Bude Rd. *Wid* —2E **131**
Budworth Av. *Sut M* —3B **88**
Budworth Av. *Wid* —2D **131**
Budworth Clo. *Halt L* —3D **167**
Budworth Clo. *Pren* —5E **95**
Budworth Ct. *Pren* —4F **95**
Budworth Dri. *Liv* —2C **126**
Budworth Rd. *Pren* —5E **95**
Buerton Clo. *Pren* —5E **95**
Buffs La. *Wir* —1B **158**
Bulford Rd. *Liv* —4D **37**
Bulkeley Rd. *Wall* —3D **75**
Bull Bri. La. *Liv* —3E **21**
Bullens Rd. *Kirkby* —4F **23**
Bullens Rd. *Walt* —3F **55**
Bullfinch Ct. *Liv* —3E **127**
Bull La. *Liv* —1A **36**
(Caldy Rd.)
Bull La. *Liv* —2F **35**
(Orrell La.)
Bullrush Dri. *Wir* —4A **72**
Bulrushes, The. *Liv* —1F **121**
Bulwer St. *Birk* —2F **119**
Bulwer St. *Boot* —3A **34**
Bulwer St. *Liv* —1A **78**
Bunbury Dri. *Run* —4C **166**
Bundoran Rd. *Liv* —2D **123**
Bungalows, The. *Thor H* —4B **160**
(off Raby Rd.)
Bunter Rd. *Liv* —1F **39**
Bunting Ct. *Liv* —2D **127**
Burbo Bank Rd. *Liv* —1A **16**
Burbo Bank Rd. N. *Liv* —5A **8**
Burbo Bank Rd. S. *Liv* —2B **16**
Burbo Cres. *Liv* —2B **16**
Burbo Mans. *Liv* —2B **16**
Burbo Way. *Wall* —3E **51**
Burden Rd. *Wir* —1C **92**
Burdett Av. *Wir* —5F **141**
Burdett Clo. *Wir* —5A **142**
Burdett Rd. *Liv* —3D **17**
Burdett Rd. *Wall* —1D **73**
Burdett St. *Liv* —1B **122**
Burdon Clo. *Wid* —1D **131**
Burford Av. *Wall* —3F **73**
Burford Rd. *Liv* —5C **80**
Burgess Gdns. *Liv* —5C **6**
Burgess St. *Liv* —4E **77** (3H **5**)
Burghill Rd. *Liv* —4F **39**
Burgundy Clo. *Liv* —2C **122**
Burland Clo. *Run* —1F **165**
Burland Rd. *Liv* —1A **148**
Burleigh M. *Liv* —4F **55**
Burleigh Rd. N. *Liv* —4F **55**

Burleigh Rd. S. *Liv* —5F **55**
Burley Clo. *Liv* —4F **23**
Burlingham Av. *Wir* —5D **113**
Burlington Rd. *Wall* —2B **52**
Burlington St. *Birk* —3E **97**
Burlington St. *Liv* —2C **76**
Burman Cres. *Liv* —5C **124**
Burman Rd. *Liv* —5C **124**
Burnage Av. *Clo F* —2C **88**
Burnage Clo. *Liv* —5F **147**
Burnand St. *Liv* —4F **55**
Burnard Clo. *Liv* —3F **23**
Burnard Cres. *Liv* —3F **23**
Burnard Wlk. *Liv* —3F **23**
Burnell Clo. *St H* —4F **45**
Burnham Clo. *Wid* —1C **130**
Burnham Rd. *Liv* —1C **124**
Burnie Av. *Boot* —3E **35**
Burnley Av. *Wir* —1F **93**
Burnley Clo. *Liv* —2A **78**
Burnley Rd. *Wir* —5F **71**
Burnsall Dri. *Wid* —1C **130**
Burnsall St. *Liv* —2E **145**
Burns Av. *Wall* —1A **74**
Burns Clo. *Liv* —1F **103**
Burns Clo. *Whis* —3E **85**
Burns Cres. *Wid* —4F **131**
Burns Gro. *Liv* —5A **84**
Burnside Av. *Wall* —4B **74**
Burnside Rd. *Wall* —4B **74**
Burns Rd. *Sut M* —3A **88**
Burns St. *Boot* —3A **34**
Burnt Ash Clo. *Liv* —5F **123**
Burnthwaite Rd. *Liv* —3C **80**
Burnt Mill La. *Wid* —2D **149**
Burrell Clo. *Birk* —3C **118**
Burrell Ct. *Birk* —3C **118**
Burrell Dri. *Wir* —2D **93**
Burrell Rd. *Birk* —4B **118**
Burrell St. *Liv* —3F **55**
Burroughs Gdns. *Liv* —2D **77**
Burrow's Av. *Hay* —3F **47**
Burrows Ct. *Liv* —1C **76**
Burrows Ct. *St H* —5E **47**
Burrow's La. *Ecc L* —4E **63**
Burrows St. *Hay* —2A **48**
Burton Av. *Rain* —2A **86**
Burton Av. *Wall* —1E **73**
Burton Clo. *Liv* —1D **99**
Burton Clo. *Rain* —2A **86**
Burton Clo. *Wid* —1E **131**
Burtonhead Rd. *St H* —1F **65**
Burton St. *Liv* —5B **54**
Burtons Way. *Liv* —5C **22**
**Burtonwood. —5E 69**
Burtonwood Ind. Est. *Btnwd* —4F **69**
Burtree Rd. *Liv* —5A **60**
Burwell Clo. *Liv* —2A **24**
Burwell Wlk. *Liv* —2A **24**
Burwen Dri. *Liv* —2F **35**
Busby's Cotts. *Wall* —3B **52**
Bushel's Dri. *Clo F* —3E **89**
Bushey Rd. *Liv* —1C **56**
Bushley Clo. *Boot* —4B **34**
Bush Rd. *Wid* —2F **151**
Bush Way. *Wir* —2E **157**
Butcher's La. *Augh* —2F **7**
Bute St. *Liv* —2E **77** (1G **5**)
(in two parts)
Butleigh Rd. *Liv* —1D **83**
Butler Cres. *Liv* —3B **78**
Butler St. *Liv* —2B **78**
(in two parts)
Buttercup Clo. *Liv* —4F **17**
Buttercup Clo. *Wir* —4A **72**
Buttercup Way. *Liv* —4B **36**
Butterfield St. *Liv* —4F **55**
Buttermere Av. *Pren* —3C **94**
Buttermere Av. *St H* —5A **30**
Buttermere Clo. *Frod* —5D **173**

Buttermere Clo. *Kirkby* —1D 23
Buttermere Clo. *Mag* —1E 13
*Buttermere Ct. Birk* —4C *96*
  (off Penrith St.)
Buttermere Gdns. *Liv* —3F 17
Buttermere Gro. *Beech* —5D 167
Buttermere Rd. *Liv* —5A 82
Buttermere St. *Liv* —2B 100
Butterton Av. *Wir* —3D 93
Butterwick Dri. *Liv* —5E 39
Button St. *Liv* —5C 76 (5E 4)
Butts, The. *Cas* —5F 153
Buxted Rd. *Liv* —5A 24
Buxted Wlk. *Liv* —5A 24
Buxton La. *Wall* —1E 73
Buxton Rd. *Birk* —2A 120
Byerley St. *Wall* —4D 75
Byland Clo. *Wid* —4C 110
Byles St. *Liv* —5A 100
Byng Pl. *Liv* —3D 57
Byng Rd. *Liv* —3D 57
Byng St. *Mil B* —1B 54
By-Pass, The. *Cros* —1E 17
Byrne Av. *Birk* —3F 119
Byrom St. *Liv* —3D 77 (3F 5)
Byrom Way. *Liv* —3D 77 (2F 5)
Byron Av. *Liv* —4A 58
Byron Av. *Whis* —3F 85
Byron Clo. *Huy* —5A 84
Byron Clo. *Pren* —4F 117
Byron Clo. *St H* —3A 46
Byron Rd. *Cros* —1C 16
Byron Rd. *Mag* —4D 7
Byron St. *Boot* —3A 34
Byron St. *Liv* —2C 144
Byron St. *Run* —1A 166
Byron Ter. *Liv* —1C 16
Byton Wlk. *Liv* —1A 24
Byway, The. *Liv* —5E 9

**C**abbage Hall. —5C 56
Cabes Clo. *Liv* —4A 60
Cable Rd. *Whis* —1F 85
Cable Rd. *Wir* —4B 90
Cable Rd. S. *Wir* —5B 90
Cable St. *Liv* —5C 76 (6D 4)
Cabot Grn. *Liv* —4E 103
Cadbury Clo. *Liv* —1B 58
Caddick Rd. *Know B* —3B 40
Cadmus Wlk. *Liv* —2F 77
Cadnam Rd. *Liv* —4D 105
Cadogan St. *Liv* —1D 101
Cadwell Rd. *Liv* —2B 6
Caernarvon Clo. *Cas* —5F 153
Caernarvon Clo. *Wir* —3A 94
Caernarvon Ct. *Wir* —3F 141
Caerwys Gro. *Birk* —5E 97
Caesars Clo. *Cas* —5E 153
*Cains Brewery. —2D 99*
Caird St. *Liv* —3A 78
Cairn Ct. *That H* —3D 65
Cairnmore Rd. *Liv* —2A 124
Cairns St. *Liv* —3A 100
Cairo St. *Liv* —2E 55
Cairo St. *St H* —2D 65
Caithness Ct. *Run* —5B 152
Caithness Dri. *Liv* —2F 17
Caithness Dri. *Wall* —5C 52
Caithness Gdns. *Pren* —3F 117
Caithness Rd. *Liv* —3B 124
Calcott Rake. *Boot* —1E 19
Calday Grange Clo. *Wir* —5D 113
Caldbeck Gro. *St H* —4C 30
Caldbeck Rd. *Croft B* —5D 143
Calder Av. *Pren* —2F 117
Calder Clo. *Liv* —4F 15
Calder Clo. *Wid* —1F 133
Calder Dri. *Mag* —5E 7
Calder Dri. *Moss H* —4C 102

Calder Dri. *Rain* —3B 86
Calderfield Rd. *Liv* —4D 103
Calder Grange. *Liv* —1E 125
Calderhurst Dri. *Wind* —2B 44
Calder Rd. *Liv* —5F 55
Calder Rd. *Wir* —2D 141
Calders, The. *Liv* —1C 124
**Calderstones. —1C 124**
Calderstones Av. *Liv* —4B 102
*Calderstones Pk. —1D 125*
Calderstones Rd. *Liv* —5B 102
Calder St. *Liv* —5E 55
Caldicott Av. *Wir* —3D 163
Caldway Dri. *Liv* —3D 105
Caldwell Clo. *Liv* —1F 23
Caldwell Dri. *Wir* —2B 116
Caldwell Rd. *Liv* —4C 124
Caldwell Rd. *Wid* —5A 132
Caldwell St. *St H* —5D 47
**Caldy. —2D 135**
Caldy Chase Dri. *Wir* —2D 135
Caldy Ct. *Wir* —5B 112
*Caldy Golf Course. —4D 135*
Caldy Gro. *Hay* —1A 48
Caldy Gro. *St H* —3D 47
Caldy Rd. *Liv* —1A 36
Caldy Rd. *Wall* —1B 74
Caldy Rd. *Wir* —5B 112
Caldy Wood. *Wir* —2D 135
Caldywood Dri. *Whis* —3E 85
Caledonia St. *Liv* —1F 99 (7J 5)
Calgarth Rd. *Liv* —1C 82
California Rd. *Liv* —4D 57
Callaghan Clo. *Liv* —1D 77
Callander Rd. *Liv* —3D 79
Callard Clo. *Liv* —3C 104
Callestock Clo. *Liv* —3C 38
Callington Clo. *Liv* —5A 60
Callon Av. *St H* —3E 47
Callow Rd. *Liv* —2D 101
Calmet Clo. *Liv* —5E 55
Calmington La. *Run* —3F 155
Calne Clo. *Wir* —5D 115
Calthorpe St. *Liv* —1B 144
Calthorpe Way. *Pren* —3D 95
Calvados Clo. *Liv* —3C 122
Calveley Av. *Wir* —1F 171
Calveley Clo. *Pren* —1F 117
Calveley Gro. *Liv* —1A 148
Calverley Clo. *Brook* —5B 168
Calvers. *Run* —1E 167
Camberley Dri. *Liv* —4C 126
Camborne Av. *Liv* —3C 126
Camborne Clo. *Brook* —4C 168
Cambourne Av. *St H* —1D 47
Cambourne Rd. *Btnwd* —5D 68
Cambrian Clo. *Wir* —2C 92
Cambrian Rd. *Wir* —2C 92
Cambrian Way. *Liv* —1B 126
Cambria St. *Liv* —3B 78
Cambridge Av. *Cros* —5D 9
Cambridge Av. *Lith* —5B 18
Cambridge Ct. *Liv* —1F 99 (7J 5)
Cambridge Dri. *Cros* —5C 8
Cambridge Dri. *Halew* —4F 127
Cambridge Rd. *Birk* —2B 118
Cambridge Rd. *Boot* —1D 55
Cambridge Rd. *Brom* —2E 163
Cambridge Rd. *Cros* —5C 8
Cambridge Rd. *St H* —4E 45
Cambridge Rd. *Wall* —4B 52
Cambridge Rd. *Walt* —5B 20
Cambridge Rd. *Wat & S'frth* —1E 33
Cambridge St. *Liv* —5F 77 (6J 5)
  (L7, in three parts)
Cambridge St. *Liv* —1D 101
  (L15, in two parts)
Cambridge St. *Prsct* —5D 63
Cambridge St. *Run* —5C 152
Cambridge St. *Wid* —5B 132

Camdale Clo. *Liv* —4B 60
Camden Ct. *Nort* —1D 169
Camden St. *Birk* —2E 97
Camden St. *Liv* —4E 77 (3G 5)
Camelford Rd. *Liv* —3C 38
Camellia Ct. *Liv* —2A 122
Camellia Gdns. *St H* —4B 68
Camelot Clo. *Newt W* —4F 49
*Camelot Ter. Boot* —4B *34*
  (off Tennyson St.)
Camelot Way. *Cas* —2A 168
Cameo Clo. *Liv* —2B 78
Cameron Av. *Run* —2E 165
Cameron Rd. *Wid* —4A 132
Cameron Rd. *Wir* —3B 72
Cameron St. *Liv* —4C 78
Cammell Ct. *Pren* —3B 96
Campania St. *Liv* —3C 144
Campbell Av. *Run* —2A 166
Campbell Dri. *Liv* —3E 81
Campbell St. *Boot* —5A 34
Campbell St. *Liv* —1D 99 (7E 5)
Campbell St. *St H* —4E 45
Campbeltown Rd. *Birk* —4F 97
Camperdown St. *Birk* —3F 97
Camphill Rd. *Liv* —4A 126
Campion Clo. *St H* —1B 46
Campion Way. *Liv* —2F 105
Camp Rd. *Liv* —3B 126
Campsey Ash. *Wid* —5F 109
Camrose Clo. *Run* —4C 166
Cam St. *Wltn* —2F 125
Canada Boulevd. *Liv* —5B 76 (5B 4)
Canal Reach. *Wind* —5C 154
Canalside. *West P* —3D 165
Canalside Gro. *Liv* —1C 76
Canal St. *Boot* —5B 34
  (in two parts)
Canal St. *Newt W* —5F 49
Canal St. *Run* —4B 152
Canal St. *St H* —1F 65
Canal Vw. *Mell* —2A 22
Canberra Av. *That H* —4E 65
Canberra La. *Gil I* —3C 38
Candia Towers. *Liv* —5E 55
Cannell Ct. *Pal* —4A 168
Canning Pl. *Liv* —5C 76 (7D 4)
  (in two parts)
Canning St. *Birk* —2E 97
Canning St. *Liv* —1F 99
Canning St. *Wat* —4D 17
Cannington Rd. *St H* —1B 66
Canniswood Rd. *Hay* —2A 48
Cannock Grn. *Liv* —1B 12
Cannon Hill. *Pren* —3B 96
Cannon Mt. *Pren* —3B 96
Cannon St. *Clo F* —3C 88
Canon Rd. *Liv* —4C 56
Canon St. *Run* —4A 152
Canon Wilson Clo. *Hay* —2D 49
Canrow La. *Know* —3D 41
Cansfield St. *St H* —4A 46
Canterbury Av. *Liv* —2D 17
Canterbury Clo. *Ain* —3E 21
Canterbury Clo. *Prsct* —4E 63
Canterbury Pk. *Liv* —4C 124
Canterbury Rd. *Birk* —3A 120
Canterbury Rd. *Wall* —3C 74
Canterbury Rd. *Wid* —5C 130
Canterbury St. *Gars* —3C 144
Canterbury St. *Liv* —3E 77 (2H 5)
Canterbury St. *St H* —3E 45
Canterbury Way. *Boot* —1F 19
Canterbury Way. *Liv* —3E 77 (2J 5)
Canter Clo. *Liv* —5D 21
Cantley Clo. *Beech* —4D 167
Cantsfield St. *Liv* —2C 100
Canvey Clo. *Liv* —2B 102
Cape Rd. *Liv* —2C 36
Capesthorne Clo. *Wid* —4E 131

# Capper Gro.—Cavell Clo.

Capper Gro. *Liv* —3E **83**
Capricorn Cres. *Liv* —1F **81**
Capricorn Way. *Boot* —4B **34**
Capstick Cres. *Liv* —3B **104**
Captains Clo. *Boot* —5D **19**
Captains Grn. *Boot* —5D **19**
Captains La. *Boot* —5E **19**
Caradoc Rd. *Liv* —2A **34**
Caraway Clo. *Liv* —5B **10**
Caraway Gro. *St H* —4D **45**
Carbis Clo. *Liv* —2A **38**
Carden Clo. *Liv* —4E **55**
Cardeston Clo. *Sut W* —2F **173**
Cardigan Av. *Birk* —3D **97**
Cardigan Clo. *St H* —1F **65**
Cardigan Rd. *Wall* —4B **52**
Cardigan St. *Liv* —1D **101**
Cardigan Way. *Boot* —1B **20**
Cardigan Way. *Liv* —2B **78**
Cardus Clo. *Wir* —1B **92**
Cardwell Rd. *Liv* —1C **144**
Cardwell St. *Liv* —1A **100**
Carey Av. *Liv* —1D **141**
Carey St. *Wid* —3B **132**
Carfax Rd. *Liv* —1A **24**
Cargill Gro. *Birk* —4B **120**
Carham Rd. *Hoy* —5C **90**
Carisbrooke Clo. *Wir* —1C **134**
Carisbrooke Rd. *Boot & Liv* —1E **55**
Carkington Rd. *Liv* —3C **126**
Carland Clo. *Liv* —2B **38**
Carlaw Rd. *Birk* —2A **118**
Carleen Clo. *Liv* —2A **122**
Carlett Boulevd. *Wir* —5F **163**
Carlett Pk. *Wir* —4F **163**
Carley Wlk. *Liv* —5E **147**
Carlile Av. *Wir* —4F **15**
Carlingford Clo. *Liv* —2A **100**
Carlisle Av. *Boot* —
Carlisle Clo. *Liv* —3D **57**
Carlisle Clo. *Pren* —4C **96**
Carlisle M. *Pren* —4C **96**
Carlisle St. *Wid* —3C **132**
Carlis Rd. *Liv* —5F **23**
Carlow Clo. *Hale V* —5D **149**
Carlow St. *St H* —2D **65**
Carl's Way. *Liv* —4F **15**
Carlton Av. *Liv* —4A **102**
Carlton Av. *Run* —5D **153**
Carlton La. *Liv* —2A **80**
Carlton La. *Wir* —3C **90**
Carlton Mt. *Birk* —1E **119**
Carlton Rd. *Birk* —5C **96**
Carlton Rd. *Wall* —3B **52**
Carlton Rd. *Wir* —3B **142**
Carlton St. *Liv* —2B **76**
Carlton St. *Prsct* —4E **63**
Carlton St. *St H* —5E **45**
Carlton St. *Wid* —4A **132**
Carlton Ter. *Cros* —1D **17**
Carlton Ter. *Wir* —3C **90**
Carlyon Way. *Liv* —3E **127**
Carmarthen Cres. *Liv* —3D **99**
Carmel Clo. *Wall* —3B **52**
Carmel Ct. *Wid* —1B **132**
Carmelite Cres. *Ecc* —3A **44**
Carmel St. *Liv* —5E **55**
Carmichael Av. *Wir* —2D **115**
Carnaby Clo. *Liv* —1A **86**
Carnarvon Ct. *Liv* —5F **35**
Carnarvon Rd. *Liv* —5F **35**
Carnarvon St. *That H* —4D **65**
Carnatic Clo. *Liv* —1E **123**
Carnatic Rd. *Liv* —1E **123**
Carnation Rd. *Liv* —4B **36**
Carnegie Av. *Liv* —2D **17**
Carnegie Cres. *St H* —3E **67**
Carnegie Rd. *Liv* —2E **79**
Carnegie Wlk. *St H* —3F **67**
Carnforth Av. *Liv* —4F **23**

Carnforth Clo. *Birk* —4C **96**
Carnforth Clo. *Liv* —2B **58**
Carnforth Rd. *Liv* —2C **124**
Carno St. *Liv* —1E **101**
Carnoustie Clo. *Liv* —5F **59**
Carnoustie Clo. *Wir* —5B **70**
Carnoustie Gro. *Hay* —3B **48**
Carnsdale Rd. *Wir* —1F **93**
Carol Dri. *Wir* —2C **158**
Carole Clo. *Sut L* —5E **67**
Carolina St. *Boot* —5B **34**
Caroline Pl. *Pren* —4B **96**
Caronia St. *Liv* —3C **144**
Carpathia St. *Liv* —3C **144**
Carpenter's La. *Wir* —4B **112**
Carpenters Row. *Liv* —1C **98**
Carraway Rd. *Gil I* —2B **38**
Carr Bri. Rd. *Wir* —5B **94**
Carr Clo. *Liv* —1B **58**
Carr Cft. *Liv* —2B **18**
Carrfield Av. *Liv* —2A **18**
Carrfield Wlk. *Liv* —5B **38**
Carr Ga. *Wir* —2B **92**
Carr Hey. *Wir* —1B **92**
Carr Hey Clo. *Wir* —2C **116**
Carr Ho. La. *Wir* —1B **92**
Carrick Ct. *Liv* —2A **18**
Carrickmore Av. *Liv* —2A **124**
Carrington Rd. *Wall* —5B **52**
Carrington St. *Birk* —1A **96**
Carr La. *Hoy* —5B **90**
Carr La. *Huy* —4C **82**
Carr La. *Mag* —2A **6**
Carr La. *Meol & More* —5A **70**
Carr La. *Prsct* —1B **84**
Carr La. *W Der* —1F **57**
Carr La. *W Kir* —1D **113**
Carr La. *Wid & Hale V* —2E **149**
Carr La. E. *Liv* —1B **58**
Carr La. Ind. Est. *Hoy* —5C **90**
Carr Mdw. Hey. *Boot* —3C **18**
**Carr Mill.** —5C **30**
Carr Mill Cres. *Bil* —1E **31**
Carr Mill Rd. *Bil* —1D **31**
(in two parts)
Carr Mill Rd. *St H* —1C **46**
Carrock Rd. *Croft B* —5E **143**
Carrow Clo. *Wir* —2B **92**
Carr Rd. *Boot* —1D **35**
Carrs Ter. *Whis* —3D **85**
Carr St. *Dent G* —3D **45**
Carruthers St. *Liv* —3C **76** (1C **4**)
Carrville Way. *Liv* —1A **60**
Carrwood Clo. *Hay* —2A **48**
Carsdale Rd. *Liv* —4A **102**
Carsgoe Rd. *Hoy* —5C **90**
Carsington Rd. *Liv* —1A **58**
Carstairs Rd. *Liv* —2C **78**
Carsthorne Rd. *Hoy* —5C **90**
Cartbridge La. *Liv* —3F **127**
Carter Av. *Rainf* —1A **28**
Carters, The. *Boot* —1A **20**
Carters, The. *Wir* —5C **92**
Carter St. *Liv* —2F **99**
Carterton Rd. *Hoy* —5C **90**
Cartmel Av. *St H* —1E **45**
Cartmel Av. *Liv* —5E **7**
Cartmel Clo. *Birk* —4C **96**
Cartmel Dri. *Rain* —2A **86**
Cartmel Dri. *W Der* —2C **58**
Cartmel Dri. *Wir* —2E **93**
Cartmell Clo. *Run* —4B **166**
Cartmel Rd. *Liv* —1C **82**
Cartmel Ter. *Liv* —5B **38**
Cartmel Way. *Liv* —2C **82**
Cartwright St. *Run* —5C **152**
Carver St. *Liv* —3F **77** (2J **5**)
Caryl Gro. *Liv* —5E **99**
Caryl St. *Liv* —4E **99**
(Park St.)

Caryl St. *Liv* —3D **99**
(Stanhope St.)
Caryl St. *Liv* —4D **99**
(Warwick St.)
Case Gro. *Prsct* —1E **85**
Case Rd. *Hay* —2D **49**
Cases St. *Liv* —5D **77** (5F **5**)
Cashel Rd. *Birk* —4B **74**
Caspian Pl. *Boot* —5C **34**
Caspian Rd. *Liv* —1C **56**
Cassia Clo. *Liv* —4B **36**
Cassino Rd. *Liv* —3D **83**
Cassio St. *Boot* —1E **55**
Cassley Rd. *Liv* —4A **148**
Cassville Rd. *Liv* —3A **102**
Castell Gro. *St H* —5F **45**
Castle Av. *St H* —5E **47**
Castle Clo. *Wir* —3A **72**
Castle Dri. *Hes* —2F **157**
Castlefield Clo. *Liv* —4A **58**
Castlefield Rd. *Liv* —4A **58**
**Castlefields.** —5A **154**
Castlefields Av. E. *Cas & Run* —1A **168**
Castlefields Av. N. *Cas* —5E **153**
Castlefields Av. S. *Cas* —1F **167**
Castle Fields Est. *Wir* —2F **71**
Castleford Ri. *Wir* —3E **71**
Castleford St. *Liv* —2A **102**
Castlegate Gro. *Liv* —4A **58**
Castlegrange Clo. *Wir* —2E **71**
Castleheath Clo. *Wir* —3E **71**
Castle Hill. *Liv* —5C **4**
Castle Keep. *Liv* —4B **58**
Castle Mt. *Hes* —2F **157**
*Castle Pk.* —5A **172**
Castle Ri. *Run* —5D **153**
Castle Rd. *Halt* —2F **167**
Castle Rd. *Wall* —5A **52**
Castlesite Rd. *Liv* —4B **58**
Castle St. *Birk* —3F **97**
Castle St. *Liv* —5C **76** (5C **4**)
Castle St. *Wid* —3D **133**
Castle St. *Wltn* —2F **125**
Castleton Dri. *Boot* —1B **20**
Castletown Clo. *Liv* —1E **103**
Castleview Rd. *Liv* —4B **58**
Castleway N. *Wir* —2A **72**
Castleway S. *Wir* —3A **72**
Castlewell. *Whis* —2F **85**
Castlewood Rd. *Liv* —1B **78**
Castner Av. *West P* —3E **165**
Castor St. *Liv* —1B **78**
*Catalyst Mus., The.* —2A **152**
Catchdale Moss La. *St H* —4E **43**
Catford Clo. *Wid* —2C **130**
Catford Grn. *Liv* —4F **147**
Catharine St. *Liv* —2F **99** (7J **5**)
Cathcart St. *Birk* —2D **97**
Cathedral Clo. *Liv* —2E **99**
Cathedral Ga. *Liv* —1E **99**
Cathedral Rd. *Liv* —5C **56**
Cathedral Wlk. *Liv* —5E **77** (6H **5**)
*Catherine Ct. Liv* —2B **34**
(off Linacre Rd.)
Catherine St. *Birk* —3D **97**
Catherine St. *Liv* —2B **34**
Catherine St. *Wid* —5A **132**
Catherine Way. *Hay* —2F **47**
Catkin Rd. *Liv* —2D **127**
Catonfield Rd. *Liv* —4D **103**
Catterall Av. *St H* —5D **67**
Catterick Clo. *Liv* —4F **127**
Caulfield Dri. *Wir* —1E **115**
Caunce Av. *Hay* —2B **48**
Causeway Clo. *Wir* —1B **142**
Causeway, The. *Liv* —2D **81**
Causeway, The. *Wir* —2B **142**
(in two parts)
Cavan Rd. *Liv* —3E **57**
Cavell Clo. *Liv* —3A **126**

Cavendish Ct. *Liv* —1C **124**
(Allerton Rd.)
Cavendish Ct. *Liv* —2E **55**
(Rumney Rd.)
Cavendish Dri. *Birk* —3D **119**
Cavendish Dri. *Liv* —5A **36**
Cavendish Farm Rd. *West* —5F **165**
Cavendish Gdns. *Liv* —4A **100**
Cavendish Rd. *Birk* —2B **96**
Cavendish Rd. *Cros* —2C **16**
Cavendish Rd. *Wall* —2B **52**
Cavendish St. *Birk* —1B **96**
Cavendish St. *Run* —5F **151**
(in two parts)
*Cavern Ct. Liv* —3B **78**
(off Coleridge St.)
*Cavern Quarter.* —5C **76** (5D **4**)
Cavern Walks. *Liv* —5C **76** (5D **4**)
Cawdor St. *Liv* —3A **100**
Cawdor St. *Run* —4F **151**
Cawfield Av. *Wid* —3D **131**
Cawley St. *Run* —1A **166**
Cawthorne Av. *Liv* —5E **23**
Cawthorne Clo. *Liv* —5E **23**
Cawthorne Wlk. *Liv* —5E **23**
Caxton Clo. *Pren* —3C **94**
Caxton Clo. *Wid* —1C **130**
Caxton Rd. *Rain* —5E **87**
Cazneau St. *Liv* —2D **77** (1F **5**)
Cearns Rd. *Pren* —4A **96**
Cecil Dri. *Ecc* —3A **44**
Cecil Rd. *Birk* —2B **118**
Cecil Rd. *Liv* —2F **33**
Cecil Rd. *Wall* —2A **74**
Cecil Rd. *Wir* —4B **120**
Cecil St. *Liv* —1D **101**
Cecil St. *Wir* —4F **67**
Cedar Av. *Beb* —3E **141**
Cedar Av. *Run* —3C **166**
Cedar Av. *Sut W* —1A **174**
Cedar Av. *Wid* —2B **132**
Cedar Clo. *Liv* —1D **125**
Cedar Clo. *Whis* —2E **85**
Cedar Cres. *Liv* —5D **83**
Cedar Dale Pk. *Wid* —5E **111**
Cedardale Rd. *Liv* —4A **36**
Cedar Gro. *Hay* —1E **49**
Cedar Gro. *Mag* —4D **13**
Cedar Gro. *Tox* —3B **100**
Cedar Gro. *Wat* —3D **17**
Cedar Rd. *Liv* —2B **36**
Cedar Rd. *Whis* —3D **85**
Cedars, The. *Liv* —5F **39**
Cedars, The. *Wir* —2C **92**
Cedar St. *Birk* —4D **97**
Cedar St. *Boot* —4C **34**
Cedar St. *St H* —1D **65**
Cedar Ter. *Liv* —3B **100**
Cedar Towers. *Liv* —2F **23**
Cedarway. *Wir* —5B **158**
Cedarwood Clo. *Wir* —5C **92**
Cedarwood Ct. *Liv* —1E **105**
Celandine Way. *St H* —4B **68**
Celebration Dri. *Liv* —1C **78**
Celendine Clo. *Liv* —1E **101**
Celia St. *Liv* —2D **55**
Celtic Rd. *Wir* —2E **91**
Celtic St. *Liv* —3A **100**
Celt St. *Liv* —2B **78**
Cemeas Clo. *Liv* —1C **76**
Centenary Clo. *Liv* —3C **56**
Centenary Ho. *Run* —2C **166**
Central Av. *Ecc P* —4F **63**
Central Av. *Liv* —4C **146**
Central Av. *Prsct* —5C **62**
Central Av. *Wir* —1C **162**
Central Dri. *Hay* —2B **48**
Central Dri. *Liv* —1B **80**
Central Dri. *Sand P* —1A **80**
Central Expressway. *Halt L* —3E **167**

*Central Library.* —4D **77** (3F **5**)
Central Pde. *Liv* —4E **147**
*Central Pk.* —3B **74**
Central Pk. Av. *Wall* —2C **74**
Central Rd. *Port S* —3B **142**
Central Rd. *Wir* —5B **120**
Central Shop. Cen. *Liv* —5D **77** (6F **5**)
Central Sq. *Liv* —5D **7**
Central St. *St H* —4A **46**
Central Way. *Liv* —4E **147**
Centreville Rd. *Liv* —3A **102**
Centre Way. *Huy* —4E **83**
Centurion Clo. *Wir* —2E **91**
Centurion Dri. *Wir* —2E **91**
Centurion Row. *Cas* —5F **153**
Century Rd. *Liv* —1D **17**
Ceres Ct. *Pren* —2C **94**
Ceres St. *Liv* —2C **54**
Cestrian Dri. *Wir* —2A **138**
Chadlow Rd. *Liv* —1F **39**
Chadwell Rd. *Liv* —1F **23**
**Chadwick Green.** —2D **31**
Chadwick Rd. *Ast I* —4E **153**
Chadwick Rd. *St H* —1C **46**
Chadwick St. *Liv* —2B **76** (1B **4**)
Chadwick St. *Wir* —1E **93**
Chaffinch Clo. *Liv* —2F **59**
Chaffinch Glade. *Liv* —5E **127**
Chainhurst Clo. *Liv* —4D **105**
Chain La. *St H* —1D **47**
Chain Wlk. *Ecc* —5C **44**
Chalfont Rd. *Liv* —3D **125**
Chalfont Way. *Liv* —4B **60**
Chalgrave Clo. *Wid* —1E **133**
Chalkwell Dri. *Wir* —3C **158**
Challis St. *Birk* —5E **73**
Challoner Clo. *Liv* —1F **105**
Chaloner Gro. *Liv* —5F **123**
Chaloner St. *Liv* —2D **99**
Chalon Way. *St H* —5A **46**
Chalon Way W. *St H* —5F **45**
Chamberlain Dri. *Liv* —5F **15**
Chamberlain St. *Birk* —5E **97**
Chamberlain St. *St H* —5D **45**
Chamberlain St. *Wall* —4A **74**
Chancellor Rd. *Mnr P* —2D **155**
Chancel St. *Liv* —4D **55**
Chancery La. *St H* —5E **47**
Chandos St. *Liv* —5B **78**
Change La. *Will* —5B **170**
Changford Grn. *Liv* —2A **24**
Changford Rd. *Liv* —2A **24**
Channell Rd. *Fair* —3C **78**
Channel Reach. *Liv* —2B **16**
Channel Rd. *Cros* —2B **16**
Channel, The. *Wall* —4E **51**
Chantrell Rd. *Wir* —4E **113**
Chantry Clo. *Pren* —3C **94**
Chantry Wlk. *Wir* —4A **158**
Chapel Av. *Liv* —2A **36**
Chapel Ct. *St H* —2D **65**
Chapelfields. *Frod* —5A **172**
Chapel Gdns. *Liv* —1D **77**
Chapelhill Rd. *Liv* —1F **93**
Chapel La. *Boot* —5F **11**
Chapel La. *Btnwd* —5E **69**
Chapel La. *Cron & Wid* —4C **108**
Chapel La. *Ecc* —4B **44**
Chapel La. *Mell* —1A **22**
Chapel La. *Rain* —5E **87**
Chapel Pl. *Gars* —1C **144**
Chapel Pl. *Liv* —2A **126**
Chapel Rd. *Anf* —5C **56**
Chapel Rd. *Gars* —1C **144**
Chapel Rd. *Wir* —3C **90**
Chapel St. *Hay* —2E **49**
Chapel St. *Liv* —4B **76** (4B **4**)
Chapel St. *Prsct* —5D **63**
Chapel St. *Run* —5A **152**
Chapel St. *St H* —3F **45**

Chapel St. *Wid* —5A **132**
Chapel Ter. *Boot* —5B **34**
Chapel Vw. *Crank* —1F **29**
Chapel Walks. *Liv* —4B **4**
Chapman Clo. *Liv* —4E **99**
Chapman Clo. *Wid* —5D **109**
Chapman Gro. *Prsct* —4E **63**
Chardstock Dri. *Liv* —5C **104**
Charing Cross. *Birk* —3C **96**
Charlcombe St. *Birk* —5D **97**
Charlecote St. *Liv* —1F **121**
Charles Berrington Rd. *Liv* —3A **102**
Charles Best Grn. *Boot* —1F **19**
Charles Rd. *Hoy* —5B **90**
Charles St. *Birk* —2D **97**
Charles St. *St H* —4A **46**
Charles St. *Wid* —4A **132**
Charleston Rd. *Liv* —5E **99**
Charlesville. *Pren* —4B **96**
Charlesville Ct. *Pren* —4B **96**
Charles Wlk. *Liv* —3F **81**
Charlesworth Clo. *Liv* —2B **6**
Charleywood Rd. *Know I* —4B **24**
Charlock Clo. *Boot* —1A **20**
Charlotte Rd. *Wall* —1C **74**
Charlotte's Mdw. *Wir* —3A **142**
Charlotte Wlk. *Wid* —5B **132**
Charlotte Way. *Liv* —5F **5**
Charlton Clo. *Pal* —3A **168**
Charlton Ct. *Pren* —3F **95**
Charlton Pl. *Liv* —5A **80**
Charlton Rd. *Liv* —5A **80**
Charlwood Av. *Liv* —5D **83**
Charlwood Clo. *Pren* —3C **94**
Charmalue Av. *Liv* —1F **17**
Charmouth Clo. *Liv* —4E **39**
Charnock Av. *Newt W* —5F **49**
Charnock Rd. *Liv* —5C **36**
Charnwood Rd. *Liv* —3B **82**
Charnwood St. *St H* —4E **47**
Charterhouse. *Liv* —3B **126**
Charter Ho. *Wall* —2D **75**
Charterhouse Dri. *Liv* —3E **21**
Charterhouse Rd. *Liv* —3B **126**
Chartmount Way. *Liv* —5B **104**
Chartwell Gro. *Liv* —3A **128**
Chaser Clo. *Liv* —5C **20**
Chase, The. *Liv* —1F **105**
Chase, The. *Wir* —5C **162**
Chasewater. *Run* —3F **155**
Chase Way. *Liv* —2E **77**
Chatburn Wlk. *Liv* —5F **99**
Chater Clo. *Whis* —5A **64**
Chatham Clo. *Liv* —1F **33**
Chatham Ct. *Wat* —5E **17**
Chatham Pl. *Liv* —5B **78**
Chatham Rd. *Birk* —2A **120**
Chatham St. *Liv* —1F **99**
Chatsworth Av. *Liv* —2F **35**
Chatsworth Av. *Wall* —2C **74**
Chatsworth Dri. *Liv* —1B **100**
Chatsworth Dri. *Wid* —1C **130**
Chatsworth Rd. *Birk* —2A **120**
Chatsworth Rd. *Rain* —2B **86**
Chatsworth Rd. *Wir* —2F **137**
Chatteris Pk. *Run* —5D **155**
Chatterton Dri. *Murd* —2E **169**
Chatterton Rd. *Liv* —2B **80**
Chaucer Dri. *Liv* —1E **59**
Chaucer Rd. *Dent G* —2D **45**
Chaucer St. *Boot* —4A **34**
Chaucer St. *Liv* —3D **77** (1F **5**)
Chaucer St. *Run* —1A **166**
*Chavasse Pk.* —5C **76**
Cheadle Av. *Liv* —3F **79**
Cheapside. *Liv* —4C **76** (3D **4**)
Cheapside All. *Liv* —4D **4**
Cheddar Clo. *Liv* —2F **125**
Cheddar Gro. *Btnwd* —4F **69**
Cheddar Gro. *Liv* —1E **39**

Cheddon Way. *Wir* —3E **137**
Chedworth Dri. *Wid* —5C **108**
Chedworth Rd. *Liv* —2E **81**
Cheldon Rd. *Liv* —1C **58**
Chelford Clo. *Pren* —2C **94**
Chellow Dene. *Liv* —4A **10**
Chelmsford Clo. *Liv* —4D **55**
Chelsea Ct. *Liv* —3E **59**
Chelsea Rd. *Lith* —2B **34**
Chelsea Rd. *Walt* —2A **36**
Cheltenham Av. *Liv* —3D **101**
Cheltenham Clo. *Liv* —4E **21**
Cheltenham Cres. *Liv* —5C **82**
Cheltenham Cres. *Run* —4B **166**
Cheltenham Cres. *Wir* —3E **71**
Cheltenham Rd. *Wall* —5E **51**
Chelwood Av. *Liv* —5E **81**
Chemistry Rd. *Liv* —2C **146**
Chenotrie Gdns. *Pren* —4D **95**
Chepstow Av. *Wall* —2C **74**
Chepstow St. *Liv* —2E **55**
Chequers Gdns. *Liv* —4F **123**
Cheriton Av. *Wir* —4D **113**
Cheriton Clo. *Liv* —4E **127**
Chermside Rd. *Liv* —3E **123**
Cherry Av. *Liv* —2B **56**
Cherrybank. *Wall* —4B **74**
Cherry Blossom Rd. *Beech* —1F **173**
*Cherry Brow Ter. Will* —5A **170**
(off Hadlow Rd.)
Cherry Clo. *Liv* —2B **56**
Cherry Clo. *Newt W* —4F **49**
Cherrydale Rd. *Liv* —5A **102**
Cherryfield Cres. *Liv* —3E **23**
Cherryfield Dri. *Liv* —3D **23**
Cherry Gdns. *Liv* —1F **39**
Cherry La. *Liv* —2A **56**
Cherry Sq. *Wall* —2B **74**
Cherrysutton. *Wid* —1A **130**
Cherry Tree Av. *Run* —2C **166**
Cherry Tree Clo. *Hale V* —5E **149**
Cherry Tree Clo. *Hay* —3A **48**
Cherry Tree Clo. *Whis* —3D **85**
Cherry Tree Dri. *St H* —1A **68**
Cherry Tree La. *St H* —3A **30**
Cherry Tree Rd. *Liv* —1E **105**
Cherry Tree Rd. *Wir* —2F **93**
Cherry Va. *Liv* —1B **126**
Cherry Vw. *Liv* —5F **15**
Cheryl Dri. *Wid* —3D **133**
Cheshire Acre. *Wir* —2A **116**
Cheshire Av. *Liv* —1B **38**
Cheshire Gdns. *St H* —1E **65**
Cheshire Gro. *Wir* —2E **93**
Cheshire Way. *Wir* —4F **137**
Cheshyre Dri. *Halt* —1F **167**
Cheshyres La. *West* —3E **165**
(in two parts)
Chesnell Gro. *Liv* —5F **15**
Chesney Clo. *Liv* —3E **99**
Chesnut Gro. *Birk* —5D **97**
Chesnut Rd. *Liv* —5F **17**
Chester Av. *Boot* —4F **19**
Chester Clo. *Cas* —5F **153**
Chester Clo. *Liv* —1B **18**
Chester Ct. *Wir* —3F **141**
Chesterfield Dri. *Liv* —5A **10**
Chesterfield Rd. *Liv* —5A **10**
Chesterfield Rd. *Wir* —1D **171**
Chesterfield St. *Liv* —2E **99**
Chester High Rd. *Burt & Nest*
—5D **159**
Chester La. *St H & Sut M* —2B **88**
Chester Rd. *Anf* —1D **79**
Chester Rd. *Dar* —3F **169**
Chester Rd. *Hel & Frod* —5A **172**
Chester Rd. *Hes* —3B **158**
Chester Rd. *Huy* —2A **84**
Chester Rd. *Sut W & Pres B*
—3F **173**

Chester St. *Birk* —4F **97**
Chester St. *Liv* —2E **99**
Chester St. *Prsct* —5D **63**
Chester St. *Wall* —3A **74**
Chester St. *Wid* —3B **132**
Chesterton St. *Liv* —3C **144**
Chester Wlk. *Liv* —2A **84**
Chestnut Av. *Cros* —4F **9**
Chestnut Av. *Hay* —4F **47**
Chestnut Av. *Huy* —1D **105**
Chestnut Av. *Wid* —2B **132**
Chestnut Clo. *Whis* —2E **85**
Chestnut Clo. *Wir* —3C **114**
Chestnut Ct. *Boot* —4B **34**
Chestnut Ct. *Wid* —3D **131**
Chestnut Gro. *Boot* —3B **34**
(Balfour Rd.)
Chestnut Gro. *Boot* —4B **34**
(Marsh La.)
Chestnut Gro. *Brom* —2C **162**
Chestnut Gro. *St H* —1D **47**
Chestnut Gro. *W'tree* —1F **101**
Chestnut Ho. *Boot* —4B **34**
Chestnut Rd. *Walt* —5B **36**
Chestnut St. *Liv* —5F **77** (6J **5**)
Cheswood Clo. *Whis* —4E **85**
*Cheswood Ct. Wir* —3A **116**
(off Childwall Grn.)
Chetton Dri. *Murd* —3D **169**
Chetwood Av. *Liv* —5F **9**
Chetwood Dri. *Wid* —4F **109**
Chetwynd Clo. *Pren* —5F **95**
Chetwynd Rd. *Pren* —4A **96**
Chetwynd St. *Liv* —1B **122**
Chevasse Wlk. *Liv* —1C **126**
Cheverton Clo. *Wir* —1B **116**
Chevin Rd. *Liv* —3A **36**
Cheviot Av. *St H* —5F **47**
Cheviot Clo. *Birk* —3D **119**
Cheviot Rd. *Birk* —3C **119**
Cheviot Rd. *Liv* —4E **79**
Cheviot Way. *Liv* —4F **15**
Cheyne Clo. *Liv* —2A **16**
Cheyne Gdns. *Liv* —4F **123**
Cheyne Wlk. *St H* —5F **65**
Chichester Clo. *Liv* —1D **101**
Chichester Clo. *Murd* —4D **169**
Chidden Clo. *Wir* —1C **114**
Chidlow Clo. *Wid* —2A **152**
Chigwell Clo. *Liv* —5E **39**
Chilcott Rd. *Liv* —3C **80**
Childers St. *Liv* —3F **79**
**Childer Thornton. —5F 171**
**Childwall. —2D 103**
Childwall Abbey Rd. *Liv* —2D **103**
Childwall Av. *Liv* —2C **100**
Childwall Av. *Wir* —2D **93**
Childwall Bank Rd. *Liv* —2D **103**
Childwall Clo. *Wir* —2D **93**
Childwall Cres. *Liv* —2D **103**
Childwall Fiveways. *Liv* —2C **102**
*Childwall Golf Course. —2E 105*
Childwall Grn. *Wir* —2A **116**
Childwall Heights. *Liv* —2F **103**
Childwall La. *Bow P* —4A **82**
Childwall La. *Child* —3F **103**
Childwall Mt. Rd. *Liv* —2D **103**
Childwall Pde. *Liv* —3A **82**
Childwall Pk. Av. *Liv* —3D **103**
Childwall Priory Rd. *Liv* —2C **102**
Childwall Rd. *Liv* —2A **102**
Childwall Valley Rd. *Liv* —2D **103**
Chilhem Clo. *Liv* —5F **99**
Chilington Av. *Wid* —4D **131**
Chillerton Rd. *Liv* —3D **59**
Chillingham St. *Liv* —5A **100**
Chiltern Clo. *Kirkby* —1C **22**
Chiltern Clo. *W Der* —1F **59**
Chiltern Dri. *Liv* —1C **22**
Chiltern Rd. *Birk* —3C **118**

Chiltern Rd. *St H* —5F **47**
Chilton Clo. *Liv* —1D **13**
Chilton M. *Liv* —1D **13**
Chilwell Clo. *Wid* —5D **109**
China Farm La. *Wir* —2E **113**
Chippenham Av. *Wir* —5C **92**
Chirkdale St. *Liv* —2E **55**
Chirk Way. *Wir* —2F **93**
Chirton Clo. *Hay* —1D **49**
Chisenhale St. *Liv* —2C **76** (1C **4**)
Chiseldon Clo. *Hay* —1D **49**
Chislehurst Av. *Liv* —3A **104**
Chislet Ct. *Wid* —5E **109**
Chisnall Av. *St H* —4C **44**
Chiswell St. *Liv* —4C **78**
Chiswick Clo. *Murd* —3D **169**
Cholmondeley Rd. *Clftn* —1D **173**
Cholmondeley Rd. *W Kir* —4B **112**
Cholmondeley St. *Wid* —3A **152**
Cholsey Clo. *Wir* —5F **93**
Chorley Rd. *Prsct* —5B **62**
Chorley's La. *Wid* —1D **133**
Chorley St. *St H* —4F **45**
Chorley Way. *Wir* —1A **162**
Chorlton Clo. *Liv* —1F **103**
Chorlton Clo. *Wind N* —1D **169**
Chorlton Gro. *Wall* —1D **73**
Christchurch Rd. *Pren* —5B **96**
Christian St. *Liv* —3D **77** (2F **5**)
Christie St. *Wid* —3D **133**
Christleton Clo. *Pren* —2D **117**
Christleton Ct. *Mnr P* —3C **154**
Christmas St. *Liv* —2C **54**
(Brasenose Rd.)
Christmas St. *Liv* —2D **55**
(Stanley Rd.)
Christopher Clo. *Liv* —1D **103**
Christophers Clo. *Wir* —3A **138**
Christopher St. *Liv* —3F **55**
Christopher Taylor Ho. *Mag* —3D **13**
Christopher Way. *Liv* —1D **103**
Christowe Wlk. *Liv* —3C **38**
Chrisward Clo. *Liv* —5C **78**
Chudleigh Clo. *Liv* —3E **127**
Chudleigh Rd. *Liv* —3E **79**
Church All. *Liv* —5D **77** (6E **5**)
Church Av. *Liv* —1B **36**
Church Clo. *Wall* —2D **75**
Church Cotts. *Liv* —4C **104**
Church Cres. *Wall* —4E **75**
Churchdown Clo. *Liv* —2F **81**
Churchdown Gro. *Liv* —2E **81**
Churchdown Rd. *Liv* —2E **81**
Church Dri. *Wir* —1B **142**
Church Farm Ct. *Will* —5A **170**
Church Farm Ct. *Wir* —3F **157**
Churchfield Rd. *Frod* —5C **172**
Churchfield Rd. *Liv* —4C **104**
Churchfields. *Clo F* —2C **88**
Churchfields. *Wid* —4B **110**
Church Flats. *Liv* —1F **55**
Church Gdns. *Boot* —5B **34**
Church Gdns. *Wall* —2D **75**
Church Grn. *Child* —2F **103**
Church Grn. *Kirkby* —2E **23**
Church Gro. *Liv* —2F **33**
Church Hill. *Wall* —1F **73**
Churchill Av. *Birk* —2B **96**
Churchill Gdns. *St H* —5C **64**
Churchill Gro. *Wall* —1C **74**
Churchill Ho. *S'frth* —1F **33**
*Churchlands. Wall* —4E **75**
(off Bridle Rd.)
Churchill Ind. Est. *Liv* —5C **20**
Churchill Way N. *Liv* —4D **77** (3E **4**)
Churchill Way S. *Liv* —4D **77** (4E **5**)
Church La. *Aig* —3E **123**
Church La. *Augh* —1F **7**
Church La. *East* —5F **163**
Church La. *Ecc* —5A **44**

Church La. *Know* —4C **40**
Church La. *Thur* —2B **136**
Church La. *Upt* —2B **116**
Church La. *Wall* —2D **75**
  (in two parts)
Church La. *Walt* —1F **55**
Church La. *Wir* —1D **163**
Churchmeadow Clo. *Wall* —2D **75**
Church Mdw. La. *Wir* —3E **157**
Church Mdw. Wlk. *Wall* —2B **150**
Church M. *Liv* —4B **146**
Church Mt. *Liv* —5B **78**
Church Pl. *Birk* —1D **119**
Church Rd. *Beb* —4A **142**
Church Rd. *Birk* —1D **119**
Church Rd. *Boot* —2D **35**
Church Rd. *Cros* —1E **17**
Church Rd. *Gars* —2C **144**
Church Rd. *Halew* —2F **127**
Church Rd. *Hay* —2E **49**
Church Rd. *Lith* —1B **34**
  (in two parts)
Church Rd. *Mag* —3D **13**
Church Rd. *Rainf* —1A **28**
Church Rd. *S'frth* —2F **33**
Church Rd. *Stan* —4F **79**
Church Rd. *Thor H* —4B **160**
Church Rd. *Upt* —4A **94**
Church Rd. *Wall* —4E **75**
Church Rd. *Walt* —1A **56**
Church Rd. *Wat* —4D **17**
Church Rd. *W'tree* —3A **102**
Church Rd. *W Kir* —5A **112**
Church Rd. *Witn* —5F **103**
Church Rd. N. *Liv* —2A **102**
Church Rd. Roby. *Roby* —4C **82**
Church Rd. S. *Liv* —2A **126**
Church Rd. W. *Liv* —1F **55**
Church Sq. *St H* —5A **46**
Church St. *Birk* —3F **97**
  (in two parts)
Church St. *Boot* —5A **34**
Church St. *Frod* —5B **172**
Church St. *Prsct* —5D **63**
Church St. *Run* —4A **152**
Church St. *St H* —5A **46**
Church St. *Wall* —2D **75**
Church St. *Wid* —2A **152**
Church Ter. *Birk* —1D **119**
Church Vw. *Boot* —5B **34**
Churchview Rd. *Birk* —1B **96**
Church Wlk. *Boot* —5B **34**
Church Wlk. *Ecc* —4A **44**
Church Wlk. *Wir* —5B **112**
Church Way. *Boot* —1D **19**
Church Way. *Kirkby* —2E **23**
Churchway Rd. *Liv* —5A **148**
Churchwood Clo. *Wir* —1D **163**
Churchwood Ct. *Wir* —3B **116**
Churnet St. *Liv* —3E **55**
Churn Way. *Wir* —5D **93**
Churston Rd. *Liv* —4E **103**
Churton Av. *Pren* —1F **117**
Churton Ct. *Liv* —3F **77**
Ciaran Clo. *Liv* —3D **59**
Cicely St. *Liv* —5B **78**
Cinder La. *Boot* —1D **35**
Cinder La. *Liv* —4C **102**
Circular Dri. *Grea* —1D **115**
Circular Dri. *Hes* —1F **157**
Circular Dri. *Port S* —5B **120**
Circular Rd. *Birk* —4D **97**
Circular Rd. E. *Liv* —3F **57**
Circular Rd. W. *Liv* —3F **57**
Cirencester Av. *Wir* —5C **92**
Citrine Rd. *Wall* —1F **75**
Citron Clo. *Liv* —4B **36**
City Gdns. *St H* —1F **45**
City Rd. *Liv* —2F **55**

City Rd. *St H* —2F **45**
City Vw. *St H* —4A **30**
Civic Way. *Beb* —2A **142**
Civic Way. *Liv* —4E **83**
Clairville Clo. *Boot* —5C **34**
Clairville Ct. *Boot* —5C **34**
Clairville Way. *Liv* —1E **79**
Clamley Ct. *Liv* —4A **148**
Clamley Gdns. *Hale V* —5E **149**
Clandon Rd. *Liv* —3C **124**
Clanfield Av. *Wid* —1C **130**
Clanfield Rd. *Liv* —1A **58**
Clapgate Cres. *Wid* —2B **150**
Clapham Rd. *Liv* —5B **56**
Clare Clo. *St H* —4E **65**
Clare Cres. *Wall* —1F **73**
Claremont Av. *Liv* —2B **12**
Claremont Av. *Wid* —5C **110**
Claremont Clo. *S'frth* —1F **33**
Claremont Dri. *Wid* —5B **110**
Claremont Rd. *Cros* —1E **17**
Claremont Rd. *Run* —5B **152**
Claremont Rd. *S'frth* —1F **33**
Claremont Rd. *W'tree* —3E **101**
Claremont Rd. *Wir* —3B **112**
Claremont Way. *Wir* —4D **119**
Claremount Dri. *Wir* —3F **141**
Claremount Rd. *Wall* —4F **51**
Clarence Av. *Wid* —5A **110**
Clarence Clo. *St H* —1C **66**
Clarence Rd. *Birk* —1C **118**
Clarence Rd. *Wall* —4D **75**
Clarence St. *Liv* —5E **77** (5H 5)
Clarence St. *Newt W* —4F **49**
Clarence St. *Run* —4F **151**
Clarence Ter. *Run* —4A **152**
Clarendon Clo. *Murd* —3D **169**
Clarendon Clo. *Pren* —4C **96**
Clarendon Gro. *Liv* —2C **6**
Clarendon Rd. *Anf* —5C **56**
Clarendon Rd. *Gars* —1C **144**
Clarendon Rd. *S'frth* —2F **33**
Clarendon Rd. *Wall* —3D **75**
Clare Rd. *Boot* —1D **55**
Claret Clo. *Liv* —3C **122**
Clare Wlk. *Liv* —1B **38**
Clare Way. *Wall* —1F **73**
Claribel St. *Liv* —3A **100**
Clarke Av. *Birk* —2E **119**
Clarke Gdns. *Wid* —5B **132**
Clarke's Cres. *Ecc* —4B **44**
Clarks Ter. *West P* —2D **165**
Classic Rd. *Liv* —2A **80**
Clatterbridge Rd. *Wir* —2D **161**
  (in two parts)
Claude Rd. *Liv* —5C **56**
Claughton Clo. *Liv* —5C **78**
Claughton Dri. *Wall* —3B **74**
Claughton Firs. *Pren* —5B **96**
Claughton Grn. *Pren* —4A **96**
Claughton Pl. *Birk* —3C **96**
Claughton Rd. *Birk* —3C **96**
Claughton St. *St H* —4A **46**
Clavell Rd. *Liv* —4D **125**
Claverton Clo. *Run* —4B **166**
Clay Cross Rd. *Liv* —2F **125**
Claydon Ct. *Liv* —3A **128**
Clayfield Clo. *Boot* —5D **35**
Clayford Cres. *Liv* —2B **80**
Clayford Pl. *Liv* —2B **80**
Clayford Rd. *Liv* —2B **80**
Clayford Way. *Liv* —2C **80**
Clay La. *Btnwd* —5E **69**
Clay La. *St H* —5D **43**
Claypole Clo. *Liv* —1C **100**
Clay St. *Liv* —2B **76**
Clayton Cres. *Run* —1F **165**
Clayton Cres. *Wid* —3F **131**
Clayton La. *Wall* —4A **74**
Clayton Pl. *Birk* —4C **96**

Clayton Sq. *Liv* —5D **77** (5F **5**)
Clayton St. *Birk* —4C **96**
Cleadon Clo. *Liv* —1A **40**
Cleadon Rd. *Liv* —1F **39**
Clearwater Clo. *Liv* —4B **78**
Cleary St. *Boot* —4B **34**
Clee Hill Rd. *Birk* —3C **118**
Cleethorpes Rd. *Murd* —3C **168**
Clegg St. *Liv* —2E **77**
Clematis Rd. *Liv* —3E **105**
Clement Gdns. *Liv* —2C **76**
  (in two parts)
Clementina Rd. *Liv* —1B **16**
Clemmey Dri. *Boot* —2E **35**
Clent Av. *Liv* —4C **6**
Clent Gdns. *Liv* —4C **6**
Clent Rd. *Liv* —4C **6**
Cleopas St. *Liv* —5F **99**
Clevedon St. *Liv* —4A **100**
Cleveland Clo. *Liv* —1C **22**
Cleveland Sq. *Liv* —1D **99** (7E **4**)
Cleveland St. *Birk* —1B **96**
Cleveland St. *St H* —2C **66**
Cleveley Pk. *Liv* —3C **125**
Cleveley Rd. *Liv* —3C **124**
Cleveley Rd. *Wir* —3E **91**
Cleveleys Av. *Wid* —2D **133**
Cleves, The. *Liv* —4E **7**
Clieves Rd. *Liv* —4F **23**
Cliff Dri. *Wall* —1D **75**
Cliffe St. *Wid* —3C **132**
Clifford Rd. *Wall* —3B **74**
Clifford St. *Birk* —1A **96**
Clifford St. *Liv* —4E **77** (3H **5**)
Cliff Rd. *Wall* —3F **73**
Cliff St. *Liv* —4C **78**
Cliff, The. *Wall* —2F **51**
Cliff Vw. *Frod* —5A **172**
**Clifton. —1D 173**
Clifton Av. *Liv* —3E **127**
Clifton Av. *Wir* —2E **171**
Clifton Ct. *Birk* —4D **97**
Clifton Ct. *Liv* —4C **124**
Clifton Cres. *Birk* —3E **97**
Clifton Cres. *Frod* —4C **172**
Clifton Cres. *St H* —1D **65**
Clifton Dri. *Liv* —3D **21**
Clifton Gro. *Liv* —2E **77**
Clifton Gro. *Wall* —2C **74**
Clifton La. *Ciftn* —1D **173**
Clifton Rd. *Anf* —1D **79**
Clifton Rd. *Bil* —1D **31**
Clifton Rd. *Birk* —4D **97**
Clifton Rd. *Run* —3A **166**
Clifton Rd. *Sut W* —2E **173**
Clifton Rd. E. *Liv* —1D **79**
Clifton St. *Liv* —1C **144**
Clifton St. *St H* —4A **46**
Clifton Ter. *St H* —1D **65**
Cliftonville Rd. *Prsct* —5E **63**
Clincton Clo. *Wid* —4A **130**
Clincton Vw. *Wid* —4A **130**
**Clinkham Wood. —5A 30**
Clinton Pl. *Liv* —4F **57**
Clinton Rd. *Liv* —4F **57**
Clint Rd. *Liv* —5C **78**
  (in two parts)
Clint Way. *Liv* —5C **78**
Clipper Vw. *Wir* —4B **120**
Clipsley Brook Vw. *Hay* —2F **47**
Clipsley Cres. *Hay* —1A **48**
Clipsley La. *Hay* —2B **48**
Clive Rd. *Pren* —5B **96**
**Clock Face. —3D 89**
Clock Face Rd. *Clo F & Wid* —1C **88**
Clock La. *Wid* —1F **133**
Cloisters, The. *Cros* —2D **17**
Cloisters, The. *Ecc* —4B **44**
Clorain Clo. *Liv* —2A **24**
Clorain Rd. *Liv* —2A **24**

Closeburn Av. *Wir* —4E **157**
Close St. *St H* —4E **65**
Close, The. *Beb* —3D **119**
Close, The. *Cros* —2D **17**
Close, The. *Ecc* —3A **44**
Close, The. *Grea* —2D **115**
Close, The. *Hay* —3F **47**
Close, The. *Irby* —1D **137**
Close, The. *Liv* —4C **60**
Close, The. *Walt* —4F **35**
Cloudberry Clo. *Liv* —3E **105**
Clough *Liv* —3D **147**
Clough, The. *Halt* —1F **167**
Clough Wood. *Beech* —1A **174**
Clovelly Av. *St H* —5D **67**
Clovelly Gro. *Brook* —5B **168**
Clovelly Rd. *Liv* —5B **56**
Clover Av. *Liv* —2D **127**
Clover Ct. *Brook* —5B **168**
Cloverdale Rd. *Liv* —2A **104**
Clover Dri. *Birk* —5B **73**
Cloverfield. *Nort* —3C **168**
Clover Hey. *St H* —1B **46**
**Clubmoor. —4E 57**
Club St. *St H* —4A **30**
Clwyd Gro. *Liv* —3B **58**
Clwyd St. *Birk* —3D **97**
  (in two parts)
Clwyd St. *Wall* —4A **52**
Clyde Rd. *Liv* —4E **79**
Clydesdale Rd. *Wall* —1D **75**
Clydesdale Rd. *Wir* —3B **90**
Clyde St. *Birk* —2F **119**
Clyde St. *Boot* —3C **54**
Coach Ho. Ct. *Seft* —4E **11**
Coachmans Dri. *Liv* —2E **59**
Coach Rd. *Bic & Rainf* —1B **26**
Coach Rd. *Liv* —1B **42**
Coalgate La. *Whis* —4C **84**
Coalport Wlk. *St H* —5C **64**
Coal St. *Liv* —4E **77** (4G **5**)
Coalville Rd. *St H* —2D **47**
Coastal Dri. *Wall* —3D **51**
Cobal Ct. *Frod* —5B **172**
Cobb Av. *Liv* —2B **34**
Cobbles, The. *Liv* —2D **127**
Cobblestone Corner. *Liv* —5A **124**
Cobden Av. *Birk* —1F **119**
Cobden Ct. *Birk* —1F **119**
Cobden Pl. *Birk* —1F **119**
Cobden Pl. *Liv* —2F **125**
Cobden St. *Liv* —3F **77**
Cobden St. *Wltn* —2F **125**
Cobden Vw. *Liv* —2F **125**
Cobham Av. *Liv* —2F **35**
Cobham Rd. *Wir* —2D **93**
*Cobham Wlk. Boot* —1D **19**
*Coburg Dock Marina. —3D 99*
Coburg St. *Birk* —3D **97**
Coburg Wharf. *Liv* —3C **98**
Cochrane St. *Liv* —1F **77**
Cockburn St. *Liv* —5F **99**
Cockerell Clo. *Liv* —4F **55**
Cockerham Way. *Liv* —3B **38**
Cock Glade. *Hals P* —5D **85**
  (in two parts)
Cocklade La. *Hale V* —5D **149**
Cock La. Ends. *Wid* —3B **150**
Cockshead Rd. *Liv* —3B **104**
Cockshead Way. *Liv* —3B **104**
Cockspur St. *Liv* —4C **76** (3D **4**)
Cockspur St. W. *Liv* —4C **76** (3C **4**)
Coerton Rd. *Liv* —1B **36**
Cokers, The. *Birk* —4E **119**
Colbern Clo. *Liv* —1E **13**
Colby Clo. *Liv* —1E **103**
Colebrooke Rd. *Liv* —1A **122**
Coleman Dri. *Wir* —1C **114**
Colemere Dri. *Wir* —1B **138**
Coleridge Av. *Dent G* —4D **45**

Coleridge Dri. *Wir* —5A **120**
Coleridge Gro. *Wid* —4E **131**
Coleridge St. *Boot* —4A **34**
Coleridge St. *Liv* —3B **78**
Colesborne Rd. *Liv* —1A **58**
Coles Cres. *Liv* —4B **10**
Coleshill Rd. *Liv* —5E **37**
Cole St. *Pren* —3C **96**
Colette Rd. *Liv* —1B **38**
Coleus Clo. *Liv* —4B **36**
Colin Clo. *Liv* —4C **82**
Colindale Rd. *Liv* —2E **103**
Colin Dri. *Liv* —1C **76**
Colinton St. *Liv* —1E **101**
College Av. *Cros* —2D **17**
College Clo. *Pren* —3B **94**
College Clo. *Wall* —5E **51**
College Ct. *Liv* —1A **80**
College Dri. *Liv* —5A **120**
College Fields. *Liv* —5E **83**
College Grn. Flats. *Liv* —2D **17**
College La. *Liv* —5D **77** (6E **4**)
College Rd. *Liv* —1C **16**
College Rd. N. *Liv* —5C **8**
College St. *St H* —4A **46**
  (in two parts)
College St. N. *Liv* —3F **77** (2J **5**)
College St. S. *Liv* —3F **77** (2J **5**)
College Vw. *Boot* —1C **54**
College Vw. *Liv* —4E **83**
Collier's Row. *Run* —3E **165**
Collier St. *Run* —4F **151**
Collingwood Rd. *Wir* —3B **142**
Collin Rd. *Pren* —1E **95**
Collins Clo. *Boot* —3A **34**
**Collins Green. —2D 69**
Collins Green La. *C Grn* —2E **69**
Collins Ind. Est. *St H* —3C **46**
Collinson Ct. *Frod* —5B **172**
Colmoor Clo. *Liv* —4F **15**
Colmore Av. *Wir* —1F **161**
Colmore Rd. *Liv* —1F **57**
Colne Dri. *St H* —4D **67**
Colne Rd. *Btnwd* —5F **69**
Colquitt St. *Liv* —1E **99** (7G **5**)
Coltart Rd. *Liv* —3B **100**
Colton Rd. *Liv* —2F **103**
Colton Wlk. *Liv* —2F **103**
Columban Clo. *Boot* —2E **19**
Columbia La. *Pren* —5B **96**
Columbia Rd. *Liv* —1A **56**
Columbia Rd. *Pren* —5B **96**
Columbia Rd. *Prsct* —5E **63**
Columbine Clo. *Wid* —5B **108**
Columbine Way. *St H* —4B **68**
Columbus St. *Wir* —4E **137**
Columbus Quay. *Liv* —1E **121**
Columbus Way. *Liv* —1B **34**
Column Rd. *Wir* —4C **112**
Colville Rd. *Wall* —2A **74**
Colville St. *Liv* —1E **101**
Colwall Clo. *Liv* —3A **24**
Colwall Rd. *Liv* —3A **24**
Colwall Wlk. *Liv* —3A **24**
Colwell Clo. *Liv* —4A **60**
Colwell Ct. *Liv* —4A **60**
Colwell Rd. *Liv* —5A **60**
Colworth Rd. *Liv* —3B **146**
Colwyn Rd. *Liv* —4F **79**
Colwyn St. *Birk* —1A **96**
Colyton Av. *Sut L* —1D **89**
Combermere St. *Liv* —3E **99**
  (L8)
Combermere St. *Liv* —1D **101**
  (L15)
Comely Av. *Wall* —2C **74**
Comely Bank Rd. *Wall* —2D **75**
Comer Gdns. *Liv* —4C **6**
Comfrey Gro. *Liv* —2E **127**
Commercial Rd. *Liv* —5C **54**

Commercial Rd. *Wir* —4E **143**
Common Fld. Rd. *Wir* —3B **116**
Common Rd. *Newt W* —1E **69**
Common St. *Newt W* —5E **49**
Common St. *St H* —4D **65**
Common, The. *Halt* —1F **167**
Commonwealth Pavilion. *Liv*
  —1C **98** (7C **4**)
Commutation Row. *Liv* —4D **77** (3G **5**)
Company's Clo. *West* —4F **165**
Compass Clo. *Murd* —5D **169**
Compass Ct. *Wall* —3F **51**
Compton Clo. *Hay* —1C **48**
Compton Rd. *Birk* —5D **73**
Compton Rd. *Liv* —2A **78**
Compton Wlk. *Boot* —4B **34**
Compton Way. *Wltn* —1E **147**
Comus St. *Liv* —3D **77** (1F **5**)
Concert Sq. *Liv* —6F **5**
Concert St. *Liv* —5D **77** (7F **5**)
Concordia Av. *Wir* —4A **94**
Concourse Ho. *Liv* —4D **77** (4G **5**)
Concourse, The. *Wir* —3A **112**
Concourse Way. *St H* —1F **67**
Condor Clo. *Liv* —1C **144**
Condron Rd. N. *Liv* —4C **18**
Condron Rd. S. *Liv* —4C **18**
Coney Cres. *Cros* —5B **10**
Coney Gro. *Brook* —5A **168**
Coney La. *Tarb G* —2F **105**
Coney Wlk. *Wir* —3D **93**
Conifer Clo. *Kirkby* —5E **15**
Conifer Clo. *Walt* —4B **36**
Conifers, The. *Liv* —4C **6**
Coningsby Dri. *Wall* —2A **74**
Coningsby Rd. *Liv* —4A **56**
Coniston Av. *Pren* —4C **94**
Coniston Av. *Prsct* —5F **63**
Coniston Av. *Wall* —4E **51**
Coniston Av. *Wir* —1C **170**
Coniston Clo. *Beech* —4D **167**
Coniston Clo. *Kirkby* —1D **23**
Coniston Clo. *Walt* —1B **36**
Coniston Dri. *Frod* —5C **172**
Coniston Gro. *St H* —1A **46**
Coniston Rd. *Irby* —1D **137**
Coniston Rd. *Mag* —5D **7**
Coniston St. *Liv* —5A **56**
Conleach Rd. *Liv* —5D **147**
Connaught Clo. *Birk* —1A **96**
Connaught Rd. *Liv* —4A **78**
Connaught Way. *Birk* —1F **95**
Connolly Av. *Boot* —3E **35**
*Conservation Cen., The.*
  —4D **77** (4E **5**)
Consett Rd. *St H* —5D **65**
Constables Clo. *Cas* —1A **168**
Constance St. *Liv* —4F **77** (3J **5**)
Constance St. *St H* —1D **65**
Constance Way. *Wid* —1A **152**
Constantine Av. *Wir* —1A **158**
Convent Clo. *Birk* —5D **97**
Convent Clo. *Liv* —5A **124**
Conville Boulevd. *Wir* —4D **119**
Conway Clo. *Liv* —5D **15**
Conway Clo. *Wir* —2D **141**
Conway Ct. *Beb* —3F **141**
Conway Pl. *Birk* —3D **97**
Conway St. *Birk* —2C **96**
  (in two parts)
Conway St. *Liv* —1E **77**
Conway St. *St H* —1D **65**
Conwy Dri. *Liv* —1B **78**
Cook Av. *Hay* —1E **49**
Cook Pl. *Frod* —4B **172**
Cook Rd. *Wir* —2B **72**
Cookson Rd. *Liv* —2A **34**
Cookson St. *Liv* —2E **99**
Cooks Rd. *Liv* —5D **9**
Cook St. *Birk* —4C **96**

# Cook St.—Cranford St.

Cook St. *Liv* —5C **76** (5D **4**)
Cook St. *Prsct* —5D **63**
Cook St. *Whis* —2F **85**
Coombe Dri. *Run* —2F **165**
Coombe Rd. *Wir* —5E **115**
Cooperage Clo. *Liv* —5E **99**
Cooper Av. *Newt W* —5F **49**
Cooper Av. N. *Liv* —3A **124**
Cooper Av. S. *Liv* —3A **124**
Cooper Clo. *Liv* —4A **124**
Cooper La. *Hay* —3B **48**
Cooper's La. *Know I* —2D **41**
Coopers Row. *Wat* —5E **17**
Cooper St. *Run* —4A **152**
Cooper St. *St H* —4F **45**
Cooper St. *Wid* —3B **132**
Copeland Clo. *Wir* —3E **137**
Copeland Gro. *Beech* —5E **167**
Copperas Hill. *Liv* —5E **77** (5G **5**)
Copperas St. *St H* —5F **45**
Copperfield Clo. *Liv* —4F **99**
Copperwood. *Run* —1C **168**
Copperwood Dri. *Whis* —4E **85**
Coppice Clo. *Cas* —1B **168**
Coppice Clo. *Pren* —3B **94**
Coppice Cres. *Liv* —2F **83**
Coppice Grange. *Wir* —2C **92**
Coppice Gro. *Wir* —2C **114**
Coppice La. *Tarb G* —2B **106**
Coppice, The. *Know* —5D **41**
Coppice, The. *Liv* —5C **56**
Coppice, The. *Wall* —4A **52**
Copple Ho. La. *Liv* —1A **38**
Coppull Rd. *Liv* —3C **6**
Copse Gro. *Wir* —5E **115**
Copse, The. *Liv* —4D **103**
Copse, The. *Pal* —4A **168**
(in two parts)
Copthorne Rd. *Liv* —3B **22**
Copthorne Wlk. *Liv* —3B **22**
Copy Clo. *Boot* —5F **11**
Copy La. *Boot* —5F **11**
Copy Way. *Boot* —5F **11**
Coral Av. *Liv* —3D **83**
Coral Av. *That G* —4F **65**
Coral Dri. *Boot* —5C **34**
Coral Ridge. *Pren* —3D **95**
Coral St. *Liv* —5A **80**
Corbet Clo. *Liv* —3C **22**
Corbet Wlk. *Liv* —3C **22**
Corbridge Rd. *Liv* —2C **102**
Corbyn St. *Wall* —4E **75**
Corfu St. *Birk* —3C **96**
Corinthian Av. *Liv* —2A **80**
Corinthian St. *Birk* —2F **119**
Corinthian St. *Liv* —1F **33**
Corinth Tower. *Liv* —5E **55**
Corinto St. *Liv* —2E **99**
Cormorant Ct. *Wall* —3E **51**
Cormorant Dri. *Run* —5E **151**
Cormorant Ind. Est. *Run* —5E **151**
Corncroft Rd. *Know* —5D **41**
Corndale Rd. *Liv* —5A **102**
Cornelius Dri. *Wir* —2F **137**
Cornel Way. *Liv* —1F **105**
Corner Brook. *Liv* —4F **59**
Cornerhouse La. *Wid* —1D **131**
Cornett Rd. *Liv* —1B **36**
Corney St. *Liv* —2C **100**
Cornfields Clo. *Liv* —1B **144**
Cornflower Way. *Liv* —4A **72**
Cornforth Way. *Wid* —2E **131**
Corn Hill. *Liv* —1C **98**
Cornice Rd. *Liv* —2A **80**
Corniche Rd. *Wir* —1B **142**
Cornmill Lodge. *Liv* —5C **6**
Corn St. *Liv* —4E **99**
Cornubia Rd. *Wid* —5C **132**
Cornwall Av. *Run* —5A **152**
Cornwall Clo. *Cas* —1F **167**

Cornwall Clo. *Wir* —4B **120**
Cornwall Ct. *Wir* —3F **141**
Cornwall Dri. *Pren* —3A **118**
Cornwallis St. *Liv* —1D **99** (7G **5**)
(in two parts)
Cornwall Rd. *Wid* —1B **132**
Cornwall St. *Parr I* —1D **67**
Cornwood Clo. *Liv* —2B **104**
Corona Av. *Liv* —2C **6**
Corona Rd. *Old S* —2A **80**
Corona Rd. *Wat* —4D **17**
Corona Rd. *Wir* —1C **142**
Coronation Av. *K Ash* —3E **81**
Coronation Av. *Wall* —4B **52**
Coronation Bldgs. *Wall* —2A **74**
Coronation Bldgs. *Wir* —2C **112**
Coronation Ct. *Liv* —4F **37**
(off Ternhall Rd.)
Coronation Dri. *Cros* —2D **17**
Coronation Dri. *Frod* —4D **173**
Coronation Dri. *Hay* —1F **49**
Coronation Dri. *K Ash* —3E **81**
Coronation Dri. *Prsct* —2C **84**
Coronation Dri. *Wid* —4B **130**
Coronation Dri. *Wir* —4D **143**
Coronation Ho. *Run* —2C **166**
Coronation Rd. *Cros* —2D **17**
Coronation Rd. *Hoy* —5A **90**
Coronation Rd. *Lyd* —4C **6**
Coronation Rd. *Pres B* —4F **169**
Coronation Rd. *Run* —1B **166**
Coronation Rd. *Wind* —2C **44**
Coronation Wlk. *Bil* —1D **31**
Coroner's La. *Wid* —4A **110**
Coronet Rd. *Liv* —5C **38**
Coronet Way. *Wid* —4B **130**
Corporation Rd. *Birk* —1F **95**
Corporation St. *St H* —4A **46**
(in two parts)
Corrie Dri. *Wir* —3F **141**
Corsewall St. *Liv* —1D **101**
Corsham Rd. *Liv* —1E **147**
Corsican Gdns. *St H* —5C **64**
Cortsway. *Wir* —4E **93**
Cortsway W. *Wir* —4D **93**
Corwen Clo. *Pren* —3B **94**
Corwen Clo. *Wir* —2F **93**
Corwen Cres. *Liv* —4F **81**
Corwen Dri. *Boot* —1A **20**
Corwen Rd. *Liv* —3C **56**
Corwen Rd. *Wir* —4C **90**
Cosgrove Clo. *Liv* —4D **57**
Costain St. *Liv* —3C **54**
Cote Lea Ct. *Hall P* —4F **167**
Cotham St. *St H* —5A **46**
Coton Way. *Liv* —2C **22**
Cotsford Clo. *Liv* —2C **82**
Cotsford Pl. *Liv* —2C **82**
Cotsford Rd. *Liv* —2C **82**
Cotsford Way. *Liv* —2C **82**
Cotswold Gro. *St H* —5A **48**
Cotswold Rd. *Birk* —3C **118**
Cotswolds Cres. *Liv* —5E **127**
Cotswold St. *Liv* —4B **78**
Cottage Clo. *Brom* —5C **162**
Cottage Clo. *Liv* —1E **39**
Cottage Dri. E. *Wir* —5F **157**
Cottage Dri. W. *Wir* —5F **157**
Cottage La. *Wir* —5F **157**
Cottage Pl. *Clo F* —2C **88**
Cottage St. *Birk* —2D **97**
Cottenham St. *Liv* —3B **78**
Cotterdale Clo. *St H* —5C **66**
Cotterill. *Halt B* —2D **167**
Cottesbrook Clo. *Liv* —5F **37**
Cottesbrook Pl. *Liv* —5F **37**
Cottesbrook Rd. *Liv* —5F **37**
Cottesmore Dri. *Wir* —2D **159**
Cotton La. *Halt L* —2D **167**
Cotton St. *Liv* —2B **76**

Cottonwood. *Liv* —1F **121**
Cottrell Clo. *Liv* —3C **144**
Coulport Clo. *Liv* —1A **82**
Coulsdon Pl. *Liv* —5A **100**
Coulthard Rd. *Birk* —4A **120**
Coulton Rd. *Wid* —1E **133**
Council St. *Rain* —1A **86**
Countess Pk. *Liv* —1C **58**
Countisbury Dri. *Liv* —3E **103**
County Dri. *St H* —1E **65**
County Rd. *Kirkby* —1E **23**
County Rd. *Walt* —2F **55**
Court Av. *Liv* —3A **128**
Courtenay Av. *Liv* —3C **16**
Courtenay Rd. *Wat* —3C **16**
Courtenay Rd. *Wir* —4A **90**
Courtenay Rd. *Wltn* —5F **103**
Court Hey. —5F **81**
Court Hey. *Mag* —1E **13**
Ct. Hey Av. *Liv* —4A **82**
Ct. Hey Dri. *Liv* —5F **81**
Court Hey Pk. —5F **81**
Ct. Hey Rd. *Liv* —5F **81**
Courthope Rd. *Liv* —1B **56**
Courtland Rd. *Liv* —4B **102**
Courtney Av. *Wall* —3A **74**
Courtney Rd. *Birk* —4A **120**
Court, The. *Liv* —4C **60**
Court, The. *Wir* —2A **142**
Courtyard, The. *Liv* —1F **123**
Covent Garden. *Liv* —4B **76** (4C **4**)
Coventry Av. *Boot* —4F **19**
Coventry Rd. *Liv* —3A **102**
Coventry St. *Birk* —3D **97**
Coverdale Av. *Rain* —3D **87**
Covertside. *Wir* —4D **113**
Cowan Dri. *Liv* —2A **78**
Cowan Way. *Wid* —5F **109**
Cowdrey Av. *Pren* —5C **72**
Cow Hey La. *Run* —5A **166**
Cowley Clo. *Wir* —4D **93**
Cowley Hill. —3F **45**
Cowley Hill La. *St H* —3E **45**
Cowley Rd. *Liv* —2F **55**
Cowley St. *St H* —3A **46**
Cowper Rd. *Liv* —3B **80**
Cowper St. *Boot* —3A **34**
Cowper St. *St H* —2C **66**
Cowper Way. *Liv* —5A **84**
Coylton Av. *Rain* —4D **87**
Crab St. *St H* —4F **45**
Crab Tree Clo. *Hale V* —5E **149**
Crabtree Clo. *N'ley* —4D **105**
Crabtree Fold. *Nort* —2C **168**
Cradley. *Wid* —2C **130**
Crag Gro. *St H* —4B **30**
Craigburn Rd. *Liv* —5E **57**
Craighurst Rd. *Liv* —2A **104**
Craigleigh Gro. *Wir* —1F **171**
Craigmore Rd. *Liv* —3A **124**
Craigside Av. *Liv* —4A **58**
Craigs Rd. *Liv* —5E **57**
Craigwood Way. *Liv* —3B **82**
Craine Clo. *Liv* —3B **56**
Cramond Av. *Liv* —4F **101**
Cranage Clo. *Halt L* —3D **167**
Cranberry Clo. *Liv* —3E **105**
Cranberry Clo. *St H* —3F **45**
Cranborne Av. *Wir* —2E **91**
Cranborne Rd. *Liv* —2C **100**
Cranbourne Av. *Birk* —2A **96**
Cranbourne Av. *More* —2D **93**
Cranbrook St. *St H* —1B **66**
Crane Av. *St H* —5D **67**
Cranehurst Rd. *Liv* —1B **56**
Cranfield Rd. *Liv* —5A **10**
Cranford Clo. *Clo F* —3E **89**
Cranford Clo. *Wir* —1F **171**
Cranford Rd. *Liv* —4B **124**
Cranford St. *Wall* —4C **74**

**Crank.** —1E 29
Crank Hill. *Crank* —1E 29
Crank Rd. *Wind* —1C 44
Cranleigh Gdns. *Liv* —1D 17
Cranleigh Pl. *Liv* —3A 104
Cranleigh Rd. *Liv* —3A 104
Cranmer St. *Liv* —1C 76
Cranmore Av. —3E 17
Cranshaw Av. *Clo F* —3D 89
Cranshaw La. *Wid* —4B 110
Cranstock Gro. *Wind* —2C 44
Cranston Clo. *St H* —3C 44
Cranston Rd. *Know I* —3C 24
Crantock Clo. *Halew* —4F 127
Crantock Clo. *W Der* —4C 38
Cranwell Clo. *Liv* —3C 20
Cranwell Rd. *Liv* —2A 104
Cranwell Rd. *Wir* —1B 114
Cranwell Wlk. *Liv* —2A 104
Crask Wlk. *Liv* —1F 23
Craven Clo. *Birk* —3D 97
Craven Lea. *Liv* —5E 39
Craven Pl. *Birk* —2C 96
Craven Rd. *Rain* —3C 86
Craven St. *Birk* —3C 96
Craven St. *Liv* —4E 77 (3H 5)
Cravenwood Rd. *Liv* —5F 127
Crawford Av. *Mag* —4B 6
Crawford Av. *Moss H* —4F 101
Crawford Av. *Wid* —3B 130
Crawford Clo. *Clo F* —2D 89
Crawford Clo. *Liv* —4D 59
Crawford Dri. *Liv* —5A 80
Crawford Pk. *Liv* —1F 123
Crawford Pl. *Run* —4B 166
Crawford St. *Clo F* —2D 89
Crawford Way. *Liv* —4E 79
Crawley Clo. *Liv* —4D 127
Crawshaw Ct. *Liv* —2B 82
Crediton Clo. *Liv* —3C 38
Creek, The. *Wall* —3E 51
Creer St. *Liv* —2E 77
Cremona Corner. *Liv* —4E 17
Cremorne Hey. *Liv* —4B 60
Crescent Ct. *Liv* —2A 34
Crescent Rd. *Cros* —5B 8
Crescent Rd. *S'frth* —2A 34
Crescent Rd. *Wall* —2C 74
Crescent Rd. *Walt* —4B 36
Crescents, The. *Rain* —2A 86
Crescent, The. *Beb* —2E 141
Crescent, The. *Boot* —2E 35
Crescent, The. *Grea* —1D 115
Crescent, The. *Huy* —4A 84
Crescent, The. *Mag* —3C 12
Crescent, The. *Pens* —1F 137
Crescent, The. *Speke* —3C 146
Crescent, The. *Thor* —4A 10
Crescent, The. *Wat* —4E 17
Crescent, The. *W Kir* —4A 112
Crescent, The. *Whis* —2F 85
Cressida Av. *Liv* —5E 119
Cressingham Rd. *Wall* —3B 52
Cressington Av. *Birk* —3D 119
Cressington Esplanade. *Liv*
—1A 144
**Cressington Park.** —1A 144
Cresson Ct. *Pren* —4F 95
Cresswell Clo. *Liv* —3A 128
Cresswell St. *Liv* —2F 77
Cresta Dri. *West* —4F 165
Cresttor Rd. *Liv* —1F 125
Creswell St. *St H* —5E 45
Cretan Rd. *Liv* —2D 101
Crete Towers. *Liv* —5E 55
Crewe Grn. *Wir* —2C 114
Cricklade Clo. *Boot* —4B 34
Cringles Dri. *Tarb G* —2A 106
Crispin Rd. *Liv* —4E 105

Crispin St. *St H* —5E 45
Critchley Rd. *Liv* —5A 148
Critchley Way. *Liv* —1F 23
Croasdale Dri. *Beech* —5E 167
Crockett's Wlk. *Ecc* —3B 44
Crocus Av. *Birk* —1F 95
Crocus Gdns. *St H* —4A 68
Crocus St. *Liv* —4D 55
Croft Av. *Wir* —1C 142
Croft Av. E. *Wir* —5D 143
Croft Bus. Cen. *Croft B* —5D 143
Croft Clo. *Pren* —5E 95
Croft Dri. *Cald* —2C 134
Croft Dri. *More* —2F 93
Croft Dri. E. *Wir* —2D 135
Croft Dri. W. *Wir* —2C 134
Croft Edge. *Pren* —1B 118
Croft End. *St H* —2F 67
Crofters La. *Liv* —5F 15
Crofters, The. *Wir* —5D 93
Croftfield. *Liv* —1E 13
Croft Grn. *Wir* —4D 143
Croft La. *Liv* —1D 37
Croft La. *Wir* —1D 163
Crofton Cres. *Liv* —3B 80
Crofton Rd. *Birk* —1E 119
Crofton Rd. *Liv* —3B 80
Crofton Rd. *Run* —1E 165
Croft Shop. Cen., The. *Stock V*
—3A 60
Croft St. *Wid* —1A 152
Croftsway. *Wir* —2D 157
Croft, The. *Halt* —1F 167
Croft, The. *Kirkby* —1F 39
Croft, The. *Mag* —2B 6
Croft, The. *W Der* —4B 58
Croft, The. *Wir* —2D 115
Croft Way. *Liv* —4B 10
Croftwood Gro. *Whis* —4E 85
Cromarty Rd. *Liv* —4F 79
Cromarty Rd. *Wall* —2F 73
Cromdale Gro. *St H* —1E 67
Cromer Dri. *Wall* —1A 74
Cromer Rd. *Liv* —3E 123
Cromer Rd. *Wir* —4A 90
Cromer Way. *Liv* —1F 147
Cromford Rd. *Liv* —1E 83
Crompton Ct. *Moss H* —4D 103
Crompton Dri. *Liv* —5E 39
Cromptons La. *Liv* —5C 102
Crompton St. *Liv* —1D 77
Cromwell Rd. *Liv* —1E 55
Cromwell St. *Wid* —1A 152
Crondall Gro. *Liv* —2B 102
**Cronton.** —4C 108
Cronton Av. *Whis* —5C 84
Cronton Av. *Wir* —3F 71
Cronton La. *Cron* —5B 86
Cronton La. *Wid* —4E 109
Cronton Pk. Av. *Wid* —3C 108
Cronton Pk. Clo. *Wid* —3C 108
Cronton Rd. *Liv* —4A 102
Cronton Rd. *Tarb* —2B 106
Cronton Rd. *Wid* —4B 108
Croome Dri. *Wir* —4C 112
Croppers Hill Ct. *St H* —5E 45
Cropper St. *Liv* —5D 77 (6G 5)
Crosby Clo. *Wir* —3F 93
Crosby Grn. *Liv* —4A 58
Crosby Gro. *St H* —2D 65
Crosby Gro. *Will* —4B 170
Crosby Rd. N. *Liv* —3E 17
Crosby Rd. S. *Liv* —5E 17
Crosender Rd. *Liv* —2C 16
Crosfield Clo. *Liv* —5C 78
Crosfield Rd. *Liv* —5C 78
Crosfield Rd. *Prsct* —2F 85
Crosfield Rd. *Wall* —3C 74
Crosfield Wlk. *Liv* —5C 78
Crosgrove Rd. *Liv* —2B 56

Crosland Rd. *Liv* —4A 24
Cross Acre Rd. *Liv* —2B 104
Crossdale Rd. *Liv* —2C 16
Crossdale Rd. *Wir* —4D 163
Crossdale Way. *St H* —4B 30
Cross Farm Rd. *St H* —2C 66
Crossfield St. *St H* —5B 46
Crossford Rd. *Liv* —5A 60
Cross Gates. *Wid* —1F 133
Crosshall St. *Liv* —4D 77 (4E 4)
Cross Hey. *Ford* —3B 18
Cross Hey. *Liv* —3E 13
Cross Hey Av. *Pren* —4D 95
Cross Hillocks La. *Wid* —2E 129
Cross La. *Prsct & Whis* —2D 85
Cross La. *Wall* —1D 73
Cross La. *Wir* —3F 141
Crossley Dri. *Liv* —1A 102
Crossley Dri. *Wir* —2D 157
Crossley Rd. *St H* —3D 65
*Cross Mdw. Ct. St H —2C 66
(off Appleton Rd.)*
Cross St. *Birk* —3F 97
Cross St. *Liv* —4D 17
Cross St. *Port S* —2B 142
Cross St. *Prsct* —4D 63
Cross St. *Run* —4A 152
Cross St. *St H* —5F 45
Cross St. *Wid* —3C 132
Cross, The. *Brom* —1E 163
Crossvale Rd. *Liv* —5E 83
Crossway. *Pren* —1E 95
Crossway. *Wid* —3D 131
Crossways. *Liv* —3F 103
Crossways. *Wir* —4D 143
Crossway, The. *Wir* —5C 160
Crosswood Cres. *Liv* —3C 82
Crosthwaite Av. *Wir* —1F 171
Croston Av. *Rain* —1B 86
Croston Clo. *Wid* —1C 130
Croston Ct. *Liv* —4C 76 (4D 4)
Crouch St. *Liv* —5A 56
Crouch St. *St H* —3D 67
Crow La. W. *Newt W* —4F 49
Crowmarsh Clo. *Wir* —5F 93
Crownacres Rd. *Liv* —4C 126
Crown Av. *Wid* —4B 130
Crown Ga. *Run* —3F 167
Crown Rd. *Liv* —4C 58
Crown St. *Liv* —4F 77
(in two parts)
Crown St. *Newt W* —5F 49
Crown St. *That H* —4D 65
Crownway. *Liv* —2D 83
Crow St. *Liv* —3D 99
Crowther St. *St H* —5D 45
**Crow Wood.** —2D 133
Crow Wood La. *Wid* —2D 133
Crow Wood Pl. *Wid* —1D 133
Croxdale Rd. *Liv* —4A 60
Croxdale Rd. W. *Liv* —4F 59
Croxeth Ga. *Liv* —4C 100
**Croxteth.** —3D 39
Croxteth Av. *Liv* —1A 34
Croxteth Av. *Wall* —2B 74
Croxteth Clo. *Liv* —4E 7
*Croxteth Country Pk. —2C 58*
Croxteth Dri. *Liv* —4C 100
Croxteth Gro. *Liv* —3B 100
*Croxteth Hall. —1D 59*
Croxteth Hall La. *Crox & W Der*
—5C 38
Croxteth La. *Know* —2B 60
**Croxteth Park.** —5A 40
Croxteth Rd. *Boot* —3B 34
Croxteth Rd. *Liv* —3B 100
*Croxteth Sports Cen. —4C 38*
Croxteth Vw. *Liv* —1F 39
(in two parts)
Croyde Pl. *Sut L* —2C 88

Croyde Rd. *Liv* —4A **148**
Croydon Av. *Liv* —4F **101**
Croylands St. *Liv* —3E **55**
Crucian Way. *Liv* —5D **39**
Crump St. —2E **99**
Crutchley Av. *Birk* —1B **96**
Cubbin Cres. *Liv* —5D **55**
Cubert Rd. *Liv* —4C **38**
Cuckoo Clo. *Liv* —5A **104**
Cuckoo La. *Liv* —4A **104**
Cuckoo Way. *Liv* —5A **104**
Cuerden St. *Liv* —4D **77** (3F **5**)
**Cuerdley Cross.** —2F **133**
Cuerdley Grn. *Cuer* —2F **133**
Culford Clo. *Wind H* —1D **169**
Cullen Av. *Boot* —3D **35**
Cullen Clo. *Wir* —1C **170**
Cullen Rd. *West P* —3D **165**
Cullen St. *Liv* —2C **100**
Culme Rd. *Liv* —4F **57**
Culzean Clo. *Liv* —5E **39**
Cumberland Av. *Boot* —2C **18**
Cumberland Av. *Liv* —3D **101**
Cumberland Av. *Pren* —2A **118**
Cumberland Av. *St H* —3B **64**
Cumberland Clo. *Liv* —5D **57**
Cumberland Cres. *Hay* —2A **48**
Cumberland Ga. *Boot* —1A **20**
Cumberland Rd. *Wall* —4C **52**
Cumberland St. *Liv* —4C **76** (4D **4**)
Cumber La. *Whis* —2F **85**
Cumbria Way. *Liv* —2C **58**
Cummings St. *Liv* —1E **99** (7G **5**)
Cumpsty Rd. *Liv* —4C **18**
Cunard Av. *Wall* —1D **75**
*Cunard Building.* —5B **76** (5B **4**)
Cunard Clo. *Pren* —3C **94**
Cunard Rd. *Liv* —1B **34**
Cunliffe Dri. *Pal* —3A **168**
Cunliffe St. *Liv* —4C **76** (3D **4**)
Cunningham Clo. *Pren* —4E **117**
Cunningham Clo. *Wir* —3C **134**
Cunningham Dri. *Run* —2E **165**
Cunningham Dri. *Wir* —2C **162**
Cunningham Rd. *Liv* —4A **80**
Cunningham Rd. *Wid* —4D **131**
Cuper Cres. *Liv* —2D **83**
Curate Rd. *Liv* —4C **56**
Curlender Clo. *Birk* —5E **73**
Curlender Way. *Hale V* —5E **149**
Curlew Av. *Upt* —3D **93**
Curlew Clo. *Upt* —3D **93**
Curlew Ct. *Wir* —5C **70**
Curlew Gro. *Liv* —3E **127**
Curlew Way. *Wir* —5C **70**
Curtana Cres. *Liv* —5C **38**
Curtis Rd. *Liv* —2C **56**
Curwell Clo. *Wir* —4B **142**
Curzon Av. *Birk* —2B **96**
Curzon Av. *Wall* —3B **52**
Curzon Rd. *Birk* —2B **118**
Curzon Rd. *Liv* —4E **17**
Curzon Rd. *Wir* —4A **90**
Curzon St. *Run* —1F **165**
Cusson Rd. *Know I* —5C **24**
  (Gale Rd.)
Cusson Rd. *Know I* —4B **24**
  (Lees Rd.)
Custley Hey. *Liv* —3B **60**
Custom Ho. La. *Liv* —5C **76** (6D **4**)
Cut La. *Liv* —1E **41**
Cygnet Ct. *Liv* —3A **24**
Cynthia Rd. *Run* —5F **151**
Cypress Av. *Wid* —1B **132**
Cypress Clo. *Liv* —2A **22**
Cypress Cft. *Wir* —4B **142**
Cypress Gdns. *St H* —5C **64**
Cypress Gro. *Run* —3C **166**
Cypress Rd. *Liv* —1D **105**
Cyprian's Way. *Boot* —2E **19**

Cyprus Gro. *Liv* —5A **100**
Cyprus St. *Prsct* —5D **63**
Cyprus Ter. *Wall* —4B **52**
Cyril Gro. *Liv* —2E **123**

**D**acre Hill. —3F 119
Dacres Bri. La. *Tarb G* —2C **106**
Dacre's Bri. La. *Tarb G* —2D **107**
Dacre St. *Birk* —3E **97**
Dacre St. *Boot* —2B **54**
Dacy Rd. *Liv* —5A **56**
Daffodil Clo. *Wid* —5E **111**
Daffodil Gdns. *St H* —4A **68**
Daffodil Rd. *Birk* —2F **95**
Daffodil Rd. *Liv* —2B **102**
Dagnall Rd. *Liv* —4C **22**
Dahlia Clo. *Liv* —4B **36**
Dahlia Clo. *St H* —4A **68**
Daisy Gro. *Liv* —5B **78**
Daisy Mt. *Liv* —2E **13**
Daisy St. *Liv* —4D **55**
Dakin Wlk. *Liv* —3F **23**
Dalby Clo. *St H* —3C **46**
Dale Acre Dri. *Boot* —2C **18**
Dale Av. *Brom* —2D **163**
Dale Av. *Hes* —1F **157**
Dalebrook Clo. *Liv* —2B **104**
Dale Clo. *Liv* —5C **6**
Dale Clo. *Wid* —4A **130**
Dale Cres. *St H* —5D **67**
Dale End Rd. *Wir* —3C **128**
Dale Gdns. *Wir* —1D **157**
Dalegarth Av. *Liv* —2F **59**
Dale Hall. *Liv* —2F **123**
Dalehead Pl. *St H* —4B **30**
Dale Hey. *Hoot* —3E **171**
Dale Hey. *Wall* —3B **74**
Dalehurst Clo. *Wall* —2D **75**
Dale La. *Liv* —5F **15**
Dalemeadow Rd. *Liv* —3D **81**
Dale M. *Liv* —5B **104**
Dale Rd. *Wir* —4D **163**
Daleside Clo. *Wir* —1F **137**
Daleside Rd. *Liv* —2F **23**
Daleside Wlk. *Liv* —2F **23**
Dales Row. *Whis* —4B **84**
**Dales, The.** —2E **157**
Dale St. *Gars* —2C **144**
Dale St. *Liv* —4C **76** (5C **4**)
Dale St. *Run* —1A **166**
Dalesway. *Wir* —2E **157**
Dale Vw. Clo. *Hes* —3A **138**
Dalewood. *W Der* —5E **39**
Dalewood Gdns. *Whis* —4F **85**
Daley Pl. *Boot* —1E **35**
Daley Rd. *Liv* —4C **18**
Dallas Gro. *Liv* —2A **36**
Dallinton Ct. *Liv* —4B **80**
Dalmeny St. *Liv* —1B **122**
Dalmorton Rd. *Wall* —3B **52**
Dalry Cres. *Liv* —1F **39**
Dalrymple St. *Liv* —1F **77**
Dalry Wlk. *Liv* —1F **39**
Dalston Dri. *St H* —4B **30**
Dalton Clo. *Liv* —1C **58**
Dalton Ct. *Ast I* —4E **153**
Dalton Rd. *Wall* —4C **52**
Dalton St. *Run* —5D **153**
Daltry Clo. *Liv* —4A **58**
Dalwood Clo. *Murd* —3E **169**
Damerham Crt. *Liv* —2A **104**
Damerham M. *Liv* —2A **104**
Damfield La. *Liv* —1D **13**
Dam Row. *St H* —1E **65**
Damson Rd. *Liv* —3E **105**
Dam Wood Rd. *Liv* —5C **146**
Danby Clo. *Beech* —4D **167**
Danby Clo. *Liv* —1F **77**
Danby Fold. *Rain* —3B **86**

Dane Clo. *Wir* —1F **137**
Dane Ct. *Rain* —3C **86**
Danefield Pl. *Liv* —4D **125**
Danefield Rd. *Liv* —4D **125**
Danefield Rd. *Wir* —2C **114**
Danefield Ter. *Liv* —4D **125**
Danehurst Rd. *Liv* —1B **36**
Danehurst Rd. *Wall* —4F **51**
Danesbury Clo. *Bil* —1E **31**
Danescourt Rd. *Birk* —1A **96**
Danescourt Rd. *Liv* —1C **80**
Danescroft. *Wid* —1B **130**
Dane St. *Liv* —2F **55**
Daneswell Dri. *Wir* —5F **71**
Danes Well Rd. *Liv* —5A **148**
Daneville Rd. *Liv* —1D **57**
Danger La. *Wir* —4F **71**
Daniel Clo. *Boot* —2A **34**
Daniel Davies Dri. *Liv* —2A **100**
Daniel Ho. *Boot* —1C **54**
Dannette Hey. *Liv* —5C **60**
Dansie St. *Liv* —4E **77** (5J **5**)
Dan's Rd. *Wid* —2E **133**
Dante Clo. *Liv* —5C **20**
Danube St. *Liv* —2B **100**
Daphne Clo. *Liv* —1B **38**
Darby Gro. *Liv* —1B **144**
Darby Rd. *Liv* —4A **124**
D'Arcy Cotts. *Wir* —4B **160**
  (off Raby Rd.)
Darent Rd. *Hay* —1B **48**
Daresbury Clo. *Liv* —3C **22**
Daresbury Ct. *Wid* —1D **133**
Daresbury Expressway. *Cas*
  —5F **153**
Daresbury Rd. *Ecc* —4B **44**
Daresbury Rd. *Wall* —2A **74**
Dark Entry. *Know P* —2E **61**
Dark La. *Liv* —1D **13**
Darley Clo. *Wid* —1B **130**
Darleydale Dri. *Wir* —5F **163**
Darley Dri. *Liv* —5C **58**
Darlington Clo. *Wall* —2D **75**
Darlington Ct. *Wid* —5A **132**
Darlington St. *Wall* —2D **75**
Darmond Rd. *Liv* —2A **24**
Darmond's Grn. *Wir* —3B **112**
Darmonds Grn. Av. *Liv* —4C **56**
Darnley St. *Liv* —4E **99**
Darrel Dri. *Liv* —2C **100**
Darsefield Rd. *Liv* —2D **103**
Dartington Rd. *Liv* —1C **102**
Dartmouth Av. *Liv* —3C **20**
Dartmouth Dri. *Boot* —1C **18**
Darwall Rd. *Liv* —4D **125**
Darwen St. *Liv* —1B **76**
Darwick Dri. *Liv* —1F **105**
Darwin Gro. *That H* —4E **65**
Daryl Rd. *Wir* —1A **158**
Daulby St. *Liv* —4F **77** (4J **5**)
Dauntsey Brow. *Liv* —2B **104**
Dauntsey M. *Liv* —2B **104**
Davenham Av. *Pren* —1F **117**
Davenham Clo. *Pren* —2F **117**
Davenhill Pk. *Liv* —3C **20**
Davenport Clo. *Wir* —3D **135**
Davenport Gro. *Liv* —1E **23**
Davenport Rd. *Wir* —3E **157**
Davenport Row. *Halt L* —2D **167**
Daventree Rd. *Wall* —1B **74**
Daventry Rd. *Liv* —2E **123**
Davidson Rd. *Liv* —3F **79**
David St. *Liv* —5F **99**
Davids Wlk. *Liv* —1C **126**
Davies Clo. *Wid* —3A **152**
Davies Rd. *Wid* —4D **35**
Davies St. *Boot* —4D **35**
Davies St. *Liv* —4C **76** (4D **4**)
Davies St. *St H* —4C **46**
Davis Rd. *Wir* —3B **72**
Davy Clo. *Ecc* —3B **44**

# Davy Rd.—Devonshire Pl.

Davy Rd. *Ast I* —4E **153**
Davy St. *Liv* —5A **56**
Dawber Clo. *Liv* —2A **78**
Dawlish Clo. *Liv* —4C **126**
Dawlish Rd. *Wall* —2F **73**
Dawlish Rd. *Wir* —2C **136**
Dawn Clo. *St H* —4E **65**
Dawn Wlk. *Liv* —1B **38**
Dawpool Cotts. *Wir* —1A **136**
Dawpool Dri. *Brom* —3C **162**
Dawpool Dri. *More* —1E **93**
Dawson Av. *Birk* —1B **96**
Dawson Av. *St H* —4D **67**
Dawson Gdns. *Liv* —5C **6**
Dawson St. *Liv* —4D **77** (5E **5**)
Dawson Way. *Liv* —5F **5**
Dawstone Ri. *Wir* —3F **157**
Dawstone Rd. *Wir* —3F **157**
Days Mdw. *Wir* —1C **114**
Day St. *Liv* —3F **79**
Deacon Clo. *Liv* —5D **17**
Deacon Ct. *Wat* —5D **17**
Deacon Ct. *Wltn* —2B **126**
Deacon Ind. Est. *Newt W* —1F **69**
Deacon Rd. *Wid* —3B **132**
Deakin St. *Birk* —1B **96**
Dealcroft. *Liv* —2F **125**
Dean Av. *Wall* —5E **51**
Dean Clo. *Bil* —2D **31**
Dean Clo. *Wid* —4B **132**
Dean Dillistone Ct. *Liv* —2E **99**
Deane Rd. *Liv* —4C **78**
Dean Patey Ct. *Liv* —1E **99**
Deansburn Rd. *Liv* —5E **57**
Deanscales Rd. *Liv* —1F **57**
Dean St. *Liv* —5D **17**
Dean St. *Wid* —4B **132**
Deans Way. *Birk* —1F **95**
Deansway. *Wid* —4C **130**
Dean Way. *Sut M* —4B **88**
Deanwood Clo. *Whis* —4F **85**
Dearham Av. *St H* —1A **46**
Dearne Clo. *Liv* —1E **81**
Dearnford Av. *Wir* —4D **163**
Dearnford Clo. *Wir* —4D **163**
Dearnley Av. *St H* —3E **47**
Deauville Rd. *Liv* —1C **36**
Debra Clo. *Liv* —1B **22**
Dee Clo. *Liv* —4F **15**
Dee Ct. *Liv* —1C **126**
Dee Ho. *Liv* —1C **126**
Deelands Pk. *Wir* —5C **70**
Dee La. *Wir* —4A **112**
Deeley Clo. *Liv* —5C **78**
Dee Pk. Clo. *Wir* —4B **158**
Dee Pk. Rd. *Wir* —4B **158**
Deepdale. *Wid* —1C **130**
Deepdale Av. *Boot* —3A **34**
Deepdale Av. *St H* —4C **30**
Deepdale Clo. *Pren* —3C **94**
Deepdale Dri. *Rain* —3D **87**
Deepdale Rd. *Liv* —2A **104**
Deepfield Dri. *Liv* —1F **105**
Deepfield Rd. *Liv* —3F **101**
Deepwood Gro. *Whis* —4E **85**
Deerbarn Dri. *Boot* —1B **20**
Deerbolt Clo. *Liv* —2C **22**
Deerbolt Cres. *Liv* —2C **22**
Deerbolt Way. *Liv* —2C **22**
Deerbourne Clo. *Liv* —2F **125**
Dee Rd. *Rain* —3B **86**
Deer Pk. Ct. *Hall P* —4F **167**
Deeside. *Hes* —2C **156**
Deeside Clo. *Pren* —3B **94**
Dee Vw. Rd. *Wir* —2F **157**
De Grouchy St. *Wir* —3B **112**
Deirdre Av. *Wid* —3A **132**
Delabole Rd. *Liv* —3D **39**
De Lacy Row. *Cas* —5A **154**
Delagoa Rd. *Liv* —2F **37**

Delamain Rd. *Liv* —5E **57**
Delamere Av. *East* —1E **171**
Delamere Av. *Sut M* —3A **88**
Delamere Av. *Wid* —3C **130**
Delamere Clo. *Liv* —5D **39**
Delamere Clo. *Pren* —3C **94**
Delamere Clo. *Wir* —1E **171**
Delamere Gro. *Wall* —3E **75**
Delamere Pl. *Liv* —2E **55**
Delamore's Acre. *Will* —5A **170**
Delamore St. *Liv* —2E **55**
Delavor Clo. *Wir* —2E **157**
Delavor Rd. *Wir* —2E **157**
Delaware Cres. *Liv* —2C **22**
Delfby Cres. *Liv* —4A **24**
Delf La. *Liv* —2B **146**
Delf La. *Walt* —1A **56**
Dell Clo. *Wir* —4B **162**
Dell Ct. *Pren* —3F **95**
Dellfield La. *Liv* —1E **13**
Dell Gro. *Birk* —4A **120**
Dell La. *Wir* —3B **158**
Dellside Gro. *St H* —3C **66**
Dell St. *Liv* —4C **78**
Dell, The. *Birk* —3A **120**
Dell, The. *Liv* —3E **59**
Delph Ct. *Liv* —5A **18**
Delphfield. *Nort* —2D **169**
Delph La. *Dar* —4F **155**
Delph La. *Whis* —1F **85**
Delph Rd. *Liv* —2D **9**
Delphwood Dri. *Sher I* —2B **66**
Delta Dri. *Liv* —3E **59**
Delta Rd. *Liv* —1B **34**
Delta Rd. *St H* —4F **47**
Delta Rd. E. *Birk* —3B **120**
Delta Rd. W. *Birk* —3B **120**
Deltic Way. *Kirkby* —5B **24**
Deltic Way. *N'ton* —5B **20**
Delves Av. *Wir* —4F **141**
Delyn Clo. *Birk* —3E **119**
Demesne St. *Wall* —3E **75**
Denbigh Av. *St H* —4C **66**
Denbigh Rd. *Liv* —5F **35**
Denbigh Rd. *Wall* —3D **74**
Denbigh St. *Liv* —1B **76**
Dencourt Rd. *Liv* —2B **58**
Deneacres. *Liv* —2A **126**
Dene Av. *Newt W* —4F **49**
Denebank Rd. *Liv* —4B **56**
Denecliff. *Liv* —3C **60**
Deneshey Rd. *Wir* —3C **90**
Denes Way. *Liv* —4A **60**
Denford Rd. *Liv* —1F **81**
Denham Clo. *Liv* —5F **39**
Denise Rd. *Liv* —1B **38**
Denison Gro. *That H* —4E **65**
Denman Dri. *Liv* —2C **78**
Denman Gro. *Wall* —3E **75**
Denman Rd. *Liv* —2C **78**
Denman St. *Liv* —3B **78**
Denmark St. *Liv* —4D **17**
Dennett Clo. *Liv* —3D **13**
Dennett Rd. *Prsct* —2C **84**
Denning Dri. *Wir* —5D **115**
Dennis Av. *St H* —4C **64**
Dennis Rd. *Wid* —5C **132**
Denny Clo. *Wir* —5F **93**
Denston Clo. *Pren* —2B **94**
Denstone Av. *Liv* —3D **21**
Denstone Clo. *Liv* —2B **82** (L14)
Denstone Clo. *Liv* —4B **126** (L25)
Dentdale Dri. *Liv* —2E **77**
Denton Dri. *Wall* —5C **52**
Denton Gro. *Liv* —1C **78**
**Denton's Green. —3D 45**
Dentons Grn. La. *Dent G* —3D **45**
Denton St. *Liv* —5F **99**

Denton St. *Wid* —3C **132**
Dentwood St. *Liv* —5A **100**
Denver Rd. *Liv* —4C **22**
Depot Rd. *Liv* —1C **24**
Derby & Rathbone Hall. *Liv* —5E **101**
Derby Bldgs. *Liv* —5A **78**
Derby Dri. *Rainf* —1B **28**
Derby Gro. *Mag* —4D **13**
Derby La. *Liv* —2A **80**
Derby Rd. *Birk* —1D **119**
Derby Rd. *Boot & Kirk* —5B **34**
Derby Rd. *Huy* —3E **83**
Derby Rd. *Liv* —5B **54**
Derby Rd. *Wall* —5A **52**
Derby Rd. *Wid* —1A **132**
**Derbyshire Hill. —1F 67**
Derbyshire Hill Rd. *St H* —5F **47**
Derby Sq. *Liv* —5C **76** (6C **4**)
Derby Sq. *Prsct* —5E **63**
Derby St. *Gars* —3C **144**
Derby St. *Huy* —4A **84**
Derby St. *Prsct* —5C **62**
Derby Ter. *Liv* —3E **83**
Dereham Av. *Wir* —2A **94**
Dereham Cres. *Liv* —1F **37**
Derna Rd. *Liv* —2D **83**
Derringstone Clo. *St H* —2D **65**
Derwent Av. *Prsct* —5F **63**
Derwent Clo. *Kirkby* —1D **23**
Derwent Clo. *Mag* —5F **7**
Derwent Clo. *Rain* —3B **86**
Derwent Clo. *Wir* —2D **141**
Derwent Ct. *Liv* —4D **103**
Derwent Dri. *Hes* —3F **137**
Derwent Dri. *Liv* —5D **19**
Derwent Dri. *Wall* —5A **52**
Derwent Rd. *Beb* —2D **141**
Derwent Rd. *Cros* —2F **17**
Derwent Rd. *Meol* —3E **91**
Derwent Rd. *Pren* —5B **96**
Derwent Rd. *St H* —1B **46**
Derwent Rd. *Wid* —3C **130**
Derwent Rd. E. *Liv* —2A **80**
Derwent Rd. W. *Liv* —2F **79**
Derwent Sq. *Liv* —2F **79**
Desborough Cres. *Liv* —4A **58**
Desford Av. *St H* —2D **47**
Desford Clo. *Wir* —5B **70**
Desford Rd. *Liv* —4E **123**
De Silva St. *Liv* —4A **84**
Desmond Clo. *Pren* —2C **94**
Desmond Gro. *Liv* —2F **17**
Desoto Rd. E. *Wid* —2D **151**
Desoto Rd. E. *Wid* —1F **151** (in two parts)
Desoto Rd. W. *Wid* —1F **151**
Deva Clo. *Liv* —3E **15**
Deva Rd. *Wir* —4A **112**
Deveraux Dri. *Wall* —3B **74**
Deverell Gro. *Liv* —5B **80**
Deverell Rd. *Liv* —1A **102**
Deverill Rd. *Birk* —3E **119**
Devilla Clo. *Liv* —5A **60**
De Villiers Av. *Liv* —5E **9**
Devisdale Gro. *Pren* —2C **94**
Devizes Dri. *Wir* —5D **115**
Devoke Av. *St H* —4A **30**
Devon Av. *Wall* —1C **74**
Devon Clo. *Liv* —2A **16**
Devon Ct. *Liv* —1A **78**
Devondale Rd. *Liv* —4A **102**
Devon Dri. *Wir* —3E **137**
Devonfield Rd. *Liv* —3F **35**
Devon Gdns. *Birk* —3E **119**
Devon Gdns. *Liv* —4E **103**
Devon Pl. *Wid* —1A **132**
Devonport St. *Liv* —4F **99**
Devonshire Clo. *Pren* —4B **96**
Devonshire Pl. *Liv* —5E **55** (in two parts)

Devonshire Pl. *Pren* —4A **96**
Devonshire Pl. *Run* —4A **152**
Devonshire Rd. *Dent G* —3D **45**
Devonshire Rd. *Hes* —3E **137**
Devonshire Rd. *Liv & Prin P*
                    —4A **100**
Devonshire Rd. *Pren* —4B **96**
Devonshire Rd. *Upt* —4E **93**
Devonshire Rd. *Wall* —2B **74**
Devonshire Rd. *Wat* —3C **16**
Devonshire Rd. *W Kir* —5C **112**
Devonshire Rd. *W. Liv* —4A **100**
Devon St. *Liv* —4E **77** (3H **5**)
Devon St. *St H* —4D **45**
Devonwall Gdns. *Liv* —4B **100**
Devon Way. *Child* —3E **103**
Devon Way. *Huy* —2A **84**
  (in two parts)
Dewar Ct. *Ast I* —4E **153**
Dewberry Clo. *Birk* —5D **97**
Dewey Av. *Liv* —5B **20**
Dewlands Rd. *Liv* —5F **17**
Dewsbury Rd. *Liv* —5B **56**
Dexter St. *Liv* —3E **99**
Deycroft Av. *Liv* —1F **23**
Deycroft Wlk. *Liv* —1A **24**
Deyes End. *Liv* —1D **13**
Deyes La. *Liv* —1D **13**
Deysbrook La. *Liv* —5C **58**
  (in two parts)
Deysbrook Side. *Liv* —5C **58**
Deysbrook Way. *Liv* —3D **59**
Dial Rd. *Birk* —1D **119**
Dial St. *Liv* —4C **78**
Diamond St. *Liv* —2D **77**
Diana Rd. *Boot* —1D **35**
Diana St. *Liv* —3F **55**
*Dibbinsdale Local Nature Reserve.*
                    —2B **162**
Dibbinsdale Rd. *Wir* —2B **162**
Dibbins Grn. *Wir* —3B **162**
Dibbins Hey. *Wir* —5A **142**
Dibbinview Gro. *Wir* —5B **142**
Dibb La. *Cros* —3C **8**
Dicconson St. *St H* —4A **46**
Dickens Av. *Pren* —3F **117**
Dickens Clo. *Pren* —3F **117**
*Dickensons St. Liv* —1D **99**
  (off Up. Frederick St.)
Dickens Rd. *Liv* —3C **64**
Dickens St. *Liv* —3F **99**
Dickinson Clo. *Hay* —2A **48**
Dickson Clo. *Wid* —4B **132**
Dickson St. *Liv* —2B **76**
Dickson St. *Wid* —4A **132**
  (in two parts)
Didcot Clo. *Liv* —4D **127**
Didsbury Clo. *Liv* —3F **23**
Digg La. *Wir* —5D **71**
Digmoor Rd. *Liv* —1F **39**
Digmoor Wlk. *Liv* —1F **39**
Dignum Mead. *Liv* —4E **105**
Dilloway St. *St H* —4D **45**
Dinas La. *Liv* —2A **82**
Dinas La. Pde. *Liv* —2A **82**
Dinesen Rd. *Liv* —5C **124**
**Dingle. —1A 122**
Dingle Av. *Newt W* —1F **69**
Dingle Brow. *Liv* —1A **122**
Dingle Grange. *Liv* —1A **122**
Dingle Gro. *Liv* —5A **100**
Dingle La. *Liv* —1A **122**
Dingle Mt. *Liv* —1A **122**
Dingle Rd. *Birk* —5C **96**
Dingle Rd. *Liv* —1F **121**
Dingle Ter. *Liv* —5A **100**
Dingle Va. *Liv* —1A **122**
Dingley Av. *Liv* —2F **35**
Dingwall Dri. *Wir* —1E **115**
Dinmore Rd. *Wall* —2B **74**

Dinorben Av. *St H* —4C **66**
Dinorwic Rd. *Liv* —5A **56**
Dinsdale Rd. *Croft B* —5E **143**
Ditchfield Pl. *Wid* —4B **130**
Ditchfield Rd. *Wid* —4A **130**
**Ditton. —4B 130**
Ditton La. *Wir* —3D **71**
Ditton Rd. *Wid* —1C **150**
Dixon Rd. *Know I* —5B **24**
Dobsons La. *St H* —3F **65**
Dobson St. *Liv* —2F **77**
Dobson Wlk. *Liv* —2A **78**
Dock Rd. *Birk* —4A **74**
Dock Rd. *Liv* —2B **144**
Dock Rd. *Wid* —2F **151**
Dock Rd. N. *Wir* —1C **142**
Dock Rd. S. *Wir* —3D **143**
Docks Link. *Wall* —3F **73**
Dock St. *Wid* —2A **152**
Dodd Av. *St H* —4C **44**
Dodd Av. *Wir* —1D **115**
Doddridge Rd. *Liv* —4E **99**
Dodds La. *Liv* —5C **6**
Dodleston Clo. *Pren* —5D **95**
Dodman Rd. *Liv* —3D **39**
Doe Pk. Courtyard. *Liv* —4A **126**
Doe's Mdw. Rd. *Wir* —3B **162**
**Dog & Gun. —5B 38**
Dolley Grn. *Liv* —4B **10**
Domar Clo. *Liv* —4E **23**
Dombey Pl. *Liv* —3F **99**
Dombey St. *Liv* —3F **99**
Domingo Dri. *Liv* —5D **15**
Dominic Clo. *Liv* —1E **103**
Dominic Rd. *Liv* —1E **103**
Dominion St. *Liv* —1C **78**
Domville. *Whis* —4E **85**
Domville Dri. *Wir* —1A **116**
Domville Rd. *Liv* —5A **80**
Donaldson Ct. *Liv* —5A **56**
Donaldson St. *Liv* —5A **56**
Donalds Way. *Liv* —3E **123**
Doncaster Dri. *Wir* —3F **93**
Donegal Rd. *Liv* —3B **80**
Donne Av. *Wir* —4F **141**
Donne Clo. *Wir* —4A **142**
Donnington Clo. *Liv* —1D **105**
Donsby Rd. *Liv* —2B **36**
Dooley Dri. *Boot* —1B **20**
Doon Clo. *Liv* —3E **55**
Dorans La. *Liv* —5C **76** (5D **4**)
  (in two parts)
Dorbett Dri. *Liv* —3F **17**
Dorchester Clo. *Wir* —5F **93**
Dorchester Dri. *Liv* —5F **15**
Dorchester Pk. *Run* —4D **155**
Dorchester Rd. *Liv* —3B **104**
Dorchester Way. *Btnwd* —5F **69**
Doreen Av. *Wir* —1D **93**
Dorgan Clo. *Rain* —2B **86**
Doric Rd. *Liv* —2A **80**
Doric St. *Birk* —2F **119**
Doric St. *Liv* —1F **33**
Dorien Rd. *Liv* —4F **79**
Dorin Ct. *Pren* —5A **96**
Dorking Gro. *Liv* —3B **102**
Dorothy St. *Liv* —5B **78**
Dorothy St. *St H & That H* —4E **65**
Dorrington Clo. *Murd* —2D **169**
Dorrit St. *Liv* —3F **99**
Dorset Av. *Liv* —2C **100**
Dorset Clo. *Boot* —5D **35**
Dorset Ct. *Liv* —3B **104**
Dorset Ct. *Pal* —4A **168**
Dorset Dri. *Wir* —3E **137**
Dorset Gdns. *Birk* —3E **119**
Dorset Rd. *Anf* —5D **57**
Dorset Rd. *Huy* —3A **84**
Dorset Rd. *St H* —2D **65**
Dorset Rd. *Wall* —4A **52**

Dorset Rd. *Wir* —3C **112**
*Douglas Arc. Birk* —3E **97**
  (off Douglas St.)
Douglas Av. *Bil* —2D **31**
Douglas Av. *Bold* —5B **68**
Douglas Clo. *Liv* —2F **79**
Douglas Clo. *Wid* —1E **133**
Douglas Dri. *Liv* —5F **7**
Douglas Dri. *Wir* —1D **93**
Douglas Pl. *Boot* —1B **54**
Douglas Rd. *Liv* —5B **56**
Douglas Rd. *Wir* —3D **113**
Douglas St. *Birk* —3E **97**
Douglas St. *St H* —5D **45**
Douglas Way. *Liv* —4F **15**
Doulton Clo. *Pren* —2B **94**
Doulton Pl. *Whis* —3C **84**
Doulton St. *St H* —5D **45**
Douro Pl. *Liv* —4F **79**
Douro St. *Liv* —2E **77** (1G **5**)
**Dovecot. —3A 82**
Dovecot Av. *Liv* —3F **81**
Dovecot Pl. *Liv* —2F **81**
Dove Ct. *Liv* —1A **126**
Dovedale Av. *Liv* —5C **6**
Dovedale Av. *Wir* —5E **163**
Dovedale Clo. *Pren* —2F **117**
Dovedale Ct. *Wid* —1B **130**
Dovedale Rd. *Liv* —4F **101**
Dovedale Rd. *Wall* —4A **52**
Dovedale Rd. *Wir* —3B **90**
Dovepoint Rd. *Wir* —2E **91**
Dovercliffe Rd. *Liv* —3B **80**
Dover Clo. *Birk* —2D **97**
Dover Clo. *Murd* —4E **169**
Dovercroft. *Liv* —2F **125**
Dover Gro. *Liv* —1F **103**
Dover Rd. *Liv* —2F **35**
Dover Rd. *Liv* —4C **12**
Dover St. *Run* —4B **152**
Dovesmead Rd. *Wir* —3D **159**
Dovestone Clo. *Liv* —1B **100**
Dove St. *Liv* —2B **100**
Dovey St. *Liv* —4F **99**
Doward St. *Wid* —2C **132**
Dowhills Dri. *Liv* —5B **8**
Dowhills Pk. *Liv* —4B **8**
Dowhills Rd. *Liv* —4B **8**
Downes Grn. *Wir* —1A **162**
Downham Clo. *Liv* —4F **103**
Downham Dri. *Wir* —2A **158**
Downham Grn. *Liv* —4F **103**
Downham Rd. *Birk* —1D **119**
Downham Rd. N. *Wir* —5A **138**
Downham Rd. S. *Wir* —2A **158**
Downham Way. *Liv* —4F **103**
Downing Clo. *Pren* —1B **118**
Downing Rd. *Boot* —1D **55**
Downing St. *Liv* —1A **78**
Downland Way. *St H* —2F **67**
Downside. *Wid* —1B **130**
Downside Clo. *Boot* —1E **19**
Downside Dri. *Liv* —4F **21**
Downs Rd. *Run* —1A **166**
Downs Rd. *St H* —1D **65**
Downs, The. *Liv* —2B **16**
Downway La. *St H* —2A **68**
Dowsefield La. *Liv* —1E **125**
Dragon Clo. *Liv* —4C **38**
Dragon Cres. *Whis* —2F **85**
Dragon Dri. *Whis* —3E **85**
Dragon La. *Whis* —4D **85**
Dragon Wlk. *Liv* —4C **38**
Dragon Yd. *Wid* —5B **110**
Drake Clo. *Liv* —1A **38**
Drake Clo. *Whis* —4E **85**
Drake Cres. *Liv* —1F **37**
Drakefield Rd. *Liv* —5D **37**
Drake Gdns. *St H* —5E **65**
Drake Pl. *Liv* —1F **37**

Drake Rd. *Liv* —1F **37**
Drake Rd. *More* —2B **72**
Drake St. *St H* —4D **45**
Drake Way. *Liv* —1A **38**
Draw Well Rd. *Know I* —3D **25**
Draycott St. *Liv* —1F **121**
Drayton Clo. *Run* —1F **165**
Drayton Clo. *Liv* —2D **137**
Drayton Cres. *St H* —2D **47**
Drayton Rd. *Liv* —1A **56**
Drayton Rd. *Wall* —3C **74**
Drayton St. *St H* —5A **48**
Drennan Rd. *Liv* —4E **125**
Drewell Rd. *Liv* —5F **101**
Driffield Rd. *Prsct* —5C **62**
Drinkwater Gdns. *Liv*
　　　　　　　　—3E **77** (1G **5**)
Drive, The. *Liv* —1B **80**
Driveway. *Whis* —4F **85**
　(Cumber La.)
Driveway. *Whis* —4E **85**
　(Lickers La.)
Droitwich Av. *Wir* —5C **92**
Dromore Av. *Liv* —1F **123**
Dronfield Way. *Liv* —2F **103**
　(in two parts)
Druids' Cross Gdns. *Liv* —5D **103**
Druids' Cross Rd. *Liv* —5D **103**
Druids Pk. *Liv* —5E **103**
Druidsville Rd. *Liv* —5D **103**
Druids Way. *Wir* —2A **116**
Drum Clo. *Liv* —1A **82**
Drummond Ct. *Wid* —2D **133**
Drummond Rd. *Cros* —5B **10**
Drummond Rd. *Wall* —2C **56**
Drummond Rd. *Wir* —1A **112**
Drummoyne Ct. *Liv* —5A **8**
Drury La. *Liv* —5C **76** (5C **4**)
Drybeck Gro. *St H* —5D **67**
Dryburgh Way. *Liv* —3E **55**
Dryden Clo. *Pren* —2C **94**
Dryden Clo. *Whis* —3E **85**
Dryden Gro. *Liv* —5F **83**
Dryden Rd. *Liv* —5E **79**
Dryden St. *Boot* —3A **34**
Dryden St. *Liv* —2D **77**
Dryfield Clo. *Wir* —5D **93**
Dublin St. *Liv* —2B **76**
Duchess Way. *Liv* —3E **79**
Ducie St. *Liv* —3A **100**
Duckinfield St. *Liv* —5F **77** (5J **5**)
Duck Pond La. *Birk* —2A **118**
Duddingston Av. *Cros* —3E **17**
Duddingston Av. *Moss H* —4F **101**
Duddon Av. *Liv* —5F **7**
Duddon Clo. *Pren* —1F **117**
Dudley Av. *Run* —5D **153**
Dudley Clo. *Pren* —5B **96**
Dudley Gro. *Liv* —3E **17**
Dudley Pl. *St H* —5C **46**
Dudley Rd. *Liv* —4F **101**
Dudley Rd. *Wall* —3A **52**
Dudley St. *St H* —5C **46**
Dudlow Ct. *Liv* —4C **102**
Dudlow Dri. *Liv* —4C **102**
Dudlow Gdns. *Liv* —3C **102**
Dudlow La. *Liv* —3B **102**
Dudlow Nook Rd. *Liv* —3C **102**
Dugdale Clo. *Liv* —5A **124**
Duke Clo. *Run* —4F **151**
Dukes Rd. *Liv* —5E **55**
Duke St. *Birk* —5C **74**
Duke St. *Gars* —1C **144**
Duke St. *Liv* —1D **99** (7E **4**)
Duke St. *Prsct* —4D **63**
Duke St. *St H* —4F **45**
Duke St. *Wall* —3B **52**
Duke St. *Wat* —5D **17**
Duke St. Bri. *Birk* —5C **74**

Duke St. La. *Liv* —1D **99** (7E **4**)
Dukes Wharf. *Pres B* —4E **169**
Dulas Grn. *Liv* —4A **24**
Dulas Rd. *Kirkby* —4A **24**
Dulas Rd. *W'tree* —3B **102**
Dulverton Rd. *Liv* —4E **123**
Dumbarton St. *Liv* —2E **55**
Dumbrees Gdns. *Liv* —3E **59**
Dumbrees Rd. *Liv* —3E **59**
Dumbreeze Gro. *Know* —3D **41**
Dumfries Way. *Liv* —4D **15**
Dunacre Way. *Liv* —5F **127**
Dunbabin Rd. *Liv* —3B **102**
Dunbar St. *Liv* —1F **55**
Dunbeath Av. *Prsct & Rain* —5D **87**
Dunbeath Clo. *Rain* —5D **87**
Duncan Av. *Run* —1C **166**
Duncan Clo. *St H* —1E **65**
Duncan Dri. *Wir* —5D **93**
Duncansby Dri. *Wir* —1C **170**
Duncan St. *Birk* —3F **97**
Duncan St. *Liv* —2E **99**
Duncan St. *St H* —5E **45**
Dunchurch Rd. *Liv* —1F **81**
Duncombe Rd. N. *Liv* —5B **124**
Duncombe Rd. S. *Liv* —5B **124**
Duncote Clo. *Pren* —5A **96**
Duncote Clo. *Whis* —1A **86**
Dundale Rd. *Liv* —3B **80**
Dundalk La. *Wid* —4D **131**
Dundalk Rd. *Wid* —4D **131**
Dundas St. *Boot* —2B **54**
Dundee Gro. *Wall* —3A **74**
Dundonald Rd. *Liv* —3E **123**
Dundonald St. *Birk* —1A **96**
Dunedin St. *That H* —4E **65**
Dunfold Clo. *Liv* —4F **23**
Dungeon La. *Hale V* —5F **147**
Dunham Clo. *Wir* —2F **171**
Dunham Rd. *Liv* —5A **80**
Dunkeld Clo. *Liv* —3A **78**
Dunkeld St. *Liv* —3A **78**
Dunkerron Clo. *Liv* —2C **104**
Dunlin Clo. *Beech* —5F **167**
Dunlin Clo. *Liv* —5E **105**
Dunlin Ct. *Liv* —4A **104**
Dunlins Ct. *Wall* —3E **51**
Dunlop Dri. *Liv* —1B **22**
Dunlop Rd. *Liv* —5C **146**
Dunluce St. *Liv* —2E **55**
Dunmail Av. *St H* —4C **30**
Dunmail Gro. *Beech* —1E **173**
Dunmore Rd. *Liv* —3E **79**
Dunmow Way. *Liv* —4C **126**
Dunnerdale Rd. *Liv* —1A **58**
Dunnett St. *Liv* —2B **54**
Dunning Clo. *Wir* —4E **93**
Dunnings Bri. Rd. *Boot* —4E **19**
Dunnings Wlk. *Boot* —1A **20**
Dunnock Clo. *Liv* —4A **104**
Dunraven Rd. *W Kir* —4A **112**
Dunriding La. *St H* —5D **45**
Dunscroft. *St H* —4D **67**
Dunsdon Clo. *Liv* —5E **103**
Dunsdon Rd. *Liv* —4E **103**
Dunsford. *Wid* —1B **130**
Dunsmore Clo. *Hay* —1C **48**
Dunsop Av. *Clo F* —2D **89**
Dunstall Clo. *Wir* —3E **71**
Dunstan La. *Liv* —1C **100**
Dunstan St. *Liv* —1E **101**
Dunster Gro. *Sut L* —2D **89**
Dunster Gro. *Wir* —3B **158**
Durants Cotts. *Liv* —3E **13**
Durban Av. *Liv* —5E **9**
Durban Rd. *Liv* —4B **80**
Durban Rd. *Wall* —5B **52**
Durden St. *Liv* —2C **100**
Durham Av. *Boot* —4F **19**
Durham M. E. *Boot* —4A **20**

Durham M. W. *Boot* —4F **19**
Durham Rd. *Liv* —1E **33**
Durham Rd. *Wid* —1B **132**
Durham St. *Liv* —3D **145**
Durham Way. *Boot* —4A **20**
Durham Way. *Liv* —3A **84**
Durley Dri. *Pren* —3E **117**
Durley Rd. *Liv* —2B **36**
Durlston Clo. *Wid* —2C **130**
Durning Rd. *Liv* —5B **78**
Durrant Rd. *Liv* —3E **57**
Dursley. *Whis* —4F **85**
Durston Rd. *Liv* —1D **103**
**Dutton.** —2F **175**
Dutton Dri. *Wir* —5F **141**
Duxbury Clo. *Liv* —4E **7**
Dwerryhouse La. *Liv* —1B **58**
Dwerryhouse St. *Liv* —3D **99**
Dyke St. *Liv* —2A **78**
Dykin Clo. *Wid* —1E **133**
Dykin Rd. *Wid* —1D **133**
Dymchurch Rd. *Liv* —3B **146**
Dymoke Rd. *Liv* —5C **38**
Dymoke Wlk. *Liv* —5C **38**
Dyson Hall Dri. *Liv* —3D **37**
Dyson St. *Liv* —2F **55**

**E**agle Dene. *Liv* —2A **38**
Eaglehall Rd. *Liv* —4F **37**
Eaglehurst Rd. *Liv* —5B **104**
Eagles Ct. *Liv* —3E **23**
Eaglesfield Clo. *St H* —4D **67**
Eagles Way. *Hall P* —4E **167**
Ealing Clo. *Nort* —1D **169**
Ealing Rd. *Liv* —1B **36**
Eanleywood La. *Nort* —2B **168**
Eardisley Rd. *Liv* —3A **102**
Earle Clo. *Newt W* —5F **49**
Earle Ho. *Wir* —4B **120**
Earle Rd. *Liv* —1C **100**
Earle Rd. *Wid* —5C **132**
Earle St. *Liv* —4C **76** (3B **4**)
　(in two parts)
Earle St. *Newt W* —1F **69**
Earl Rd. *Boot* —4D **35**
Earl's Clo. *Liv* —2D **17**
Earlsfield Rd. *Liv* —3F **101**
Earlston Rd. *Wall* —5A **52**
Earl St. *St H* —4C **46**
Earl St. *Wir* —4B **120**
Earls Way. *Hall P* —3E **167**
Earlswood Clo. *Wir* —1B **92**
Earlwood Gdns. *Whis* —4E **85**
Earp St. *Liv* —1C **144**
Easby Rd. *Liv* —4D **55**
　(in two parts)
Easby Wlk. *Liv* —4D **55**
Easedale Wlk. *Liv* —1D **23**
Easenhall Clo. *Wid* —5B **110**
Easington Rd. *St H* —5D **65**
E. Albert Rd. *Liv* —5B **100**
East Bank. *Birk* —1C **118**
Eastbourne M. *Liv* —1B **36**
Eastbourne Rd. *Birk* —3C **96**
Eastbourne Rd. *Walt* —1B **36**
Eastbourne Rd. *Wat* —3B **16**
Eastbourne Wlk. *Liv* —2F **77** (1J **5**)
E. Brook St. *Liv* —5A **56**
Eastbury Clo. *Wid* —4C **110**
Eastcliffe Rd. *Liv* —3B **80**
East Clo. *Ecc P* —4A **64**
Eastcote Rd. *Liv* —4B **124**
Eastcott Clo. *Wir* —1C **114**
Eastcroft Rd. *Wall* —3C **74**
Eastdale Rd. *Liv* —1F **101**
E. Dam Wood Rd. *Liv* —5A **148**
Eastern Av. *Liv* —5F **147**
Eastern Av. *Wir* —3D **143**
Eastern Dri. *Liv* —5A **124**

Eastern Expressway. Run —3F **155**
E. Farm M. Cald —1F **135**
Eastfield Dri. Liv —1C **122**
Eastfield Wlk. Liv —4B **22**
East Front. Hals P —5E **85**
Eastgate Rd. Port S —2B **142**
Eastgate Way. Mnr P —3D **155**
**Eastham. —5F 163**
Eastham Clo. Liv —5F **81**
Eastham Cres. Clo F —2B **88**
Eastham Grn. Liv —3E **147**
*Eastham Lodge Golf Course.*
                              *—4F 163*
Eastham M. East —1F **171**
Eastham Rake. Wir —3C **170**
Eastham Village Rd. Wir —5F **163**
Eastlake Av. Liv —1F **77**
E. Lancashire Rd. Hay & Newt W
                              —1A **48**
E. Lancashire Rd. Know & Liv —2F **39**
E. Lancashire Rd. Liv —5E **37**
E. Lancashire Rd. St H & Wind
                              —1E **43**
East La. Liv —1B **10**
East La. Run —3F **167**
Eastleigh Dri. Wir —5D **115**
East Mains. Liv —4A **148**
Eastman Rd. Liv —4E **57**
East Meade. Liv —5C **6**
E. Millwood Rd. Liv —3F **147**
Easton Rd. Liv —3A **82**
Easton Rd. Wir —4B **120**
E. Orchard La. Liv —1D **37**
Eastpark Ct. Wall —3E **75**
E. Prescot Rd. Liv —3C **80**
East Rd. Liv —4C **80**
  (L14)
East Rd. Liv —2A **148**
  (L24)
East Rd. Liv —1F **13**
  (L31)
East Side. St H —1C **66**
Eastside Ind. Est. St H —1C **66**
East St. Birk —4E **75**
East St. Liv —4B **76** (3C **4**)
East St. Wat —4D **17**
East St. Wid —3D **133**
Eastview Clo. Pren —5D **95**
Eastway. Grea —5E **93**
Eastway. Liv —5D **7**
  (in three parts)
East Way. More —5E **71**
Eastway. Run —3F **167**
Eastway. Wid —3D **131**
Eastwood. Liv —1A **122**
Eastwood. Wind H —1C **168**
Eastwood Rd. Btnwd —4F **69**
Eaton Av. Boot —2D **35**
Eaton Av. Liv —1B **34**
Eaton Av. Wall —2C **74**
Eaton Clo. Huy —4C **82**
Eaton Clo. W Der —4A **58**
Eaton Gdns. Liv —2D **81**
Eaton Grange. Liv —1C **80**
Eaton Rd. Cress —1A **144**
Eaton Rd. Dent G —2D **45**
Eaton Rd. Mag —4D **13**
Eaton Rd. Pren —4B **96**
Eaton Rd. W Der —4B **58**
  (in two parts)
Eaton Rd. Wir —5A **112**
Eaton Rd. N. Liv —4F **57**
Eaton St. Liv —3C **76** (1C **4**)
Eaton St. Prsct —4D **63**
Eaton St. Run —5A **152**
Eaton St. Wall —1B **74**
Eaves La. St H —5B **66**
Ebenezer Howard Rd. Liv —3C **18**
Ebenezer Rd. Liv —4C **78**
Ebenezer St. Birk —2A **120**

Ebenezer St. Hay —2F **47**
Eberle St. Liv —4C **76** (4D **4**)
Ebony Clo. Wir —1B **92**
Ebony Way. Kirkby & Liv —5E **15**
Ebor La. Liv —2E **77**
Ebrington St. Liv —5C **124**
Ecclesall Av. Liv —5D **19**
Eccles Dri. Liv —2B **104**
Ecclesfield Rd. Ecc —2A **44**
Eccles Gro. Clo F —3E **89**
Eccleshall Rd. Wir —1C **142**
Eccleshill Rd. Liv —1A **80**
**Eccleston. —3B 44**
Eccleston Av. Brom —1C **162**
Eccleston Av. Pren —1F **117**
Eccleston Dri. Run —1C **166**
Eccleston Gdns. St H —2A **64**
  (in two parts)
**Eccleston Park. —5A 64**
Eccleston Pk. Trad. Cen. Ecc
                              —3B **64**
Eccleston Rd. Liv —2F **35**
Eccleston St. Prsct —5D **63**
Eccleston St. St H —5E **45**
Echo La. Wir —5C **112**
Edale Clo. Wir —5E **163**
Edale Rd. Liv —5A **102**
Eddarbridge Est. Wid —2F **151**
Eddisbury Rd. Wall —1C **74**
Eddisbury Rd. W Kir —2A **112**
Eddisbury Sq. Frod —5B **172**
Eddisbury Way. Liv —4A **58**
Eddison Rd. Ast I —4D **153**
Eden Clo. Liv —4F **15**
Eden Clo. Rain —4B **86**
Edendale. Wid —2B **130**
Eden Dri. N. Liv —1A **18**
Eden Dri. S. Liv —2A **18**
Edenfield Cres. Liv —2F **83**
Edenfield Rd. Liv —3F **101**
Edenhall Dri. Liv —1C **126**
Edenhurst Av. Liv —1A **104**
Edenhurst Av. Wall —1C **74**
Edenpark Rd. Birk —1C **118**
Eden St. Liv —2B **100**
Eden Va. Boot —1E **19**
Edgar Ct. Birk —2D **97**
Edgar St. Birk —2D **97**
Edgar St. Liv —3D **77** (1E **5**)
Edgbaston Clo. Liv —5C **82**
Edgbaston Way. Pren —1C **94**
Edgefield Clo. Pren —5D **95**
Edgefold Rd. Liv —4F **23**
Edge Gro. Liv —4D **79**
Edge Hill. —5B **78**
Edgehill Rd. Wir —1C **92**
Edge La. Cros & Thor —4A **10**
Edge La. Edg H & Fair —5B **78**
Edge La. Old S —4E **79**
Edge La. Dri. Liv —4A **80**
Edge La. Retail Pk. Liv —4F **79**
  (in two parts)
Edgeley Gdns. Liv —2F **35**
Edgemoor Clo. Cros —5B **10**
Edgemoor Clo. Pren —2B **94**
Edgemoor Clo. W-Der —1D **81**
Edgemoor Dri. Cros —4A **10**
Edgemoor Dri. Faz —1A **38**
Edgemoor Dri. Wir —5C **114**
Edgemoor Rd. Liv —1D **81**
Edge St. St H —5C **64**
Edgewood Dri. Wir —5D **163**
Edgewood Rd. Meol —2D **91**
Edgewood Rd. Upt —3F **93**
Edgeworth Clo. St H —3E **67**
Edgeworth Rd. St H —4E **67**
Edgworth Rd. Liv —5B **56**
Edinburgh Clo. Boot —5A **20**
Edinburgh Dri. Liv —5A **84**
Edinburgh Dri. Pren —3A **118**

Edinburgh Rd. Kens —4A **78**
Edinburgh Rd. Wall —1B **74**
Edinburgh Rd. Wid —4A **130**
Edinburgh Tower. Liv —1E **77**
Edington St. Liv —1E **101**
Edith Rd. Boot —2D **35**
Edith Rd. Liv —5A **56**
Edith Rd. Wall —3D **75**
Edith St. Run —4F **151**
Edith St. St H —4F **67**
Edmondson St. St H —5F **47**
Edmonton Clo. Liv —5D **55**
Edmund St. Liv —4B **76** (4C **4**)
Edna Av. Liv —1A **38**
Edrich Av. Pren —1C **94**
Edward Jenner Av. Boot —2F **19**
Edward Pavilion. Liv —1C **98** (7C **4**)
Edward Rd. Whis —1F **85**
Edward Rd. Wir —5C **90**
Edward's La. Liv —1B **146**
Edward's La. Ind. Est. Liv —1B **146**
Edward St. Hay —2A **48**
Edward St. Liv —5E **77** (5H **5**)
Edward St. St H —2D **67**
Edward St. Wid —3D **133**
Edwards Way. Wid —4C **130**
Edwin St. Wid —3C **132**
Effingham St. Boot —1B **54**
Egan Rd. Pren —1E **95**
Egbert Rd. Wir —3C **90**
Egdon Clo. Wid —2E **133**
Egerton Dri. Wir —4B **112**
Egerton Gdns. Birk —3E **119**
Egerton Gro. Wall —1B **74**
Egerton Pk. Birk —3E **119**
Egerton Pk. Clo. Birk —3E **119**
Egerton Rd. Liv —2D **101**
Egerton Rd. Pren —3A **96**
Egerton Rd. Prsct —4C **62**
Egerton Rd. Wir —5B **120**
Egerton St. Liv —2F **99**
Egerton St. Run —4F **151**
Egerton St. St H —2D **67**
Egerton St. Wall —3B **52**
Egerton Wharf. Birk —2E **97**
Eglington Av. Whis —3D **85**
**Egremont. —1D 75**
Egremont Clo. Liv —5A **106**
Egremont Lawn. Liv —5A **106**
Egremont Promenade. Wall —5D **53**
Egremont Rd. Liv —5A **106**
Egypt St. Wid —5F **131**
Eighth Av. Faz —1D **37**
Eilian Gro. Liv —4D **81**
Elaine Clo. Wid —2C **132**
Elaine St. Liv —3F **99**
Elderberry Clo. Liv —1C **58**
Elderdale Rd. Liv —4B **56**
Elder Gdns. Liv —4B **124**
Elder Gro. Wir —4B **112**
Eldersfield Rd. Liv —1B **58**
Elderswood. Rain —2C **86**
Elderwood Rd. Birk —1E **119**
Eldon Clo. St H —1E **65**
Eldon Gro. Liv —2D **77**
Eldonian Way. Liv —2C **76**
Eldon Pl. Birk —3D **97**
Eldon Pl. Liv —2C **76**
Eldon Rd. Birk —2F **119**
Eldon Rd. Wall —2B **74**
Eldon St. Liv —2C **76**
Eldon St. St H —1E **65**
Eldred Rd. Liv —3C **102**
Eleanor Rd. Boot —2D **35**
Eleanor Rd. Pren —5D **73**
Eleanor Rd. Wir —5D **71**
Eleanor St. Liv —2B **54**
Eleanor St. Wid —5A **132**
Elephant La. St H & That H —4D **65**
Elfet St. Birk —1F **95**

Elgar Av. *Wir* —5E **163**
Elgar Rd. *Liv* —1F **81**
Elgin Dri. *Wall* —5C **52**
Elgin Way. *Birk* —2E **97**
Eliot Clo. *Wir* —5A **120**
Eliot St. *Boot* —3B **34**
Elizabeth Ct. *Wid* —5B **132**
Elizabeth Rd. *Boot* —2D **35**
Elizabeth Rd. *Faz* —1B **38**
Elizabeth Rd. *Hay* —1E **49**
Elizabeth Rd. *Huy* —1F **105**
Elizabeth St. *Clo F* —3E **89**
Elizabeth St. *Liv* —4F **77**
Elizabeth St. *St H* —3E **67**
Elizabeth Ter. *Wid* —3D **131**
Eliza St. *St H* —4F **67**
Elkan Clo. *Wid* —2E **133**
Elkan Rd. *Wid* —2D **133**
Elkstone Rd. *Liv* —2B **58**
Ellaby Rd. *Rain* —2C **86**
Ellams Bri. Rd. *St H* —3E **67**
Ellel Gro. *Liv* —1C **78**
Ellen Gdns. *St H* —4E **67**
Ellens Clo. *Liv* —4A **78**
Ellen's La. *Wir* —2A **142**
Ellen St. *St H* —4E **67**
Elleray Pk. Rd. *Wall* —4A **52**
Ellerby Clo. *Murd* —3E **169**
Ellergreen Rd. *Liv* —1F **57**
Ellerman Rd. *Liv* —1E **121**
Ellerslie Av. *Rain* —1C **86**
Ellerslie Rd. *Liv* —5D **57**
Ellerton Clo. *Wid* —1C **130**
Ellerton Way. *Liv* —5E **39**
Ellesmere Dri. *Liv* —3C **20**
Ellesmere Gro. *Wall* —5B **52**
Ellesmere St. *Run* —5B **152**
Elliot St. *Liv* —5D **77** (5F 5)
Elliot St. *St H* —5E **45**
Elliot St. *Wid* —4B **132**
Ellis Ashton St. *Liv* —4A **84**
(in two parts)
Ellis La. *Frod* —4D **173**
Ellison Dri. *St H* —4C **44**
Ellison Gro. *Liv* —4E **83**
Ellison St. *Liv* —2F **79**
Ellison Tower. *Liv* —1E **77**
Ellis Pl. *Liv* —4F **99**
Ellis Rd. *Bil* —1D **31**
Ellis St. *Wid* —5A **132**
Ellon Av. *Rain* —4D **87**
Elloway Rd. *Liv* —4A **148**
Elmar Rd. *Liv* —2E **123**
(in two parts)
Elm Av. *Liv* —5F **9**
Elm Av. *Wid* —2B **132**
Elm Av. *Wir* —3D **93**
Elm Bank. *Liv* —4F **55**
Elmbank Rd. *Liv* —4E **101**
Elmbank Rd. *Wir* —1B **142**
Elmbank St. *Wall* —3C **74**
Elm Clo. *Liv* —5F **39**
Elm Clo. *Wir* —3A **138**
Elm Ct. *Liv* —1C **16**
Elmcroft Clo. *Liv* —2D **37**
Elmdale Rd. *Liv* —4A **36**
Elmdene Ct. *Wir* —2C **114**
Elm Dri. *S'frth* —2F **33**
Elm Dri. *Wir* —1C **114**
Elmfield Clo. *That H* —3E **65**
Elmfield Rd. *Liv* —3A **36**
*Elm Gdns. Liv* —2A **34**
(off Elm Rd.)
Elm Grn. *Will* —5A **170**
Elm Gro. *Birk* —5D **97**
Elm Gro. *Ecc P* —4F **63**
Elm Gro. *Hoy* —4C **90**
Elm Gro. *Liv* —5A **78**
Elm Gro. *Wid* —3B **132**
Elm Hall Dri. *Liv* —4A **102**

Elmham Cres. *Liv* —1F **37**
Elm Ho. *Prsct* —5C **62**
Elm Ho. M. *Liv* —5B **104**
Elmhurst Rd. *Liv* —2A **104**
Elmore Clo. *Liv* —1F **77**
Elmore Clo. *Wind H* —1D **169**
**Elm Park. —3C 78**
Elm Pk. Rd. *Wall* —4A **52**
Elm Rd. *Beb* —5F **119**
Elm Rd. *Birk* —1D **119**
(Derby Rd.)
Elm Rd. *Birk* —2B **118**
(Waterpark Rd.)
Elm Rd. *Hay* —1E **49**
Elm Rd. *Irby* —1F **137**
Elm Rd. *Kirkby* —2D **23**
Elm Rd. *Run* —2C **66**
Elm Rd. *St H* —3D **65**
Elm Rd. *S'frth* —2F **33**
Elm Rd. *Walt* —1A **56**
Elm Rd. *Will* —5A **170**
Elm Rd. N. *Birk* —2B **118**
Elmsdale Rd. *Liv* —4A **102**
Elmsfield Clo. *Liv* —4A **104**
Elmsfield Pk. *Augh* —1F **7**
Elmsfield Rd. *Liv* —4B **10**
Elms Ho. Rd. *Liv* —3F **79**
Elmsley Ct. *Liv* —1F **123**
Elmsley Rd. *Liv* —5F **101**
Elms Rd. *Liv* —4C **12**
Elms, The. *Ding* —5A **100**
Elms, The. *Lyd* —4D **7**
Elms, The. *Run* —1F **165**
Elm St. *Birk* —3D **97**
Elm St. *Liv* —4A **84**
Elmswood Av. *Rain* —4D **87**
Elmswood Ct. *Liv* —1F **123**
Elmswood Gro. *Liv* —3B **82**
Elmswood Rd. *Birk* —5C **96**
Elmswood Rd. *Liv* —2D **123**
Elmswood Rd. *Wall* —2D **75**
Elm Ter. *Liv* —4C **78**
Elm Ter. *Wir* —4C **90**
Elmtree Clo. *Liv* —4C **58**
Elmtree Gro. *Pren* —1E **95**
Elmure Av. *Wir* —2D **141**
Elm Va. *Liv* —2D **79**
Elmwood. *Nort* —2C **168**
Elmwood Av. *Liv* —5F **9**
Elmwood Dri. *Wir* —5F **137**
Elmworth Av. *Wid* —4A **110**
Elphin Gro. *Liv* —2A **56**
Elric Wlk. *Liv* —2A **24**
Elsbeck Gro. *St H* —5D **67**
Elsie Rd. *Liv* —5A **56**
Elsinore Heights. *Liv* —5A **128**
Elsmere Av. *Liv* —1C **122**
Elstead Rd. *Kirkby* —4C **22**
Elstead Rd. *Walt* —4E **37**
Elstow St. *Liv* —4D **55**
Elstree Rd. *Liv* —3D **79**
Elswick St. *Liv* —1F **121**
Eltham Av. *Liv* —4B **18**
Eltham Clo. *Wid* —1E **133**
Eltham Clo. *Wir* —2B **116**
Eltham Grn. *Wir* —2B **116**
Eltham St. *Liv* —4D **79**
Eltham Wlk. *Wid* —1E **133**
Elton Av. *Boot* —2E **19**
Elton Av. *Liv* —1C **16**
Elton Clo. *Wir* —2E **171**
Elton Dri. *Wir* —4A **142**
Elton Head Rd. *St H* —1C **86**
Elton St. *Liv* —1F **55**
Elvington Clo. *Sut W* —2F **173**
Elvington Rd. *Liv* —1A **8**
Elwick Dri. *Liv* —1C **58**
Elwood Clo. *Liv* —4E **15**
Elworthy Av. *Liv* —3F **127**
Elwyn Dri. *Liv* —4F **127**

Elwyn Gdns. *Halew* —4A **128**
Elwyn Rd. *Wir* —2E **91**
Elwy St. *Liv* —4A **100**
Ely Av. *Wir* —1C **92**
Ely Clo. *Boot* —4F **19**
Ely Pk. *Run* —5E **155**
Ember Cres. *Liv* —2F **77**
Embledon St. *Liv* —2B **100**
(in two parts)
Embleton Gro. *Beech* —5E **167**
Emerald Clo. *Boot* —2B **20**
Emerald St. *Liv* —1F **121**
Emerson St. *Liv* —2F **99**
Emery St. *Liv* —2F **55**
Emily St. *St H* —4C **64**
Emily St. *Wid* —5A **132**
Emmett St. *St H* —2C **66**
*Empire Bri. Liv* —4B **76** (4B **4**)
(off Union St.)
Empire Rd. *Liv* —2B **34**
Empress Clo. *Liv* —1B **12**
Empress Rd. *Anf* —5C **56**
Empress Rd. *Kens* —4A **78**
Empress Rd. *Wall* —2C **74**
Emstry Wlk. *Liv* —3C **22**
Endborne Rd. *Liv* —2A **36**
Endbutt La. *Liv* —1E **17**
Enderby Av. *St H* —2C **46**
Endfield Pk. *Liv* —4A **124**
Endmoor Rd. *Liv* —1D **83**
Endsleigh Rd. *Old S* —3E **79**
Endsleigh Rd. *Wat* —3B **16**
Enerby Clo. *Pren* —2C **94**
Enfield Av. *Liv* —1E **17**
Enfield Rd. *Liv* —4B **80**
Enfield St. *St H* —1E **65**
Enfield Ter. *Pren* —4B **96**
Enford Dri. *St H* —4D **67**
Enid St. *Liv* —3F **99**
Ennerdale Av. *Liv* —5E **7**
Ennerdale Av. *St H* —5B **30**
Ennerdale Av. *Wir* —1F **171**
Ennerdale Clo. *Kirkby* —5D **15**
Ennerdale Dri. *Frod* —5C **172**
Ennerdale Dri. *Liv* —5D **19**
Ennerdale Nursing Home. *Liv* —2D **37**
Ennerdale Rd. *Liv* —2D **37**
Ennerdale Rd. *Pren* —3E **117**
Ennerdale Rd. *Wall* —3F **51**
Ennerdale St. *Liv* —2D **77**
Ennis Clo. *Hale V* —5D **149**
Ennisdale Dri. *Wir* —3D **113**
Ennismore Rd. *Cros* —5C **8**
Ennismore Rd. *Old S* —3F **79**
Ennis Rd. *Liv* —5E **59**
Ensor St. *Liv* —2B **54**
Enstone Av. *Liv* —4A **18**
Enstone Rd. *Liv* —1B **146**
Ensworth Rd. *Liv* —4B **102**
Epping Av. *Sut M* —3B **88**
Epping Clo. *Rain* —4D **87**
Epping Ct. *Wir* —2A **158**
Epping Gro. *Liv* —3B **102**
Epsom Clo. *Liv* —4E **21**
Epsom Dri. *Wir* —3F **71**
Epsom Gro. *Liv* —5F **15**
Epsom Rd. *Wir* —3F **71**
Epsom St. *St H* —4E **47**
Epsom Way. *Liv* —1D **77**
*Epstein Ct. Liv* —3B **78**
(off Coleridge St.)
Epworth Clo. *Btnwd* —5F **69**
Epworth Grange. *Pren* —3A **96**
Epworth St. *Liv* —4F **77** (3J **5**)
Eremon Clo. *Liv* —5D **21**
Erfurt Av. *Wir* —3A **142**
Erica Ct. *Wir* —1E **157**
Eric Gro. *Wall* —2A **74**
Eric Rd. *Wall* —2A **74**
Eric St. *Wid* —2C **132**

Eridge St. *Liv* —5A **100**
Erin Clo. *Liv* —3E **99**
Erl St. *Liv* —2A **36**
Ermine Cres. *Liv* —1F **77**
Errington Ct. *Liv* —4E **123**
Errington St. *Liv* —5B **54**
Errol St. *Liv* —1B **122**
Errwood Clo. *Hale V* —5E **149**
Erskine Clo. *St H* —2E **47**
Erskine Ind. Est. *Liv* —3F **77**
Erskine Rd. *Wall* —3C **74**
Erskine St. *Liv* —3F **77** (3J 5)
Erylmore Rd. *Liv* —3A **124**
Escolme Dri. *Wir* —1D **115**
Escor Rd. *Liv* —3F **103**
Eshelby Clo. *Liv* —4E **17**
Esher Clo. *Pren* —2C **94**
Esher Clo. *Wir* —4B **120**
Eshe Rd. *Liv* —1C **16**
Eshe Rd. N. *Liv* —5B **8**
Esher Rd. *Liv* —3C **78**
Esher Rd. *Wir* —4B **120**
Eskburn Rd. *Liv* —5E **57**
Eskdale Av. *East* —5E **163**
Eskdale Av. *More* —5C **70**
Eskdale Av. *St H* —5B **30**
Eskdale Clo. *Beech* —5D **167**
Eskdale Dri. *Mag* —5E **7**
Eskdale Rd. *Liv* —2A **36**
Esk St. *Liv* —3B **54**
Eslington St. *Liv* —5A **124**
Esmond St. *Liv* —1B **78**
Esonwood Rd. *Whis* —3D **85**
Espin St. *Liv* —2F **55**
Esplanade. *Birk* —2A **120**
Esplanade, The. *Boot* —5C **34**
Esplanade, The. *Wat* —5D **17**
Esplanade, The. *Wir* —3B **120**
Esplen Av. *Liv* —5F **9**
Essex Av. *Liv* —2A **84**
Essex Rd. *Wir* —3C **112**
Essex St. *Liv* —4E **99**
Essex Way. *Boot* —4D **35**
Esther St. *Wid* —3B **132**
Esthwaite Av. *St H* —5C **30**
Estuary Banks. *Speke* —3F **145**
Estuary Banks Bus. Pk. *Speke*
—3A **146**
Etal Clo. *Liv* —2B **58**
Ethelbert Rd. *Wir* —3C **90**
Ethel Rd. *Wall* —3D **75**
Etna St. *Birk* —2F **119**
Etna St. Ct. *Liv* —3F **79**
Eton Ct. *Liv* —4D **103**
Eton Dri. *Liv* —3C **20**
Eton Dri. *Wir* —4F **159**
Etonhall Dri. *St H* —4C **66**
Eton St. *Liv* —2F **55**
Etruria St. *Liv* —3C **144**
Etruscan Rd. *Liv* —2A **80**
Ettington Rd. *Liv* —4B **56**
Ettrick Clo. *Liv* —4D **15**
Eurolink. *St H* —2F **87**
Europa Boulevd. *Birk* —3E **97**
**Europa Pools Swimming Cen.**
—3D **97**
Europa Sq. *Birk* —3D **97**
Euston Gro. *Pren* —4B **96**
Euston St. *Liv* —1F **55**
Evans Clo. *Hay* —1F **49**
Evans Rd. *Liv* —2C **146**
Evans Rd. *Wir* —4B **90**
Evans St. *Prsct* —4D **63**
Evellynne Clo. *Liv* —3C **22**
Evelyn Av. *Prsct* —5E **63**
Evelyn Av. *St H* —5E **47**
Evelyn Rd. *Wall* —3C **74**
Evelyn St. *Liv* —5D **55**
Evelyn St. *St H* —5E **47**
Evenwood. *St H* —5C **66**

Evenwood Clo. *Mnr P & Run*
—3E **155**
Everdon Wood. *Liv* —2F **23**
Evered Av. *Liv* —4A **36**
Everest Rd. *Birk* —2D **119**
Everest St. *Liv* —1E **17**
Evergreen Clo. *Liv* —3E **105**
Evergreen Clo. *Wir* —3E **93**
Everite Rd. *Wid* —5B **130**
Everite Rd. Ind. Est. *Wid* —5B **130**
Everleigh Clo. *Pren* —2C **94**
Eversleigh Dri. *Wir* —3A **142**
Eversley. *Wid* —2B **130**
Eversley Pk. *Pren* —1B **118**
Eversley St. *Liv* —3A **100**
(in two parts)
**Everton. —2F 77**
Everton Brow. *Liv* —3E **77** (1H 5)
**Everton F.C. —2F 55**
Everton Gro. *St H* —3D **47**
**Everton Pk. Sports Cen. —4A 56**
Everton Rd. *Liv* —2F **77**
Everton Valley. *Liv* —4E **55**
Everton Vw. *Boot* —1B **54**
Every St. *Liv* —2B **78**
Evesham Clo. *Liv* —2F **125**
Evesham Rd. *Liv* —2D **57**
Evesham Rd. *Wall* —5F **51**
Ewanville. *Liv* —5E **83**
Ewart Rd. *B'grn* —1A **104**
Ewart Rd. *St H* —2B **46**
Ewart Rd. *S'frth* —1F **33**
Ewden Clo. *Liv* —2E **103**
Exchange Pas. E. *Liv* —4C **76** (4C 4)
Exchange Pas. W. *Liv*
—4C **76** (4C 4)
Exchange Pl. *Rain* —3C **86**
Exchange St. *Birk* —5A **46**
Exchange St. E. *Liv* —4C **76** (4C 4)
Exchange St. W. *Liv* —4C **76** (5C 4)
Exeley. *Whis* —4E **85**
Exeter Clo. *Liv* —4E **21**
Exeter Rd. *Boot* —1C **54**
Exeter Rd. *Wall* —1C **74**
Exeter St. *St H* —4D **45**
Exford Rd. *Liv* —3D **59**
Exmoor Clo. *Wir* —2F **137**
Exmouth Clo. *Birk* —3D **97**
Exmouth Cres. *Murd* —4E **169**
Exmouth Gdns. *Birk* —3D **97**
Exmouth St. *Birk* —3D **97**
Exmouth Way. *Birk* —3D **97**
Exmouth Way. *Btnwd* —5F **69**
Expressway. *Run* —3D **155**
Extension Vw. *St H* —3D **67**
Exwood Gro. *Whis* —4F **85**

**F**actory La. *Wid* —1B **132**
Factory Row. *St H* —2E **65**
Fairacre Rd. *Liv* —5A **124**
Fairacres Rd. *Wir* —3F **141**
Fairbairn Rd. *Liv* —4E **17**
Fairbank St. *Liv* —2E **101**
Fairbeech Ct. *Pren* —2C **94**
Fairbeech M. *Pren* —2C **94**
Fairbrook Dri. *Birk* —5E **73**
Fairburn Clo. *Wid* —1E **133**
Fairburn Rd. *Liv* —5E **57**
Fairclough Dri. *Prsct* —3B **86**
Fairclough Cres. *Hay* —2A **48**
Fairclough La. *Pren* —5B **96**
Fairclough Rd. *Liv* —5C **60**
Fairclough Rd. *Rain* —3B **86**
Fairclough Rd. *St H* —4C **44**
Fairclough St. *Btnwd* —5E **69**
Fairclough St. *Liv* —5D **77** (6F 5)
Fairfax Dri. *Run* —5D **153**
Fairfax Pl. *Liv* —1D **57**
Fairfax Rd. *Birk* —5E **97**

Fairfax Rd. *Liv* —1D **57**
**Fairfield. —3D 79**
Fairfield. *Liv* —1E **17**
(in two parts)
Fairfield Av. *Liv* —4A **82**
Fairfield Clo. *Liv* —4A **82**
Fairfield Cres. *Fair* —3D **79**
Fairfield Cres. *Huy* —4A **82**
Fairfield Cres. *Wir* —1D **93**
Fairfield Dri. *Wir* —3E **113**
Fairfield Gdns. *Crank* —3E **29**
(in two parts)
Fairfield Rd. *Birk* —2E **119**
Fairfield Rd. *Dent G* —3C **44**
Fairfield Rd. *Wid* —3B **132**
Fairfield St. *Liv* —3E **79**
Fairford Cres. *Liv* —2B **80**
Fairford Rd. *Liv* —2B **80**
Fairhaven. *Liv* —5E **15**
Fairhaven Clo. *Birk* —2F **119**
Fairhaven Dri. *Wir* —5C **162**
Fairhaven Rd. *Wid* —2C **132**
Fair Havens Ct. *Wid* —5B **132**
Fairholme Av. *Ecc P* —5F **63**
Fairholme Clo. *Liv* —3A **58**
Fairholme M. *Liv* —1E **17**
Fairholme Rd. *Liv* —1E **17**
Fairhurst Ter. *Prsct* —5E **63**
Fairlawn Clo. *Wir* —4A **162**
Fairlawn Ct. *Pren* —4F **95**
Fairlawne Clo. *Liv* —5E **15**
Fairlie Cres. *Boot* —1D **35**
Fairlie Dri. *Rain* —4D **87**
Fairmead Rd. *Liv* —1E **57**
Fairmead Rd. *Wir* —5E **71**
Fairoak Clo. *Pren* —2C **94**
Fairoak Ct. *White I* —2F **175**
Fairoak La. *White I* —2F **175**
Fairoak M. *Pren* —2C **94**
Fairthorn Wlk. *Liv* —2A **24**
Fair Vw. *Bil* —1D **31**
Fair Vw. *Birk* —5E **97**
Fair Vw. Av. *Bil* —1D **31**
Fairview Av. *Wall* —1A **74**
Fairview Clo. *Pren* —1B **118**
Fair Vw. Pl. *Liv* —4A **100**
Fairview Rd. *Pren* —2B **118**
Fairview Way. *Wir* —4F **137**
Fairway. *Huy* —2A **84**
Fair Way. *Wind* —3C **44**
Fairway Cres. *Wir* —3D **143**
Fairway N. *Wir* —3D **143**
Fairways. *Cros* —5D **9**
Fairways. *Frod* —5D **173**
Fairways Clo. *Liv* —4B **126**
Fairway S. *Wir* —4D **143**
Fairways, The. *Wir* —3D **135**
Fairways, The. *Wltn* —4D **127**
Fairway, The. *K Ash* —2D **81**
Falcon Cres. *Liv* —5F **105**
Falconer St. *Boot* —2A **34**
*Falcongate Ind. Est. Wall —5C 74*
*(off Old Gorsey La.)*
Falconhall Rd. *Liv* —4F **37**
Falcon Hey. *Liv* —2A **38**
Falcon Rd. *Birk* —5C **96**
Falcons Way. *Hall P* —4E **167**
Falkland Rd. *Wall* —2D **75**
Falklands App. *Liv* —1E **57**
Falkland St. *Birk* —1A **96**
Falkland St. *Liv* —4F **77** (3J 5)
(in two parts)
Falkner Sq. *Liv* —1F **99**
Falkner St. *Liv* —1F **99** (7J 5)
(in two parts)
Fallbrook Dri. *Liv* —3B **58**
(in two parts)
Fallow Clo. *Clo F* —2C **88**
Fallowfield. *Halt B* —1D **167**
Fallowfield. *Liv* —1E **23**

Fallowfield Rd. *Liv* —3F **101**
Fallowfield Rd. *Wir* —1A **94**
Fallows Way. *Whis* —5C **84**
Falls La. *Liv* —2E **127**
Falmouth Pl. *Murd* —4E **169**
Falmouth Rd. *Liv* —3C **38**
Falstaff St. *Boot* —2C **54**
Falstone Dri. *Pres B* —3E **169**
Faraday Rd. *Ast I* —4D **153**
Faraday Rd. *Know I* —1B **40**
Faraday Rd. *W'tree* —5E **79**
Faraday St. *Liv* —1A **78**
Fareham Clo. *Wir* —3E **93**
Fareham Rd. *Liv* —4C **78**
Faringdon Clo. *Liv* —1B **146**
Farley Av. *Wir* —1C **162**
Farlow Rd. *Birk* —3F **119**
Farmbrook Rd. *Liv* —2B **104**
Farm Clo. *Clo F* —3D **89**
Farm Clo. *Wir* —5C **92**
Farmdale Clo. *Liv* —1B **124**
Farmdale Dri. *Liv* —1E **13**
Far Mdw. La. *Wir* —1C **136**
Farmer Pl. *Boot* —1E **35**
Farmer's La. *Btnwd* —5F **69**
Farmfield Dri. *Pren* —2C **94**
Far Moss Rd. *Liv* —4B **8**
Farm Rd. *Clo F* —3D **89**
Farmside. *Wir* —3F **71**
Farm Vw. *Liv* —3B **18**
Farmview Clo. *Liv* —2C **104**
Farnborough Gro. *Liv* —3F **127**
Farndale. *Wind H* —4A **110**
Farndon Av. *Sut M* —2B **88**
Farndon Av. *Wall* —5E **51**
Farndon Dri. *Wir* —3E **113**
Farndon Way. *Pren* —5F **95**
Farnhill Clo. *Wind H* —2D **169**
Farnley Clo. *Wind H* —1D **169**
Farnworth Av. *Wir* —2F **71**
Farnworth Clo. *Wid* —5B **110**
Farnworth Gro. *Liv* —5E **15**
Farnworth Rd. *Penk* —5E **111**
Farnworth St. *Liv* —3B **78**
Farnworth St. *St H* —4C **46**
Farnworth St. *Wid* —5B **110**
Farrant St. *Wid* —4B **132**
Farrar St. *Liv* —4D **57**
Farrell Clo. *Liv* —1B **22**
Farr Hall Dri. *Wir* —3E **157**
Farr Hall Rd. *Wir* —2E **157**
Farrier Rd. *Liv* —3A **24**
Farriers Wlk. *Clo F* —2C **88**
Farriers Way. *Boot* —5F **19**
Farriers Way. *Wir* —2B **114**
Farringdon Clo. *St H* —1F **87**
Farthing Clo. *Liv* —5A **126**
Farthingstone Clo. *Whis* —5A **64**
Fatherside Dri. *Boot* —2C **18**
Faversham Rd. *Liv* —5E **37**
Fawcett Rd. *Liv* —4D **7**
Fawley Rd. *Liv* —2C **124**
Fawley Rd. *Rain* —5E **87**
**Fazakerley. —4D 37**
*Fazakerley Bri. Liv* —4B **76** *(4B 4)*
*(off Fazakerley St.)*
Fazakerley Clo. *Liv* —4A **36**
Fazakerley Rd. *Liv* —4A **36**
Fazakerley Rd. *Prsct* —2E **85**
*Fazakerley Sports Cen. —5F 21*
Fazakerley St. *Liv* —4B **76** *(4B 4)*
Fearnley Hall. *Birk* —4D **97**
Fearnley Rd. *Birk* —4D **97**
Fearnside St. *Liv* —1C **100**
Feather La. *Wir* —2F **157**
*(in two parts)*
Feeny St. *Sut M* —4B **88**
Feilden Rd. *Wir* —3A **142**
Felicity Gro. *Wir* —5D **71**
Fell Gro. *St H* —5A **30**

Fell St. *Liv* —4B **78**
Fell St. *Wall* —4E **75**
Felltor Clo. *Liv* —1F **125**
Fellwood Gro. *Whis* —3E **85**
Felmersham Av. *Liv* —5E **37**
Felspar Rd. *Liv* —1E **39**
Felsted Av. *Liv* —2C **126**
Felsted Dri. *Liv* —4E **21**
Felthorpe Clo. *Upt* —2B **94**
Felton Clo. *Wir* —1C **92**
Felton Gro. *Liv* —2F **79**
Feltree Ho. *Pren* —2C **94**
Feltwell Rd. *Liv* —5B **56**
Feltwood Clo. *Liv* —4F **59**
Feltwood Mnr. *Liv* —4F **59**
Feltwood Rd. *Liv* —3F **59**
Feltwood Wlk. *Liv* —4F **59**
Fender Ct. *Liv* —3D **117**
Fender La. *Wir* —5A **72**
Fenderside Rd. *Pren* —1C **94**
Fender Vw. Rd. *Wir* —1A **94**
Fender Way. *Pren* —2B **94**
*(in two parts)*
Fenderway. *Wir* —3A **138**
Fenton Clo. *Boot* —5B **20**
Fenton Clo. *Liv* —4D **147**
Fenton Clo. *St H* —4F **45**
Fenton Clo. *Wid* —1B **130**
Fenton Grn. *Liv* —5D **147**
Fenwick La. *Halt L* —4D **167**
Fenwick St. *Liv* —5C **76** *(5C 4)*
Ferguson Av. *Wir* —1D **115**
Ferguson Rd. *Lith* —4C **18**
Ferguson Rd. *W Der* —3E **57**
Fern Bank. *Liv* —1D **13**
Fernbank Av. *Liv* —4D **83**
Fernbank Dri. *Boot* —1A **20**
Fernbank La. *Wir* —2F **93**
Fern Clo. *Liv* —5E **105**
Ferndale Av. *Wall* —2C **74**
Ferndale Av. *Wir* —3B **114**
Ferndale Clo. *Liv* —1A **36**
Ferndale Clo. *Wid* —2E **111**
Ferndale Rd. *Wat* —3D **17**
Ferndale Rd. *W'tree* —3E **101**
Ferndale Rd. *Wir* —4B **90**
Fern Gdns. *Ecc L* —4F **63**
Fern Gro. *Boot* —4C **34**
Fern Gro. *Liv* —3B **100**
Fern Gro. *Pren* —4D **95**
Fern Hey. *Liv* —5B **10**
Fernhill. *Wall* —3B **52**
Fernhill Av. *Boot* —5E **35**
Fernhill Clo. *Boot* —5E **35**
Fernhill Dri. *Liv* —3A **100**
Fernhill Gdns. *Boot* —5E **35**
Fernhill M. E. *Boot* —5E **35**
Fernhill M. W. *Boot* —5E **35**
Fernhill Rd. *Boot* —2D **35**
*Fernhill Sports Cen. —2D 35*
Fernhill Wlk. *Clo F* —2C **88**
Fernhill Way. *Boot* —5E **35**
Fernhurst. *Halt B* —1D **167**
Fernhurst Rd. *Liv* —4C **22**
Fernie Cres. *Liv* —4E **99**
Fernlea Av. *That H* —4D **65**
Fernlea M. *Pren* —1C **94**
Fernlea Rd. *Wir* —2A **158**
Fernleigh. *Pren* —1B **118**
Fernleigh Rd. *Liv* —3B **80**
Fern Lodge. *Liv* —3B **100**
Ferns Clo. *Wir* —1C **156**
Ferns Rd. *Wir* —2D **141**
Fernwood Dri. *Liv* —4E **127**
Fernwood Rd. *Liv* —1E **123**
Fern Brow Rd. *Wir* —1B **116**
Ferrey Rd. *Liv* —1A **38**
Ferries Clo. *Birk* —4A **120**
Ferry Rd. *Wir* —5F **163**
Ferryside. *Wall* —4E **75**

Ferry Vw. Rd. *Wall* —4E **75**
Ferryview Wlk. *Cas* —5F **153**
Festival Ct. *Liv* —5B **38**
Festival Way. *Run* —2C **166**
Ffrancon Dri. *Wir* —5F **119**
Fiddlers Ferry Rd. *Wid* —4C **132**
Fidler St. *St H* —2D **65**
Field Av. *Liv* —5A **18**
Field Clo. *Clo F* —3D **89**
Field Clo. *Wir* —4B **120**
Fieldfare Clo. *Liv* —4A **104**
Fieldgate. *Wid* —5B **130**
Field Hey La. *Will* —4B **170**
*(in two parts)*
Fieldhouse Row. *Halt L* —3D **167**
Fieldings, The. *Liv* —3B **6**
Fielding St. *Liv* —3A **78**
Field La. *Faz* —2A **38**
Field La. *Lith* —4A **18**
Field Rd. *Clo F* —3D **89**
Field Rd. *Wall* —4B **52**
Fields End. *Liv* —1E **105**
Fieldsend Clo. *Liv* —5E **105**
Fieldside Rd. *Birk* —2E **119**
Field St. *Liv* —3E **77** *(1H 5)*
*(in two parts)*
Fieldsway. *West* —4A **166**
Fieldton Rd. *Liv* —1B **58**
Field Vw. *Liv* —4A **18**
Field Wlk. *Liv* —5B **10**
Fieldway. *Beb* —4D **119**
Fieldway. *Frod* —5C **172**
Fieldway. *Hes* —1C **158**
Fieldway. *Huy* —1F **105**
Fieldway. *Mag* —3D **13**
Fieldway. *Meol* —4F **91**
Field Way. *Rain* —1C **86**
Fieldway. *Wall* —1A **74**
Fieldway. *W'tree* —1C **102**
Fieldway. *Wid* —2D **133**
Fieldway Ct. *Birk* —1C **96**
Fifth Av. *Faz* —1E **37**
Fifth Av. *Liv* —1D **37**
Fifth Av. *Pren* —2B **94**
Fifth Av. *Run* —3F **167**
Filbert Clo. *Liv* —4F **15**
Filton Rd. *Liv* —1B **82**
Finborough Rd. *Liv* —1C **56**
**Fincham. —1B 82**
Fincham Clo. *Liv* —1B **82**
Fincham Grn. *Liv* —1B **82**
Fincham Rd. *Liv* —1A **82**
Fincham Sq. *Liv* —1A **82**
Finch Clo. *Clo F* —3D **89**
Finch Clo. *Liv* —5F **59**
Finch Ct. *Birk* —2D **97**
Finchdean Clo. *Wir* —1C **114**
Finch Dene. *Liv* —5F **59**
Finch La. *Halew* —1B **148**
Finch La. *K Ash* —5F **59**
Finch Lea Dri. *Liv* —1A **82**
Finchley Dri. *St H* —1C **46**
Finchley Rd. *Liv* —4B **56**
Finch Mdw. Clo. *Liv* —4F **37**
Finch Pl. *Liv* —4F **77** *(3J 5)*
Finch Rd. *Liv* —5A **60**
Finch Way. *Liv* —1F **81**
Findley Dri. *Wir* —3F **71**
Findon Rd. *Liv* —5F **23**
Fingall Rd. *Liv* —3A **102**
Finger Ho. La. *Wid* —5D **89**
Fingland Rd. *Liv* —2E **101**
Finlan Rd. *Wid* —5A **132**
Finlay Ct. *Boot* —1F **19**
Finlay St. *Liv* —3C **78**
Finney Gro. *Hay* —2E **49**
Finney, The. *Cald* —3D **135**
Finsbury Pk. *Wid* —4C **110**
Finstall Rd. *Wir* —5F **141**
Finvoy Rd. *Liv* —4E **57**

Fiona Wlk. *Liv* —1C **38**
Fir Av. *Liv* —4A **128**
Firbank Clo. *Wind H* —1D **169**
Firbrook Ct. *Pren* —5C **72**
Fir Clo. *Liv* —4A **128**
Fir Cotes. *Liv* —1E **13**
Firdale Rd. *Liv* —4A **36**
Firdene Cres. *Pren* —5E **95**
Fire Sta. Rd. *Whis* —1F **85**
Firethorne Rd. *Liv* —2D **127**
Fir Gro. *Walt* —5C **20**
Fir La. *Liv* —2A **102**
Fir Rd. *Liv* —3E **17**
Firs Av. *Wir* —4F **141**
Firscraig. *Liv* —4C **60**
Firshaw Rd. *Wir* —2C **90**
First Av. *Cros* —1D **17**
First Av. *Faz* —2E **37**
First Av. *Liv* —1C **36**
First Av. *Pren* —3C **94**
First Av. *Rain* —2B **86**
Firs, The. *Pren* —1E **95**
Firstone Gro. *Liv* —5E **23**
Fir St. *St H* —3D **65**
Fir St. *Wid* —2C **132**
Firthland Way. *St H* —1F **67**
Fir Tree Dri. N. *Liv* —5D **39**
Fir Tree Dri. S. *Liv* —5D **39**
Fir Tree La. *Btnwd* —4F **69**
Fir Way. *Wir* —5B **158**
Fisher Av. *Whis* —4D **85**
Fisher Pl. *Whis* —4D **85**
Fishers La. *Wir* —3E **137**
Fisher St. *Liv* —3D **99**
Fisher St. *Run* —4B **152**
Fisher St. *St H* —3E **67**
Fishguard Clo. *Liv* —2F **77**
Fishwicks Ind. Est. *St H* —3C **66**
Fistral Clo. *Liv* —2B **38**
Fistral Dri. *Wind* —2B **44**
Fitzclarence Wlk. *Liv* —2F **77**
Fitzclarence Way. *Liv* —2F **77**
Fitzgerald Rd. *Liv* —3A **80**
Fitzpatrick Ct. *Liv* —2C **76**
Fitzroy Way. *Liv* —3A **78**
Fitzwilliam Wlk. *Cas* —5A **154**
Fiveways. *Ecc* —4A **44**
Flail Clo. *Wir* —5D **93**
Flambards. *Wir* —1C **116**
Flander Clo. *Wid* —2C **130**
Flatfield Way. *Liv* —1E **13**
Flatt La. *Pren* —1F **117**
Flavian Brow. *Cas* —1E **167**
Flavian Ct. *Run* —5A **154**
Flawn Rd. *Liv* —3E **57**
Flaxhill. *Wir* —5D **71**
Flaxman St. *Liv* —4C **78**
Flaybrick Clo. *Pren* —1E **95**
Fleck La. *Wir* —5D **113**
Fleet Cft. Rd. *Wir* —2A **116**
Flept La. *St H* —5E **47**
Fleet St. *Liv* —5D **77** (6F **5**)
Fleetwood Gdns. *Liv* —5F **15**
(in two parts)
Fleetwood Pl. *Liv* —2F **125**
Fleetwoods La. *Boot* —1D **19**
Fleetwood Wlk. *Murd* —3C **168**
Fleming Ct. *Liv* —2C **76**
Fleming Rd. *Liv* —1C **146**
Flemington Av. *Liv* —2D **57**
Fletcher Av. *Birk* —2E **119**
Fletcher Av. *Prsct* —4E **63**
Fletcher Clo. *Wir* —2A **116**
Fletcher Dri. *Liv* —5A **124**
Flint Dri. *Liv* —2D **59**
Flintshire Gdns. *St H* —1E **65**
Flint St. *Liv* —2D **99**
*Floral Pavillion Theatre. —2C **52**
Floral Wood. *Liv* —2F **121**
Florence Av. *Wir* —1F **157**

Florence Clo. *Liv* —5F **35**
Florence Nightingale Clo. *Boot*
—1F **19**
Florence Rd. *Wall* —3E **75**
Florence St. *Birk* —3D **97**
Florence St. *Liv* —3F **55**
Florence St. *St H* —4C **64**
Florentine Rd. *Liv* —2A **80**
Florida Ct. *Liv* —4B **124**
Flowermead Clo. *Wir* —2F **91**
Fluin La. *Frod* —4C **172**
Fluker's Brook La. *Know* —2B **60**
Foinavon Clo. *Liv* —1F **35**
Folds La. *St H* —1A **46**
Folds Rd. *Hay* —2F **47**
Folds, The. *Wir* —4A **160**
Foley Clo. *Liv* —4E **55**
Foley St. *Liv* —4E **55**
(in two parts)
Folkestone Way. *Murd* —3C **168**
Folly La. *Run* —1D **165**
Folly La. *Wall* —1E **73**
Fontenoy St. *Liv* —4D **77** (2E **5**)
Fonthill Clo. *Liv* —4D **55**
Fonthill Rd. *Liv* —3D **55**
**Ford. —4B 94**
(nr. Birkenhead)
**Ford. —3B 18**
(nr. Litherland)
Ford Clo. *Boot* —1E **35**
Ford Clo. *Liv* —3B **18**
Ford Clo. *Wir* —5B **94**
Fordcombe Rd. *Liv* —5C **104**
Ford Dri. *Wir* —4B **94**
Fordham St. *Liv* —3E **55**
Fordhill Vw. *Wir* —1A **94**
Ford La. *Liv* —3B **18**
Ford La. *Wir* —4B **94**
Fordlea Rd. *Liv* —3A **58**
Fordlea Way. *Liv* —3A **58**
Ford Rd. *Prsct* —5F **63**
Ford Rd. *Wir* —4A **94**
Ford St. *Liv* —3C **76** (1D **4**)
Ford Vw. *Liv* —2B **18**
Ford Way. *Wir* —5A **94**
Fordway M. *Wir* —5A **94**
Forefield La. *Liv* —5F **9**
Forest Clo. *Ecc P* —4F **63**
Forest Clo. *Wir* —2D **91**
Forest Ct. *Pren* —3F **95**
Forest Dri. *Liv* —3C **82**
Forest Grn. *Liv* —3A **58**
Forest Gro. *Ecc P* —4F **63**
Forest Lawn. *Liv* —3B **58**
Forest Mead. *Ecc* —5A **44**
Forest Rd. *Hes* —1A **158**
Forest Rd. *Meol* —2D **91**
Forest Rd. *Pren* —2A **96**
Forest Rd. *Sut M* —3A **88**
Forfar Rd. *Liv* —5D **57**
Forge Clo. *Wid* —4C **108**
Forge Cotts. *Liv* —5C **100**
Forge St. *Boot* —3D **54**
Formby Av. *St H* —2D **65**
Formosa Dri. *Liv* —1F **37**
Formosa Rd. *Liv* —1F **37**
Formosa Way. *Liv* —1F **37**
Fornals Grn. La. *Wir* —4E **91**
Forrester Av. *St H* —4C **64**
Forrest St. *Liv* —1D **99** (7E **4**)
Forshaw Av. *St H* —3C **64**
Forshaw's La. *Btnwd* —3E **69**
Forsythia Clo. *Liv* —5C **36**
Forthlin Rd. *Liv* —3C **124**
(in two parts)
Forth St. *Liv* —2B **54**
Forton Lodge Flats. *Liv* —1C **16**
(off Blundellsands Rd. E.)
Fort St. *Wall* —4C **52**
Forwood Rd. *Wir* —2D **163**

Foscote Rd. *Liv* —1A **24**
Foster Clo. *Whis* —1A **86**
Fosters Gro. *Hay* —2F **47**
Fosters Rd. *Hay* —2F **47**
Foster St. *Liv* —4C **54**
Foster St. *Wid* —3B **132**
Foundry La. *Wid* —2B **150**
Foundry St. *St H* —5A **46**
Fountain Ct. *Cros* —5A **8**
Fountain La. *Frod* —5A **172**
Fountain Rd. *Know* —5D **41**
Fountain Rd. *Wall* —4B **52**
Fountains Av. *Hay* —1F **49**
Fountains Clo. *Brook* —5C **168**
Fountains Clo. *Liv* —4F **55**
Fountains Ct. *Kirk* —4D **55**
Fountains Rd. *Liv* —4D **55**
(in two parts)
Fountain St. *Birk* —1C **118**
Fountain St. *St H* —5C **64**
Four Acre Dri. *Liv* —2B **18**
Four Acre La. *Clo F* —2B **88**
Fouracres. *Liv* —3B **12**
Four Bridges. *Wall* —5E **75**
Fourth Av. *Faz* —1E **37**
Fourth Av. *Liv* —1D **37**
Fourth Av. *Pren* —2B **94**
Fourth Av. *Run* —3F **167**
Fowell Rd. *Wall* —3B **52**
Fowler Clo. *Liv* —5C **78**
Fowler St. *Liv* —1A **78**
Foxcote. *Wid* —2B **130**
Foxcover Rd. *Hes* —3C **158**
Foxcovers Rd. *Beb* —4A **142**
Fox Covert. *Run* —2C **168**
Foxdale Clo. *Pren* —4A **96**
Foxdale Rd. *Liv* —3E **101**
Foxdell Clo. *Liv* —4A **80**
Foxes, The. *Wir* —1B **138**
Foxfield Rd. *Wir* —3D **91**
Foxglove Av. *Liv* —3E **127**
Foxglove Clo. *Liv* —4F **37**
Foxglove Ct. *Frod* —5C **172**
Foxglove Rd. *Birk* —2F **95**
Fox Hey Rd. *Wall* —2F **73**
Foxhill Clo. *Tox* —3A **100**
Foxhill La. *Liv* —2E **127**
Foxhouse La. *Liv* —2E **13**
Foxhunter Dri. *Liv* —5C **20**
Foxleigh. *Liv* —3D **127**
Foxleigh Grange. *Birk* —5F **73**
Foxley Heath. *Wid* —4E **131**
Fox Pl. *St H* —4A **46**
Fox's Bank La. *Whis* —1F **107**
Foxshaw Clo. *Whis* —5D **85**
Fox St. *Birk* —3C **96**
Fox St. *Liv* —2E **77** (1G **5**)
Fox St. *Run* —5A **152**
Foxton Clo. *St H* —3D **47**
Foxton Clo. *Wir* —5B **70**
Foxwood. *Liv* —3E **59**
Foxwood. *St H* —5C **64**
Foxwood Clo. *Wir* —3E **113**
Frampton Rd. *Liv* —1D **57**
Franceys St. *Liv* —5E **77** (5H **5**)
Francine Clo. *Liv* —1C **76**
Francis Av. *Pren* —3B **96**
Francis Av. *Wir* —1D **93**
Francis Clo. *Rain* —2C **86**
Francis Clo. *Wid* —4C **130**
Francis Rd. *Frod* —4C **172**
Francis St. *St H* —4F **67**
Francis Way. *Liv* —1D **103**
**Frankby. —2B 114**
Frankby Av. *Wall* —2A **74**
Frankby Clo. *Wir* —1B **114**
Frankby Grn. *Wir* —2B **114**
Frankby Gro. *Wir* —4F **93**
Frankby Rd. *Grea & Wir* —1B **114**
Frankby Rd. *Liv* —3B **56**

Frankby Rd. *Meol* —3D **91**
Frankby Rd. *W Kir & Fran* —3D **113**
Franklin Gro. *Liv* —4E **15**
Franklin Pl. *Liv* —1B **78**
Franklin Rd. *Wir* —2A **72**
Frank St. *Liv* —4E **99**
Frank St. *Wid* —3C **132**
Franton Wlk. *Liv* —3C **22**
Fraser St. *Liv* —4E 77 (3G **5**)
Freckleton Dri. *Liv* —5F **15**
Freckleton Rd. *St H* —2B **64**
Freda Av. *St H* —5C **66**
Frederick Banting Clo. *Boot* —1F **19**
Frederick Gro. *Liv* —1A **102**
Frederick Lunt Av. *Know* —5C **40**
Frederick St. *St H* —3F **67**
Frederick St. *Wid* —3B **132**
Frederick Ter. *Wid* —3A **150**
Fredric Pl. *Run* —4B **152**
Freedom Clo. *Liv* —1A **100**
Freehold St. *Liv* —3D **79**
Freeland St. *Liv* —4E **55**
Freeman St. *Birk* —2E **97**
Freeman St. *Liv* —1C **100**
Freemantle Av. *That H* —4E **65**
Freemasons Row. *Liv* —3C 76 (2D **4**)
Freemont Rd. *Liv* —4A **58**
Freeport Gro. *Liv* —1B **36**
Freesia Av. *Liv* —4B **36**
Freme Clo. *Liv* —5B **38**
Frenchfield St. *Clo F* —3D **89**
French St. *St H* —2D **65**
French St. *Wid* —3D **133**
Frensham Clo. *Wir* —5F **141**
Frensham Way. *Liv* —4D **127**
Freshfield Clo. *Liv* —3C **82**
Freshfield Rd. *W'tree* —3F **101**
Freshford. *St H* —5D **67**
Friars Clo. *Wir* —2F **141**
Friarsgate Clo. *Liv* —4C **102**
Friar St. *St H* —2F **45**
Frinstead Rd. *Liv* —2A **58**
Frobisher Rd. *More* —2A **72**
Froda Av. *Frod* —5B **172**
**Frodsham. —5B 172**
Frodsham Dri. *St H* —3D **47**
Frodsham St. *Birk* —5E **97**
  (in two parts)
Frodsham St. *Liv* —2F **55**
Frogmore Rd. *Liv* —3E **79**
Frome Clo. *Wir* —5D **115**
Frome Way. *Liv* —4D **127**
*Frontfield Ct. Liv —1C 66*
  *(off Appleton Rd.)*
Frost Dri. *Wir* —1C **136**
Frost St. *Liv* —4C **78**
Fryer St. *Run* —4A **152**
Fry St. *St H* —5E **47**
  (in two parts)
Fuchsia Wlk. *Wir* —2C **114**
Fulbeck. *Wid* —2C **130**
Fulbrook Clo. *Wir* —4F **141**
Fulbrook Rd. *Wir* —5F **141**
Fulford Clo. *Liv* —5F **59**
Fullerton Gro. *Liv* —2E **83**
Fulmar Clo. *Liv* —4E **105**
Fulmar Clo. *St H* —2B **46**
Fulmar Gro. *Liv* —5E **39**
Fulshaw Clo. *Liv* —3D **105**
Fulton Av. *Wir* —3E **113**
Fulton St. *Liv* —1B **76**
Fulwood Clo. *Liv* —2D **123**
Fulwood Dri. *Liv* —2C **122**
Fulwood Pk. *Liv* —3C **122**
Fulwood Rd. *Liv* —2C **122**
Fulwood Way. *Liv* —1C **18**
Furlong Clo. *Liv* —5C **20**
Furness Av. *St H* —1E **45**
Furness Av. *W Der* —2C **58**
Furness Clo. *Wir* —3E **93**

Furness Ct. *Run* —3F **155**
Furness St. *Liv* —4E **55**
Furze Way. *Wir* —5E **71**

## G
**G**able Ct. *Liv* —5E **37**
Gables, The. *Mag* —3E **13**
Gables, The. *Prsct* —5F **63**
Gable Vw. *Liv* —5E **37**
Gabriel Clo. *Wir* —1F **93**
Gainford Clo. *Liv* —5A **60**
Gainford Clo. *Wid* —1C **130**
Gainford Rd. *Liv* —5A **60**
Gainsborough Av. *Liv* —2B **12**
Gainsborough Clo. *Liv* —1E **81**
Gainsborough Ct. *Wid* —3B **130**
Gainsborough Rd. *Liv* —3D **101**
Gainsborough Rd. *Wall* —1E **73**
Gainsborough Rd. *Wir* —3F **93**
Gaisgill Ct. *Wid* —3C **130**
Galemeade. *Liv* —5B **38**
Gale Rd. *Know I* —5C **24**
Gale Rd. *Lith* —4C **18**
Galion Way. *Wid* —1E **131**
Gallagher Ind. Est. *Birk* —5B **74**
Gallopers La. *Wir* —1C **138**
Galloway Rd. *Liv* —3E **17**
Galloway St. *Liv* —1D **101**
Galston Av. *Rain* —4D **87**
Galston Clo. *Liv* —4D **15**
Galsworthy Av. *Boot* —5D **19**
Galsworthy Pl. *Boot* —5E **19**
Galsworthy Wlk. *Boot* —1E **35**
Galton St. *Liv* —3B 76 (2A **4**)
Galtres Ct. *Wir* —4E **119**
Galtres Pk. *Wir* —4E **119**
Gambier Ter. *Liv* —2E **99**
Gamble Av. *St H* —2E **45**
Gamlin St. *Birk* —1F **95**
Gamston Wood. *Liv* —4C **22**
Ganney's Mdw. Rd. *Wir* —2C **116**
Gannock St. *Liv* —4C **78**
Ganton Clo. *Wid* —5B **110**
Ganworth Clo. *Liv* —5E **147**
Ganworth Rd. *Liv* —5E **147**
Garage Rd. *Liv* —2F **147**
Garden Apartments. *Liv* —1F **123**
Garden Cotts. *Liv* —2D **81**
Garden Ct. *Birk* —3C **118**
Gardeners Vw. *Liv* —4F **15**
Gardeners Way. *Rain* —1C **86**
Garden Hey Rd. *Meol* —3C **90**
Garden Hey Rd. *More* —2B **92**
Gardenia Gro. *Liv* —2A **122**
Garden La. *Liv* —2E **77**
  (L3)
Garden La. *Liv* —5D **21**
  (L9)
Garden La. *Wir* —5E **71**
Garden Lodge Gro. *Liv* —4D **105**
Gardenside. *Wir* —2B **72**
Gardenside St. *Liv* —3F **77**
Gardens Rd. *Wir* —2B **142**
Garden St. *Liv* —2A **126**
Garden Vw. *Liv* —1D **81**
Garden Wlk. *Prsct* —1D **85**
Gardiner Av. *Hay* —2C **48**
Gardner Av. *Boot* —1D **35**
Gardner Rd. *Old S* —1E **79**
Gardners Dri. *Liv* —2C **78**
Gardner's Row. *Liv* —3D 77 (1E **5**)
Gareth Av. *St H* —2B **46**
Garfield Ter. *Liv* —4A **94**
Garforth Clo. *Liv* —5D **125**
Garforth Rd. *Liv* —5D **125**
Garmoyle Clo. *Liv* —2D **101**
Garmoyle Rd. *Liv* —2E **101**
Garnet St. *Liv* —5F **79**
Garnet St. *St H* —4D **67**
Garnett Av. *Liv* —3D **55**

Garnetts La. *Tarb G* —3D **129**
Garnett's La. *Wid* —3A **150**
Garrick Av. *Wir* —1C **92**
Garrick Rd. *Pren* —4F **117**
Garrick St. *Liv* —2C **100**
Garrigill Clo. *Wid* —4B **110**
Garrowby Dri. *Liv* —3C **82**
Garsdale Av. *Rain* —4D **87**
Garsfield Rd. *Liv* —2D **57**
Garside Pl. *Ecc* —5A **44**
**Garston. —1D 145**
Garston Ind. Est. *Liv* —3C **144**
Garston Old Rd. *Liv* —5A **124**
*Garston Recreation Cen. &*
      *Swimming Pool. —1C 144*
*Garston Sports Cen. —5C 124*
Garston Way. *Liv* —1B **144**
Garswood Clo. *Liv* —4E **7**
Garswood Clo. *Wir* —2F **71**
Garswood Cres. *Bil* —1E **31**
Garswood Old Rd. *St H & Ash M*
      —5C **30**
Garswood Rd. *Bil* —1E **31**
Garswood St. *Liv* —1F **121**
Garswood St. *St H* —4A **46**
Garter Clo. *Liv* —5C **38**
Garth Boulevd. *Wir* —4E **119**
Garth Ct. *Liv* —4E **17**
Garthdale Rd. *Liv* —5A **102**
Garth Dri. *Liv* —5B **102**
Garthowen Rd. *Liv* —4D **79**
Garth Rd. *Liv* —5A **24**
Garth, The. *Liv* —3E **83**
Garth Wlk. *Liv* —5A **24**
Gartons La. *Clo F & Sut M* —3B **88**
Garway. *Liv* —1C **126**
Gascoyne St. *Liv* —3C 76 (2C **4**)
Gaskell Ct. *St H* —5F **47**
*Gaskell Pk. —5E 47*
Gaskell Rake. *Boot* —5D **11**
Gaskell St. *St H* —2C **66**
Gaskill Rd. *Liv* —3D **147**
Gas St. *Run* —5B **152**
Gatclif Rd. *Liv* —3E **57**
**Gateacre. —4B 104**
Gateacre Brow. *Liv* —5A **104**
Gateacre Pk. Dri. *Liv* —2F **103**
Gateacre Ri. *Liv* —5A **104**
Gateacre Shop. Cen. *Gate* —3A **104**
Gateacre Va. Rd. *Liv* —1B **126**
Gateside Clo. *Liv* —4E **105**
Gates La. *Liv* —2B **10**
Gathurst Ct. *Wid* —4D **131**
Gatley Dri. *Liv* —3E **13**
Gatley Wlk. *Liv* —3F **147**
Gaunts Way. *Hall P* —4E **167**
Gautby Rd. *Birk* —5E **73**
Gavin Rd. *Wid* —5B **130**
Gawsworth Clo. *Ecc* —5B **44**
Gawsworth Clo. *Pren* —1F **117**
Gayhurst Cres. *Liv* —1A **58**
**Gayton. —3B 158**
Gayton Av. *Wall* —3B **52**
Gayton Av. *Wir* —4C **118**
Gayton Farm Rd. *Wir* —5A **158**
Gayton La. *Wir* —4B **158**
Gayton Mill Clo. *Wir* —3B **158**
Gayton Parkway. *Wir* —5C **158**
Gayton Rd. *Hes* —4F **157**
Gaytree Ct. *Pren* —2C **94**
Gaywood Av. *Liv* —5F **23**
Gaywood Clo. *Liv* —5F **23**
Gaywood Clo. *Pren* —2C **94**
Gaywood Grn. *Liv* —5F **23**
Gellings Rd. *Know B* —3A **40**
Gelling St. *Liv* —4E **99**
Gemini Clo. *Boot* —4B **34**
Gemini Dri. *Liv* —2F **81**
Geneva Clo. *Liv* —2D **83**

Geneva Rd. *Liv* —3C **78**
Geneva Rd. *Wall* —4D **75**
Genoa Clo. *Liv* —2B **104**
Gentwood Pde. *Liv* —2D **83**
Gentwood Rd. *Liv* —2C **82**
George Hale Av. *Know P* —5E **61**
George Harrison Clo. *Liv* —3B **78**
George Moore Ct. *Liv* —4C **10**
George Rd. *Wir* —5C **90**
George's Dock Gates. *Liv*
—4B **76** (5B **4**)
Georges Dockway. *Liv* —5B **76** (6B **4**)
George's Rd. *Liv* —1B **78**
George St. *Birk* —2E **97**
George St. *Liv* —4C **76** (4C **4**)
(L3)
George St. *Liv* —2A **78**
(L6)
George St. *St H* —5A **46**
Georgia Av. *Liv* —4D **15**
Georgia Av. *Wir* —4E **143**
Georgian Clo. *Liv* —1F **147**
Georgian Clo. *Prsct* —5A **64**
Geraint Rd. *Liv* —3F **99**
Gerald Rd. *Pren* —5A **96**
Gerard Av. *Wall* —4A **52**
Gerard Rd. *Wall* —5F **51**
Gerard Rd. *Wir* —3B **112**
**Gerard's Bridge. —3A 46**
Gerards Ct. *St H* —5C **30**
Gerards La. *St H & Sut L* —4D **67**
Gerard St. *Liv* —3D **77** (3F **5**)
Germander Clo. *Liv* —3E **127**
Gerneth Clo. *Liv* —3C **146**
Gerneth Rd. *Liv* —3B **146**
Gerrard Rd. *Bil* —1E **31**
Gerrard's La. *Liv* —2E **127**
Gerrard St. *Wid* —3B **132**
Gertrude Rd. *Liv* —5A **56**
Gertrude St. *Birk* —3F **97**
Gertrude St. *St H* —4C **64**
Geves Gdns. *Liv* —4E **17**
Ghyll Gro. *St H* —4B **30**
Gibbons Av. *St H* —5C **44**
Gibbs Ct. *Wir* —1A **138**
Gibraltar Row. *Liv* —4B **76** (3B **4**)
Gibson Clo. *Wir* —4F **137**
Gibson St. *Liv* —2F **99**
Giddygate La. *Liv* —1B **14**
Gidlow Rd. *Liv* —3F **79**
Gidlow Rd. S. *Liv* —4F **79**
Gilbert Clo. *Wir* —5F **141**
Gilbert Rd. *Whis* —1F **85**
Gilbert St. *Liv* —1D **99** (7E **5**)
Gildarts Gdns. *Liv* —2C **76**
Gildart St. *Liv* —4E **77** (3J **5**)
Gilead St. *Liv* —4E **77** (4J **5**)
Gilescroft Av. *Liv* —1A **24**
Gilescroft Wlk. *Liv* —1A **24**
Gillan Clo. *Brook* —5C **168**
Gillar's Green. —1E 63
Gillars La. *St H* —3D **43**
(in two parts)
*Gillbrook Sq. Birk* —1F **95**
(off Vaughan St., in two parts)
Gilleney Gro. *Whis* —1A **86**
**Gillmoss. —3C 38**
Gillmoss Clo. *Liv* —4C **38**
Gillmoss La. *Liv* —3C **38**
Gillmoss La. Ind. Est. *Liv* —2B **38**
Gills La. *Wir* —3A **138**
Gill St. *Liv* —4E **77** (4J **5**)
(in two parts)
Gilman St. *Liv* —4A **56**
Gilmour Mt. *Pren* —5B **96**
Gilpin Av. *Liv* —5E **7**
*Gilroy Nature Pk. —2C 112*
Gilroy Rd. *Liv* —3B **78**
Gilroy Rd. *Wir* —3C **112**

Giltbrook Clo. *Wid* —1F **131**
Gilwell Av. *Wir* —2E **93**
Gilwell Clo. *Wir* —2E **93**
Ginnel, The. *Wir* —2B **142**
Gipsy Gro. *Liv* —4E **103**
Gipsy La. *Liv* —4E **103**
Girton Av. *Boot* —1E **55**
Girtrell Clo. *Wir* —4D **93**
Girtrell Rd. *Wir* —4D **93**
Givenchy Clo. *Liv* —1E **103**
Glade Rd. *Liv* —2E **83**
Gladeswood Rd. *Know N* —3B **24**
Glade, The. *Wir* —2D **91**
Gladeville Rd. *Liv* —1E **123**
Gladica Clo. *Liv* —4B **84**
Gladstone Av. *Liv* —1A **104**
(L16)
Gladstone Av. *Liv* —1A **34**
(L21)
Gladstone Clo. *Birk* —3C **96**
*Gladstone Ct. Liv* —2A **34**
(off Elm Rd.)
Gladstone Hall Rd. *Wir* —2B **142**
Gladstone Rd. *Edg H* —5B **78**
Gladstone Rd. *Gars* —1C **144**
Gladstone Rd. *S'frth* —1F **33**
Gladstone Rd. *Wall* —3D **75**
Gladstone Rd. *Walt* —5F **35**
Gladstone St. *Birk* —3C **96**
Gladstone St. *Liv* —3C **76** (2D **4**)
Gladstone St. *St H* —5D **45**
Gladstone St. *Wid* —4B **132**
Gladstone St. *Witn* —2F **125**
*Gladstone Ter. Will* —5A **170**
(off Neston Rd.)
Glaisher St. *Liv* —5A **56**
Glamis Gro. *St H* —4C **66**
Glamis Rd. *Liv* —5D **57**
Glamorgan Clo. *St H* —1F **65**
Glanaber Pk. *Liv* —3E **59**
Glasgow St. *Birk* —2F **119**
Glasier Rd. *Wir* —5C **70**
Glaslyn Way. *Liv* —5A **36**
Glassonby Cres. *Liv* —2A **58**
Glassonby Way. *Liv* —2A **58**
Glastonbury Clo. *Liv* —4D **57**
Glastonbury Clo. *Run* —4F **155**
Glasven Rd. *Liv* —2F **23**
Gleadmere. *Wid* —2C **130**
Gleaston Clo. *Wir* —1C **162**
Gleave Clo. *Btnwd* —5F **69**
Gleave Cres. *Liv* —2F **77**
Gleave St. *St H* —4A **46**
Glebe Clo. *Liv* —1B **12**
Glebe End. *Liv* —3E **11**
Glebe Hey. *Liv* —4E **105**
Glebe Hey Rd. *Wir* —1A **116**
Glebelands Rd. *Wir* —1E **93**
Glebe La. *Wid* —4A **110**
Glebe Rd. *Wall* —5A **52**
Glebe, The. *Halt B* —1E **167**
Gleggside. *Wir* —4C **112**
Glegg St. *Liv* —2B **76**
Glegside Rd. *Liv* —3A **24**
Glenacres. *Liv* —1A **126**
Glenalmond Rd. *Wall* —2D **75**
Glenathol Rd. *Liv* —2C **124**
Glenavon Rd. *Liv* —5C **80**
Glenavon Rd. *Pren* —3A **118**
Glenbank. *Liv* —3C **16**
Glenbank Clo. *Liv* —3A **36**
Glenburn Av. *Wir* —1E **171**
Glenburn Rd. *Wall* —3D **75**
Glenby Av. *Liv* —3F **17**
Glencairn Rd. *Liv* —3F **79**
Glencoe Rd. *Wall* —5B **52**
Glenconner Rd. *Liv* —5E **81**
Glencourse Rd. *Wid* —4A **110**
Glencroft Clo. *Liv* —1C **82**
Glendale Clo. *Liv* —1F **121**

Glendale Gro. *Liv* —5F **15**
(off Dorchester Dri.)
Glendale Gro. *Wir* —5B **142**
Glendale Rd. *St H* —1A **46**
Glendevon Rd. *Child* —5C **80**
Glendevon Rd. *Huy* —5E **83**
Glendower Rd. *Liv* —4E **17**
Glendower St. *Boot* —2C **54**
Glendyke Rd. *Liv* —2C **124**
Gleneagles Clo. *Liv* —4D **15**
Gleneagles Clo. *Wir* —4F **137**
Gleneagles Dri. *Hay* —3A **48**
Gleneagles Dri. *Wid* —4A **110**
Gleneagles Rd. *Liv* —5D **81**
Glenfield Clo. *Pren* —1C **94**
Glenfield Clo. *Wir* —5B **70**
Glenfield Rd. *Liv* —3F **101**
Glengariff St. *Liv* —4D **57**
Glenham Clo. *Wir* —3E **91**
Glenhead Rd. *Liv* —4B **124**
Glenholm Rd. *Liv* —3C **12**
Glenista Clo. *Liv* —5A **36**
Glenluce Rd. *Liv* —3A **124**
Glenlyon Rd. *Liv* —1C **102**
Glenmarsh Clo. *Liv* —5C **58**
Glenmarsh Clo. *Wir* —2D **141**
Glenmaye Clo. *Liv* —1E **59**
Glenmore Av. *Liv* —1F **123**
Glenmore Rd. *Pren* —5A **96**
Glenn Pl. *Wid* —3E **131**
Glen Pk. Rd. *Wall* —4A **52**
Glen Rd. *Liv* —4B **80**
Glen Ronald Dri. *Wir* —4D **93**
Glenrose Rd. *Liv* —5A **104**
Glenside. *Liv* —2C **124**
Glen, The. *Liv* —1C **124**
Glen, The. *Pal* —4F **167**
Glen, The. *Wir* —4C **142**
Glentree Clo. *Wir* —4D **93**
Glentrees Rd. *Liv* —3B **58**
Glentworth Clo. *Liv* —2D **13**
Glenville Clo. *Liv* —5B **104**
Glenville Clo. *Run* —4B **166**
Glen Vine Clo. *Liv* —1E **103**
Glen Way. *Liv* —4F **15**
Glenway Clo. *Liv* —4F **39**
Glenwood. *Run* —2C **168**
Glenwood Clo. *Whis* —4F **85**
Glenwood Dri. *Wir* —5E **115**
Glenwyllin Rd. *Liv* —3E **17**
Globe Rd. *Boot* —4B **34**
Globe St. *Liv* —4E **55**
Gloucester Ct. *Liv* —3A **78**
Gloucester Pl. *Liv* —3A **78**
Gloucester Rd. *Anf* —1D **79**
Gloucester Rd. *Boot* —4D **35**
Gloucester Rd. *Huy* —3A **84**
Gloucester Rd. *Wall* —5E **51**
Gloucester Rd. *Wid* —1B **132**
Gloucester Rd. N. *Liv* —5D **57**
Gloucester St. *Liv* —4D **77** (4F **5**)
Gloucester St. *St H* —1D **67**
Glover Pl. *Boot* —4B **34**
Glover's Brow. *Liv* —1C **22**
Glover's La. *Boot* —1E **19**
Glover St. *Birk* —5C **96**
Glover St. *Liv* —3D **99**
Glover St. *St H* —1F **65**
Glyn Av. *Brom* —3E **163**
Glynne Gro. *Liv* —1A **104**
Glynne St. *Boot* —2D **35**
Glynn St. *Liv* —2F **101**
Glyn Rd. *Wall* —1B **74**
Goddard Rd. *Ast I* —4E **153**
Godetia Clo. *Liv* —4F **37**
Godstow. *Run* —3E **155**
Goldcrest Clo. *Beech* —1F **173**
Goldcrest Clo. *Liv* —4F **39**
Goldcrest M. *Liv* —3E **127**
Golden Gro. *Liv* —2A **56**

Golden Triangle Ind. Est. *Wid*
—2B **150**
Goldfinch Clo. *Liv* —3E **127**
Goldfinch Farm Rd. *Liv* —4C **146**
Goldie St. *Liv* —4F **55**
Goldsmith Rd. *Pren* —3F **117**
Goldsmith St. *Boot* —4A **34**
Goldsmith St. *Liv* —3B **78**
Goldsmith Way. *Pren* —3F **117**
Goldsworth Fold. *Rain* —3B **86**
Golf Links Rd. *Birk* —3B **118**
Gondover Av. *Liv* —2F **35**
Gonville Rd. *Boot* —1D **55**
Goodacre Rd. *Liv* —1B **36**
*Goodakers Ct. Wir* —2A **116**
*(off Goodakers Mdw.)*
Goodakers Mdw. *Wir* —2A **116**
Goodall Pl. *Liv* —2E **55**
Goodall St. *Liv* —2E **55**
Goodban St. *St H* —3E **67**
Goodison Av. *Liv* —3F **55**
*Goodison Pk. —2F 55*
Goodison Pl. *Liv* —2F **55**
Goodison Rd. *Liv* —2F **55**
Goodlass Rd. *Liv* —1A **146**
Goodleigh Pl. *Sut L* —1C **88**
Goodwood Clo. *Liv* —5D **83**
Goodwood Ct. *St H* —5D **65**
Goodwood Dri. *Wir* —3F **71**
Goodwood St. *Liv* —1D **77**
Gooseberry Hollow. *Wind H*
—1D **169**
Gooseberry La. *Nort* —1D **169**
Goose Grn., The. *Wir* —2D **91**
Goostrey Clo. *Wir* —1B **162**
Gordon Av. *Brom* —3E **163**
Gordon Av. *Grea* —1E **115**
Gordon Av. *Hay* —1F **49**
Gordon Av. *Mag* —4C **6**
Gordon Av. *Wat* —3C **16**
Gordon Ct. *Wir* —1E **115**
Gordon Dri. *Aig* —5A **124**
Gordon Dri. *Dove* —3E **81**
Gordon Pl. *Liv* —1A **124**
Gordon Rd. *Liv* —2F **33**
Gordon Rd. *Wall* —4B **52**
Gordon St. *Birk* —3C **96**
Gordon St. *W'tree* —2E **101**
*Gordon Ter. Will —5A 170*
*(off Neston Rd.)*
Goree. *Liv* —5B **76** (5B **4**)
Gore's La. *Crank* —1A **30**
Gores Rd. *Know I* —4B **24**
Gore St. *Liv* —3E **99**
Gorran Haven. *Brook* —5C **168**
Gorse Av. *Liv* —2B **58**
Gorsebank Rd. *Liv* —4E **101**
Gorsebank St. *Wall* —3C **74**
Gorseburn Rd. *Liv* —5E **57**
Gorse Cres. *Wall* —4C **74**
Gorsedale Pk. *Wall* —4D **75**
Gorsedale Rd. *Liv* —5A **102**
Gorsedale Rd. *Wall* —4B **74**
Gorsefield. *St H* —4D **65**
Gorsefield Av. *Liv* —5B **10**
Gorsefield Av. *Wir* —5D **163**
Gorsefield Clo. *Wir* —5D **163**
Gorsefield Rd. *Birk* —1C **118**
Gorse Hey Ct. *Liv* —4A **80**
Gorsehill Rd. *Wall* —4A **52**
Gorsehill Rd. *Wir* —1A **158**
Gorseland Ct. *Liv* —2D **123**
Gorse La. *Wir* —5E **113**
Gorse Rd. *Wir* —3D **91**
Gorsewood Clo. *Liv* —4C **104**
Gorsewood Gro. *Liv* —4B **104**
Gorsewood Rd. *Liv* —4B **104**
Gorsewood Rd. *Murd* —4D **169**
Gorsey Av. *Boot* —2C **18**

Gorsey Brow. *Bil* —1D **31**
Gorsey Cop Rd. *Liv* —3A **104**
Gorsey Cop Way. *Liv* —3A **104**
Gorsey Cft. *Ecc P* —4F **63**
Gorsey La. *Btnwd* —5B **68**
Gorsey La. *Clo F & Bold* —3D **89**
Gorsey La. *High* —1A **8**
Gorsey La. *Liv* —3B **18**
Gorsey La. *Wall* —3B **74**
Gorsey La. *Wid* —4E **133**
Gorseyville Cres. *Wir* —2E **141**
Gorseyville Rd. *Wir* —2E **141**
Gorsey Well La. *Pres B* —4F **169**
Gorst St. *Liv* —4F **55**
Gorton Rd. *Liv* —4B **80**
Gort Rd. *Liv* —3E **83**
Goschen St. *Eve* —4F **55**
Goschen St. *Old S* —3F **79**
Goschen St. *Pren* —1F **95**
Gosford St. *Liv* —5F **99**
Gosforth Ct. *Run* —3E **167**
Goswell St. *Liv* —1E **101**
Gotham Rd. *Wir* —5A **142**
Gothic St. *Birk* —2F **119**
Gough Rd. *Liv* —4E **57**
Goulders Ct. *Brook* —5B **168**
Gourley Rd. *Liv* —5A **80**
Gourleys La. *Wir* —5D **113**
Government Rd. *Wir* —4B **90**
Govett Rd. *St H* —4C **64**
Gower St. *Boot* —3A **34**
Gower St. *Liv* —1C **98** (7D **4**)
Gower St. *St H* —2D **67**
Gowrie Gro. *Liv* —1B **34**
Goyt Hey Av. *Bil* —1E **31**
Grace Av. *Liv* —1A **38**
Grace Rd. *Liv* —2A **36**
Grace St. *Liv* —5F **99**
Grace St. *St H* —3C **66**
Gradwell St. *Liv* —5D **77** (6E **5**)
Grafton Cres. *Liv* —3D **99**
Grafton Dri. *Wir* —5B **94**
Grafton Gro. *Liv* —5C **99**
Grafton Rd. *Wall* —4B **52**
Grafton St. *Liv* —1F **121**
*(Beresford Rd.)*
Grafton St. *Liv* —3D **99**
*(Grafton Cres.)*
Grafton St. *Liv* —4E **99**
*(Park St.)*
Grafton St. *Liv* —3D **99**
*(Parliament St.)*
Grafton St. *Pren* —4B **96**
Grafton St. *St H* —5D **45**
Grafton Wlk. *Liv* —4C **112**
Graham Clo. *Wid* —3C **130**
Graham Dri. *Liv* —4A **128**
Graham Rd. *Wid* —3C **130**
Graham Rd. *Wir* —3A **112**
Graham's Rd. *Liv* —4F **83**
Graham St. *St H* —5C **46**
Grainger Av. *Pren* —2F **117**
Grainger Av. *Wir* —2B **112**
Grain Ind. Est. *Liv* —5E **99**
Grain St. *Liv* —5E **99**
Graley Clo. *Liv* —1F **147**
Grammar School La. *Wir* —5D **113**
Grampian Av. *Wir* —1F **93**
Grampian Rd. *Liv* —4E **79**
Grampian Way. *East* —5E **163**
Grampian Way. *More* —1E **93**
Granans Cft. *Boot* —1D **19**
Granard Rd. *Liv* —3A **102**
Granary Way. *Liv* —3D **99**
Granborne Chase. *Liv* —2B **22**
Granby Clo. *Brook* —5C **168**
Granby Cres. *Wir* —5A **142**
Granby St. *Liv* —2A **100**
Grandison Rd. *Liv* —2B **56**
**Grange. —4D 113**

Grange Av. *Wall* —5B **52**
Grange Av. *W Der* —1E **81**
Grange Av. *Wltn* —5D **127**
Grange Av. N. *W Der* —1E **81**
Grange Ct. *Liv* —2F **101**
Grange Cross Clo. *Wir* —5E **113**
Grange Cross Hey. *Wir* —5E **113**
Grange Cross La. *Wir* —5E **113**
Grange Dri. *Hes* —1A **158**
Grange Dri. *St H* —3B **64**
Grange Dri. *Thor H* —3A **160**
Grange Dri. *Wid* —3D **131**
Grange Farm Cres. *Wir* —3E **113**
Grangehurst Ct. *Gate* —5B **104**
Grange La. *Gate* —4A **104**
Grangemeadow Rd. *Liv* —4A **104**
Grangemoor. *Run* —3D **167**
Grange Mt. *Hes* —1F **157**
Grange Mt. *Pren* —4C **96**
Grange Mt. *W Kir* —4D **113**
Grange Old Rd. *Wir* —4C **112**
**Grange Park. —3B 64**
Grange Pk. *Liv* —3E **13**
Grange Pk. Av. *Run* —5C **152**
*Grange Pk. Golf Course. —1B 64*
Grange Pk. Rd. *St H* —2C **64**
Grange Pavement. *Birk* —3E **97**
Grange Pl. *Birk* —3C **97**
Grange Precinct. *Birk* —3D **97**
Granger Av. *Boot* —2E **35**
Grange Rd. *Birk* —3D **97**
Grange Rd. *Boot* —3B **20**
Grange Rd. *Hay* —2D **49**
*(in two parts)*
Grange Rd. *Hes* —5F **137**
Grange Rd. *Run* —5C **152**
Grange Rd. *W Kir* —4A **112**
Grange Rd. E. *Birk* —3E **97**
Grange Rd. W. *Pren & Birk* —3B **96**
*Grange Rd. W. Sports Cen. —3B 96*
Grangeside. *Liv* —4A **104**
Grange St. *Liv* —1C **78**
Grange Ter. *Liv* —2F **101**
Grange, The. *Wall* —2C **74**
Grange Va. *Birk* —3A **120**
Grange Valley. *Hay* —2D **49**
Grange Vw. *Pren* —4C **96**
Grangeway. *Halt L & Run* —2C **166**
Grange Way. *Liv* —4A **104**
Grangeway Ct. *Run* —2C **166**
Grange Weint. *Liv* —5A **104**
Grangewood. *Liv* —5F **81**
Granite Ter. *Liv* —4A **84**
Grant Av. *Liv* —3F **101**
Grant Clo. *Liv* —3A **82**
Grant Clo. *St H* —4E **45**
Grant Ct. *Boot* —5C **34**
Grantham Clo. *Wir* —3E **137**
Grantham Cres. *St H* —3C **46**
Grantham Rd. *Liv* —5E **15**
Grantham St. *Liv* —3B **78**
Grantham Way. *Boot* —1B **20**
Grantley Rd. *Liv* —3A **102**
Granton Rd. *Liv* —5F **55**
Grant Rd. *Liv* —3F **81**
Grant Rd. *Wir* —2B **72**
Granville Av. *Liv* —5C **6**
Granville Clo. *Wall* —5E **51**
Granville Rd. *Gars* —1C **144**
Granville Rd. *W'tree* —2D **101**
Granville St. *Run* —4A **152**
Granville St. *St H* —5D **47**
Grappenhall Way. *Pren* —2C **94**
Grasmere Av. *Pren* —4C **94**
Grasmere Av. *Prsct* —5F **63**
Grasmere Av. *St H* —1B **46**
Grasmere Clo. *Liv* —1D **23**
Grasmere Clo. *St H* —1B **46**
*Grasmere Ct. Birk* —4C **96**
*(off Penrith St.)*

Grasmere Ct. *St H* —1A **46**
Grasmere Dri. *Beech* —5E **167**
Grasmere Dri. *Liv* —4E **19**
Grasmere Dri. *Wall* —5A **52**
Grasmere Fold. *St H* —1B **46**
Grasmere Gdns. *Liv* —2F **17**
Grasmere Rd. *Frod* —5C **172**
Grasmere Rd. *Mag* —5D **7**
Grasmere St. *Liv* —5A **56**
**Grassendale. —5A 124**
Grassendale Ct. *Liv* —5A **124**
Grassendale Esplanade. *Liv* —1A **144**
Grassendale Grn. *Liv* —5F **123**
Grassendale La. *Liv* —5A **124**
**Grassendale Park. —5F 123**
Grassendale Rd. *Liv* —5A **124**
Grassington Cres. *Liv* —2C **126**
Grassmoor Clo. *Wir* —2E **163**
Grass Wood Rd. *Wir* —2B **116**
Grasville Rd. *Birk* —1E **119**
Gratrix Rd. *Liv* —4D **163**
Gray Av. *Hay* —2D **49**
Gray Gro. *Liv* —1F **105**
Graylag Clo. *Beech* —5F **167**
Graylands Pl. *Liv* —2C **56**
Graylands Rd. *Liv* —2B **56**
Graylands Rd. *Wir* —1C **142**
Graylaw Ind. Est. *Liv* —2C **36**
Grayling Dri. *Liv* —5D **39**
Gray's Av. *Prsct* —5F **63**
Grayston St. *Liv* —1C **98**
Grayston Av. *St H* —5D **67**
Gray St. *Boot* —3A **34**
**Greasby. —1D 115**
*Greasby Coronation Pk. —1E 115*
Greasby Hill Rd. *Wir* —5C **112**
Greasby Rd. *Grea* —1C **114**
Greasby Rd. *Wall* —2A **74**
Gt. Ashfield. *Wid* —1D **131**
Great Beech. *Beech* —1F **173**
Gt. Charlotte St. *Liv* —5D **77** (5F **5**)
(in two parts)
**Great Crosby. —1E 17**
Gt. Crosshall St. *Liv* —4C **76** (3D **4**)
Gt. Delph. *Hay* —1D **49**
Gt. George Pl. *Liv* —2E **99**
Gt. George Sq. *Liv* —1D **99**
Gt. George's Rd. *Liv* —5D **17**
Gt. George St. *Liv* —2E **99**
Great Hey. *Boot* —5D **11**
Gt. Homer St. *Liv* —5D **55**
Gt. Homer St. Shop. Cen. *Liv* —1E **77**
Gt. Howard St. *Liv* —3B **76** (1B **4**)
**Great Meols. —2F 91**
Gt. Mersey St. *Liv* —5C **54**
(in two parts)
Gt. Nelson St. *Liv* —2D **77**
Gt. Newton St. *Liv* —4F **77** (4J **5**)
Gt. Orford St. *Liv* —5F **77** (6J **5**)
Gt. Richmond St. *Liv* —3D **77** (1F **5**)
Great Riding. *Nort* —3B **168**
Gt. Western Ho. *Birk* —2F **97**
Greaves St. *Liv* —4F **99**
Grebe Av. *St H* —4B **64**
Grecian St. *Liv* —4F **99**
Grecian Ter. *Liv* —5E **55**
Gredington St. *Liv* —5A **100**
Greek St. *Liv* —4E **77** (4H **5**)
Greek St. *Run* —4F **151**
Greenacre Clo. *Liv* —4C **126**
Greenacre Dri. *Wir* —3C **162**
Greenacre Rd. *Liv* —4C **126**
Greenacres Clo. *Pren* —1C **94**
Greenacres Ct. *Pren* —1C **94**
Green Acres Est. *Wir* —2C **114**
Greenall Ct. *Prsct* —5D **63**
Greenall St. *St H* —4D **45**
Green Av. *Wall* —3B **52**
**Green Bank. —1E 65**
Greenbank. *Liv* —5E **17**

Green Bank. *Wir* —5A **140**
Greenbank Av. *Liv* —4C **6**
Greenbank Av. *Wall* —4B **52**
Greenbank Cres. *St H* —5F **45**
Greenbank Dri. *Faz* —1B **38**
Greenbank Dri. *Seft P* —4E **123**
Greenbank Dri. *Wir* —4A **138**
Greenbank La. *Liv* —5E **101**
Greenbank Rd. *Birk* —1C **118**
Greenbank Rd. *Liv* —4E **101**
Greenbank Rd. *Wir* —2B **112**
Greenbridge Clo. *Cas* —5A **154**
Greenbridge Rd. *Wind H* —5B **154**
Greenburn Av. *St H* —4C **30**
Green Coppice. *Nort* —2C **168**
Green Cft. *Liv* —5B **10**
Greencroft Rd. *Wall* —3C **74**
Greendale Rd. *Liv* —5F **103**
Greendale Rd. *Wir* —1A **142**
Grn. End La. *St H* —3B **66**
Grn. End Pk. *Liv* —4A **58**
Greenes Rd. *Whis* —4D **85**
Greenfield Ct. *Liv* —3B **124**
Greenfield Dri. *Liv* —5F **83**
Greenfield Gro. *Liv* —5F **83**
Greenfield La. *Frod* —4B **172**
Greenfield La. *Liv* —4A **18**
Greenfield La. *Wir* —5D **137**
Greenfield Rd. *Dent G* —3D **45**
Greenfield Rd. *Liv* —3A **80**
**Greenfields. —1C 94**
Greenfields Av. *Wir* —3C **162**
Greenfields Cres. *Wir* —3C **162**
Greenfield Vw. *Bil* —1D **31**
Greenfield Wlk. *Liv* —5F **83**
Greenfield Way. *Liv* —3B **124**
Greenfield Way. *Wall* —2B **74**
Greenfinch Clo. *Liv* —5F **39**
Greenfinch Gro. *Liv* —3E **127**
Greengables Clo. *Liv* —4A **100**
Greengate. *St H* —3A **66**
Green Gates. *Liv* —5E **61**
Greenham Av. *Liv* —4F **15**
Green Haven. *Pren* —4D **95**
Greenhaven Clo. *Liv* —1F **37**
Greenheath Way. *Wir* —3F **71**
Greenhey Clo. *Pren* —5E **117**
Greenhey Dri. *Boot* —3C **18**
Green Heys Dri. *Liv* —1F **13**
Greenheys Gdns. *Liv* —3B **100**
Greenheys Rd. *Liv* —3B **100**
Greenheys Rd. *Wall* —2B **74**
Greenheys Rd. *Wir* —2C **136**
Greenhill Av. *Liv* —4C **102**
Greenhill Clo. *Liv* —2B **124**
Greenhill Pl. *Liv* —5E **83**
Greenhill Rd. *Aller & Moss H* —1B **124**
Greenhill Rd. *Gars* —4C **124**
Greenholme Clo. *Liv* —5A **38**
Greenhouse Farm Rd. *Run* —4B **168**
Greenhow Av. *Wir* —3B **112**
Green Jones Brow. *Btnwd* —5F **69**
Greenlake Rd. *Liv* —2B **124**
Greenlands. *Liv* —5E **83**
Greenland St. *Liv* —2D **99**
Green La. *Beb* —2F **141**
Green La. *Birk* —5E **97**
Green La. *Brom & East* —2E **163**
Green La. *Btnwd* —4E **69**
Green La. *Cros* —4B **10**
Green La. *Ecc* —2E **43**
Green La. *Ford* —3B **18**
Green La. *Liv* —5E **77** (6H **5**)
(L3)
Green La. *Liv* —5A **6**
(L31)
Green La. *Mag* —1C **12**
Green La. *Moss H* —5B **102**
(in two parts)
Green La. *Old S & Ston* —1E **79**

Green La. *S'frth* —1A **34**
(in two parts)
Green La. *Wall* —1B **72**
(in two parts)
Green La. *Wat* —3B **16**
Green La. *Wid* —3E **131**
Green La. N. *Liv* —3C **102**
Green Lawn. *Birk* —3F **119**
Green Lawn. *Liv* —2A **84**
Green Lawn Gro. *Birk* —3F **119**
**Green Leach. —1A 46**
Green Leach Av. *St H* —1B **46**
Green Leach Ct. *St H* —1B **46**
Green Leach La. *St H* —1B **46**
Greenlea Clo. *Beb* —1F **141**
Greenleaf St. *Liv* —2C **100**
Greenleas Rd. *Wall* —5D **51**
Greenleigh Rd. *Liv* —2B **124**
Green Link. *Liv* —5B **6**
Green Mt. *Wir* —4A **94**
Grn. Oaks Path. *Wid* —4C **132**
Greenoaks Shop. Cen. *Wid* —3B **132**
(in two parts)
Grn. Oaks Way. *Wid* —4B **132**
Greenock St. *Liv* —3B **76** (2A **4**)
Greenodd Av. *Liv* —2C **58**
Greenore Dri. *Hale V* —5D **149**
Greenough Av. *Rain* —1C **86**
Greenough St. *Liv* —2F **125**
Green Pk. *Boot* —5F **11**
Green Pk. Dri. *Liv* —1B **12**
Green Rd. *Prsct* —4C **62**
Greensbridge La. *Tarb G & Liv*
—3A **128**
Greenside. *Liv* —3F **77**
Greenside Av. *Ain* —3D **21**
Greenside Av. *W'tree* —2A **102**
Greenside Clo. *Liv* —4F **15**
Green St. *Liv* —2C **76**
Greens Wlk. *Liv* —1E **123**
Green, The. *Brom P* —2D **143**
Green, The. *Cald* —2D **135**
Green, The. *Cros* —1D **17**
Green, The. *Ecc P* —4E **63**
Green, The. *Wall* —4B **80**
Green, The. *Will* —5A **170**
Green, The. *Wir* —5C **160**
Greenville Clo. *Wir* —2F **141**
Greenville Dri. *Liv* —1C **12**
Greenville Rd. *Wir* —2F **141**
Greenway. *Brom* —4D **143**
Greenway. *Cros* —5A **10**
Greenway. *Grea* —5E **93**
Green Way. *Hes* —3E **137**
Greenway. *Huy* —2B **82**
Greenway Clo. *Liv* —2B **82**
Greenway Rd. *Birk* —1D **119**
Greenway Rd. *Liv* —4A **148**
Greenway Rd. *Run* —1F **165**
Greenway Rd. *Wid* —2B **132**
Greenway Sq. *Huy* —2B **82**
Greenway, The. *K Ash* —2D **81**
Greenwell Rd. *Hay* —2C **48**
Greenwich Ct. *Liv* —5B **20**
Greenwich Rd. *Liv* —5B **20**
Greenwood Clo. *Prsct* —5E **63**
Greenwood Ct. *Clo F* —2C **88**
Grn. Wood Dri. *Run* —3F **155**
Greenwood La. *Wall* —1C **74**
Greenwood Rd. *Liv* —3B **124**
Greenwood Rd. *Meol* —3E **91**
Greenwood Rd. *Upt* —1B **116**
Greetham St. *Liv* —1D **99** (7E **5**)
Gregory Clo. *Liv* —1D **103**
Gregory Way. *Liv* —1D **103**
Gregson Ct. *Wall* —3C **52**
Gregson Ho. *St H* —4A **46**
Gregson Rd. *Liv* —3C **80**
Gregson Rd. *Prsct* —1D **85**
Gregson Rd. *Wid* —3C **132**

Gregson St. *Liv* —3F **77**
Grenfell Rd. *Liv* —3E **57**
Grenfell St. *Wid* —4B **132**
Grennan Ct. *Wall* —3B **52**
Grennan, The. *Wall* —3B **52**
Grenville Cres. *Wir* —3C **162**
Grenville Dri. *Wir* —4E **137**
Grenville Rd. *Birk* —1F **119**
Grenville St. S. *Liv* —1D **99**
Grenville Way. *Birk* —1F **119**
Gresford Av. *Liv* —3D **101**
Gresford Av. *Pren* —2A **118**
Gresford Av. *Wir* —3C **112**
Gresford Clo. *Whis* —3F **85**
Gresham St. *Liv* —4D **79**
Gresley Clo. *Liv* —5C **78**
Gressingham Rd. *Liv* —2C **124**
Gretton Rd. *Liv* —1B **82**
Greyhound Farm Rd. *Liv* —4C **146**
Grey Rd. *Liv* —4F **35**
Greystoke Clo. *Wir* —5F **93**
Greystone Cres. *Liv* —4E **81**
Greystone Pl. *Liv* —1E **37**
Greystone Rd. *B'grn* —3E **81**
(in two parts)
Greystone Rd. *Faz* —1E **37**
Grey St. *Liv* —2F **99**
(in two parts)
Gribble Rd. *Liv* —1A **38**
Grierson St. *Liv* —2B **100**
Grieve Rd. *Liv* —1A **38**
Griffin Av. *Wir* —1E **93**
Griffin Clo. *Btnwd* —5E **69**
Griffin Clo. *Ecc* —4F **43**
Griffin Clo. *Liv* —4C **38**
Griffin M. *Wid* —1B **132**
Griffin St. *St H* —4E **67**
Griffin Wlk. *Liv* —4C **38**
Griffiths Clo. *Wir* —1C **114**
Griffiths Rd. *Liv* —4E **83**
Griffiths St. *Liv* —1E **99**
Grimley Av. *Boot* —4A **34**
Grimshaw St. *St H* —5C **66**
Grinfield St. *Liv* —5A **78**
Grinshill Clo. *Liv* —3A **100**
Grinton Cres. *Liv* —4D **83**
Grisedale Clo. *Beech* —5E **167**
Grisedale Rd. *Old I* —2E **163**
Grizedale. *Wid* —2B **130**
(in two parts)
Grizedale Av. *St H* —5B **30**
Grizedale Rd. *Liv* —5F **55**
Groes Rd. *Liv* —5B **124**
Grogan Sq. *Boot* —2D **35**
Gronow Pl. *Boot* —2E **35**
Grosmont Rd. *Liv* —5F **23**
Grosvenor Av. *Liv* —3E **17**
Grosvenor Av. *Wir* —4B **112**
Grosvenor Clo. *Boot* —2F **19**
Grosvenor Ct. *Liv* —2C **102**
Grosvenor Ct. *Pren* —4B **96**
Grosvenor Dri. *Wall* —3B **52**
Grosvenor Pl. *Pren* —4A **96**
Grosvenor Rd. *Aig* —1A **144**
Grosvenor Rd. *Hay* —1B **48**
Grosvenor Rd. *Mag* —4C **12**
Grosvenor Rd. *Pren* —3A **96**
Grosvenor Rd. *Prsct* —5D **63**
Grosvenor Rd. *St H* —1C **64**
Grosvenor Rd. *Wall* —3B **52**
Grosvenor Rd. *Walt* —1E **55**
Grosvenor Rd. *W'tree* —1D **101**
Grosvenor Rd. *Wid* —4B **110**
Grosvenor Rd. *Wir* —5B **90**
Grosvenor St. *Liv* —2D **77** (1F **5**)
Grosvenor St. *Run* —4B **152**
Grosvenor St. *Wall* —1B **74**
Grove Av. *Wir* —1F **157**
Grovedale Rd. *Liv* —4F **101**
Grovehurst Av. *Liv* —2F **81**

Groveland Av. *Wall* —5D **51**
Groveland Av. *Wir* —4B **90**
Groveland Rd. *Wall* —4D **51**
Grovelands. *Liv* —1F **99**
(off Groveside)
Grove Mead. *Liv* —1F **13**
Grove Mt. *Birk* —5E **97**
Grove Pk. *Liv* —3B **100**
Grove Pk. Av. *W Der* —3B **58**
Grove Pl. *Liv* —4E **55**
Grove Pl. *St H* —1F **65**
Grove Pl. *Wir* —4B **90**
Grove Rd. *Birk* —2F **119**
Grove Rd. *Liv* —3D **79**
Grove Rd. *Wall* —5E **51**
Grove Rd. *Wir* —4B **90**
Grove Side. *Liv* —1F **99**
Groveside. *Wir* —4A **112**
Grove Sq. *Wir* —5A **120**
Groves, The. *Kirkby* —1E **39**
Groves, The. *Pren* —4A **96**
Grove St. *Boot* —4A **34**
Grove St. *Edg H* —1A **100**
Grove St. *Run* —4F **151**
Grove St. *St H* —5F **45**
Grove St. *W'tree* —1F **101**
Grove St. *Wir* —5B **120**
Grove Ter. *Wir* —4B **90**
Grove, The. *Liv* —4C **60**
Grove, The. *Old S* —1F **79**
Grove, The. *Pren* —1B **118**
Grove, The. *Wall* —3C **74**
Grove, The. *Wind* —3C **44**
Grove, The. *Wir* —1A **142**
Grove Way. *Liv* —1A **100**
Grovewood. *Run* —1C **168**
Grovewood Ct. *Pren* —1B **118**
Grovewood Gdns. *Whis* —3E **85**
Grundy Clo. *Wid* —1E **131**
Grundy St. *Liv* —5B **54**
Guardian Ct. *Wir* —5C **112**
Guelph Pl. *Liv* —4A **78**
Guelph St. *Liv* —4A **78**
Guernsey Rd. *Liv* —2F **79**
Guernsey Rd. *Wid* —1E **133**
Guest St. *Wid* —5A **132**
Guffitts Clo. *Wir* —2E **91**
Guffitt's Rake. *Wir* —2E **91**
Guildford Av. *Boot* —4F **19**
Guildford St. *Wall* —2D **75**
Guildhall Rd. *Liv* —2A **36**
Guild Hey. *Know* —4D **41**
Guillemot Way. *Liv* —3E **127**
Guilsted Rd. *Liv* —1A **58**
Guinea Gap. *Wall* —3E **75**
*Guinea Gap Baths & Recreation Cen.*
—3E **75**
Guion Rd. *Liv* —1B **34**
Guion St. *Liv* —2B **78**
Gulls Way. *Wir* —2D **157**
Gunning Av. *Ecc* —3B **44**
Gunning Clo. *Ecc* —3B **44**
Gurnall St. *Liv* —4F **55**
Gutticar Rd. *Wid* —3B **130**
Gwendoline Clo. *Wir* —2B **138**
Gwendoline St. *Liv* —3F **99**
Gwenfron Rd. *Liv* —3B **78**
Gwent Clo. *Liv* —1B **78**
Gwent St. *Liv* —3A **100**
Gwladys St. *Liv* —2F **55**
Gwydir St. *Liv* —4A **100**
Gwydrin Rd. *Liv* —4C **102**

**H**ackett Av. *Boot* —2D **35**
Hackett Pl. *Boot* —2D **35**
(in two parts)
Hackins Hey. *Liv* —4C **76** (4C **4**)
Hackthorpe St. *Liv* —4E **55**

Hadassah Gro. *Liv* —5C **100**
Hadden Clo. *Rain* —2A **86**
Haddock St. *Liv* —2B **54**
Haddon Av. *Liv* —2F **35**
Haddon Dri. *Wid* —5B **108**
Haddon Dri. *Wir* —3F **137**
Haddon Rd. *Birk* —2A **120**
Haddon Wlk. *Liv* —5E **39**
Hadfield Av. *Wir* —4C **90**
Hadfield Clo. *Wid* —2E **133**
Hadfield Gro. *Liv* —1C **126**
Hadleigh Rd. *Liv* —4F **23**
Hadley Av. *Wir* —1C **162**
Hadlow Gdns. *Birk* —5E **97**
Hadlow La. *Will* —5A **170**
Hadlow Rd. *Will* —5A **170**
Hadlow Ter. *Will* —5A **170**
Hadwens Bldgs. *Liv* —4C **76** (3D **4**)
Haggerston Rd. *Liv* —1A **56**
Hahneman Rd. *Liv* —1E **55**
Haig Av. *Wir* —1F **93**
Haigh Cres. *Liv* —3C **6**
Haigh Rd. *Liv* —4E **17**
Haigh St. *Liv* —2F **77** (1J **5**)
(in two parts)
Haig Rd. *Wid* —3A **132**
Haileybury Av. *Liv* —3D **21**
Haileybury Rd. *Liv* —4B **126**
Hailsham Rd. *Liv* —4E **123**
Halby Rd. *Liv* —2B **36**
Halcombe Rd. *Liv* —4D **59**
Halcyon Rd. *Birk* —5C **96**
Haldane Av. *Birk* —2F **95**
Haldane Rd. *Liv* —1A **56**
Hale. —5D **149**
Hale Bank. —3A **150**
Halebank Rd. *Wid* —1E **149**
Halebank Ter. *Wid* —3A **150**
Hale Ct. *Wid* —3A **150**
Hale Dri. *Liv* —5C **146**
Halefield St. *St H* —4F **45**
Hale Ga. Rd. *Wid* —5F **149**
Hale Heath. —5A **148**
Hale M. *Wid* —5C **130**
Hale Rd. *Haleb* —3B **150**
Hale Rd. *Hale V* —5C **146**
Hale Rd. *Liv* —4B **146**
Hale Rd. *Wall* —5C **52**
Hale Rd. *Walt* —2E **55**
Hale Rd. *Wid* —5C **130**
Hale Rd. Ind. Est. *Wid* —2B **150**
Hale St. *Liv* —4C **76** (4D **4**)
Hale Vw. *Run* —2E **165**
Hale Vw. Rd. *Liv* —4A **84**
Halewood. —4F **127**
Halewood Clo. *Liv* —5B **104**
Halewood Dri. *Liv* —2C **126**
(Hunts Cross Av.)
Halewood Dri. *Liv* —2B **126**
(Kings Dri.)
Halewood Green. —2E **127**
Halewood Pl. *Liv* —1C **126**
Halewood Rd. *Liv* —5B **104**
*Halewood Triangle Country Pk.*
—4D **127**
Halewood Way. *Liv* —2C **126**
Haley Rd. N. *Btnwd* —5D **69**
Haley Rd. S. *Btnwd* —5E **69**
Half Crown St. *Liv* —5C **54**
Halfpenny Clo. *Liv* —5B **124**
Halidon Ct. *Boot* —4A **34**
Halifax Cres. *Liv* —4B **10**
Halkirk Rd. *Liv* —3C **124**
Halkyn Av. *Liv* —3D **101**
Halkyn Dri. *Liv* —1A **78**
Hallam Wlk. *Liv* —5C **78**
Hall Av. *Wid* —3A **130**
Hallbrook Ho. *Liv* —3D **59**
Hall Dri. *Liv* —2E **23**
Hall Dri. *Wir* —1D **115**

Hall La. *Bold* —3F **89**
Hall La. *Btnwd* —4F **69**
Hall La. *Cron & Wid* —2C **108**
Hall La. *Huy* —4F **83**
Hall La. *Kens* —4A **78**
Hall La. *Liv* —2C **12**
  (L31)
Hall La. *Liv* —3D **23**
  (L32)
Hall La. *Prsct* —1D **85**
Hall La. *Rain* —5C **86**
Hall La. *Sim* —1F **55**
Hall La. *Walt* —1B **36**
Hall Rd. *Hay* —1E **49**
Hall Rd. E. *Liv* —4B **8**
Hall Rd. W. *Liv* —4A **8**
Hallsands Rd. *Liv* —5E **23**
Hallside Clo. *Liv* —4F **123**
Hall St. *Clo F* —3D **89**
Hall St. *St H* —5A **46**
Halltine Clo. *Liv* —4A **8**
Hallville Rd. *Liv* —4A **102**
Hallville Rd. *Wall* —3C **74**
Hallwood Clo. *Run* —4B **166**
Hallwood Link Rd. *Run* —4F **167**
**Hallwood Park.** —4E **167**
Hallwood Pk. Av. *Hall P* —4E **167**
Halsall Clo. *Brook* —5C **168**
Halsall Clo. *Liv* —5E **9**
Halsall Grn. *Wir* —1B **162**
Halsall Rd. *Boot* —3C **34**
Halsall St. *Prsct* —4D **63**
Halsbury Av. *Liv* —3C **78**
Halsbury Rd. *Wall* —5B **52**
Halsey Av. *Liv* —4F **57**
Halsey Cres. *Liv* —4F **57**
Halsnead Av. *Whis* —5C **84**
Halsnead Cvn. Est. *Hals P* —5E **85**
*Halsnead Pk.* —1E **107**
Halstead Rd. *Liv* —2F **35**
Halstead Rd. *Wall* —3C **74**
Halstead Wlk. *Liv* —4C **22**
**Halton Brook.** —2E **167**
Halton Brook Av. *Halt B* —1D **167**
Halton Brow. *Halt* —1E **167**
Halton Ct. *Run* —5D **153**
Halton Cres. *Grea* —1B **114**
Halton Hey. *Whis* —5D **85**
**Halton Lea.** —3F **167**
Halton Link Rd. *Halt* —2E **167**
**Halton Lodge.** —3D **167**
Halton Lodge Av. *Halt L* —3D **167**
Halton Rd. *Liv* —4D **7**
Halton Rd. *Run* —5B **152**
Halton Rd. *Wall* —5A **52**
*Halton Sports Cen.* —5C **168**
Halton Sta. Rd. *Sut W* —2F **173**
Halton St. *Hay* —2E **49**
**Halton View.** —4C **132**
Halton Vw. Rd. *Wid* —3C **132**
**Halton Village.** —2F **167**
Halton Wlk. *Liv* —3A **104**
Halton Wood. *Liv* —2B **22**
Hambledon Dri. *Wir* —5C **92**
Hambleton Clo. *Liv* —4B **38**
Hambleton Clo. *Wid* —1C **130**
Hamblett Cres. *St H* —2B **46**
Hamer St. *St H* —4F **45**
  (Duke St.)
Hamer St. *St H* —5F **45**
  (N. John St.)
Hamil Clo. *Wir* —2E **91**
Hamilton Ct. *Liv* —1B **16**
Hamilton La. *Birk* —2E **97**
Hamilton Rd. *Liv* —1F **77**
Hamilton Rd. *Wall* —3A **52**
Hamilton Sq. *Birk* —2E **97**
Hamilton St. *Birk* —3E **97**
  (in two parts)

Hamlet Rd. *Wall* —5F **51**
Hamlin Rd. *Liv* —1D **145**
Hammersley Av. *Clo F* —3C **88**
Hammersley St. *Clo F* —3C **88**
Hammill St. *Dent G* —3D **45**
  (in two parts)
Hammond Rd. *Know I* —2C **24**
Hammond St. *St H* —1D **67**
Hamnett Rd. *Prsct* —4E **63**
Hampden Gro. *Birk* —5D **97**
Hampden Rd. *Birk* —5D **97**
Hampden St. *Liv* —1F **55**
Hampshire Av. *Boot* —2C **18**
Hampshire Gdns. *St H* —1F **65**
Hampson St. *Liv* —1C **78**
Hampstead Rd. *Liv* —3C **78**
Hampstead Rd. *Wall* —3C **74**
Hampton Clo. *Wid* —1E **133**
Hampton Ct. *Mnr P* —3C **154**
Hampton Ct. Rd. *Liv* —1C **80**
Hampton Dri. *Wid* —4C **108**
Hampton Pl. *St H* —2B **46**
Hampton St. *Liv* —2F **99**
Hanbury Rd. *Liv* —3C **78**
Handel Ct. *Liv* —3B **100**
Handel Rd. *Liv* —3C **104**
Handfield Pl. *Liv* —1A **78**
Handfield Rd. *Liv* —4D **17**
Handfield St. *Liv* —1A **78**
Handford Av. *Wir* —5F **163**
Handforth La. *Halt L* —4D **167**
Handley Ct. *Liv* —4F **123**
Handley St. *Run* —4F **151**
Hands St. *Liv* —2B **34**
Hanford Av. *Liv* —2F **35**
Hankey Dri. *Boot* —3E **35**
Hankey St. *Run* —5F **151**
Hankinson St. *Liv* —5B **79**
Hankin St. *Liv* —5D **55**
Hanley Clo. *Wid* —3C **130**
Hanley Rd. *Wid* —3C **130**
Hanlon Av. *Boot* —2D **35**
Hanmer Rd. *Liv* —3B **22**
Hannah Clo. *Wir* —4E **137**
Hannan Rd. *Liv* —3B **78**
Hanover Clo. *Pren* —3F **95**
Hanover Ct. *Brook* —4B **168**
Hanover St. *Liv* —5C **76** (7E **4**)
Hanson Pk. *Pren* —4E **95**
Hanson Rd. *Liv* —3C **36**
Hans Rd. *Liv* —2A **56**
Hanwell St. *Liv* —5B **56**
Hanworth Clo. *Liv* —5E **39**
Hapsford Rd. *Liv* —2B **34**
Hapton St. *Liv* —5E **55**
Harber Clo. *Liv* —5C **58**
Harbord Rd. *Liv* —4C **16**
Harbord St. *Liv* —5B **78**
Harbord Ter. *Liv* —4C **16**
Harborne Dri. *Wir* —5F **141**
Harbour Clo. *Murd* —4D **169**
Harcourt Av. *Wall* —3E **75**
Harcourt St. *Birk* —2C **96**
Harcourt St. *Liv* —4D **55**
Hardie Av. *Wir* —5C **70**
Hardie Clo. *Sut M* —3A **88**
Hardie Rd. *Liv* —3A **84**
Harding Av. *Wir* —3F **141**
Harding Clo. *Liv* —1A **78**
Hardinge Rd. *Liv* —4C **124**
Harding St. *Liv* —2B **100**
Hardknott Rd. *Old I* —1E **163**
Hard La. *Dent G & St H* —2D **45**
Hardman St. *Liv* —1E **99** (7H **5**)
Hardshaw Cen., The. *St H* —5A **46**
Hardshaw St. *St H* —5A **46**
Hardwick Rd. *Ast I* —4D **153**
Hardy St. *Gars* —3C **144**
Hardy St. *Liv* —2D **99**
  (in two parts)

Harebell St. *Liv* —4D **55**
Hare Cft. *Liv* —3F **59**
Harefield Grn. *Liv* —4D **147**
Harefield Rd. *Liv* —5D **147**
**Haresfinch.** —2B **46**
Haresfinch Rd. *St H* —2B **46**
Haresfinch Vw. *St H* —2B **46**
Hare's La. *Frod* —5A **172**
Harewell Rd. *Liv* —2A **58**
Harewood Clo. *Liv* —3E **83**
Harewood Rd. *Wall* —4A **52**
Harewood St. *Liv* —2A **78**
Hargate Rd. *Liv* —3F **23**
Hargate Wlk. *Liv* —3F **23**
Hargrave Av. *Pren* —1E **117**
Hargrave Clo. *Pren* —1E **117**
Hargrave La. *Will* —5F **161**
Hargreaves Ct. *Wid* —3D **133**
Hargreaves Rd. *Liv* —1C **122**
Hargreaves St. *St H* —4E **47**
Harker St. *Liv* —3E **77** (2G **5**)
Harke St. *Liv* —1B **100**
Harland Grn. *Liv* —4F **147**
Harland Rd. *Birk* —5D **97**
Harlech Ct. *Wir* —3F **141**
Harlech Rd. *Liv* —2C **16**
Harlech St. *Liv* —2E **55**
Harlech St. *Wall* —4E **75**
Harleston Rd. *Liv* —2A **24**
Harleston Wlk. *Liv* —2A **24**
Harley Av. *Wir* —4C **118**
Harley St. *Liv* —2A **36**
Harlian Av. *Wir* —2D **93**
Harlow St. *St H* —4F **65**
Harlow St. *Liv* —5E **99**
Harlyn Clo. *Liv* —1E **147**
Harmony Way. *Liv* —5A **80**
Haroldene Gro. *Prsct* —1F **83**
Harold Rd. *Hay* —1F **49**
Harper Rd. *Liv* —4A **36**
Harper St. *Liv* —4A **78**
Harps Cft. *Boot* —2C **18**
Harptree Clo. *Whis* —3E **85**
Harradon Rd. *Liv* —1B **36**
Harrier Dri. *Liv* —3E **127**
Harringay Av. *Liv* —4F **101**
Harrington Av. *Wir* —4C **90**
Harrington Dri. *Brun B* —5E **99**
Harrington Rd. *Cros* —1D **17**
Harrington Rd. *Huy* —2B **82**
Harrington Rd. *Lith* —4D **19**
Harrington St. *Liv* —5C **76** (5D **4**)
Harrington Vw. *Wall* —1D **75**
Harris Clo. *Wir* —5A **142**
Harris Dri. *Boot* —2C **34**
Harris Gdns. *St H* —2B **66**
Harrismith Rd. *Liv* —1E **37**
Harrison Dri. *Boot* —5E **35**
Harrison Dri. *Hay* —2A **48**
Harrison Dri. *Wall* —4D **51**
Harrison Hey. *Liv* —5E **83**
*Harrison Pk.* —4E **51**
Harrison St. *St H* —4D **67**
Harrison St. *Wid* —1B **150**
Harrison's Yd. *Wir* —5F **163**
Harrison Way. *Brun B* —5D **99**
Harris St. *St H* —4E **45**
Harris St. *Wid* —3C **132**
Harrocks Clo. *Boot* —5D **11**
Harrock Wood Clo. *Wir* —1E **137**
Harrogate Clo. *Wir* —1D **171**
Harrogate Dri. *Liv* —1F **77**
Harrogate Rd. *Birk* —3A **120**
Harrogate Rd. *Wir* —1D **171**
Harrogate Wlk. *Birk* —4A **120**
Harrop Rd. *Run* —1B **166**
Harrops Cft. *Boot* —1E **19**
Harrowby Clo. *Liv* —2A **100**
Harrowby Rd. *Birk* —5C **96**
Harrowby Rd. *Liv* —1F **33**

Harrowby Rd. *Wall* —2D **75**
Harrowby Rd. S. *Birk* —5C **96**
Harrowby St. *Liv* —2A **100**
  (Granby St.)
Harrowby St. *Liv* —2F **99**
  (Park Way)
Harrow Clo. *Boot* —2F **19**
Harrow Clo. *Wall* —1F **73**
Harrow Dri. *Liv* —3D **21**
Harrow Dri. *Run* —5E **153**
Harrow Gro. *Wir* —5E **163**
Harrow Rd. *Liv* —5B **56**
Harrow Rd. *Wall* —1F **73**
Hartdale Rd. *Moss H* —5A **102**
Hartdale Rd. *Thor* —4A **10**
Hartford Clo. *Pren* —1F **117**
Harthill Av. *Liv* —5B **102**
Harthill M. *Pren* —5C **72**
Harthill Rd. *Liv* —4C **102**
Hartington Av. *Birk* —2B **96**
Hartington Rd. *Dent G* —3C **44**
Hartington Rd. *Gars* —1C **144**
Hartington Rd. *Tox* —3C **100**
Hartington Rd. *Wall* —2B **74**
Hartington Rd. *W Der* —5B **58**
Hartismere Rd. *Wall* —3D **75**
Hartland Clo. *Wid* —4A **110**
Hartland Gdns. *St H* —5D **65**
Hartland Rd. *Liv* —1E **57**
Hartley Av. *Liv* —3B **36**
Hartley Clo. *Liv* —4F **55**
Hartley Gro. *Liv* —5F **15**
Hartley Gro. *St H* —3C **64**
Hartley Quay. *Liv* —1B **98** (7C **4**)
Hartley St. *Run* —4B **152**
**Hartley's Village.** —3B **36**
Hartnup St. *Liv* —5F **55**
  (in two parts)
Hartopp Rd. *Liv* —2A **104**
Hartopp Wlk. *Liv* —2A **104**
Hartsbourne Av. *Liv* —1F **103**
  (in two parts)
Hartsbourne Clo. *Liv* —2F **103**
Hart St. *Liv* —4E **77** (4H **5**)
Hartwell St. *Liv* —2B **34**
Hartwood Clo. *Liv* —1F **39**
Hartwood Rd. *Liv* —1F **39**
Hartwood Sq. *Liv* —1F **39**
Harty Rd. *Hay* —3F **47**
Harvard Clo. *Wind H* —5D **155**
Harvard Gro. *Prsct* —4E **63**
Harvester Way. *Boot* —1A **20**
Harvester Way. *Wir* —5C **92**
Harvest La. *Wir* —5D **71**
Harvest Way. *Clo F* —2C **88**
Harvey Av. *Newt W* —5F **49**
Harvey Av. *Wir* —1D **115**
Harvey Rd. *Wall* —5A **52**
Harwich Gro. *Liv* —1F **103**
Harwood Rd. *Liv* —1D **145**
Haselbeech Clo. *Liv* —5F **37**
Haselbeech Cres. *Liv* —5F **37**
Hasfield Rd. *Liv* —1B **58**
Haslemere. *Whis* —3F **85**
Haslemere Rd. *Liv* —3A **104**
Haslemere Way. *Liv* —3A **104**
Haslingden Clo. *Liv* —4B **80**
Haslington Gro. *Liv* —1A **148**
Hassal Rd. *Birk* —4A **120**
Hastings Dri. *Liv* —1A **106**
Hastings Rd. *Liv* —3B **16**
Haswell Dri. *Liv* —3A **60**
Haswell St. *St H* —4F **45**
Hatchmere Clo. *Pren* —1F **117**
Hatfield Clo. *Liv* —5F **39**
Hatfield Clo. *St H* —4F **65**
Hatfield Gdns. *Liv* —5F **83**
Hatfield Rd. *Boot* —5E **35**
Hathaway. *Liv* —3B **12**
Hathaway Clo. *Liv* —3A **104**

Hathaway Rd. *Liv* —3A **104**
Hatherley Av. *Liv* —3E **17**
Hatherley Clo. *Liv* —2A **100**
  (in two parts)
Hatherley St. *Liv* —2A **100**
Hatherley St. *Wall* —4E **75**
Hathersage Rd. *Liv* —1E **83**
Hatherton Gro. *Liv* —1A **148**
Hatton Av. *Wir* —2E **171**
Hatton Clo. *Wir* —1D **157**
Hatton Garden. *Liv* —4C **76** (3D **4**)
*Hatton Garden Ind. Est. Liv*
  *(off Johnson St.)* —4C **76** (3D **4**)
Hatton Hill Rd. *Liv* —4A **18**
Hatton's La. *Liv* —3C **102**
Hauxwell Gro. *St H* —2B **46**
Havannah La. *St H* —5B **48**
Havelock Clo. *St H* —5F **45**
Haven Rd. *Liv* —5F **21**
Haven Wlk. *Liv* —3C **6**
Havergal St. *Run* —1F **165**
Haverstock Rd. *Liv* —3D **79**
Haverton Wlk. *Liv* —5E **39**
Hawarden Av. *Liv* —3D **101**
Hawarden Av. *Pren* —3B **96**
Hawarden Av. *Wall* —2C **74**
Hawarden Ct. *Wir* —3F **141**
Hawarden Gro. *Liv* —2A **34**
Hawdon Ct. *Liv* —1C **100**
Hawes Av. *St H* —5C **30**
Haweswater Av. *Hay* —2A **48**
Haweswater Clo. *Beech* —5A **168**
Haweswater Clo. *Liv* —5D **15**
Haweswater Gro. *Liv* —5F **7**
Hawgreen Rd. *Liv* —4B **22**
Hawick Clo. *Liv* —4D **15**
Hawke Grn. *Tarb G* —2A **106**
Hawke St. *Liv* —5E **77** (5G **5**)
Hawkesworth St. *Liv* —5A **56**
Hawkhurst Clo. *Liv* —5F **99**
Hawkins St. *Liv* —3B **78**
Hawks Ct. *Hall P* —4E **167**
Hawkshead Av. *Liv* —2C **58**
Hawkshead Clo. *Beech* —1A **174**
Hawkshead Clo. *Liv* —5E **7**
Hawkshead Dri. *Liv* —5D **19**
Hawkshead Rd. *Btnwd* —5E **69**
Hawkshead Rd. *Croft B* —1E **163**
Hawksmoor Clo. *Liv* —1A **38**
Hawksmoor Rd. *Liv* —2F **37**
Hawksmore Clo. *Wir* —3D **93**
Hawkstone St. *Liv* —4A **100**
  (Clevedon St.)
Hawkstone St. *Liv* —5A **100**
  (Peel St.)
Hawkstone Wlk. *Liv* —5A **100**
Hawks Way. *Wir* —2E **157**
Haworth Dri. *Boot* —1D **35**
Hawthorn Av. *Run* —1A **166**
Hawthorn Av. *Wid* —2B **132**
Hawthorn Clo. *Bil* —1D **31**
Hawthorn Clo. *Hay* —3A **48**
Hawthorn Dri. *Ecc* —4B **44**
Hawthorn Dri. *Hes* —5F **137**
Hawthorn Dri. *W Kir* —4E **113**
Hawthorne Av. *Liv* —1E **147**
Hawthorne Ct. *Liv* —5B **18**
Hawthorne Dri. *Will* —4B **170**
Hawthorne Gro. *Wall* —4E **75**
Hawthorne Rd. *Birk* —1D **119**
Hawthorne Rd. *Frod* —4B **172**
Hawthorne Rd. *Lith & Boot* —5B **18**
Hawthorne Rd. *Sut L* —5D **67**
Hawthorn Gro. *Liv* —5B **78**
Hawthorn Gro. *W Der* —5B **58**
Hawthorn La. *Wir* —2D **163**
Hawthorn Rd. *Huy* —4C **82**
Hawthorn Rd. *Prsct* —5E **63**
Haxted Gdns. *Liv* —1D **145**
Haydn Rd. *Liv* —5F **59**

**Haydock. —2C 48**
*Haydock Community Leisure Cen.*
  —2B *48*
Haydock La. *Hay* —2C **48**
Haydock La. *Hay I* —1D **49**
Haydock Pk. Rd. *Liv* —2E **21**
Haydock Rd. *Wall* —4C **52**
Haydock St. *Newt W* —4F **49**
Haydock St. *St H* —5A **46**
Hayes Av. *Prsct* —1E **85**
Hayes Cres. *Frod* —4C **172**
Hayes Dri. *Liv* —2A **22**
Hayes St. *St H* —3C **64**
Hayfield Clo. *Liv* —3A **128**
Hayfield Pl. *Wir* —1A **94**
Hayfield St. *Liv* —4F **55**
Hayfield Way. *Clo F* —2C **88**
Hayles Clo. *Liv* —3A **104**
Hayles Grn. *Liv* —3A **104**
Hayles Gro. *Liv* —3A **104**
Haylock Clo. *Liv* —5F **99**
Hayman's Clo. *Liv* —4A **58**
Haymans Grn. *Mag* —1E **13**
Hayman's Grn. *W Der* —4A **58**
Hayman's Gro. *Liv* —4A **58**
Hay M. *Rain* —4B **86**
Haywood Cres. *Wind H* —5D **155**
Haywood Gdns. *St H* —1D **65**
Hazel Av. *Liv* —2C **22**
Hazel Av. *Run* —2E **165**
Hazel Av. *Whis* —3E **85**
*Hazel Ct. Liv —5A 100*
  *(off Byles St.)*
Hazeldale Rd. *Liv* —4A **36**
Hazeldene Av. *Wall* —1A **74**
Hazeldene Av. *Wir* —1B **138**
Hazeldene Way. *Wir* —1B **138**
Hazelfield Ct. *Clo F* —2C **88**
Hazel Gro. *Beb* —3E **141**
Hazel Gro. *Cros* —2F **17**
Hazel Gro. *Irby* —5D **115**
Hazel Gro. *St H* —5C **44**
Hazel Gro. *Walt* —2B **36**
Hazelhurst Rd. *Liv* —4B **56**
Hazel M. *Liv* —2B **22**
Hazel Rd. *Birk* —4D **97**
Hazel Rd. *Liv* —1F **83**
Hazel Rd. *Wir* —4C **90**
Hazelslack Rd. *Liv* —1A **58**
Hazelwood. *Wir* —4D **93**
Hazelwood Clo. *Sut M* —3B **88**
Hazelwood Gro. *Liv* —2D **127**
Hazleton Rd. *Liv* —3C **80**
Headbolt La. *Kirkby* —1E **23**
Headbourne Clo. *Liv* —2F **103**
Headingley Clo. *Liv* —5C **82**
Headingley Clo. *St H* —5C **66**
Headington Rd. *Wir* —4D **93**
Headland Clo. *Wir* —1B **134**
Headley Clo. *St H* —5F **45**
Head St. *Liv* —3E **99**
Heald St. *Liv* —1C **144**
Heald St. *Newt W* —5F **49**
Healy Clo. *Liv* —5A **106**
Hearne Rd. *St H* —4D **45**
Heartwood Clo. *Liv* —1A **36**
Heathbank Av. *Wall* —3A **74**
Heathbank Av. *Wir* —5C **114**
Heathbank Rd. *Birk* —1D **119**
Heathcliff Ho. *Liv* —2B **56**
Heath Clo. *Ecc P* —4F **63**
Heath Clo. *Liv* —4F **103**
Heath Clo. *Wir* —1B **134**
Heathcote Clo. *Liv* —1B **100**
Heathcote Gdns. *Wir* —2F **141**
Heathcote Rd. *Liv* —1F **55**
Heath Dale. *Wir* —4F **141**
Heath Dri. *Hes* —1F **157**
Heath Dri. *Upt* —4A **94**
Heath Dri. *West* —3A **166**

Heather Bank. *Wir* —1D **141**
Heather Brae. *Newt W* —4F **49**
Heather Brae. *Prsct* —1A **84**
Heather Brow. *Pren* —2F **95**
Heather Clo. *Kirkby* —1E **23**
Heather Clo. *Kirk* —3F **55**
Heather Clo. *Padd M* —5E **167**
Heather Ct. *Liv* —3F **55**
Heatherdale Clo. *Birk* —1B **118**
Heatherdale Rd. *Liv* —5A **102**
Heather Dene. *Wir* —4D **143**
Heatherdene Rd. *Wir* —3B **112**
Heatherland. *Wir* —5B **94**
Heatherleigh. *St H* —5D **65**
Heatherleigh. *Wir* —3E **135**
Heatherleigh Clo. *Liv* —1A **36**
Heather Rd. *Beb* —3D **141**
Heather Rd. *Hes* —1A **158**
Heathers Cft. *Boot* —2E **19**
Heather Way. *Liv* —4C **10**
Heathfield. *Wir* —5D **143**
Heathfield Av. *St H* —3E **65**
Heathfield Clo. *Lith* —2C **34**
Heathfield Dri. *Liv* —1E **23**
Heathfield Ho. *Wir* —1A **138**
Heathfield Pk. *Wid* —1D **131**
Heathfield Rd. *Beb* —2F **141**
Heathfield Rd. *Mag* —3F **13**
Heathfield Rd. *Pren* —5C **96**
Heathfield Rd. *Wat* —3C **16**
Heathfield Rd. *W'tree* —3A **102**
Heathfield St. *Liv* —5E **77** (6G 5)
Heathgate Av. *Liv* —5F **147**
Heath Hey. *Liv* —4F **103**
Heathland Rd. *Clo F* —2C **88**
Heathlands, The. *Wir* —3E **71**
Heath La. *Will* —4C **170**
Heath Moor Rd. *Wir* —5D **71**
Heath Pk. Gro. *Run* —2F **165**
Heath Rd. *Liv* —4C **124**
(L19)
Heath Rd. *Liv* —1B **82**
(L36)
Heath Rd. *Run* —3F **165**
Heath Rd. *Wid* —2D **131**
Heath Rd. *Wir* —2E **141**
Heath Rd. Cres. *Run* —2B **166**
Heath Rd. S. *West* —4F **165**
Heathside. *Wir* —1D **157**
Heath St. *St H* —4D **65**
Heath Vw. *Liv* —2B **18**
Heathview Clo. *Wid* —2A **150**
Heathview Rd. *Wid* —2A **150**
Heathwaite Cres. *Liv* —2A **58**
Heathway. *Wir* —3B **158**
Heathwood. *Liv* —1B **80**
Heatley Clo. *Pren* —2C **94**
Heaton Clo. *Liv* —4F **147**
*Heatwaves Leisure Cen.* —3B **60**
(Stockbridge)
Hebburn Way. *Liv* —5A **40**
Hebden Pde. *Liv* —5C **38**
Hebden Rd. *Liv* —5B **38**
Hector Pl. *Liv* —2D **55**
Hedgebank Clo. *Liv* —5D **21**
Hedgecote. *Liv* —1E **39**
Hedgecroft. *Liv* —4C **10**
Hedgefield Rd. *Liv* —3B **104**
Hedge Hey. *Cas* —1A **168**
Hedges Cres. *Liv* —4E **57**
Hedingham Clo. *Liv* —3A **128**
Hedworth Gdns. *St H* —5D **65**
Helena Rd. *St H* —4F **67**
Helena St. *Birk* —4E **97**
Helena St. *Liv* —5B **78**
Helena St. *Walt* —5F **35**
Helford Clo. *Whis* —5A **64**
Helford Rd. *Liv* —3D **39**
Heliers Rd. *Liv* —4B **80**
Helmdon Clo. *Liv* —2A **58**

Helmingham Gro. *Birk* —5E **97**
Helmsley Rd. *Liv* —5F **127**
Helsby Av. *Wir* —2F **171**
Helsby Rd. *Liv* —1B **36**
Helsby St. *Liv* —5A **78**
Helsby St. *St H* —2D **67**
Helston Av. *Liv* —3F **127**
Helston Av. *St H* —1D **47**
Helston Clo. *Brook* —5B **168**
Helston Grn. *Liv* —3B **84**
Helston Rd. *Liv* —3D **39**
Helton Clo. *Pren* —1E **117**
Hemans St. *Boot* —4A **34**
Hemer Ter. *Boot* —3A **34**
Hemingford St. *Birk* —3D **97**
Hemlock Clo. *Liv* —5D **39**
Hempstead Clo. *St H* —4F **65**
Henbury Pl. *Run* —4B **166**
Henderson Clo. *Wir* —3D **93**
Henderson Rd. *Liv* —3A **84**
Henderson Rd. *Wid* —4F **131**
Hendon Rd. *Liv* —2D **79**
Hendon Wlk. *Wir* —1C **114**
Hengest Clo. *Liv* —4E **15**
Henglers Clo. *Liv* —3F **77**
Henley Av. *Liv* —5A **58**
Henley Clo. *Wir* —5A **142**
Henley Ct. *Run* —5D **153**
Henley Ct. *St H* —2D **65**
Henley Rd. *Liv* —4B **102**
Henllan Gdns. *St H* —5E **67**
Henlow Av. *Liv* —5F **23**
Hennawood Clo. *Liv* —1B **78**
Henry Edward St. *Liv*
    —3D **77** (2E 4)
Henry Hickman Clo. *Boot* —1F **19**
Henry St. *Birk* —3E **97**
Henry St. *Liv* —1D **99** (7E 5)
(L1)
Henry St. *Liv* —4E **79**
(L13)
Henry St. *St H* —4F **45**
Henry St. *Wid* —3C **132**
Henthorne Rd. *Wir* —4B **120**
Henthorne St. *Pren* —4C **96**
Herald Clo. *Liv* —5C **38**
Heralds Clo. *Wid* —4B **130**
Herbarth Clo. *Liv* —5F **35**
Herberts La. *Wir* —3F **157**
Herbert St. *Btnwd* —5E **69**
Herbert St. *St H* —4E **67**
Herbert Taylor Clo. *Liv* —1C **78**
Herculaneum Ct. *Liv* —1F **121**
Herculaneum Rd. *Liv* —5E **99**
Herdman Clo. *Liv* —4B **104**
Hereford Av. *Wir* —3F **93**
Hereford Clo. *St H* —1F **65**
Hereford Dri. *Boot* —4F **19**
Hereford Rd. *S'frth* —1E **33**
Hereford Rd. *W'tree* —3A **102**
Heriot St. *Liv* —5D **55**
Heriot Wlk. *Liv* —5D **55**
Hermes Clo. *Boot* —5E **19**
Hermes Rd. *Gil I* —2B **38**
Hermitage Gro. *Boot* —1D **35**
Herm Rd. *Liv* —1C **76**
Heron Clo. *Nort* —2D **169**
Heron Ct. *Liv* —3E **127**
Herondale Rd. *Liv* —5F **101**
Heronhall Rd. *Liv* —4F **37**
Heronpark Way. *Wir* —5B **142**
Heron Rd. *Meol & W Kir* —4F **91**
Herons Ct. *Liv* —3B **6**
Herons Way. *Run* —3F **155**
Hero St. *Boot* —1D **55**
Herrick St. *Liv* —3F **79**
Herschell St. *Liv* —5F **55**
Hertford Clo. *Liv* —5F **127**
Hertford Dri. *Wall* —5C **52**
Hertford Rd. *Boot* —1C **54**

Hertford St. *St H* —1D **67**
Hesketh Av. *Birk* —3D **119**
Hesketh Dri. *Liv* —1F **13**
Hesketh Dri. *Wir* —1A **158**
Hesketh Rd. *Hale V* —5E **149**
Hesketh St. *Liv* —5C **100**
Heskin Clo. *Kirkby* —1E **39**
Heskin Clo. *Lyd* —3D **7**
Heskin Clo. *Rain* —3B **86**
Heskin Rd. *Liv* —1E **39**
Heskin Wlk. *Liv* —1E **39**
Hessle Dri. *Wir* —3F **157**
Hesslewell Ct. *Wir* —1A **158**
**Heswall. —2F 157**
Heswall Av. *Clo F* —2B **88**
Heswall Av. *Wir* —4C **118**
***Heswall Golf Course.* —5A 158**
Heswall Mt. *Wir* —2A **138**
Heswall Rd. *Liv* —1B **36**
Hetherlow Towers. *Liv* —5A **36**
Hever Dri. *Liv* —3F **127**
Heward Av. *St H* —5C **66**
Hewitson Av. *Liv* —5F **57**
Hewitson Rd. *Liv* —5F **57**
Hewitt Av. *St H* —4C **44**
Hewitt's La. *Know & Liv* —2D **41**
Hewitts Pl. *Liv* —4C **76** (4D 4)
Hexagon, The. *Boot* —5C **34**
Hexham Clo. *St H* —5D **65**
Heyburn Rd. *Liv* —5E **57**
Heydale Rd. *Liv* —5A **102**
Heydean Rd. *Liv* —3C **124**
Heydean Wlk. *Liv* —3C **124**
Heyes Dri. *Wall* —2C **72**
Heyes Mt. *Rain* —4C **86**
Heyes Rd. *Wid* —4C **130**
Heyes St. *Liv* —1A **78**
Heyes, The. *Halt B* —1E **167**
Heyes, The. *Liv* —2B **126**
Heygarth Dri. *Wir* —5D **93**
Heygarth Rd. *Wir* —5E **163**
Hey Grn. Rd. *Liv* —1E **101**
Hey Pk. *Liv* —4F **83**
Hey Rd. *Liv* —4F **83**
Heys Av. *Wir* —2D **163**
Heyscroft Rd. *Liv* —2B **126**
Heysham Clo. *Murd* —4C **168**
Heysham Lawn. *Liv* —5A **106**
Heysham Rd. *Boot* —3A **20**
Heysham Rd. *Liv* —5A **106**
Heysmoor Heights. *Liv* —3B **100**
Heysome Clo. *Crank* —1E **29**
Heys, The. *Liv* —5F **163**
Heythrop Dri. *Wir* —2D **159**
Heyville Rd. *Wir* —1E **141**
Heywood Boulevd. *Wir* —1A **138**
Heywood Clo. *Wir* —1A **138**
Heywood Ct. *Liv* —5C **80**
Heywood Gdns. *Whis* —4E **85**
Heywood Rd. *Liv* —1C **102**
Heyworth St. *Liv* —1F **77**
Hibbert St. *Wid* —4B **132**
Hickmans Rd. *Birk* —5B **74**
Hickory Gro. *Liv* —3A **22**
Hickson Av. *Liv* —4C **6**
Hicks Rd. *S'frth* —1A **34**
Hicks Rd. *Wat* —3E **17**
Highacre Rd. *Wall* —4A **52**
Higham Av. *Ecc* —5F **43**
Higham Sq. *Liv* —2E **77**
High Bank Clo. *Pren* —4D **95**
Highbank Dri. *Liv* —1D **145**
Highbanks. *Liv* —4C **6**
High Beeches. *Liv* —5F **81**
High Carrs. *Liv* —4B **82**
High Clere Cres. *Liv* —1E **83**
Highcroft Av. *Wir* —2F **141**
Highcroft Grn. *Wir* —2A **142**
Highcroft, The. *Wir* —2F **141**
Higher Ashton. *Wid* —1F **131**

Higher Bebington Rd. *Wir* —1D **141**
Higher End Pk. *Boot* —5E **11**
Higher Heys. *Beech* —5F **167**
Higher La. *Crank & Rainf* —1C **28**
Higher La. *Liv* —1C **36**
Higher Parr St. *St H* —5C **46**
Higher Rd. *Halew & Wid*
    —1B **148**
Higher Rd. *Liv* —5D **127**
**Higher Runcorn. —1F 165**
Highfield. *Liv* —4F **15**
Highfield Clo. *Wall* —2A **74**
Highfield Ct. *Birk* —3F **119**
Highfield Cres. *Birk* —3F **119**
Highfield Cres. *Wid* —2A **132**
Highfield Dri. *Crank* —1E **29**
Highfield Dri. *Wir* —5D **93**
Highfield Gro. *Birk* —3F **119**
Highfield Gro. *Liv* —5F **9**
Highfield Pk. *Liv* —1F **13**
Highfield Pl. *Prsct* —5D **63**
Highfield Rd. *Birk* —3F **119**
Highfield Rd. *Lith* —5A **18**
Highfield Rd. *Old S* —2A **80**
Highfield Rd. *Walt* —4F **35**
Highfield Rd. *Wid* —3F **131**
Highfields. *Hes* —1F **157**
Highfields. *Prsct* —5C **62**
Highfield S. *Birk* —4F **119**
Highfield Sq. *Liv* —2F **79**
Highfield St. *Liv* —3C **76** (2C **4**)
  (in two parts)
Highfield St. *St H* —3D **67**
Highfield Vw. *Liv* —2F **79**
Highgate. *Nort* —1D **169**
Highgate Clo. *Wir* —5F **137**
Highgate Ct. *Liv* —5A **78**
Highgate Rd. *Liv* —4D **7**
Highgate St. *Liv* —5A **78**
Highgreen Rd. *Birk* —1C **118**
Highgrove Pk. *Liv* —4A **124**
Highlands Rd. *Run* —1F **165**
Highoaks Rd. *Liv* —3B **126**
Highpark Rd. *Birk* —1C **118**
High Pk. St. *Liv* —4F **99**
Highsted Gro. *Liv* —5F **15**
High St. *Brom* —1E **163**
High St. *Frod & Norl* —5B **172**
High St. *Hale V* —5D **149**
High St. *Liv* —4C **76** (4C **4**)
High St. *Prsct* —5D **63**
High St. *Run* —5A **152**
High St. *W'tree* —1F **101**
High St. *Wltn* —2A **126**
Hightor Rd. *Liv* —1F **125**
Highville Rd. *Liv* —3D **103**
Highwood Ct. *Liv* —1F **23**
Hignett Av. *St H* —1A **68**
Higson Ct. *Liv* —1A **122**
Hilary Av. *Liv* —4E **81**
Hilary Clo. *Liv* —3C **56**
Hilary Clo. *Prsct* —4E **63**
Hilary Clo. *Wid* —1E **133**
Hilary Dri. *Wir* —3A **94**
Hilberry Av. *Liv* —1F **79**
Hilbre Av. *Wall* —2A **74**
Hilbre Av. *Wir* —4E **157**
Hilbre Ct. *Wir* —5A **112**
Hilbre Rd. *Wir* —5B **112**
Hilbre St. *Birk* —1D **97**
Hilbre St. *Liv* —5E **77** (5G **5**)
Hilbre Vw. *Wir* —4C **112**
Hilcrest Rd. *Liv* —2D **57**
Hilda Rd. *Liv* —1D **81**
Hildebrand Clo. *Liv* —3C **56**
Hildebrand Rd. *Liv* —3C **56**
Hillaby Clo. *Liv* —3F **99**
Hillam Rd. *Wall* —5D **51**
Hillary Cres. *Liv* —1D **13**

Hillary Dri. *Liv* —1A **18**
Hillary Rd. *Wir* —5D **163**
Hillary Wlk. *Liv* —1A **18**
Hill Bark Rd. *Wir* —2B **114**
Hillbrae Av. *St H* —5A **30**
Hillburn Dri. *Birk* —5E **73**
Hill Crest. *Boot* —1E **55**
Hillcrest. *Halt B* —1D **167**
Hillcrest. *Liv* —2F **13**
Hillcrest Av. *Liv* —4A **84**
Hillcrest Dri. *Upt* —1C **114**
Hillcrest Pde. *Liv* —4A **84**
Hillcrest Rd. *Cros* —1A **18**
Hillcroft Rd. *Liv* —5F **103**
Hillcroft Rd. *Wall* —3C **74**
Hillerton Clo. *Liv* —1B **58**
Hillfield. *Frod* —5B **172**
Hillfield. *Nort* —2D **169**
Hillfield Dri. *Wir* —5F **137**
Hillfoot Av. *Liv* —1B **146**
Hillfoot Clo. *Pren* —1C **94**
Hillfoot Grn. *Liv* —5A **126**
Hillfoot Rd. *Liv* —3F **125**
Hill Gro. *Wir* —2E **93**
Hillhead Rd. *Boot* —1E **55**
Hillingden Av. *Liv* —5F **127**
Hillingdon Av. *Wir* —3A **138**
Hillingdon Rd. *Liv* —3A **102**
Hill Ridge. *Pren* —4D **95**
Hill Rd. *Pren* —2E **95**
Hill School Rd. *St H* —3A **64**
Hillside. *Liv* —5A **104**
Hillside Av. *Liv* —5C **60**
Hillside Av. *Newt W* —1F **69**
Hillside Av. *Run* —2E **165**
Hillside Av. *St H* —2E **45**
Hillside Clo. *Bil* —1D **31**
Hillside Clo. *Birk* —5E **97**
Hillside Clo. *Boot* —1E **55**
Hillside Ct. *Birk* —5E **97**
Hillside Ct. *Liv* —1A **126**
Hillside Cres. *Liv* —5C **60**
Hillside Dri. *Liv* —1A **126**
Hillside Rd. *Birk* —5E **97**
Hillside Rd. *Hes* —3A **158**
Hillside Rd. *Huy* —1E **83**
Hillside Rd. *Moss H* —4B **102**
Hillside Rd. *Pren* —1D **95**
Hillside Rd. *Wall* —2F **73**
Hillside Rd. *W Kir* —4D **113**
Hillside St. *Liv* —3F **77**
Hillside Vw. *Pren* —1A **118**
Hills Moss Rd. *St H* —4F **67**
Hills Pl. *Liv* —2A **102**
Hill St. *Liv* —3D **99**
  (in two parts)
Hill St. *Prsct* —5D **63**
Hill St. *Run* —5A **152**
Hill St. *St H* —3A **46**
Hill St. Bus. Cen. *Liv* —3D **99**
  (off Hill St.)
Hilltop. *Nort* —3C **168**
Hilltop La. *Hes* —2B **158**
Hill Top Rd. *Dut* —4F **169**
Hilltop Rd. *Liv* —2C **102**
Hill Top Rd. *Rainf* —3B **28**
Hillview. *Liv* —2E **123**
Hill Vw. *Wid* —4F **109**
Hillview Av. *Wir* —3B **112**
Hillview Ct. *Pren* —1C **94**
Hill Vw. Dri. *Wir* —3A **94**
Hillview Gdns. *Liv* —1E **125**
Hillview Mans. *Wir* —3B **112**
  (off Lang La.)
Hill Vw. Rd. *Wir* —5C **114**
Hillwood Clo. *Wir* —1F **161**
Hilton Clo. *Birk* —3C **96**
Hilton Ct. *Boot* —1D **19**
Hilton Gro. *Wir* —3A **112**
Hinchley Grn. *Liv* —1B **12**

Hinckley Rd. *St H* —3C **46**
Hindburn Av. *Liv* —5F **7**
Hinderton Clo. *Birk* —5E **97**
Hinderton Dri. *Hes* —4F **157**
Hinderton Dri. *W Kir* —5E **113**
Hinderton Rd. *Birk* —4E **97**
Hindley Beech. *Liv* —5C **6**
Hindley Wlk. *Liv* —5D **147**
Hindlip St. *Liv* —1A **122**
Hind St. *Birk* —4E **97**
Hinson St. *Birk* —3E **97**
Hinton Rd. *Run* —1A **166**
Hinton St. *Fair* —3C **78**
Hinton St. *Lith* —2B **34**
*Historic Warships. —5D 75*
Hitchens Clo. *Murd* —3D **169**
Hitchin Ct. *Gars* —1C **144**
*H.M. Customs & Excise Mus.*
  *—1C 98 (7C 4)*

Hobart Dri. *Liv* —4E **15**
Hobart St. *That H* —3E **65**
Hobby Ct. *Hall P* —4E **167**
Hobhouse Ct. *Pren* —3B **96**
Hob La. Wlk. *Liv* —3B **22**
Hoblyn Rd. *Pren* —1E **95**
Hockenhall All. *Liv* —4C **76** (4D **4**)
Hockenhull Clo. *Wir* —5A **142**
Hodder Av. *Liv* —5F **7**
Hodder Clo. *St H* —1B **46**
Hodder Pl. *Liv* —5F **55**
Hodder Rd. *Liv* —5F **55**
Hodder St. *Liv* —5E **55**
Hodson Pl. *Liv* —2F **77**
Hogarth St. *Liv* —2A **34**
Hogarth Wlk. *Liv* —3D **55**
Hoghton Clo. *St H* —3F **67**
Hoghton Rd. *Hale V* —5E **149**
Hoghton Rd. *St H* —3F **67**
Holbeck. *Nort* —3C **168**
Holbeck St. *Liv* —5B **56**
Holborn Ct. *Wid* —1E **131**
Holborn Hill. *Birk* —5F **97**
Holborn Sq. *Birk* —5E **97**
Holborn St. *Liv* —4A **78**
Holbrook Clo. *St H* —5C **66**
Holcombe Clo. *Wir* —5D **93**
Holden Gro. *Liv* —3C **16**
Holden Rd. *Liv* —3B **16**
Holden Rd. *Prsct* —2C **84**
Holden Rd. E. *Liv* —3C **16**
Holden St. *Liv* —1A **100**
Holden Ter. *Liv* —3C **16**
Holdsworth St. *Liv* —4B **78**
Holgate. *Liv* —3B **10**
Holgate Pk. *Liv* —3B **10**
Holin Ct. *Pren* —2F **95**
Holingsworth Ct. *St H* —4B **46**
Holkham Clo. *Wid* —3F **131**
Holkham Gdns. *St H* —5D **65**
Holland Ct. *Boot* —1D **19**
Holland Gro. *Wir* —1F **157**
Holland Pl. *Liv* —5B **78**
Holland Rd. *Halew* —1E **147**
Holland Rd. *Speke* —5E **147**
Holland Rd. *Wall* —4C **52**
Holland St. *Liv* —3D **79**
Holland Way. *Liv* —1E **147**
Holley Ct. *Rain* —3C **86**
Holliers Clo. *Liv* —1D **13**
Hollies Rd. *Liv* —5F **127**
Hollies, The. *Halt B* —2D **167**
Hollies, The. *Liv* —1E **125**
Hollingbourne Pl. *Liv* —5A **38**
Hollingbourne Rd. *Liv* —5A **38**
Hollinghurst Rd. *Liv* —5F **15**
Hollingworth Clo. *Liv* —5A **36**
Hollin Hey Clo. *Bil* —2D **31**
Hollinhey Clo. *Boot* —5A **12**
Hollins Clo. *Liv* —1A **102**
Hollins Way. *Wid* —2B **150**

Hollocombe Rd. *Liv* —1B **58**
Holloway. *Run* —1F **165**
Hollow Cft. *Liv* —2A **60**
Holly Av. *Wir* —4F **141**
Hollybank Ct. *Birk* —4D **97**
Holly Bank Gro. *St H* —4C **46**
Hollybank Rd. *Birk* —4D **97**
Hollybank Rd. *Halt* —1F **167**
Hollybank Rd. *Liv* —4E **101**
Holly Bank St. *St H* —4C **46**
Holly Clo. *Ecc* —4B **44**
Holly Clo. *Hale V* —5D **149**
Holly Ct. *Boot* —3B **34**
Holly Ct. *Liv* —5A **56**
Hollydale Rd. *Liv* —4A **102**
Holly Farm Rd. *Liv* —1D **145**
Hollyfield Rd. *Liv* —3F **35**
Holly Gro. *Birk* —5E **97**
Holly Gro. *Huy* —4B **82**
Holly Gro. *S'frth* —2F **33**
Holly Hey. *Whis* —5D **85**
Hollymead Clo. *Liv* —5B **104**
Holly Mt. *W Der* —5A **58**
Holly Pl. *Wir* —2F **93**
Holly Rd. *Hay* —3F **47**
Holly Rd. *Liv* —4C **78**
Hollyrood. *Prsct* —1A **84**
Holly St. *Boot* —4C **34**
Hollytree Rd. *Liv* —1A **126**
Hollywood Rd. *Liv* —1E **123**
Holman Rd. *Liv* —1D **145**
Holm Cotts. *Pren* —2F **117**
Holme Clo. *Ecc P* —4A **64**
Holmefield Av. *Liv* —3A **124**
Holmefield Rd. *Liv* —4F **123**
Holme Rd. *Ecc* —1B **64**
*Holmes La. Liv —1A 34*
  *(off Seaforth Rd.)*
Holmes St. *Liv* —2C **100**
Holme St. *Liv* —4A **54**
Holmesway. *Wir* —3F **137**
Holmfield. *Pren* —2F **117**
Holmfield Av. *Run* —5C **152**
Holmfield Gro. *Liv* —1F **105**
Holm Hey Rd. *Pren* —2F **117**
Holm Hill. *Wir* —5C **112**
Holmlands Cres. *Pren* —2E **117**
Holmlands Dri. *Pren* —2E **117**
Holmlands Way. *Pren* —2F **117**
Holm La. *Pren* —2F **117**
Holmleigh Rd. *Liv* —3A **104**
Holmrook Rd. *Liv* —1F **57**
Holmside Clo. *Wir* —1F **93**
Holmside La. *Pren* —2F **117**
Holmstead, The. *Liv* —1F **123**
Holm Vw. Clo. *Pren* —1A **118**
Holmville Rd. *Wir* —1E **141**
Holmway. *Wir* —2F **141**
Holmwood Av. *Wir* —2C **138**
Holmwood Dri. *Hes* —2C **138**
**Holt. —2A 86**
Holt Av. *Bil* —1D **31**
Holt Av. *Wir* —1E **93**
Holt Coppice. *Augh* —1F **7**
Holt Cres. *Bil* —1D **31**
Holt Hill. *Birk* —5E **97**
Holt Hill Ter. *Birk* —4D **97**
Holt La. *Halt* —2F **167**
Holt La. *Liv* —3D **105**
  (in two parts)
Holt La. *Rain* —2A **86**
Holt Rd. *Birk* —5E **97**
Holt Rd. *Liv* —4B **78**
Holt Way. *Liv* —3D **23**
Holy Cross Clo. *Liv*
  —3D **77** (2E **5**)
Holyrood. *Cros* —1A **16**
Holyrood Av. *Wir* —5A **110**
Holywell Clo. *St H* —5D **67**
Home Farm Clo. *Wir* —2C **116**

Home Farm Rd. *Know* —1C **60**
Home Farm Rd. *Wir* —2B **116**
Homefield Gro. *Liv* —1C **12**
**Homer Green. —1C 10**
Homer Rd. *Know* —5C **40**
Homerton Rd. *Liv* —3D **79**
Homestall Rd. *Liv* —1A **58**
Homestead Av. *Boot* —2B **20**
Homestead Av. *Hay* —1E **49**
Homestead Clo. *Liv* —3A **84**
Homestead M. *Wir* —3B **112**
Honeybourne Dri. *Whis* —5A **64**
Honey Hall Rd. *Liv* —1E **147**
Honeys Grn. Clo. *Liv* —1D **81**
Honey's Grn. La. *Liv* —1D **81**
Honeys Grn. Precinct. *Liv* —1D **81**
Honey St. *St H* —4C **64**
Honeysuckle Clo. *Liv* —2D **127**
Honeysuckle Clo. *Wid* —5B **110**
Honeysuckle Dri. *Liv* —5B **36**
Honister Av. *St H* —5C **30**
Honister Clo. *Liv* —1A **128**
Honister Gro. *Beech* —5E **167**
Honister Wlk. *Liv* —1A **128**
Honiston Av. *Rain* —2B **86**
Honiton Rd. *Liv* —3C **123**
Hood Rd. *Wid* —3F **131**
Hood St. *Wall* —3D **75**
Hoole Rd. *Wir* —1B **116**
Hoose Ct. *Wir* —4C **90**
Hooton Rd. *Liv* —1B **36**
Hooton Rd. *Will & Hoot* —5A **170**
Hooton Way. *Hoot* —3F **171**
Hooton Works Ind. Est. *Hoot*
  —4E **171**
Hope Clo. *St H* —4E **45**
Hope Pl. *Liv* —1E **99** (7H **5**)
Hope St. *Birk* —2D **97**
Hope St. *Liv* —2E **99** (7J **5**)
Hope St. *Prsct* —5D **63**
Hope St. *Wall* —3B **52**
Hope Ter. *Birk* —1D **119**
Hope Way. *Liv* —1F **99**
Hopfield Rd. *Wir* —1F **93**
Hopkins Clo. *St H* —4D **45**
Hopwood Cres. *Rainf* —1A **28**
Hopwood St. *Liv* —1C **76**
  (in two parts)
Horace St. *St H* —4D **45**
Horatio St. *Birk* —3D **97**
Hornbeam Clo. *Hay* —2F **47**
Hornbeam Clo. *Wind H* —1C **168**
Hornbeam Clo. *Wir* —1B **92**
Hornbeam Rd. *Halew* —5C **36**
Hornbeam Rd. *Walt* —5C **36**
Hornby Av. *Boot* —3B **34**
Hornby Av. *Wir* —1C **162**
Hornby Boulevd. *Liv & Boot* —2B **34**
Hornby Chase. *Liv* —3D **13**
Hornby Clo. *Liv* —4F **35**
Hornby Ct. *Wir* —1C **162**
Hornby Cres. *Clo F* —2D **89**
Hornby Flats. *Liv* —2B **34**
Hornby La. *Liv* —4D **103**
Hornby Pk. *Liv* —4D **103**
Hornby Pl. *Liv* —3A **36**
Hornby Rd. *Boot* —3B **34**
  (Knowsley Rd.)
Hornby Rd. *Boot* —4C **34**
  (Stanley Rd.)
Hornby Rd. *Liv* —4F **35**
Hornby Rd. *Wir* —1C **162**
Hornby St. *Birk* —3F **97**
Hornby St. *Cros* —1E **17**
Hornby St. *Liv* —2C **76**
Hornby St. *S'frth* —2A **34**
Hornby Wlk. *Liv* —2C **76**
Horne St. *Liv* —2B **78**
Hornet Clo. *Liv* —1A **78**
Hornhouse La. *Know I* —5B **24**

Hornsey Rd. *Liv* —4B **56**
Hornspit La. *Liv* —3A **58**
Horringford Rd. *Liv* —4F **123**
Horrocks Av. *Liv* —1D **145**
Horrocks Clo. *Liv* —2D **83**
Horrocks Rd. *Liv* —3D **83**
Horseman Pl. *Wall* —4E **75**
Horseshoe Dri. *Liv* —1B **38**
Horsfall Gro. *Liv* —5E **99**
Horsfall St. *Liv* —5E **99**
Horwood Av. *Rain* —2B **86**
Horwood Clo. *Liv* —1C **58**
Hoscar Ct. *Wid* —5D **131**
Hoscote Pk. *Wir* —4A **112**
Hose Side Rd. *Wall* —4F **51**
Hospital Rd. *Wir* —1B **142**
Hospital St. *St H* —4A **46**
Hospital Way. *Run* —3F **167**
  (in two parts)
Hosta Clo. *Liv* —5D **15**
Hostock Clo. *Whis* —4D **85**
Hotham St. *Liv* —4E **77** (4G **5**)
Hothfield Rd. *Wall* —3D **75**
Hotspur St. *Boot* —2C **54**
**Hough Green. —3A 130**
*Hough Green Pk. —3B 130*
Hough Grn. Rd. *Wid* —2A **130**
Houghton Clo. *Wid* —2C **132**
Houghton Cft. *Liv* —4C **108**
Houghton La. *Liv* —5D **77** (5F **5**)
Houghton Rd. *Hale V* —5E **149**
Houghton Rd. *Wir* —5B **94**
Houghton's La. *Ecc & St H* —1F **43**
Houghton St. *Liv* —5D **77** (5F **5**)
Houghton St. *Prsct* —5D **63**
Houghton St. *Rain* —3C **86**
Houghton St. *Wid* —2D **133**
Houghton Way. *Liv* —5F **5**
Hougoumont Av. *Liv* —4E **17**
Hougoumont Gro. *Liv* —4E **17**
Houlding St. *Liv* —5A **56**
Houlgrave Rd. *Liv* —1C **76**
Houlston Rd. *Liv* —3B **22**
Houlston Wlk. *Liv* —3B **22**
Houlton St. *Liv* —4B **78**
House La. *Wid* —5F **131**
Hove, The. *Murd* —4D **169**
  (in two parts)
Howard Av. *Wir* —2D **163**
Howard Clo. *Mag* —1F **13**
Howard Clo. *S'frth* —3C **18**
Howard Ct. *Mnr P* —3C **154**
Howard Dri. *Liv* —5A **124**
Howard Florey Av. *Boot* —1F **19**
Howard's La. *Ecc & St H* —4E **43**
Howards Rd. *Wir* —1B **138**
Howard St. *St H* —3C **64**
Howarth Ct. *Run* —5B **152**
Howbeck Clo. *Pren* —3F **95**
Howbeck Ct. *Pren* —4F **95**
Howbeck Dri. *Pren* —3F **95**
Howbeck Rd. *Pren* —4F **95**
Howden Dri. *Liv* —3A **82**
Howell Dri. *Wir* —2D **115**
Howell Rd. *Wir* —5A **120**
Howells Clo. *Liv* —5D **7**
Howe St. *Boot* —2B **54**
Howey La. *Frod* —5B **172**
  (in two parts)
Howson St. *Birk* —2F **119**
**Hoylake. —5B 90**
Hoylake Clo. *Murd* —3C **168**
  (in two parts)
Hoylake Gro. *Clo F* —2C **88**
*Hoylake Municipal Golf Course.*
  —1B **112**
Hoylake Rd. *Birk* —4D **73**
Hoylake Rd. *Wir* —2B **92**
Hoyle Rd. *Wir* —3B **90**
Huddleston Clo. *Wir* —1C **116**

Hudleston Rd. *Liv* —5B **80**
Hudson Rd. *Liv* —3D **13**
Hudson Rd. *Wir* —2A **72**
Hudson St. *St H* —5C **46**
Hudswell Clo. *Boot* —4B **20**
Hughenden Rd. *Liv* —1F **79**
Hughes Av. *Prsct* —2D **85**
Hughes Clo. *Liv* —5C **78**
Hughes Dri. *Boot* —2E **35**
Hughes La. *Pren* —1B **118**
Hughes St. *Eve* —2A **78**
(in two parts)
Hughes St. *Gars* —2C **144**
Hughes St. *St H* —3D **67**
Hughestead Gro. *Liv* —1B **144**
Hughson St. *Liv* —4E **99**
Hulmewood. *Wir* —5A **120**
Hulton Av. *Whis* —2F **85**
Humber Clo. *Liv* —3E **55**
Humber Clo. *Wid* —1F **133**
Humber Cres. *St H* —5C **66**
Humber St. *Birk* —5F **73**
Hume Ct. *Wir* —3C **90**
Humphrey's Clo. *Murd* —3D **169**
Humphreys Hey. *Liv* —5B **10**
Humphrey St. *Boot* —2D **35**
Huncote Av. *St H* —2D **47**
Hunslet Rd. *Liv* —2B **36**
Hunstanton Clo. *Wir* —2A **94**
Hunter Ct. *Prsct* —5E **63**
Hunters Ct. *Hall P* —4E **167**
Hunters La. *Liv* —2A **102**
Hunter St. *Liv* —4D **77** (3F **5**)
Hunter St. *St H* —1C **66**
Huntingdon Clo. *Wir* —1B **92**
Huntingdon Gro. *Liv* —3C **6**
Huntley Av. *St H* —4C **66**
Huntley Gro. *St H* —4C **66**
Huntly Rd. *Liv* —3C **78**
Hunt Rd. *Hay* —2E **49**
Hunt Rd. *Liv* —5D **7**
**Hunt's Cross. —5C 126**
Hunts Cross Av. *Liv* —1B **126**
(in two parts)
Hunts Cross Shop. Pk. *Liv* —1A **146**
Huntsman Wood. *Liv* —3E **59**
Hurlingham Rd. *Liv* —1C **56**
Hurrell Rd. *Birk* —5D **73**
Hursley Rd. *Liv* —4E **37**
Hurst Bank. *Birk* —4F **119**
Hurst Gdns. *Liv* —4A **80**
Hurstlyn Rd. *Liv* —3C **124**
Hurst Pk. Clo. *Liv* —2A **84**
Hurst Pk. Dri. *Liv* —2A **84**
Hurst Rd. *Liv* —3E **13**
Hurst St. *Liv* —1C **98** (7D **4**)
(L1, in two parts)
Hurst St. *Liv* —4A **80**
(L13)
Hurst St. *Wid* —3A **152**
Huskisson St. *Liv* —2F **99**
Hutchinson St. *Liv* —3A **78**
Hutchinson St. *Wid* —1F **151**
Hutchinson Wlk. *Liv* —3A **78**
Huxley Clo. *Wir* —1B **92**
Huxley St. *Liv* —4D **57**
**Huyton. —4E 83**
*Huyton & Prescot Golf Course.*
—2B **84**
Huyton Av. *St H* —2E **45**
Huyton Brook. *Liv* —1F **105**
Huyton Bus. Pk. *Huy* —5A **84**
Huyton Chu. Rd. *Liv* —4E **83**
Huyton Hall Cres. *Liv* —4E **83**
Huyton Hey Rd. *Liv* —4E **83**
Huyton Ho. Clo. *Liv* —2B **82**
Huyton Ho. Rd. *Liv* —2B **82**
Huyton La. *Liv & Prsct* —3E **83**
*Huyton Leisure Cen. —5D 83*
**Huyton-with-Roby. —3C 82**

Hyacinth Av. *Liv* —5D **15**
Hyacinth Clo. *Hay* —2F **49**
Hyacinth Gro. *Wir* —4B **72**
Hyde Clo. *Beech* —4D **167**
Hyde Rd. *Liv* —4D **57**
Hydrangea Way. *St H* —4A **68**
Hydro Av. *Wir* —5B **112**
Hygeia St. *Liv* —2A **78**
Hylton Av. *Wall* —2A **74**
Hylton Rd. *Liv* —4D **125**
Hyslop St. *Liv* —3E **99**
Hythe Av. *Liv* —5C **18**
Hythedale Clo. *Liv* —2C **122**

Ibbotson's La. *Liv* —5E **101**
Iberis Gdns. *St H* —4A **68**
Ibstock Rd. *Boot* —3B **34**
Iffley Clo. *Wir* —4D **93**
Ikin Clo. *Pren* —5C **72**
Ilchester Rd. *Birk* —5F **73**
Ilchester Rd. *Liv* —5E **81**
Ilchester Rd. *Wall* —3D **75**
Ilford Av. *Liv* —5D **9**
Ilford Av. *Wall* —3B **74**
Ilford St. *Liv* —4E **77** (3J **5**)
Ilfracombe Rd. *Sut L* —1C **88**
Iliad St. *Liv* —2E **77**
Ilkley Wlk. *Liv* —3D **147**
Ilsley Clo. *Wir* —5F **93**
Imber Rd. *Liv* —5F **23**
Imison St. *Liv* —5E **35**
Imison Way. *Liv* —5E **35**
Imperial Av. *Wall* —5C **52**
Imperial Bldgs. *Liv* —4C **4**
Imrie St. *Liv* —1F **55**
Ince Av. *Anf* —3B **56**
Ince Av. *Cros* —5C **8**
Ince Av. *Lith* —1B **34**
Ince Av. *Wir* —2E **171**
*Ince Blundell Pk. —1A 10*
Ince Clo. *Pren* —5F **95**
Ince Gro. *Pren* —1F **117**
Ince La. *Liv* —1F **9**
Incemore Rd. *Liv* —3A **124**
Ince Rd. *Liv* —3A **10**
Inchcape Rd. *Liv* —5E **81**
Inchcape Rd. *Wall* —1D **73**
Index St. *Liv* —2F **55**
Ingestre Rd. *Pren* —1A **118**
Ingham Rd. *Wid* —5F **109**
Ingleborough Rd. *Birk* —2D **119**
Ingleby Rd. *Wall* —3A **74**
Ingleby Rd. *Wir* —4B **120**
Ingledene Rd. *Liv* —4D **103**
Ingle Grn. *Liv* —5A **8**
Inglegreen. *Wir* —2B **158**
Ingleholme Gdns. *Ecc P* —4A **64**
Ingleholme Rd. *Liv* —3A **124**
Inglemere Rd. *Birk* —2E **119**
Inglemoss Dri. *Rainf* —4B **28**
Ingleside Ct. *Cros* —2C **16**
Ingleton Clo. *Wir* —5D **93**
Ingleton Dri. *St H* —4B **30**
Ingleton Grn. *Liv* —5F **23**
Ingleton Gro. *Beech* —5D **167**
Ingleton Rd. *Kirkby* —5F **23**
Ingleton Rd. *Moss H* —4F **101**
Inglewood. *Liv* —5A **40**
Inglewood. *Wir* —2D **93**
Inglewood Av. *Wir* —2D **93**
Inglewood Rd. *Rainf* —4C **28**
Inglis Rd. *Liv* —1B **36**
Ingoe Clo. *Liv* —4B **22**
Ingoe La. *Liv* —5B **22**
Ingrave Rd. *Liv* —1C **56**
Ingrow Rd. *Liv* —3B **78**
Inigo Rd. *Liv* —2A **80**
Inley Clo. *Wir* —5A **142**
Inley Rd. *Wir* —5F **141**

Inman Av. *St H* —1B **68**
Inman Rd. *Liv* —1B **34**
Inman Rd. *Wir* —3E **93**
Inner Central Rd. *Liv* —2F **147**
Inner Forum. *Liv* —1E **57**
Inner S. Rd. *Liv* —3E **147**
Inner W. Rd. *Liv* —2E **147**
Insall Rd. *Liv* —5B **80**
Intake Clo. *Wall* —5A **170**
Interchange Motorway Ind. Est. *Liv*
—5A **84**
Inveresk Ct. *Pren* —3E **95**
Invincible Clo. *Boot* —5E **19**
Invincible Way. *Gil I* —2C **38**
Inwood Rd. *Liv* —5C **124**
Iona Clo. *Liv* —5A **40**
Ionic Rd. *Liv* —2A **80**
Ionic St. *Birk* —2F **119**
Ionic St. *Liv* —1F **33**
*Irby. —1D 137*
Irby Av. *Wall* —2A **74**
*Irby Cricket Club Ground. —4C 114*
**Irby Heath. —1C 136**
*Irby Hill. —4C 114*
**Irbymill Hill. —3C 114**
Irby Rd. *Liv* —3B **56**
Irby Rd. *Wir* —2D **137**
Irbyside Rd. *Wir* —3B **114**
Ireland St. *Hale V* —5E **149**
Ireland Rd. *Hay* —2C **48**
Ireland St. *Wid* —2D **133**
Irene Av. *St H* —1C **46**
Irene Rd. *Liv* —3C **102**
Ireton St. *Liv* —1F **55**
Iris Av. *Birk* —1F **95**
Iris Clo. *Wid* —2C **130**
Iris Gro. *Liv* —5D **15**
Irlam Dri. *Liv* —3E **23**
Irlam Pl. *Boot* —4B **34**
Irlam Rd. *Boot* —4B **34**
Ironbridge Vw. *Liv* —5E **99**
Ironside Rd. *Liv* —2D **83**
Irvine Rd. *Birk* —2D **119**
Irvine St. *Liv* —5A **78**
Irvine Ter. *Wir* —4B **120**
Irving Clo. *Liv* —5C **20**
Irwell Chambers. *Liv* —4C **4**
Irwell Clo. *Liv* —1E **123**
Irwell Ho. *Liv* —1E **123**
Irwell La. *Liv* —1E **123**
Irwell La. *Run* —4B **152**
Irwell St. *Liv* —5B **76** (6C **4**)
Irwell St. *Wid* —3A **152**
Irwin Rd. *St H* —4C **66**
Isaac St. *Liv* —5F **99**
Isabel Gro. *Liv* —4E **57**
Island Pl. *Liv* —1C **144**
Island Rd. *Liv* —1C **144**
Island Rd. S. *Liv* —1D **145**
Islands Brow. *St H* —2B **46**
Isleham Clo. *Liv* —4C **124**
Islington. *Cros* —5D **9**
Islington. *Liv* —4E **77** (3G **5**)
Islington Sq. *Liv* —3F **77** (3J **5**)
Islip Clo. *Wir* —5D **115**
Ismay Dri. *Wall* —1D **75**
Ismay Rd. *Liv* —1B **34**
Ismay St. *Liv* —2F **55**
Ivanhoe Rd. *Aig* —5C **100**
Ivanhoe Rd. *Cros* —1C **16**
Ivanhoe St. *Boot* —5B **34**
Iveagh Clo. *Pal* —3A **168**
Iver Clo. *Cron* —3C **108**
Ivernia Rd. *Liv* —1B **56**
Ivor Rd. *Wall* —1C **74**
Ivory Dri. *Liv* —5F **15**
Ivy Av. *Liv* —5A **124**
Ivy Av. *Whis* —2A **86**
Ivy Av. *Wir* —2E **141**
Ivychurch M. *Run* —5D **153**

# Ivydale Rd.—Kempton Clo.

Ivydale Rd. *Birk* —1E **119**
Ivydale Rd. *Liv* —5F **101**
Ivydale Rd. *Walt* —4B **36**
Ivy Farm Ct. *Hale V* —5D **149**
Ivyfarm Rd. *Rain* —2B **86**
Ivyhurst Clo. *Liv* —4F **123**
Ivy La. *Wir* —4E **71**
Ivy Leigh. *Liv* —1E **79**
Ivy St. *Birk* —3F **97**
Ivy St. *Run* —1A **166**

Jack McBain Ct. *Liv* —2C **76**
Jack's Brow. *Know P* —1E **61**
Jacksfield Way. *Liv* —5F **123**
Jackson Clo. *Rain* —5D **87**
Jackson Clo. *Wir* —4F **119**
Jacksons Pond Dri. *Liv* —2F **103**
Jackson St. *Birk* —4E **97**
Jackson St. *Btnwd* —5E **69**
Jackson St. *Hay* —1A **48**
Jackson St. *Liv* —1C **144**
Jackson St. *St H* —5C **46**
Jacobs Clo. *Liv* —2B **34**
Jacob St. *Liv* —5F **99**
Jacqueline Ct. *Liv* —4C **82**
Jacqueline Dri. *Liv* —2A **84**
Jade Clo. *Liv* —2F **23**
Jade Rd. *Liv* —2B **78**
Jamaica St. *Liv* —2D **99**
Jamesbrook Clo. *Birk* —1A **96**
James Clarke St. *Liv* —2C **76**
James Clo. *Wid* —3A **152**
James Ct. *Liv* —2B **126**
James Ct. Apartments. *Liv* —2A **126**
James Gro. *St H* —1E **65**
James Holt Av. *Liv* —4C **22**
James Hopkins Way. *Liv* —4D **55**
James Horrigan Ct. *Boot* —2C **18**
James Larkin Way. *Liv* —4D **55**
James Rd. *Hay* —1F **49**
James Rd. *Liv* —2B **126**
James Simpson Way. *Boot* —1F **19**
James St. *Clo F* —3D **89**
James St. *Gars* —1C **144**
James St. *Liv* —5C **76** (6C **4**)
James St. *Pren* —5C **96**
James St. *Wall* —4E **75**
Jamieson Av. *Liv* —1A **18**
Jamieson Rd. *Liv* —2E **101**
Jane St. *St H* —4F **67**
Janet St. *Liv* —5B **78**
Japonica Gdns. *St H* —4A **68**
Jarrett Rd. *Liv* —1A **24**
Jarrett Wlk. *Liv* —1A **24**
Jarrow Clo. *Pren* —5B **96**
Jasmine Clo. *Liv* —1F **77**
Jasmine Clo. *Wir* —2D **93**
Jasmine Ct. *Liv* —1F **83**
Jasmine Gdns. *St H* —4A **68**
Jasmine Gro. *Wid* —4D **131**
Jasmine M. *Liv* —1A **122**
Jason St. *Liv* —5E **55**
Jason Wlk. *Liv* —5E **55**
Java Rd. *Liv* —1D **57**
Jay's Clo. *Murd* —3E **169**
Jean Wlk. *Liv* —2B **38**
Jedburgh Dri. *Liv* —4D **15**
Jeffereys Cres. *Liv* —4B **82**
Jeffreys Dri. *Liv* —3A **82**
Jeffreys Dri. *Wir* —4D **93**
Jellicoe Clo. *Wir* —3D **135**
Jenkinson St. *Liv* —3E **77** (1H **5**)
Jensen Ct. *Ast I* —4C **152**
Jericho Clo. *Liv* —2D **123**
Jericho Ct. *Liv* —2D **123**
Jericho Farm Clo. *Liv* —3D **123**
Jericho Farm Wlk. *Liv* —3D **123**
Jericho La. *Liv* —3D **123**

Jermyn St. *Liv* —3A **100**
Jerningham Rd. *Liv* —5D **37**
Jersey Av. *Liv* —4B **18**
Jersey Clo. *Boot* —5C **34**
Jersey St. *Boot* —5C **34**
Jersey St. *Clo F* —3C **88**
Jesmond St. *Liv* —1D **101**
Jessamine Rd. *Birk* —1E **119**
Jessica Ho. *Liv* —2D **55**
Jet Clo. *Liv* —2B **78**
Jeudwine Clo. *Liv* —3B **126**
Joan Av. *Grea* —5E **93**
Joan Av. *More* —1D **93**
Jocelyn Clo. *Wir* —4A **142**
John Bagot Clo. *Liv* —1E **77**
John F. Kennedy Heights. *Liv* —2E **77** (1H **5**)
John Hunter Way. *Boot* —2F **19**
John Lennon Dri. *Liv* —3B **78**
John Middleton Clo. *Hale V* —5D **149**
John Moores Clo. *Liv* —1A **100**
Johns Av. *Hay* —1E **49**
Johns Av. *Run* —1F **165**
Johnson Av. *Prsct* —2D **85**
Johnson Gro. *Liv* —1E **81**
Johnson Rd. *Pren* —3F **117**
Johnson's La. *Wid* —3E **133**
Johnson St. *Liv* —4C **76** (3E **4**)
Johnson St. *St H* —4C **46**
Johnson Wlk. *Liv* —5C **78** (off Deeley Clo.)
Johnston Av. *Boot* —2E **35**
John St. *Birk* —2F **97**
John St. *Liv* —3E **77** (1H **5**)
John Willis Ho. *Birk* —2A **120**
Jones Farm Rd. *Liv* —4C **104**
Jones St. *Liv* —5E **77** (5H **5**)
Jonville Rd. *Liv* —1C **36**
Jordan St. *Liv* —2D **99**
Joseph Gardner Way. *Boot* —3B **34**
Joseph Lister Clo. *Boot* —2F **19**
Joseph Morgan Heights. *Liv* —5A **22**
Joseph St. *St H* —4E **67**
Joseph St. *Wid* —2C **132**
Joshua Clo. *Liv* —5E **55**
Joyce Wlk. *Liv* —1C **38**
Joy La. *Clo F* —4E **89**
Joy Wlk. *Clo F* —3E **89**
Jubilee Av. *Liv* —5D **81**
Jubilee Ct. *Hay* —1B **48**
Jubilee Cres. *Hay* —1F **49**
Jubilee Cres. *Wir* —2B **142**
Jubilee Dri. *Boot* —4A **20**
Jubilee Dri. *Liv* —4B **78**
Jubilee Dri. *Whis* —4D **85**
Jubilee Dri. *Wir* —2B **112**
Jubilee Ho. *Run* —2C **166**
*Jubilee Pk.* —2C **82**
Jubilee Rd. *Cros* —2C **16**
Jubilee Rd. *Liv* —1B **34**
Jubilee Way. *Wid* —3E **131**
Jubits La. *Sut M* —1A **110**
Juddfield St. *Hay* —2A **48**
Judges Dri. *Liv* —2C **78**
Judges Way. *Liv* —2C **78**
Julian Way. *Wid* —5F **109**
Julie Gro. *Liv* —1E **81**
Juliet Av. *Wir* —5E **119**
Juliet Gdns. *Wir* —5E **119**
July Rd. *Liv* —1C **78**
July St. *Boot* —3C **34**
Junction La. *Newt W* —1F **69**
Junction La. *St H* —4E **67**
Junct. One Retail Pk. *Wall* —3D **73**
June Av. *Wir* —2E **163**
June Rd. *Liv* —1D **79**
June St. *Boot* —4C **34**
Juniper Clo. *Liv* —3B **60**
Juniper Clo. *St H* —4D **45**
Juniper Clo. *Wir* —2C **114**

Juniper Cres. *Liv* —2F **59**
Juniper Gdns. *Liv* —4B **10**
Juniper St. *Liv* —3C **54**
Justan Way. *Rain* —1B **86**
Juvenal Pl. *Liv* —2E **77** (1G **5**)
Juvenal St. *Liv* —2D **77** (1F **5**)

Kaigh Av. *Liv* —5D **9**
Kale Clo. *Wir* —5B **112**
Kale Gro. *Liv* —5F **15**
Kara Clo. *Boot* —5C **34**
Karan Way. *Liv* —2A **22**
Karen Clo. *Btnwd* —5F **69**
Karonga Rd. *Liv* —1E **37**
Karonga Way. *Liv* —1F **37**
Karslake Rd. *Liv* —1E **37**
Karslake Rd. *Wall* —3D **75**
Katherine Wlk. *Liv* —1C **38**
Kearsley Clo. *Liv* —4E **55**
Kearsley St. *Liv* —4E **55**
Keats Av. *Whis* —3F **85**
Keats Clo. *Wid* —4F **131**
Keats Gro. *Liv* —5F **83**
Keats St. *St H* —3F **67**
Keble Dri. *Liv* —2C **20**
Keble Rd. *Boot* —2C **54**
Keble St. *Liv* —3A **78**
Keble St. *Wid* —5B **132**
**Keckwick.** —3F **155**
Keckwick La. *Dar* —3F **155**
Kedleston St. *Liv* —5A **100**
Keegan Dri. *Wall* —4E **75**
Keele Clo. *Pren* —4C **72**
Keenan Dri. *Boot* —3E **35**
Keene Ct. *Boot* —1D **19**
Keepers La. *Wir* —2B **140**
Keepers Wlk. *Cas* —5F **153**
Keighley Av. *Wall* —1E **73**
Keightley St. *Birk* —2C **96**
Keir Hardie Av. *Boot* —3E **35**
Keith Av. *Liv* —2F **55**
Keith Dri. *Wir* —5C **162**
Keithley Wlk. *Liv* —3E **147**
Kelbrook Clo. *St H* —5D **67**
Kelby Clo. *Liv* —5A **100**
Kelday Clo. *Liv* —3E **23**
Kelkbeck Clo. *Liv* —5F **7**
Kellet's Pl. *Birk* —1F **119**
Kellett Rd. *Wir* —3B **72**
Kellitt Rd. *Liv* —2E **101**
Kelly Dri. *Boot* —3E **35**
Kelly St. *Prsct* —5E **63**
Kelmscott Dri. *Wall* —2E **73**
Kelsall Av. *Sut M* —2B **88**
Kelsall Av. *Wir* —2E **171**
Kelsall Clo. *Pren* —1F **117**
Kelsall Clo. *Wid* —2D **131**
Kelsall Clo. *Wir* —2E **171**
Kelsey Clo. *St H* —4D **45**
Kelso Clo. *Liv* —4D **15**
Kelso Rd. *Liv* —3C **78**
Kelton Gro. *Liv* —2E **123**
Kelvin Gro. *Liv* —3A **100**
Kelvin Pk. *Wall* —5D **75**
Kelvin Rd. *Birk* —5E **97**
Kelvin Rd. *Wall* —5E **75**
Kelvinside. *Liv* —3F **17**
Kelvinside. *Wall* —5D **75**
Kemberton Dri. *Wid* —4A **110**
Kemble St. *Liv* —3B **78**
Kemble St. *Prsct* —5D **63**
Kempsell Wlk. *Liv* —5A **128**
Kempsell Way. *Liv* —5A **128**
Kempsey Gro. *That H* —4E **65**
Kempson Ter. *Wir* —3F **141**
Kempston St. *Liv* —4E **77** (3H **5**)
Kempton Clo. *Liv* —5C **82**
Kempton Clo. *Run* —4C **166**

Kempton Pk. Rd. *Liv* —2E **21**
Kempton Rd. *Liv* —1D **101**
Kempton Rd. *Wir* —4B **120**
Kemsley Rd. *Liv* —3F **81**
Kenbury Clo. *Liv* —1A **24**
Kenbury Rd. *Liv* —1A **24**
Kendal Clo. *Beb* —1F **141**
Kendal Dri. *Liv* —5D **7**
Kendal Dri. *Rain* —2A **86**
Kendal Dri. *St H* —5B **30**
Kendal Pk. *Liv* —5D **59**
Kendal Ri. *Beech* —5D **167**
Kendal Rd. *Liv* —2E **103**
Kendal Rd. *Wall* —4A **74**
Kendal Rd. *Wid* —3C **130**
Kendal St. *Birk* —3E **97**
Kendricks Fold. *Rain* —3B **86**
Kenilworth Av. *Run* —2B **166**
Kenilworth Clo. *Liv* —1E **125**
Kenilworth Dri. *Wir* —2F **137**
Kenilworth Gdns. *Wir* —3E **93**
Kenilworth Rd. *Child* —2D **103**
Kenilworth Rd. *Cros* —1C **16**
Kenilworth Rd. *Wall* —3D **75**
Kenilworth St. *Boot* —5B **34**
Kenilworth Way. *Liv* —1E **125**
Kenley Av. *Wid* —4D **109**
Kenmare Rd. *Liv* —3E **101**
Kenmay Wlk. *Liv* —2A **24**
Kenmore Rd. *Pren* —3E **117**
Kennelwood Av. *Liv* —2F **23**
Kennessee Clo. *Liv* —2E **13**
**Kennesse Green.** —2D **13**
Kenneth Clo. *Boot* —2E **19**
Kenneth Rd. *Wid* —4C **130**
Kennet Rd. *Hay* —2C **48**
Kennet Rd. *Wir* —2D **141**
Kennford Rd. *Liv* —3C **38**
**Kensington.** —4B **78**
Kensington. *Liv* —4A **78**
Kensington Av. *St H* —4C **66**
Kensington Dri. *Prsct* —1A **84**
Kensington Gdns. *Wir* —1F **93**
Kensington St. *Liv* —3A **78**
Kent Av. *Lith* —5C **18**
Kent Clo. *Boot* —4D **35**
Kent Clo. *Wir* —2B **162**
Kent Gdns. *Liv* —1D **99** (7F **5**)
Kent Gro. *Run* —1B **166**
Kentmere Av. *St H* —5C **30**
Kentmere Dri. *Wir* —4F **137**
Kent M. *Pren* —5A **96**
Kenton Clo. *B Vale* —2B **104**
Kenton Rd. *Liv* —5F **127**
Kent Pl. *Birk* —3D **97**
Kent Rd. *St H* —3C **66**
Kent Rd. *Wall* —3A **74**
Kents Bank. *Liv* —2C **58**
Kent St. *Liv* —1D **99** (7F **5**)
  (in two parts)
Kent St. *Pren* —5A **96**
Kent St. *Wid* —3B **132**
Kenview Clo. *Wid* —2A **150**
Kenwood Clo. *Liv* —4F **105**
Kenwright Cres. *St H* —3C **66**
Kenwyn Rd. *Wall* —1B **74**
Kenyon Clo. *Liv* —4F **15**
Kenyon Rd. *Liv* —4A **102**
Kenyons La. *Lyd & Mag* —3D **7**
Kenyons La. N. *Hay* —1F **49**
Kenyons La. S. *Hay* —1F **49**
Kenyon's Lodge. *Liv* —4E **7**
Kenyon Ter. *Pren* —4B **96**
Kepler St. *Liv* —2A **34**
Keppel St. *Boot* —2B **54**
Kerr Gro. *St H* —5E **47**
Kerris Clo. *Liv* —2B **122**
Kerrysdale Clo. *St H* —4D **67**
Kersey Rd. *Liv* —5F **23**
Kersey Wlk. *Liv* —5F **23**

Kershaw Av. *Liv* —2F **17**
Kershaw St. *Liv* —3D **131**
Kerswell Clo. *St H* —5D **67**
Keston Wlk. *Liv* —1F **147**
Kestrel Av. *Wir* —3D **93**
Kestrel Clo. *St H* —2B **46**
Kestrel Clo. *Wid* —3D **93**
Kestrel Dene. *Liv* —2A **38**
Kestrel Gro. *Liv* —4D **127**
Kestrel Rd. *Hes* —3C **158**
Kestrel Rd. *More* —1C **92**
Kestrels Way. *Hall P* —4F **167**
Keswick Av. *Wir* —1C **170**
Keswick Clo. *Liv* —5E **7**
Keswick Clo. *Wid* —3C **130**
Keswick Dri. *Frod* —5C **172**
Keswick Dri. *Liv* —5D **19**
Keswick Gdns. *Wir* —5C **162**
Keswick Pl. *Pren* —5D **73**
Keswick Rd. *Liv* —2C **124**
Keswick Rd. *St H* —3E **45**
Keswick Rd. *Wall* —4F **51**
Keswick Way. *Liv* —1A **104**
Kevelioc Clo. *Wir* —4F **141**
Kew St. *Liv* —1D **77**
Keybank Rd. *Liv* —3A **58**
Kiddman St. *Liv* —5F **35**
Kidstone Clo. *St H* —4D **67**
Kilburn Av. *Liv* —4E **163**
Kilburn Gro. *St H* —4E **65**
Kilburn St. *Liv* —2B **34**
Kildale Clo. *Liv* —5C **6**
Kildare Clo. *Hale V* —5D **149**
Kildonan Rd. *Liv* —2D **123**
Kilgraston Gdns. *Liv* —3E **123**
Killarney Gro. *Wall* —3A **74**
Killarney Rd. *Liv* —3A **80**
Killester Rd. *Liv* —5B **104**
Killington Way. *Liv* —3E **55**
Kilmalcolm Clo. *Pren* —5F **95**
Kilmore Clo. *Liv* —5C **20**
Kilmory Av. *Liv* —2C **126**
Kiln Clo. *Ecc* —3C **44**
Kilncroft. *Brook* —5B **168**
  (in two parts)
Kiln La. *Dent G & Ecc* —3B **44**
Kiln Rd. *Wir* —1A **116**
Kilnyard Rd. *Liv* —1D **17**
Kilrea Clo. *Liv* —3F **57**
Kilrea Rd. *Liv* —3E **57**
  (Ferguson Rd.)
Kilrea Rd. *Liv* —3F **57**
  (Muirhead Av.)
Kilsail Rd. *Liv* —1A **40**
Kilsby Dri. *Wid* —2E **133**
Kilshaw Rd. *Btnwd* —5F **69**
Kilshaw St. *Liv* —2A **78**
  (in two parts)
Kimberley Av. *Liv* —2D **17**
Kimberley Av. *That H* —4E **65**
Kimberley Clo. *Liv* —2A **100**
Kimberley Dri. *Liv* —1D **17**
Kimberley Rd. *Wall* —5B **52**
Kimberley St. *Pren* —1F **95**
Kindale Rd. *Pren* —3E **117**
Kinder St. *Liv* —3F **77**
King Arthurs Wlk. *Cas* —2A **168**
King Av. *Boot* —2E **35**
King Edward Clo. *Rain* —2B **86**
King Edward Dri. *Wir* —1B **142**
King Edward Rd. *Dent G* —2D **45**
King Edward Rd. *Rain* —2B **86**
King Edward St. *Liv* —4B **76** (3B **4**)
Kingfield Rd. *Liv* —3F **35**
Kingfisher Bus. Pk. *Boot* —1C **34**
Kingfisher Clo. *Beech* —5F **167**
Kingfisher Clo. *Kirkby* —3E **15**
Kingfisher Clo. *N'ley* —4F **105**
Kingfisher Dri. *St H* —2B **46**
Kingfisher Gro. *Liv* —2F **59**

Kingfisher Way. *Wir* —3D **93**
King George Dri. *Wall* —5C **52**
King George Rd. *Hay* —1F **49**
King George's Dri. *Wir* —1B **142**
King George's Way. *Pren* —2E **95**
Kingham Clo. *Liv* —2C **126**
Kingham Clo. *Wid* —3D **133**
King James Ct. *Hall P* —4E **167**
Kinglake Rd. *Wall* —1D **75**
Kinglake St. *Liv* —5A **78**
Kinglass Rd. *Wir* —4B **142**
King's Av. *Wir* —3D **91**
Kingsbrook Way. *Wir* —4D **119**
King's Brow. *Wir* —1D **141**
Kingsbury. *Wir* —4D **113**
Kings Clo. *Aig* —1C **122**
Kings Clo. *Wir* —5D **119**
Kings Ct. *Hoy* —4A **90**
Kings Ct. *Run* —3D **155**
Kings Ct. *S'frth* —1F **33**
Kings Ct. *Wir* —1D **141**
Kingscourt Rd. *Liv* —1C **80**
Kingsdale Av. *Birk* —2D **119**
Kingsdale Av. *Rain* —3D **87**
Kingsdale Rd. *Liv* —4A **102**
Kings Dock Rd. *Liv* —2D **99**
Kingsdown Rd. *Liv* —2A **58**
Kingsdown St. *Birk* —5E **97**
King's Dri. *Cald* —2C **134**
Kings Dri. *Liv* —5C **104**
King's Dri. *Thing* —2F **137**
Kings Dri. *Wltn* —2B **126**
King's Dri. N. *Wir* —5E **113**
Kingsfield Rd. *Liv* —3C **12**
King's Gap, The. *Wir* —4A **90**
Kingshead Clo. *Cas* —5A **154**
Kingsheath Av. *Liv* —2E **81**
Kingsland Cres. *Liv* —5E **37**
Kingsland Rd. *Birk* —5C **96**
Kingsland Rd. *Liv* —5D **37**
King's La. *Wir* —5D **119**
Kingsley Av. *Wir* —2E **171**
Kingsley Clo. *Liv* —2C **6**
Kingsley Clo. *Wir* —4A **138**
Kingsley Cres. *Run* —1A **166**
Kingsley Rd. *Dent G* —2D **45**
Kingsley Rd. *Liv* —2A **100**
Kingsley Rd. *Run* —1A **166**
Kingsley Rd. *Wall* —3B **74**
Kingsley St. *Birk* —1A **96**
Kingsmead Dri. *Liv* —5B **126**
Kingsmead Gro. *Pren* —4F **95**
Kings Mdw. *Nort* —2C **168**
Kingsmead Rd. *Pren* —4F **95**
Kingsmead Rd. *Wir* —4F **71**
Kingsmead Rd. N. *Pren* —4F **95**
Kingsmead Rd. S. *Pren* —4F **95**
Kings Mt. *Pren* —5B **96**
Kingsnorth. *Whis* —4F **85**
Kings Pde. *Liv* —1C **98**
King's Pde. *Wall* —3D **51**
Kings Pk. *Liv* —1F **33**
King's Rd. *Beb* —4D **119**
King's Rd. *Boot* —1C **54**
Kings Rd. *Cros* —1D **17**
Kings Rd. *St H* —1C **64**
Kings Sq. *Birk* —3E **97**
Kings Ter. *Boot* —2C **54**
Kingsthorne Pk. *Liv* —1C **146**
Kingsthorne Rd. *Liv* —1C **146**
Kingston Clo. *Liv* —1E **81**
Kingston Clo. *Run* —5E **153**
Kingston Clo. *Wir* —1E **93**
King St. *Birk* —3A **120**
King St. *Gars* —3C **144**
King St. *Prsct* —5D **63**
King St. *Run* —4A **152**
King St. *St H* —5F **45**
King St. *Wall* —1D **75**
King St. *Wat* —4D **17**

Kingsville Rd. *Wir* —2E **141**
Kings Wlk. *Birk* —3A **120**
Kings Wlk. *Wir* —4C **112**
Kingsway. *Beb* —5D **119**
Kingsway. *Frod* —5B **172**
Kingsway. *Hes* —4C **158**
Kingsway. *Huy* —2D **83**
Kingsway. *Prsct* —1D **85**
Kingsway. *St H* —5A **30**
Kingsway. *Wall* —5A **52**
Kingsway. *Wall & Lir* —3F **75**
Kingsway. *Wat* —3E **17**
Kingsway. *Wid* —5A **132**
Kingsway Ho. *Wid* —5A **132**
***Kingsway Leisure Cen.* —5A *132***
Kingsway Pde. *Lir* —2C **82**
Kingsway Pk. *Lir* —2D **77** (1F **5**)
Kingsway Tunnel App. *Wall* —2E **73**
Kingswell Clo. *Lir* —1B **100**
Kings Wharf. *Birk* —5E **75**
Kingswood Av. *Walt* —1B **36**
Kingswood Av. *Wat* —3F **17**
Kingswood Boulevd. *Wir* —4E **119**
Kingswood Bus. Pk. *Prsct* —1A **84**
Kingswood Ct. *Lir* —1F **23**
Kingswood Dri. *Lir* —2D **57**
Kingswood Rd. *Wall* —1C **74**
Kington Rd. *Wir* —3A **112**
Kinley Gdns. *Boot* —3E **35**
Kinloch Clo. *Lir* —5F **127**
Kinloss Rd. *Wir* —1C **114**
Kinmel Clo. *Birk* —2D **97**
Kinmel Clo. *Lir* —3D **57**
Kinmel St. *Lir* —4A **100**
Kinmel St. *St H* —3C **66**
Kinnaird Rd. *Wall* —5A **52**
Kinnaird St. *Lir* —1A **122**
Kinnerton Clo. *Wir* —1B **92**
Kinnock Pk. *Btnwd* —5E **69**
Kinross Rd. *Faz* —1E **37**
Kinross Rd. *Wall* —5D **51**
Kinross Rd. *Wat* —5E **17**
Kintore Clo. *Wir* —1C **170**
Kintore Rd. *Lir* —5B **124**
Kipling Av. *Birk* —3F **119**
Kipling Av. *Lir* —5A **84**
Kipling Cres. *Wid* —3F **131**
Kipling Gro. *Sut M* —3A **88**
Kipling St. *Boot* —2A **34**
Kirby Clo. *Wir* —5C **112**
Kirby Mt. *Wir* —1C **134**
Kirby Pk. *Wir* —5C **112**
Kirby Pk. Mans. *Wir* —5B **112**
Kirby Rd. *Boot* —2D **35**
Kirkbride Clo. *Lir* —5A **106**
Kirkbride Lawn. *Lir* —5A **106**
*Kirkbride Wlk. Lir —5A 106*
(off Kirkbride Clo.)
Kirkburn Clo. *Lir* —5F **99**
**Kirkby. —2C 22**
Kirkby Bank Rd. *Know I* —3B **24**
**Kirkby Park. —2C 22**
*Kirkby Pool. —2C 22*
Kirkby Rank La. *Kirkby* —4E **25**
Kirkby Row. *Lir* —2C **22**
*Kirkby Sports Cen. —5C 22*
*Kirkby Stadium. —4C 22*
Kirk Cotts. *Wall* —4B **52**
**Kirkdale. —3E 55**
Kirkdale Rd. *Lir* —5D **55**
Kirkdale Va. *Lir* —4E **55**
Kirket Clo. *Wir* —3A **142**
Kirket La. *Wir* —3F **141**
Kirkfield Gro. *Birk* —3A **120**
Kirkham Rd. *Wid* —2C **132**
Kirkland Av. *Birk* —2D **119**
Kirkland Clo. *Lir* —1F **35**
Kirkland Rd. *Wall* —3C **52**
Kirklands, The. *Wir* —5C **112**
Kirkland St. *St H* —4E **45**

Kirkmaiden Rd. *Lir* —4B **124**
Kirkman Fold. *Rain* —3B **86**
Kirkmore Rd. *Lir* —2A **124**
Kirkmount. *Wir* —4A **94**
Kirk Rd. *Lir* —2C **34**
Kirkside Clo. *Lir* —5D **39**
Kirkstone Av. *St H* —5C **30**
Kirkstone Cres. *Beech* —1A **174**
Kirkstone Rd. N. *Lir* —4C **18**
Kirkstone Rd. S. *Lir* —5D **19**
Kirkstone Rd. W. *Lir* —3B **18**
Kirkston Rd. N. *Lir* —3C **18**
Kirk St. *Lir* —5E **55**
Kirkway. *Beb* —5D **119**
Kirkway. *Grea* —5E **93**
Kirkway. *Wall* —4B **52**
Kirkway. *Wir* —4F **93**
Kirstead Wlk. *Lir* —2B **22**
Kitchener Dri. *Lir* —2F **35**
Kitchener St. *St H* —4D **45**
Kitchen St. *Lir* —2D **99**
Kitling Rd. *Know B* —3B **40**
Kiverley Clo. *Lir* —1E **125**
Knap, The. *Wir* —4A **158**
Knaresborough Rd. *Wall* —2F **73**
Knightbridge Wlk. *Lir* —3D **15**
Knighton Rd. *Lir* —2D **57**
Knight Rd. *Btnwd* —5F **69**
Knight St. *Lir* —1E **99** (7G **5**)
Knightsway. *Lir* —3F **17**
Knoclaid Rd. *Lir* —4E **57**
Knoll, The. *Pal* —3F **167**
Knoll, The. *Pren* —1A **118**
**Knotty Ash. —3C 80**
Knotty M. *Lir* —1B **126**
Knowe, The. *Will* —5A **170**
Knowle Clo. *Lir* —1C **58**
Knowles Ho. Av. *Ecc* —5F **43**
Knowles St. *Birk* —2C **96**
Knowles St. *Wid* —2C **132**
Knowl Hey Rd. *Lir* —1A **148**
**Knowsley. —4C 40**
Knowsley Bus. Pk. *Know B* —2B **40**
Knowsley Clo. *Birk* —3A **120**
Knowsley Ct. *Birk* —3A **120**
Knowsley Heights. *Lir* —1E **83**
Knowsley Ind. Pk. *Know I* —5B **24**
(Abercrombie Rd.)
Knowsley Ind. Pk. *Know I* —3B **24**
(Kirkby Bank Rd.)
Knowsley La. *Know & Know P*
—2C **60**
Knowsley La. *Know P* —4D **61**
*Knowsley Outdoor Education Cen. &*
*Watersports. —1F 61*
**Knowsley Park. —3F 41**
Knowsley Pk. La. *Prsct* —4C **62**
Knowsley Rd. *Birk* —3A **120**
Knowsley Rd. *Boot* —3A **34**
Knowsley Rd. *Ecc & St H* —5C **44**
Knowsley Rd. *Lir* —1A **144**
Knowsley Rd. *Rain* —4D **87**
Knowsley Rd. *Wall* —5A **52**
*Knowsley Safari Pk. —2C 62*
*Knowsley Sports Club. —5B 22*
Knowsley St. *Lir* —1F **55**
*Knowsley United F.C. —1D 83*
Knox Clo. *Wir* —1B **142**
Knox St. *Birk* —3F **97**
Knutsford Clo. *Ecc* —1B **64**
Knutsford Grn. *Wir* —5F **71**
Knutsford Rd. *Wir* —5E **71**
Knutsford Wlk. *Lir* —3D **7**
Kramar Wlk. *Lir* —3F **23**
Kremlin Dri. *Lir* —1F **79**
Kylemore Av. *Lir* —1F **123**
Kylemore Clo. *Wir* —4E **137**
Kylemore Dri. *Wir* —4E **137**
Kylemore Rd. *Pren* —5A **96**
Kylemore Way. *Lir* —5E **127**

Kylemore Way. *Wir* —4E **137**
Kynance Rd. *Lir* —3D **39**

**L**aburnum Av. *Lir* —1E **105**
Laburnum Av. *St H* —1D **47**
*Laburnum Ct. Liv —5A 100*
(off Weller Way)
Laburnum Cres. *Lir* —2D **23**
Laburnum Gro. *Irby* —1D **137**
Laburnum Gro. *Mag* —1E **13**
Laburnum Gro. *Run* —2B **166**
Laburnum Gro. *W'tree* —1A **102**
Laburnum Pl. *Boot* —5D **35**
Laburnum Rd. *Lir* —3D **79**
Laburnum Rd. *Pren* —5B **96**
Laburnum Rd. *Wall* —4B **52**
Lace St. *Lir* —3D **77** (3E **4**)
Lacey Ct. *Wid* —5A **132**
Lacey Rd. *Prsct* —5E **63**
Lacey St. *St H* —3D **65**
Lacey St. *Wid* —5A **132**
Lad La. *Lir* —4B **76** (3B **4**)
Ladybower Clo. *Lir* —1B **100**
Lady Chapel Clo. *Lir* —2E **99**
Ladyewood Rd. *Wall* —3C **74**
Ladyfield. *Pren* —2C **94**
Ladyfields. *Lir* —1B **80**
***Lady Lever Art Gallery.* —1A *142***
Lady Mountford Ho. *Lir* —1F **123**
Ladypool. *Hale V* —5C **148**
Ladysmith Rd. *Lir* —1F **37**
**Laffak. —1D 47**
Laffak Rd. *St H* —5C **30**
Laggan St. *Lir* —4B **78**
Lagrange Arc. *St H* —5A **46**
Laird Clo. *Birk* —1F **95**
Lairdside Technical Pk. *Birk* —5F **97**
Lairds Pl. *Lir* —2D **77**
Laird St. *Birk* —1F **95**
Laithwaite Clo. *Sut M* —3B **88**
Lakeland Clo. *Lir* —1D **99** (7E **4**)
Lakemoor Clo. *St H* —4D **67**
Lakenheath Rd. *Lir* —1E **147**
Lake Pl. *Wir* —4B **90**
Lake Rd. *Lir* —2A **102**
Lake Rd. *Wir* —4B **90**
Lakeside Clo. *Wid* —4A **130**
Lakeside Ct. *Wall* —3C **52**
Lakeside Lawn. *Lir* —5A **106**
Lakeside Vw. *Lir* —5D **17**
Lakes Rd. *Faz* —1D **37**
Lake St. *Lir* —4A **56**
Lake Vw. *Hals P* —1E **107**
Laleston Clo. *Wid* —4E **131**
Lambert Ct. *Wid* —4B **132**
Lambert Clo. *Lir* —3H **5**
Lambert Way. *Lir* —4E **77** (3H **5**)
Lambeth Rd. *Lir* —4D **55**
Lambeth Wlk. *Lir* —4D **55**
Lambourn Av. *Wid* —4C **108**
Lambourne Gro. *St H* —5A **48**
Lambourne Rd. *Lir* —2D **57**
Lambshear La. *Lir* —3C **6**
Lambsickle Clo. *West* —4F **165**
Lambsickle La. *West* —4F **165**
Lambton Rd. *Lir* —1A **122**
Lammermoor Rd. *Lir* —2A **124**
Lampeter Rd. *Lir* —5C **56**
Lamport Clo. *Wid* —1E **133**
Lamport St. *Lir* —3E **99**
Lanark Clo. *St H* —1F **65**
Lancashire Gdns. *St H* —1F **65**
Lancaster Av. *Cros* —2D **17**
Lancaster Av. *Run* —2E **165**
Lancaster Av. *Seft P* —3C **100**
Lancaster Av. *Wall* —1B **74**
Lancaster Av. *Whis* —3D **85**
Lancaster Av. *Wid* —2A **130**
Lancaster Clo. *Kirk* —5D **55**

Lancaster Clo. *Mag* —1F **13**
Lancaster Clo. *Newt W* —4F **49**
Lancaster Clo. *Wir* —1B **142**
Lancaster Rd. *Huy* —2A **84**
Lancaster Rd. *Wid* —1A **132**
Lancaster St. *Kirk* —5D **55**
Lancaster St. *Walt* —5F **35**
Lancaster Wlk. *Huy* —2A **84**
Lancaster Wlk. *Liv* —5D **55**
Lance Clo. *Liv* —1F **77**
Lancefield Rd. *Liv* —3F **35**
Lance Gro. *Liv* —2A **102**
Lance La. *Liv* —2A **102**
Lancelots Hey. *Liv* —4B **76** (4B **4**)
Lancelyn Ct. *Wir* —4A **142**
*Lancelyn Precinct. Wir* —4A *142*
  (off Spital Rd.)
Lancelyn Ter. *Wir* —3F **141**
Lancer Ct. *Ast I* —4E **153**
Lancing Clo. *Liv* —3D **127**
  (in two parts)
Lancing Dri. *Liv* —3D **21**
Lancing Rd. *Liv* —3D **127**
Lancing Way. *Liv* —3D **127**
Lancots La. *St H* —3D **67**
Lander Rd. *Liv* —2B **34**
Landford Av. *Liv* —4E **37**
Landford Pl. *Liv* —4E **37**
**Landican. —4C 116**
Landican La. *Upt & High B* —3C **116**
Landican Rd. *Wir* —5B **116**
Landmark, The. *Liv* —1E **77**
Landor Clo. *Liv* —1C **76**
Landseer Rd. *Liv* —1F **77**
Lanfranc Clo. *Liv* —1E **103**
Lanfranc Way. *Liv* —1E **103**
Langbar. *Whis* —4E **85**
Langdale Av. *Wir* —3F **137**
Langdale Clo. *Kirkby* —4F **23**
Langdale Clo. *Wid* —4C **130**
Langdale Dri. *Liv* —5E **7**
Langdale Gro. *St H* —1B **46**
Langdale Rd. *Liv* —3E **101**
Langdale Rd. *Run* —5B **152**
Langdale Rd. *Wall* —4F **51**
Langdale Rd. *Wir* —3E **141**
Langdale St. *Boot* —5D **35**
Langdale Way. *Frod* —4C **172**
Langfield Gro. *Wir* —5D **163**
Langford. *Hale V* —5C **148**
Langford Rd. *Liv* —4F **123**
Langham Av. *Liv* —1C **122**
Langham Ct. *Liv* —3F **55**
Langham St. *Liv* —3F **55**
Langholme Heights. *Liv* —4F **37**
Langland Clo. *Liv* —3D **57**
Lang La. *Wir* —3B **112**
Lang La. S. *Wir* —4C **112**
Langley Clo. *W Der* —5F **39**
Langley Clo. *Wir* —5A **142**
Langley Clo. Shop. Cen. *W Der*
  —5F **39**
Langley Rd. *Wir* —5A **142**
Langley St. *Liv* —3E **99**
Langrove St. *Liv* —1E **77**
Langsdale St. *Liv* —3E **77** (2H **5**)
  (in two parts)
Langshaw Lea. *Liv* —5F **105**
Langstone Av. *Wir* —2C **114**
Langton Clo. *Wid* —1B **130**
Langton Rd. *Kirkby* —5F **15**
Langton Rd. *W'tree* —2D **101**
Langtree St. *St H* —5C **46**
Langtry Clo. *Liv* —2D **55**
Langtry Rd. *Liv* —2D **55**
Lansbury Av. *St H* —1E **67**
Lansbury Rd. *Liv* —4A **84**
Lansdowne. *Liv* —5A **58**
Lansdowne Clo. *Birk* —1A **96**
Lansdowne Ct. *Pren* —1F **95**

Lansdowne Pl. *Liv* —5F **55**
Lansdowne Pl. *Pren* —1F **95**
Lansdowne Rd. *Pren & Birk* —1F **95**
Lansdowne Rd. *Wall* —4F **51**
Lansdowne Way. *Liv* —4E **83**
Lanville Rd. *Liv* —3A **124**
Lanyork Rd. *Liv* —3B **76** (2B **4**)
Lapford Cres. *Liv* —1A **24**
Lapford Wlk. *Liv* —1A **24**
Lapwing Clo. *Liv* —2F **59**
Lapwing Ct. *Liv* —3E **127**
Lapwing Gro. *Pal* —4A **168**
Lapwing La. *Moore* —1F **155**
Lapworth Clo. *Wir* —1B **92**
Lapworth St. *Liv* —5D **55**
Larch Av. *Wid* —2B **132**
Larch Clo. *Cress* —5F **123**
Larch Clo. *Run* —3C **166**
*Larch Ct. Liv* —5A *100*
  (off Weller Way)
Larchdale Gro. *Liv* —4A **36**
Larchfield Rd. *Liv* —5B **10**
Larch Gro. *Liv* —5A **80**
Larch Gro. *Pren* —1E **95**
Larch Lea. *Liv* —1B **78**
  (in two parts)
Larch Rd. *Birk* —4C **96**
Larch Rd. *Hay* —1E **49**
Larch Rd. *Liv* —4C **82**
Larch Rd. *Run* —3C **166**
Larch Towers. *Liv* —2F **23**
Larchwood Av. *Liv* —3C **12**
Larchwood Clo. *Liv* —4B **104**
Larchwood Clo. *Wir* —4F **137**
Larchwood Dri. *Wir* —5E **119**
Larcombe Av. *Wir* —4F **93**
Larkfield Clo. *Liv* —2C **122**
Larkfield Gro. *Liv* —2C **122**
Larkfield Rd. *Liv* —2C **122**
Larkfield Vw. *Liv* —1E **101**
Larkhill Av. *Wir* —2A **94**
Larkhill Clo. *Liv* —4E **57**
Larkhill La. *Club* —4E **57**
Larkhill Pl. *Liv* —4E **57**
Larkhill Vw. *Liv* —4F **57**
Larkhill Way. *Wir* —2A **94**
Larkin Clo. *Wir* —3A **120**
Lark La. *Liv* —1B **122**
Larkspur Clo. *Beech* —1F **173**
Larksway. *Wir* —2B **158**
Lark Way. *Liv* —1B **122**
Larton Rd. *Wir* —3E **113**
Lascelles Rd. *Liv* —5D **125**
Lascelles St. *St H* —5C **46**
Latchford Rd. *Wir* —4B **158**
Late Moffatt Rd. W. *Liv* —1B **36**
Latham Av. *Run* —5B **152**
Latham St. *Liv* —5D **55**
  (in two parts)
Latham St. *St H* —4D **47**
Latham St. *Wid* —3C **132**
Latham Way. *Wir* —5B **142**
Lathbury La. *Liv* —4E **101**
Lathom Av. *Liv* —2F **33**
Lathom Av. *Wall* —2B **74**
Lathom Clo. *Liv* —2F **33**
Lathom Dri. *Liv* —4E **7**
Lathom Rd. *Boot* —3C **34**
Lathom Rd. *Huy & Liv* —3E **83**
Lathum Clo. *Prsct* —1E **85**
Latimer St. *Liv* —5D **55**
Latrigg Rd. *Liv* —2E **123**
Lauder Clo. *Liv* —4D **15**
Launceston Clo. *Brook* —4C **168**
Laund, The. *Wall* —1F **73**
Laurel Av. *Beb* —3E **141**
Laurel Av. *Hes* —1F **157**
Laurel Bank. *Wid* —1A **132**
Laurelbanks. *Wir* —1E **157**
Laurel Ct. *St H* —1B **46**

Laurel Dri. *Ecc* —4F **43**
Laurel Dri. *Will* —4B **170**
Laurel Gro. *Huy* —1E **105**
Laurel Gro. *Tox* —3C **100**
Laurel Gro. *Wat* —3D **17**
Laurelhurst Av. *Wir* —3A **138**
Laurel Rd. *Birk* —5D **97**
Laurel Rd. *Hay* —3F **47**
Laurel Rd. *Liv* —3D **79**
Laurel Rd. *Prsct* —5E **63**
Laurel Rd. *St H* —1D **65**
Laurels, The. *Wir* —3E **71**
Laurence Deacon Ct. *Birk* —2C **96**
Lauren Clo. *Liv* —4B **84**
Lauriston Rd. *Liv* —2C **56**
Laurus Clo. *Liv* —4F **105**
Lavan Clo. *Liv* —3A **78**
Lavan St. *Liv* —3A **78**
Lavan St. *St H* —4E **65**
Lavender Clo. *Run* —1C **166**
Lavender Cres. *Prsct* —5E **63**
Lavender Gdns. *Liv* —4B **10**
Lavender Gdns. *St H* —4A **68**
Lavender Way. *Liv* —4B **36**
Lavrock Bank. *Liv* —5E **99**
Lawford Dri. *Wir* —2C **158**
Lawler Gro. *Prsct* —4E **63**
Lawler St. *Liv* —2B **34**
Lawns Av. *Wir* —4B **162**
Lawnside Clo. *Birk* —3F **119**
Lawns, The. *Pren* —2D **95**
Lawrence Clo. *Liv* —5A **124**
Lawrence Gro. *Liv* —2E **101**
Lawrence Rd. *Liv* —2D **101**
Lawrence Rd. *Wind* —2C **44**
Lawrenson St. *St H* —5E **45**
Lawson Wlk. *Liv* —5D **39**
Lawton Av. *Boot* —3E **35**
Lawton Rd. *Huy* —4C **82**
Lawton Rd. *Rain* —4D **87**
Lawton Rd. *Wat* —3D **17**
Lawton St. *Liv* —5D **77** (6G **5**)
Laxey St. *Liv* —3E **99**
Laxton Rd. *Liv* —5C **126**
Layford Clo. *Liv* —5D **61**
Layford Rd. *Liv* —1D **83**
Layton Av. *Pren* —2F **117**
Layton Clo. *Liv* —2C **126**
Layton Rd. *Liv* —2C **126**
Leach Cft. *Stock V* —4A **60**
Leach La. *Sut L* —2D **89**
Leach St. *St H* —4F **45**
Leach Way. *Wir* —1C **136**
Lea Clo. *Pren* —5E **95**
Lea Cross Gro. *Wid* —1C **130**
Leadenhall Clo. *Liv* —5F **55**
Leadenhall St. *Liv* —5F **55**
Leafield Clo. *Wir* —1F **137**
Leafield Rd. *Liv* —1B **146**
Leagate. *Liv* —5F **21**
**Lea Green. —1F 87**
Lea Grn. Ind. Est. *St H* —3A **88**
Lea Grn. Rd. *Sut M* —3F **87**
Lea Gro. *Liv* —5C **100**
Leamington Gdns. *Wir* —5B **94**
Leamington Rd. *Liv* —1D **57**
Leander Rd. *Wall* —1A **74**
Lea Rd. *Wall* —1C **74**
Leaside. *Halt B* —1D **167**
**Leasowe. —2A 72**
Leasowe Av. *Wall* —5E **51**
Leasowe Gdns. *Wir* —3E **71**
*Leasowe Golf Course. —1A 72*
*Leasowe Recreation Cen. —3A 72*
Leasowe Rd. *Liv* —1B **36**
Leasowe Rd. *Wir & Wall* —3D **71**
Leasoweside. *Wir* —2B **72**
Leas, The. *Wall* —4E **51**
Leas, The. *Wir* —1B **138**
Leatherbarrows La. *Liv* —3F **13**

Leather La. *Liv* —4C 76 (4D **4**)
Leather's La. *Liv* —1F **147**
Leathwood. *Liv* —1E **13**
Leaway. *Wir* —5D **93**
Leawood Gro. *Wir* —1F **93**
Leckwith Rd. *Boot* —3B **20**
Ledbury Clo. *Ecc* —5B **44**
Ledbury Clo. *Liv* —4F **39**
Ledbury Clo. *Pren* —2E **117**
Ledger Rd. *Hay* —3A **48**
Ledsham Clo. *Pren* —5E **95**
Ledsham Rd. *Liv* —3C **22**
Ledsham Wlk. *Liv* —3C **22**
Ledson Pk. *Liv* —4F **15**
Ledston Clo. *Wind H* —1D **169**
Leece St. *Liv* —1E **99** (7H **5**)
Leecourt Clo. *Liv* —1D **81**
Leeds St. *Liv* —3B 76 (2B **4**)
Lee Hall Rd. *Liv* —4C **104**
*Lee Manor Sports Cen. —4D* **105**
Leeming Clo. *Liv* —2C **144**
Lee Pk. Av. *Liv* —4C **104**
*Lee Pk. Golf Course. —5D* **105**
Lee Rd. *Wir* —4C **90**
Lees Av. *Birk* —2F **119**
Leeside Av. *Liv* —5E **23**
Leeside Clo. *Liv* —4F **23**
Lees La. *Liv* —4D **59**
Lees Rd. *Know I* —4B **24**
Lee St. *St H* —3E **67**
Leeswood. *Liv* —4E **17**
Leeswood Rd. *Wir* —1A **116**
Lee Va. Rd. *Liv* —4C **104**
Leeward Dri. *Speke* —3A **146**
Legh Rd. *Hay* —2A **48**
Legh Rd. *Wir* —5B **120**
Legh St. *Newt W* —5F **49**
Legion La. *Wir* —1D **163**
Legion Rd. *St H* —3D **65**
Leicester Av. *Liv* —2D **17**
Leicester Rd. *Boot* —4D **35**
Leicester St. *That H* —3D **65**
Leigh Av. *Wid* —3F **131**
Leigh Bri. Way. *Liv* —1C **76**
Leigh Grn. Clo. *Wid* —4C **130**
Leigh Pl. *Liv* —5D 77 (5F **5**)
Leigh Rd. *Wir* —3B **112**
Leighs Hey Cres. *Liv* —4F **23**
Leigh St. *Edg H* —5C **78**
Leigh St. *Liv* —5D 77 (5E **4**)
(in three parts)
Leighton Av. *Liv* —5D **7**
Leighton Av. *Wir* —3E **91**
Leighton Rd. *Birk* —5E **97**
Leighton St. *Liv* —2E **55**
Leinster Gdns. *Run* —4F **151**
Leinster Rd. *Liv* —3B **80**
Leinster St. *Run* —4F **151**
Leison St. *Liv* —4D **55**
(in two parts)
Leiston Clo. *Wir* —5E **115**
Lemon Clo. *Liv* —5C **78**
Lemon Gro. *Liv* —3C **100**
Lemon St. *Liv* —5D **55**
Lemon Tree Wlk. *St H* —2D **65**
Lenfield Dri. *Hay* —2F **47**
Lenham Way. *Liv* —3B **146**
Lennox Av. *Wall* —4B **52**
Lennox La. *Pren* —5C **72**
Lenthall St. *Liv* —1F **55**
Lenton Rd. *Liv* —4C **104**
Leo Clo. *Liv* —2F **81**
Leominster Rd. *Wall* —2B **74**
Leonard Cheshire Dri. *Boot* —2F **19**
Leonard Ho. *Wall* —5F **75**
Leonards Clo. *Liv* —5D **61**
Leonard St. *St H* —4F **67**
Leonard St. *West P* —3D **165**
Leonora St. *Liv* —5A **100**

Leopold Gro. *St H* —1C **88**
Leopold Rd. *Kens* —4B **78**
Leopold Rd. *Wat* —3C **16**
Leopold St. *Wall* —3E **75**
Leslie Av. *Wir* —1D **115**
Leslie Rd. *St H* —3C **64**
Lesseps Rd. *Liv* —2C **100**
Lessingham Rd. *Wid* —1F **131**
Lester Clo. *Liv* —4E **55**
Lester Dri. *Ecc* —3A **44**
Lester Dri. *Wir* —5C **114**
Lester Gro. *Liv* —2F **83**
Lestock St. *Liv* —2E **99**
Leta St. *Liv* —2F **55**
(in two parts)
Letchworth St. *Liv* —1B **78**
Lethbridge Clo. *Liv* —5C **54**
Letitia St. *Liv* —4F **99**
Letterstone Clo. *Liv* —2F **77**
Letterstone Wlk. *Liv* —2F **77**
Levens Hey. *Wir* —1D **93**
Leven St. *Liv* —3E **55**
Levens Way. *Wid* —4C **130**
Lever Av. *Wall* —4E **75**
Lever Causeway. *Wir* —2A **140**
Leveret Rd. *Liv* —4A **148**
Leverhulme Ct. *Wir* —3A **142**
Lever St. *Clo F* —3D **89**
Lever Ter. *Birk* —1E **119**
Leveson Rd. *Liv* —5B **80**
Lewis Cres. *Wid* —5A **132**
Lewis Gro. *Wid* —3D **131**
Lewisham Rd. *Liv* —1F **57**
Lewisham Rd. *Wir* —1C **142**
Lewis St. *St H* —4E **45**
Lexham Rd. *Liv* —3B **80**
Lexington Way. *Liv* —4E **15**
Leybourne Clo. *Liv* —3A **104**
Leybourne Grn. *Liv* —3A **104**
Leybourne Gro. *Liv* —4A **104**
Leybourne Rd. *Liv* —3A **104**
Leyburn Clo. *Liv* —1E **39**
(in two parts)
Leyburn Rd. *Wall* —5F **51**
Ley Clo. *Clo F* —2C **88**
Leyfield Clo. *Liv* —5D **59**
Leyfield Ct. *Liv* —5D **59**
Leyfield Rd. *Liv* —5C **58**
Leyfield Wlk. *Liv* —5D **59**
Leyland Gro. *Hay* —2B **48**
Leyland St. *Prsct* —5D **63**
Leyton Clo. *Run* —4B **166**
Liberton Ct. *Liv* —5F **55**
Liberty St. *Liv* —2E **101**
Libra Clo. *Liv* —1A **82**
Librex Rd. *Boot* —2C **34**
Lichfield Av. *Liv* —2D **17**
Lichfield Clo. *Boot* —4A **20**
Lichfield Rd. *Halew* —1E **147**
Lichfield Rd. *W'tree* —3A **102**
Lichfield St. *Wall* —4C **52**
Lickers La. *Whis* —4D **85**
Liddell Av. *Liv* —1A **22**
Liddell Ct. *Wall* —1D **73**
Liddell Rd. *Liv* —4F **57**
Lidderdale Rd. *Liv* —3E **101**
Lidgate Clo. *Liv* —5F **15**
Liebig St. *Wid* —4B **132**
Liffey St. *Liv* —2B **100**
Lifton Rd. *Liv* —3F **23**
Lightbody St. *Liv* —1B **76**
Lightburn St. *Run* —1F **165**
Lightfoot Clo. *Wir* —3B **158**
Lightfoot La. *Wir* —3B **158**
Lighthouse Rd. *Liv* —5B **90**
Lightwood Dri. *Liv* —1C **100**
Lightwood St. *Liv* —1C **100**
Lilac Av. *Wid* —2B **132**
Lilac Cres. *Run* —2C **166**
Lilac Gro. *Bil* —1D **31**

Lilac Gro. *Hay* —3F **47**
Lilac Gro. *Liv* —1D **105**
Lilford Av. *Liv* —2F **35**
Lilley Rd. *Liv* —3D **79**
Lillian Rd. *Liv* —5B **56**
Lillie Clo. *Pren* —1C **94**
Lillyfield. *Wir* —4F **157**
Lilly Grn. *Liv* —2B **56**
Lilly Gro. *Liv* —2B **56**
(in two parts)
Lilly Va. *Liv* —3D **79**
Lily Gro. *Liv* —5B **78**
Lily Rd. *Liv* —2B **34**
Limbo La. *Wir* —4D **115**
Lime Av. *Frod* —5C **172**
Lime Av. *Wid* —2B **132**
Lime Av. *Wir* —3D **141**
Lime Clo. *Liv* —2A **80**
Lime Ct. *Liv* —5E **15**
Limedale Rd. *Liv* —4A **102**
Lime Gro. *Run* —2C **166**
Lime Gro. *S'frth* —2A **34**
Lime Gro. *Tox* —3B **100**
Limehurst Gro. *Wir* —4D **163**
Limekiln Ct. *Liv* —1D **77**
Limekiln La. *Liv* —1D **77** (1E **5**)
(in two parts)
Limekiln La. *Wall* —4A **74**
Limekiln Row. *Cas* —2A **168**
Limes, The. *Wir* —4F **93**
Lime St. *Liv* —4D **77** (5F **5**)
Limetree Clo. *Liv* —4B **36**
Lime Tree Gro. *Wir* —2C **158**
Lime Va. Rd. *Bil* —2C **30**
Linacre Ct. *Boot* —1C **54**
Linacre La. *Boot* —3C **34**
Linacre Rd. *Liv* —1B **34**
Linbridge Rd. *Liv* —5F **59**
Lincoln Clo. *Anf* —2B **78**
Lincoln Clo. *Huy* —3B **84**
Lincoln Clo. *Run* —4C **166**
Lincoln Cres. *St H* —2B **46**
Lincoln Dri. *Liv* —2D **21**
Lincoln Dri. *Wall* —5C **52**
Lincoln Gdns. *Birk* —5A **74**
Lincoln Grn. *Liv* —2B **12**
Lincoln Ho. *St H* —4A **46**
Lincoln Rd. *St H* —1D **65**
Lincoln Sq. *Wid* —2B **132**
Lincoln St. *Birk* —5A **74**
Lincoln St. *Liv* —3C **144**
Lincoln Way. *Liv* —3B **84**
Lincoln Way. *Rain* —5D **87**
Lincombe Rd. *Liv* —2B **82**
Lindale Dri. *Clo F* —2C **88**
Lindale Rd. *Liv* —3E **79**
Lindby Clo. *Liv* —5A **24**
Lindby Rd. *Liv* —5A **24**
Linden Av. *Boot* —3F **19**
Linden Av. *Liv* —1C **16**
Linden Ct. *Wid* —5F **109**
Linden Dri. *Liv* —5E **83**
Linden Dri. *Pren* —3E **117**
Linden Gro. *Bil* —2C **30**
Linden Gro. *Wall* —4B **52**
Linden Rd. *Liv* —4E **105**
Lindens, The. *Liv* —3C **12**
Lindens, The. *Pren* —4C **96**
Linden Way. *Ecc* —4B **44**
Linden Way. *Wid* —5F **109**
Lindenwood. *Liv* —5F **23**
Lindeth Av. *Wall* —3B **74**
Lindfield Clo. *Liv* —5E **99**
Lindisfarne Dri. *Liv* —5F **39**
Lindley Clo. *Liv* —1C **100**
Lindley St. *Liv* —1C **100**
Lindrick Clo. *Rain* —2A **86**
Lindsay Rd. *Liv* —3D **57**
Lindsay St. *Clo F* —3D **89**
Lind St. *Liv* —2F **55**

Lindwall Clo. *Pren* —5C **72**
Linear Pk. *Wir* —5C **70**
Lineside Clo. *Liv* —4B **104**
Linford Gro. *St H* —3C **46**
Lingdale Av. *Pren* —3F **95**
Lingdale Ct. *Pren* —2F **95**
Lingdale Rd. *Pren* —2F **95**
Lingdale Rd. *Wir* —3A **112**
Lingdale Rd. N. *Birk* —2F **95**
Lingfield Clo. *Liv* —5C **82**
Lingfield Gro. *Liv* —4C **80**
Lingfield Rd. *Liv* —4C **80**
Lingfield Rd. *Run* —1E **165**
Lingford Clo. *Liv* —5F **105**
Lingham Clo. *Wir* —5D **71**
Lingham La. *Wir* —3C **70**
*Lingham Pk. —1C 92*
Lingholme Rd. *St H* —4E **45**
Lingmell Av. *St H* —4B **30**
Lingmell Rd. *Liv* —3B **58**
Ling St. *Liv* —4B **78**
Lingtree Rd. *Liv* —3B **22**
Lingwell Av. *Wid* —2D **131**
Linhope Way. *Liv* —1B **122**
Link Av. *Liv* —5A **10**
Link Av. *St H* —2E **47**
Linkfield Clo. *Liv* —3C **104**
Link Rd. *Huy* —5B **84**
Links Clo. *Wall* —4F **51**
Links Clo. *Wir* —4B **162**
Links Hey Rd. *Wir* —3E **135**
Linkside. *Wir* —5D **119**
Linkside Ct. *Liv* —5A **8**
Linkside Rd. *Liv* —3C **126**
Links Rd. *Kirkby* —4A **24**
Linkstor Rd. *Liv* —1F **125**
Links Vw. *Pren* —4E **95**
Links Vw. *Wall* —3F **51**
Linksview Clo. *Liv* —1F **125**
Links Vw. Tower. *Liv* —2F **125**
Linksway. *Wall* —4F **51**
Linkway. *Run* —2C **166**
Link Way. *St H* —2B **44**
Linkway E. *St H* —1B **66**
Linkway W. *St H* —5F **45**
Linner Rd. *Liv* —5C **146**
Linnet Clo. *Liv* —4C **100**
Linnet Ho. *Liv* —4B **100**
Linnet La. *Liv* —3B **100**
Linnets Way. *Wir* —2E **157**
Linnet Way. *Liv* —3F **15**
Linslade Clo. *Liv* —1F **23**
Linslade Cres. *Liv* —1F **23**
Linton St. *Liv* —2F **55**
Linum Gdns. *St H* —4B **68**
Linville Av. *Liv* —1B **16**
Linwood Clo. *Brook* —5C **168**
Linwood Gro. *Whis* —4E **85**
Linwood Rd. *Birk* —1E **119**
Lionel St. *St H* —4F **67**
Lions Clo. *Pren* —3F **95**
Lipton Clo. *Boot* —1B **54**
Lisburn La. *Liv* —4E **57**
Lisburn La. *Tue* —5E **57**
Lisburn Rd. *Liv* —2D **123**
**Liscard. —1B 74**
Liscard Cres. *Wall* —1B **74**
Liscard Gro. *Wall* —2A **74**
Liscard Ho. *Wall* —2B **74**
Liscard Rd. *Liv* —2D **101**
Liscard Rd. *Wall* —2B **74**
Liscard Village. *Wall* —1B **74**
Liscard Way. *Wall* —1B **74**
Liskeard Clo. *Brook* —4B **168**
Lisleholme Clo. *Liv* —5C **58**
Lisleholme Cres. *Liv* —5C **58**
Lisleholme Rd. *Liv* —5C **58**
Lismore Ct. *Cros* —1C **16**
Lismore Rd. *Liv* —2A **124**
Lister Cres. *Liv* —4C **78**

Lister Dri. *Liv* —2E **79**
Lister Rd. *Ast* —4C **152**
Lister Rd. *Liv* —3C **78**
Liston St. *Liv* —1F **55**
Litcham Clo. *Wir* —2B **94**
Litchborough Gro. *Whis* —5A **64**
**Litherland. —1B 34**
Litherland Av. *Wir* —5D **71**
Litherland Cres. *St H* —1C **46**
Litherland Pk. *Liv* —5B **18**
Litherland Rd. *Boot* —2C **34**
Lithou Clo. *Liv* —1C **76**
Lit. Acre. *Liv* —2E **13**
Lit. Barn Hey. *Boot* —5D **11**
**Little Bongs. —2D 81**
Lit. Bongs. *Liv* —2D **81**
Littlebourne. *Murd* —3E **169**
Lit. Brook La. *Liv* —5D **23**
Lit. Canning St. *Liv* —2F **99**
Lit. Catharine St. *Liv* —2F **99**
Littlecote Clo. *Clo F* —2C **88**
Little Ct. *Liv* —2C **76**
Little Cft. *Whis* —3D **85**
**Little Crosby. —2D 9**
Lit. Crosby Rd. *Cros & L Cro* —2D **9**
Littledale. *Liv* —3D **81**
Littledale Rd. *Wall* —3D **75**
Lit. Delph. *Hay* —1C **48**
Littlegate. *Halt B* —2E **167**
Lit. Hardman St. *Liv* —1E **99** (7H **5**)
Lit. Heath Rd. *Liv* —5E **147**
Lit. Heyes St. *Liv* —5A **56**
Lit. Heys La. *Liv* —2F **9**
Lit. Howard St. *Liv* —2B **76** (1B **4**)
Lit. Huskisson St. *Liv* —2F **99**
Littlemore Clo. *Wir* —4D **93**
Lit. Moss Hey. *Liv* —4B **60**
Lit. Parkfield Rd. *Liv* —5B **100**
Littler Rd. *Hay* —3F **47**
Lit. St Bride St. *Liv* —1F **99**
Littlestone Clo. *Wid* —5A **110**
Lit. Storeton La. *Wir* —1A **140**
Little St. *St H* —2E **67**
Littleton Clo. *Pren* —5E **95**
Littlewood Clo. *Whis* —3E **85**
Lit. Woolton St. *Liv* —5F **77**
Littondale Av. *Rain* —4D **87**
Liver Ind. Est. *Liv* —4C **36**
Livermore Ct. *Liv* —3C **100**
**Liverpool. —4D 77**
*Liverpool Airport. —5C 146*
*Liverpool Anglican Cathedral. —2E 99*
*Liverpool Cricket Club Ground.*
    *—4F 123*
*Liverpool Empire Theatre.*
    *—4E 77 (4G 5)*
*Liverpool F.C. —4A 56*
*Liverpool F.C. Visitor Cen. & Mus.*
   *(off Anfield Ground)*   *—4A 56*
*Liverpool Institute for the*
    *Performing Arts. —1E 99*
*Liverpool Metropolitan Cathedral*
    *(R.C.) —5F 77 (6J 5)*
*Liverpool Municipal Golf Course.*
    *—4A 22*
*Liverpool Mus. —4D 77 (3F 5)*
*Liverpool Parish Church.*
    *—5B 76 (5B 4)*
Liverpool Pl. *Wid* —3C **130**
Liverpool Rd. *Cros & Gt Cro* —5D **9**
Liverpool Rd. *Hay* —1A **48**
Liverpool Rd. *Huy & Page M* —2B **82**
Liverpool Rd. *Lyd* —4C **6**
Liverpool Rd. *Prsct* —5B **62**
Liverpool Rd. *St H* —5F **45**
Liverpool Rd. *Wid* —3B **130**
Liverpool Rd. N. *Liv* —4C **6**
Liverpool Rd. S. *Liv* —1C **12**
Liverpool St. *St H* —5F **45**
*Liverpool Town Hall. —5C 76 (5C 4)*

*Liverpool Watersports Cen. —2D 99*
Liverpool Way, The. *Liv* —4A **24**
Liversidge Rd. *Birk* —5D **97**
Liver St. *Liv* —1C **98** (7D **4**)
Livingston Av. *Liv* —5C **100**
Livingston Ct. *Liv* —5C **100**
Livingston Dri. *Liv* —1C **122**
Livingston Dri. N. *Liv* —1C **122**
Livingston Dri. S. *Liv* —1C **122**
Livingstone Gdns. *Birk* —2C **96**
Livingstone Rd. *Wir* —2A **72**
Livingstone St. *Birk* —2C **96**
Llanrwst Clo. *Liv* —4E **99**
Lloyd Av. *Birk* —2B **96**
Lloyd Clo. *Liv* —2F **77**
Lloyd Cres. *Newt W* —5F **49**
Lloyd Dri. *Wir* —1C **114**
Lloyd Rd. *Prsct* —4E **63**
Lloyd St. *Hay* —2F **47**
Lobelia Av. *Liv* —4B **36**
Lobelia Gro. *Beech* —1F **173**
**Local Centre. —5A 154**
Lochinvar St. *Liv* —5F **35**
Lochmore Rd. *Liv* —3A **124**
Lochryan Rd. *Liv* —4B **124**
Loch St. *Run* —4A **152**
  (in two parts)
Lockerby Rd. *Liv* —3D **79**
Locker Pk. *Wir* —5C **92**
Locke St. *Gars* —3C **144**
Lockett Rd. *Wid* —1A **132**
Lockfields Vw. *Liv* —1C **76**
Lockgate E. *Wind H* —5C **154**
Lockgate W. *Wind H* —5B **154**
Lockington Clo. *Liv* —5F **99**
Lock St. *St H* —3C **46**
Lockton Rd. *Know* —3B **40**
Lockwood Vw. *Pres B* —5F **169**
Loddon Clo. *Wir* —2B **94**
Lodge La. *Halt* —2E **167**
Lodge La. *Liv* —2B **100**
Lodge La. *Wid* —5A **108**
Lodge La. *Wir* —1B **142**
Lodge Rd. *Wid* —4B **130**
Lodwick St. *Liv* —2B **54**
Lofthouse Ga. *Wid* —1E **131**
Logan Rd. *Birk* —5B **74**
Logan Towers. *Liv* —1C **76**
Logfield Dri. *Liv* —2D **145**
Lognor Rd. *Liv* —3C **22**
Lognor Wlk. *Liv* —3C **22**
Logwood Rd. *Liv* —1A **106**
Lois Ct. *Wall* —5C **52**
Lombard Rd. *Wir* —4F **71**
Lombardy Av. *Wir* —2B **114**
Lomond Gro. *Wir* —1F **93**
Lomond Rd. *Liv* —4E **79**
Londonderry Rd. *Liv* —4D **57**
London Rd. *Frod* —5B **172**
London Rd. *Liv* —4E **77** (4G **5**)
  (in two parts)
Longacre Clo. *Wall* —1D **73**
Long Acres. *Wir* —4D **93**
Long Av. *Liv* —2B **36**
Longbenton Way. *Mnr P* —3B **154**
Longborough Rd. *Know* —5C **40**
Longcroft Av. *Liv* —5D **125**
Longcroft Sq. *Liv* —5D **125**
Longdale La. *Liv* —3D **11**
Longdown Rd. *Liv* —2A **38**
Longfellow Dri. *Wir* —5A **120**
Longfellow St. *Boot* —3A **34**
Longfellow St. *Liv* —2B **100**
Longfield Av. *Liv* —4E **9**
Longfield Clo. *Wir* —5D **93**
Longfield Pk. *Clo F* —2D **89**
Longfield Rd. *Liv* —2B **34**
Longfield Wlk. *Liv* —4E **9**
Longfold. *Liv* —1E **13**
Longford St. *Liv* —1A **122**

Long Hey. *Whis* —4D **85**
Long Hey Rd. *Wir* —2E **135**
Longland Rd. *Wall* —5B **52**
Long La. *Gars* —5C **124**
Long La. *Thor* —2A **10**
Long La. *Walt* —2B **36**
Long La. *W'tree* —1E **101**
Long Mdw. *Ecc* —4B **44**
Long Mdw. *Wir* —4F **157**
Longmeadow Rd. *Know* —4D **41**
Longmoor Clo. *Liv* —1E **37**
Longmoor Gro. *Liv* —2B **36**
Longmoor La. *Liv* —2B **36**
Long Moss. *Boot* —3C **18**
Longreach Rd. *Liv* —2F **81**
Longridge Av. *St H* —3D **47**
Longridge Av. *Wir* —3E **93**
Longridge Wlk. *Liv* —3E **55**
Longsight Clo. *Pren* —5E **117**
Long Spinney. *Nort* —2C **168**
Longstone Wlk. *Liv* —1B **100**
Longton La. *Rain* —1A **86**
**Longview. —1F 83**
Long Vw. Av. *Rain* —2A **86**
Longview Av. *Wall* —1A **74**
Longview Cres. *Liv* —3F **83**
Longview Dri. *Liv* —2F **83**
Longview La. *Liv* —1F **83**
Longview Rd. *Liv* —2F **83**
Long Vw. Rd. *Rain* —2A **86**
Longville St. *Liv* —4E **99**
Longwood Clo. *Rainf* —4B **28**
Longworth Way. *Liv* —1A **126**
Lonie Gro. *St H* —3C **64**
Lonsborough Rd. *Wall* —3C **74**
Lonsdale Av. *St H* —4B **64**
Lonsdale Av. *Wall* —5A **52**
Lonsdale Clo. *Ford* —3B **18**
Lonsdale Clo. *Wid* —3C **130**
Lonsdale M. *Ford* —3B **18**
Lonsdale Rd. *Ford* —3B **18**
Lonsdale Rd. *Halew* —1E **147**
Looe Clo. *Wid.* —2E **131**
Looe Rd. *Liv* —3D **39**
Loomsway. *Wir* —1D **137**
Loraine St. *Liv* —5F **55**
Lordens Clo. *Liv* —1A **82**
Lordens Rd. *Liv* —1A **82**
Lord Nelson St. *Liv* —4D **77** (4G **5**)
Lords Av. *Pren* —1C **94**
Lord St. *Birk* —2E **97**
Lord St. *Gars* —2C **144**
Lord St. *Liv* —5C **76** (5D **4**)
Lord St. *Run* —4F **151**
Lord St. *St H* —3F **45**
  (in two parts)
Loreburn Rd. *Liv* —3A **102**
Lorenzo Dri. *Liv* —2E **57**
Loretto Dri. *Wir* —3A **94**
Loretto Rd. *Wall* —1F **73**
Lorne Ct. *Pren* —5B **96**
Lorne Rd. *Liv* —4D **17**
Lorne Rd. *Pren* —5A **96**
Lorne St. *Liv* —3E **79**
Lorn St. *Birk* —3E **97**
Lorton Av. *St H* —4A **30**
Lorton St. *Liv* —2B **100**
Lostock Clo. *Bil* —1E **31**
Lothair Rd. *Liv* —4A **56**
Lothian St. *Liv* —3A **100**
Lotus Gdns. *St H* —4A **68**
Loudon Gro. *Liv* —3A **100**
Lough Grn. *Wir* —5A **142**
Loughlin Dri. *Liv* —5F **15**
Loughrigg Av. *St H* —4B **30**
Louis Braille Clo. *Boot* —1F **19**
Louis Pasteur Av. *Boot* —1F **19**
Lovelace Rd. *Liv* —5B **124**
Love La. *Liv* —2B **76** (1B **4**)
Love La. *Wall* —3A **74**

Lovel Rd. *Liv* —5D **147**
Lovel Ter. *Wid* —2B **150**
Lovel Way. *Liv* —4D **147**
Lovett Dri. *Prsct* —1E **85**
Lowden Av. *Liv* —3B **18**
Lowell St. *Liv* —2F **55**
Lwr. Appleton Rd. *Wid* —3B **132**
Lwr. Bank Vw. *Liv* —2B **54**
**Lower Bebington. —2A 142**
Lwr. Breck Rd. *Liv* —5C **56**
Lwr. Castle St. *Liv* —5C **76** (5C **4**)
Lwr. Church St. *Wid* —2A **152**
Lower Clo. *Liv* —4A **128**
Lwr. Farm Rd. *Liv* —2F **103**
Lwr. Flaybrick Rd. *Pren* —1E **95**
Lower Grn. *Wir* —1A **116**
Lower Hey. *Liv* —5B **10**
Lwr. House La. *Liv* —4F **37**
Lwr. House La. *Wid* —5F **131**
Lower La. *Liv* —1E **37**
Lwr. Mersey Vw. *Liv* —2B **54**
Lwr. Milk St. *Liv* —4C **76** (3D **4**)
Lower Rd. *Liv & Wid* —4B **128**
Lower Rd. *Wir* —1B **142**
Lwr. Sandfield Rd. *Liv* —5B **104**
Lowerson Cres. *Liv* —3E **57**
Lowerson Rd. *Liv* —3E **57**
Lwr. Thingwall La. *Wir* —1C **138**
Lowe St. *Liv* —3F **55**
Lowe St. S. *St H* —5F **45**
Loweswater. *Hay* —2A **48**
Loweswater Cres. *Hay* —2A **48**
Loweswater Way. *Liv* —1D **23**
Lowfield La. *St H* —5F **65**
Lowfield Rd. *Liv* —3C **80**
Lowfield Rd. Ind. Est. *St H* —1E **87**
Lowfields Av. *Wir* —2D **171**
Lowfields Clo. *Wir* —2E **171**
Low Hill. *Liv* —3A **78**
Lowlands Rd. *Run* —5F **151**
Lowndes Rd. *Liv* —5D **57**
Lowry Bank. *Wall* —3E **75**
Lowther Av. *Ain* —3D **21**
Lowther Av. *Mag* —5E **7**
Lowther Cres. *St H* —3B **64**
Lowther Dri. *Rain* —3B **86**
Lowther St. *Liv* —2A **100**
Lowwood Gro. *Birk* —4D **97**
Low Wood Gro. *Wir* —3C **138**
Lowwood Rd. *Birk* —4D **97**
Low Wood St. *Liv* —3A **78**
Loxdale Clo. *Liv* —5F **99**
Loxwood Clo. *Liv* —2B **104**
Loyola Hey. *Rain* —1E **109**
Lucania St. *Liv* —2C **144**
Lucan Rd. *Liv* —2D **123**
Lucerne Rd. *Wall* —4D **75**
Lucerne St. *Liv* —1C **122**
Lucius Clo. *Liv* —1F **35**
Luck St. *Liv* —5C **100**
Ludlow Ct. *Wall* —5B **112**
Ludlow Cres. *Run* —2B **166**
Ludlow Dri. *W Kir* —5B **112**
Ludlow Gro. *Wir* —1D **163**
Ludlow St. *Liv* —2F **55**
Ludwig Rd. *Liv* —5B **56**
Lugard Rd. *Liv* —2E **123**
**Lugsdale. —5C 132**
Lugsdale Rd. *Wid* —5B **132**
Lugsmore La. *St H* —2C **64**
Luke St. *Liv* —3F **99**
Luke St. *Wall* —4E **75**
Lully St. *Liv* —1A **100**
Lulworth Av. *Liv* —3C **16**
Lulworth Rd. *Liv* —4C **104**
Lumber La. *Btnwd* —3E **69**
Lumby Av. *Huy* —3E **83**
Lumley Rd. *Wall* —3D **75**
Lumley St. *Liv* —5B **124**
Lumley Wlk. *Hale V* —5E **149**

Lunar Dri. *Boot* —5F **11**
Lunar Rd. *Liv* —2B **36**
Lunesdale Av. *Liv* —1B **36**
Lune St. *Liv* —1E **17**
Luneway. *Wid* —3C **130**
Lunsford Rd. *Liv* —2F **81**
**Lunt. —2D 11**
Lunt Av. *Boot* —3A **20**
Lunt Av. *Whis* —3E **85**
Lunt La. *Liv* —2D **11**
Lunt Rd. *Boot* —2C **34**
Lunt Rd. *Liv* —1C **10**
**Lunts Heath. —5B 110**
Lunt's Heath Rd. *Wid* —4A **110**
Lupin Dri. *Hay* —2F **49**
Lupin Way. *Liv* —1A **82**
Lupton Dri. *Liv* —1A **18**
Luscombe Clo. *Liv* —4A **128**
Lusitania Rd. *Liv* —1A **56**
Luther Gro. *St H* —1B **68**
Luton Gro. *Liv* —3E **55**
Luton St. *Liv* —5B **54**
Luton St. *Wid* —5A **132**
Lutyens Clo. *Liv* —3F **55**
Luxmore Rd. *Liv* —2A **56**
Lycett Rd. *Liv* —4B **56**
Lycett Rd. *Wall* —1E **73**
Lyceum Pl. *Liv* —5D **77** (6F **5**)
Lycroft Clo. *Run* —4B **166**
Lydbrook Clo. *Birk* —1F **119**
Lydbury Cres. *Liv* —5F **23**
Lydford Rd. *Liv* —3B **58**
Lydia Ann St. *Liv* —1D **99** (7E **5**)
**Lydiate. —2B 6**
Lydiate La. *Thor* —4B **10**
Lydiate La. *West P* —3D **165**
Lydiate La. *Wltn & Halew* —2C **126**
Lydiate Pk. *Liv* —4B **10**
Lydiate Rd. *Boot* —3C **34**
Lydiate, The. *Wir* —3F **157**
Lydia Wlk. *Liv* —1B **38**
Lydiath Lea. *Liv* —3E **105**
Lydney Rd. *Liv* —2B **82**
Lyelake Clo. *Liv* —4F **23**
Lyelake Rd. *Liv* —4F **23**
Lyle St. *Liv* —1C **76**
Lyme Clo. *Liv* —5F **61**
Lymecroft. *Liv* —2F **125**
Lyme Cross Rd. *Liv* —5E **61**
Lyme Gro. *Liv* —1F **83**
Lyme Rd. *St H* —2C **64**
Lyme St. *Hay* —2E **49**
Lyme St. *Newt W* —4E **49**
Lyme Tree Ct. *Wid* —3C **108**
Lymewood Ct. *Hay* —1D **49**
Lymington Gro. *Boot* —2F **19**
Lymington Rd. *Wall* —2F **73**
Lymm Rd. *Pren* —2C **94**
Lynas Gdns. *Liv* —4B **124**
Lynas St. *Birk* —1D **97**
Lyncot Rd. *Liv* —5B **20**
Lyncroft Rd. *Wall* —4C **74**
Lyndale Av. *Wir* —1E **171**
Lyndene Rd. *Liv* —2A **104**
Lyndhurst. *Liv* —1D **13**
Lyndhurst. *Wir* —3A **112**
Lyndhurst Av. *Liv* —1F **123**
Lyndhurst Av. *Wir* —4A **138**
Lyndhurst Clo. *Wir* —2A **138**
Lyndhurst Rd. *Cros* —1A **18**
Lyndhurst Rd. *Hes* —2C **136**
Lyndhurst Rd. *Hoy* —2F **91**
Lyndhurst Rd. *Moss H* —5F **101**
Lyndhurst Rd. *Wall* —5F **51**
Lyndon Dri. *Liv* —5B **102**
Lyndon Gro. *Run* —2B **166**
Lyndor Clo. *Liv* —3B **126**
Lyndor Rd. *Liv* —3B **126**
Lyneham. *Whis* —4F **85**

Lynholme Rd. *Liv* —4B **56**
Lynmouth Rd. *Liv* —4E **123**
Lynnbank. *Pren* —5B **96**
Lynnbank Rd. *Liv* —4D **103**
Lynn Clo. *Run* —3C **166**
Lynn Clo. *St H* —4C **44**
Lynscot Pl. *Liv* —1D **103**
Lynsted Rd. *Liv* —3F **81**
Lynton Clo. *Liv* —4B **124**
Lynton Clo. *Wir* —4B **158**
Lynton Ct. *Liv* —1B **16**
Lynton Cres. *Wid* —2E **131**
Lynton Dri. *Wir* —4A **142**
Lynton Grn. *Liv* —5F **103**
Lynton Gro. *Sut L* —1C **88**
Lynton Rd. *Liv* —3B **84**
Lynton Rd. *Wall* —5E **51**
Lynton Way. *Wind* —2B **44**
Lynwood Av. *Wall* —3A **74**
Lynwood Dri. *Wir* —1E **137**
Lynwood Gdns. *Liv* —3F **35**
Lynwood Rd. *Liv* —3F **35**
Lynxway, The. *Liv* —2D **81**
Lyon Clo. *St H* —5F **45**
Lyon Rd. *Liv* —5B **56**
Lyons Clo. *Wir* —5E **71**
Lyons Rd. *Wir* —5E **71**
Lyon St. *Liv* —3C **144**
Lyon St. *St H* —5E **45**
Lyra Rd. *Liv* —4D **17**
Lyster Rd. *Boot* —5A **34**
Lytham Clo. *Liv* —4F **21**
  (L10)
Lytham Clo. *Liv* —5E **59**
  (L12)
Lytham Ct. *Liv* —1C **22**
Lytham Rd. *Wid* —2B **132**
Lyttelton Rd. *Liv* —2E **123**
Lytton Av. *Birk* —3F **119**
Lytton Gro. *Liv* —2A **34**
Lytton St. *Liv* —3F **77**

**M**ab La. *Liv* —3F **59**
MacAlpine Clo. *Wir* —3A **94**
Macbeth St. *Liv* —2C **54**
McBride St. *Liv* —1C **144**
McClellan Pl. *Wid* —3B **132**
McCormack Av. *St H* —4E **47**
McCulloch St. *St H* —5C **46**
Macdermot Rd. *Wid* —2F **151**
MacDona Dri. *Wir* —1B **134**
Macdonald Av. *St H* —3E **47**
Macdonald Dri. *Wir* —1D **115**
Macdonald Rd. *Wir* —1C **92**
MacDonald St. *Liv* —1E **101**
Mace Rd. *Liv* —5C **38**
McFarlane Av. *St H* —4C **44**
Macfarren St. *Liv* —3A **80**
*McGoldrick Pk. —5F 83*
McGough Clo. *Sut M* —3A **88**
McGregor St. *Liv* —1E **77**
MacKenzie Rd. *Wir* —3B **72**
McKeown Clo. *Liv* —1D **77**
Mackets Clo. *Liv* —3C **126**
Macket's La. *Liv* —2C **126**
Mack Gro. *Boot* —3D **19**
McMinnis Av. *St H* —1A **68**
McNair Hall. *Liv* —1F **123**
MacQueen St. *Liv* —4A **80**
McVinnie Rd. *Prsct* —5F **63**
Maddock Rd. *Wall* —1D **75**
Maddocks St. *Liv* —4A **80**
Maddock St. *Birk* —1C **96**
Maddrell St. *Liv* —2B **76**
Madeira Dri. *Liv* —3B **104**
Madelaine St. *Liv* —3A **100**
Madeleine McKenna Ct. *Wid*
  —1B **130**
Madeley Clo. *Wir* —5B **112**

Madeley Dri. *Wir* —5B **112**
Madeley St. *Liv* —2C **78**
Madryn Av. *Liv* —3A **24**
Madryn St. *Liv* —4A **100**
Maelor Clo. *Wir* —4C **162**
Mafeking Clo. *Liv* —1F **101**
Magazine Av. *Wall* —4B **52**
Magazine Brow. *Wall* —4C **52**
Magazine La. *Wall* —4B **52**
Magazine Rd. *Wir* —4D **143**
Magazines Promenade. *Wall* —3C **52**
Magdala St. *Liv* —2B **100**
Magdalen Ho. *Boot* —1C **54**
Magdalen Sq. *Boot* —1F **19**
**Maghull. —5D 7**
Maghull La. *Liv* —1B **14**
  (in two parts)
Maghull Smallholdings Est. *Liv*
  —4F **7**
Maghull St. *Liv* —7D **4**
Magnolia Clo. *Hay* —3F **47**
Magnolia Clo. *Liv* —2D **127**
Magnolia Dri. *Beech* —1F **173**
Magnolia Wlk. *Wir* —2C **114**
Magnum St. *Liv* —1F **77**
Maguire Av. *Boot* —4E **35**
Mahon Av. *Boot* —2D **35**
Mahon Ct. *Liv* —2F **99**
Maiden La. *Liv* —4D **57**
Maidford Rd. *Liv* —1E **81**
Main Av. *St H* —3C **64**
Main Clo. *Hay* —2A **48**
Main Dri. *Hals P* —5D **85**
Main Front. *Hals P* —5E **85**
Main Rd. *Wir* —3B **142**
Mainside Rd. *Liv* —4F **23**
Main St. *Bil* —1D **31**
Main St. *Frod* —5A **172**
Main St. *Halt* —1F **167**
Maintree Cres. *Liv* —3A **148**
Mainwaring Rd. *Wall* —3D **75**
Mainwaring Rd. *Wir* —2D **163**
Maitland Clo. *Liv* —2B **100**
Maitland Rd. *Wall* —3C **52**
Maitland St. *Liv* —2B **100**
Major Cross St. *Wid* —5A **132**
Major St. *Liv* —5D **55**
Makepeace Wlk. *Liv* —3F **99**
Makin St. *Liv* —1F **55**
Malcolm Cres. *Wir* —4C **162**
Malcolm Gro. *Liv* —2D **55**
Malcolm Pl. *Liv* —5F **79**
Malcolm St. *Run* —5B **152**
Malden Rd. *Liv* —3B **78**
Maldon Clo. *Liv* —1F **147**
Maldwyn Rd. *Wall* —1B **74**
Maley Clo. *Liv* —5A **100**
Malhamdale Av. *Rain* —4D **87**
Malin Clo. *Hale V* —5D **149**
Mallaby St. *Birk* —1A **96**
Mallard Clo. *Beech* —5F **167**
Mallard Clo. *Halew* —3E **127**
Mallard Clo. *W Der* —5F **39**
Mallard Gdns. *St H* —5E **65**
Mallard Ho. *Liv* —3B **6**
Mallard Way. *St H* —2B **46**
Mallard Way. *Wir* —5C **70**
Malleson Rd. *Liv* —4E **57**
Mallins Clo. *Liv* —5A **100**
Mallory Av. *Liv* —3B **6**
Mallory Gro. *St H* —2D **47**
Mallory Rd. *Birk* —2C **118**
Mallowdale Clo. *Wir* —5E **163**
Mallow Rd. *Liv* —3C **78**
Mallow Way. *Liv* —1F **105**
Mall, The. *Liv* —1A **78**
Malmesbury Clo. *Wir* —5C **92**
Malmesbury Pk. *Run* —5D **155**
Malmesbury Rd. *Liv* —1D **57**
Malpas Av. *Pren* —2A **118**

Malpas Dri. *Wir* —5E **119**
Malpas Gro. *Wall* —5A **52**
Malpas Rd. *Liv* —3D **39**
Malpas Rd. *Run* —3B **166**
Malpas Rd. *Wall* —5F **51**
Malta Clo. *Liv* —3D **83**
Malta St. *Liv* —4F **99**
Malta Wlk. *Liv* —4F **99**
Malt Ho. Ct. *Wind* —2C **44**
Malton Clo. *Wid* —4C **108**
Malton Rd. *Liv* —3B **126**
Malt St. *Liv* —1B **100**
Malvern Av. *Liv* —4F **81**
Malvern Clo. *Kirkby* —1C **22**
Malvern Clo. *Liv* —4D **57**
Malvern Cres. *Liv* —4F **81**
Malvern Gro. *Birk* —2D **119**
Malvern Gro. *Liv* —3C **20**
Malvern Rd. *Boot* —3C **34**
Malvern Rd. *Liv* —3C **78**
Malvern Rd. *St H* —5F **47**
Malvern Rd. *Wall* —1D **73**
Malwood St. *Liv* —5F **99**
Manchester Rd. *Prsct* —5C **62**
Manchester St. *Liv* —4D **77** (4E **5**)
Mandela Ct. *Liv* —4B **100**
Mandeville St. *Liv* —1F **55**
Manesty's La. *Liv* —5D **77** (6E **4**)
Manfred St. *Ersk* —4F **77**
Manhattan Sq. *Liv* —5B **20**
Manica Cres. *Liv* —1F **37**
Manion Av. *Liv* —2B **6**
Manion Clo. *Liv* —2B **6**
Manley Clo. *Pren* —1F **117**
Manley Pl. *St H* —4E **65**
Manley Rd. *Huy* —1A **106**
Manley Rd. *Wat* —3C **16**
Mannering Ct. *Liv* —5C **100**
Mannering Rd. *Liv* —5B **100**
Manners La. *Wir* —4E **157**
Manningham Rd. *Liv* —5B **56**
Manning St. *St H* —5F **45**
Mannington Clo. *Wir* —3E **91**
Mann Island. *Liv* —5B **76** (6B **4**)
Mann St. *Liv* —3D **99**
Manor Av. *Liv* —5D **9**
Manor Av. *Newt W* —4F **49**
Manor Av. *Rain* —4C **86**
Manorbier Cres. *Liv* —5A **36**
Manor Clo. *Boot* —1E **55**
Manor Clo. *Liv* —5D **39**
Manor Ct. *Sut L* —2D **89**
Manor Cres. *Liv* —3B **126**
Manor Dri. *Boot* —2B **20**
Manor Dri. *Liv* —5D **9**
Manor Dri. *Wir* —2F **93**
Mnr. Farm Rd. *Liv* —5F **83**
Mnr. Farm Rd. *Run* —3D **155**
Manor Fell. *Run* —3B **168**
**Manor Green. —2C 94**
Manor Gro. *Liv* —3B **22**
Manor Hill. *Pren* —3A **96**
Manor Ho. *Liv* —1B **122**
Manor Ho. Clo. *Liv* —1C **12**
Manor Ho. Clo. *St H* —4A **30**
Manor Ho. Flats. *Wir* —1D **163**
Manor Ho., The. *Wir* —2F **93**
Manor La. *Birk* —2A **120**
Manor La. *Wall* —1C **74**
Manor M. *Wall* —1C **74**
Mnr. Park Av. *Mnr P* —3C **154**
Manor Pk. Bus. Pk. *Mnr P* —3B **154**
Manor Pl. *Wid* —3B **130**
Manor Pl. *Wir* —2D **143**
Manor Rd. *Cros* —4C **8**
Manor Rd. *East* —4D **163**
Manor Rd. *Frod* —4C **172**
Manor Rd. *Hay* —1F **49**
Manor Rd. *Hoy* —3C **90**
Manor Rd. *Irby* —1D **137**

Manor Rd. *Run* —5D **153**
Manor Rd. *Thor H* —1F **159**
Manor Rd. *Wall* —1B **74**
Manor Rd. *Wid* —3B **130**
Manor Rd. *Wltn* —3B **126**
Manorside Clo. *Wir* —3F **93**
Manor St. *St H* —1C **66**
Manor Vw. *Liv* —2F **59**
Manor Way. *Liv* —3B **126**
Manor Way. *Pren* —2C **94**
Manorwood Dri. *Whis* —4E **85**
Mansell Clo. *Wid* —4B **110**
Mansell Dri. *Liv* —1E **147**
Mansell Rd. *Liv* —3B **78**
Mansfield St. *Liv* —3E **77** (2G **5**)
Mansion Dri. *Liv* —4D **17**
Manton Rd. *Liv* —3C **78**
Manvers Rd. *Liv* —1E **103**
Manville Rd. *Wall* —4B **52**
Manville St. *St H* —2C **66**
Maori Dri. *Frod* —5A **172**
Maple Av. *Hay* —1B **48**
Maple Av. *Run* —2C **166**
Maple Av. *Sut W* —1A **174**
Maple Av. *Wid* —3B **132**
Maple Clo. *S'frth* —2A **34**
Maple Clo. *W Der* —5D **39**
Maple Clo. *Whis* —3E **85**
Maple Cres. *Liv* —4D **83**
Mapledale Rd. *Liv* —4A **102**
Maple Gro. *Brom* —2C **162**
Maple Gro. *Liv* —3C **100**
Maple Gro. *Prsct* —1E **85**
Maple Gro. *St H* —5C **44**
Maples Ct. *Pren* —1A **118**
Maple St. *Birk* —4D **97**
Mapleton Clo. *Pren* —3E **117**
Mapleton Dri. *Sut W* —2F **173**
Maple Towers. *Liv* —2F **23**
Maple Tree Gro. *Wir* —1C **158**
Maplewood. *Liv* —5F **23**
Maplewood Clo. *N'ley* —4E **105**
Maplewood Gro. *Pren* —1E **95**
Marathon Clo. *Liv* —2F **77**
Marble Clo. *Boot* —1C **54**
Marbury Rd. *Liv* —3C **22**
Marc Av. *Liv* —1B **22**
Marcham Way. *Liv* —2B **58**
Marchfield Rd. *Liv* —3F **35**
March Rd. *Liv* —1D **79**
Marchwood Way. *Liv* —2A **104**
Marcien Way. *Wid* —1E **131**
Marcot Rd. *Liv* —2D **79**
Marcus Ct. *Liv* —2A **84**
Marcus St. *Birk* —2D **97**
Mardale Av. *St H* —5B **30**
Mardale Clo. *Liv* —5A **106**
Mardale Lawn. *Liv* —1A **128**
Mardale Rd. *Huy* —1C **82**
Mardale Rd. *Liv* —1A **128**
Mardale Wlk. *Huy* —1C **82**
Mardale Wlk. *N'ley* —5A **106**
Mareth Clo. *Liv* —2A **124**
Marford Clo. *Liv* —4B **58**
Marfords Av. *Wir* —3C **162**
Margaret Av. *Boot* —2C **34**
Margaret Av. *St H* —4C **66**
Margaret Ct. *St H* —2D **65**
Margaret Ct. *Wid* —5B **132**
Margaret Rd. *Cros* —5A **8**
Margaret Rd. *Walt* —1E **55**
Margaret St. *Clo F* —3E **89**
Margaret St. *Liv* —2A **78**
Margery Rd. *St H* —2C **64**
Marian Av. *Newt W* —5F **49**
Marian Clo. *Rain* —4C **86**
Marian Clo., The. *Boot* —1E **19**
Marian Dri. *Rain* —4B **86**
Marian Dri. *Wir* —1E **93**
Marian Rd. *Hay* —1E **49**

Marian Sq. *Boot* —2F **19**
Marian Way, The. *Boot* —1E **19**
Maria Rd. *Liv* —5F **35**
Marie Curie Av. *Boot* —1F **19**
(in two parts)
Marigold Way. *St H* —4A **68**
**Marina. —5C 16**
Marina Av. *Liv* —1B **34**
Marina Av. *St H* —4C **66**
Marina Cres. *Boot* —4A **20**
Marina Cres. *Liv* —5D **83**
Marina Gro. *Run* —5B **152**
Marina La. *Pres B* —3E **169**
(in two parts)
Marina Village. *Pres B* —3E **169**
Marine Cres. *Liv* —4D **17**
Marine Dri. *Wir* —3D **157**
**Marine Lake. —2B 52**
Marine Pk. *Wir* —2B **112**
Marine Pk. Mans. *Wall* —2B **52**
Marine Promenade. *Wall* —2B **52**
Marine Rd. *Wir* —4A **90**
Mariners Clo. *Murd* —4D **169**
Mariners Pde. *Liv* —5C **76** (7D **4**)
**Mariners Pk. *Wall* —1D 75**
(off Cunard Av.)
Mariners Rd. *Liv* —3B **16**
Mariners Rd. *Wall* —4C **52**
Mariners Wharf. *Liv* —3C **98**
Marines Way. *Boot* —4C **34**
Marine Ter. *Liv* —5D **17**
Marine Ter. *Wall* —4C **52**
Marion Dri. *West* —4F **165**
Marion Gro. *Liv* —2B **124**
Marion Rd. *Boot* —2D **35**
Marion St. *Birk* —3E **97**
Maritime Ct. *Boot* —5F **11**
Maritime Ct. *Liv* —3A **58**
Maritime Ct. *Wir* —3B **116**
Maritime Enterprise Cen. *Boot* —4B **34**
Maritime Grange. *Wall* —4E **75**
Maritime Gro. *Pren* —4B **96**
Maritime Pk. *Pren* —4C **96**
Maritime Pl. *Liv* —3E **77** (2H **5**)
Maritime Vw. *Birk* —1D **119**
Maritime Way. *Liv* —1D **99** (7E **4**)
Marius Clo. *Liv* —3F **55**
Market Pl. *Prsct* —5D **63**
Market Pl. *Wid* —5A **132**
Market Pl. S. *Birk* —3E **97**
Market Sq. *Liv* —5F **5**
*Market Sq. Liv —3E 23*
(off St Chads Pde.)
Market St. *Birk* —3E **97**
Market St. *Newt W* —4F **49**
Market St. *St H* —5A **46**
Market St. *Wid* —5A **132**
Market St. *Wir* —5B **90**
Market Way. *Liv* —5F **5**
Markfield Cres. *Liv* —3C **126**
Markfield Cres. *St H* —3C **46**
Markfield Rd. *Boot* —3B **34**
Mark Rake. *Brom & Wir* —1D **163**
Mark St. *Liv* —4E **55**
Mark St. *Wall* —4E **75**
Marksway. *Wir* —3A **138**
Marlborough Av. *Boot* —3A **20**
Marlborough Av. *Liv* —4D **7**
Marlborough Cres. *Wid* —4A **110**
Marlborough Gro. *Pren* —5B **96**
Marlborough Pl. *Liv* —3C **76** (2D **4**)
Marlborough Rd. *Cros* —2D **17**
Marlborough Rd. *Prsct* —4E **63**
Marlborough Rd. *Tue* —5D **57**
Marlborough Rd. *Wall* —4B **52**
Marlborough Rd. *Wat* —5E **17**
Marlborough St. *Liv* —3C **76** (2D **4**)
Marlbrook Rd. *Liv* —3B **104**
Marldon Av. *Liv* —3E **17**
Marldon Rd. *Liv* —3A **58**

Marled Hey. *Liv* —3A **60**
Marley Clo. *Rain* —5E **87**
Marlfield La. *Wir* —3A **138**
Marlfield Rd. *Liv* —5B **58**
Marline Av. *Wir* —3C **162**
Marling Pk. *Wid* —3B **130**
Marlowe Clo. *Liv* —2C **144**
Marlowe Clo. *Wid* —3F **131**
Marlowe Dri. *Liv* —5F **57**
Marlowe Rd. *Wall* —2A **74**
Marl Rd. *Boot* —2B **20**
Marl Rd. *Know I* —2C **24**
Marlsford St. *Liv* —3C **78**
Marlston Av. *Wir* —2F **137**
Marlston Pl. *Run* —4B **166**
Marlwood Av. *Wall* —1E **73**
Marmaduke St. *Liv* —5B **78**
Marmion Av. *Boot* —1E **35**
Marmion Rd. *Liv* —5B **100**
Marmion Rd. *Wir* —4B **90**
Marmonde St. *Liv* —3E **55**
Marnwood Rd. *Liv* —4C **22**
Marnwood Wlk. *Liv* —4C **22**
Marple Clo. *Pren* —1E **117**
Marquis Ho. *Wir* —4B **120**
Marquis St. *Birk* —5E **97**
Marquis St. *Liv* —4E **77** (4H **5**)
Marquis St. *Wir* —4B **120**
Marram Clo. *Wir* —5A,**72**
Marsden Av. *St H* —4C **44**
Marsden Clo. *Wall* —1D **75**
Marsden Rd. *Liv* —1F **147**
Marsden St. *Liv* —3A **78**
Marsden Way. *Liv* —3A **78**
Marshall Av. *St H* —3C **66**
Marshall Clo. *Kirkby* —5F **15**
Marshall Pl. *Liv* —2C **76** (1E **4**)
Marshall's Clo. *Lyd* —3C **6**
**Marshall's Cross. —5B 66**
Marshall's Cross Rd. *St H* —5B **66**
Marshall St. *Birk* —1C **96**
Marsham Clo. *Wir* —2A **94**
Marsham Rd. *Liv* —4C **104**
Marsh Av. *Boot* —2E **35**
Marshfield Clo. *Liv* —3F **83**
Marshfield Ct. *Wir* —3E **71**
Marshfield Rd. *Liv* —2B **58**
Marshgate. *Wid* —5B **130**
Marshgate Pl. *Frod* —3C **172**
Marshgate Rd. *Liv* —1B **58**
**Marsh Green. —5A 172**
Marsh Hall Pad. *Wid* —5B **110**
Marsh Hall Rd. *Wid* —5B **110**
Marshlands Rd. *Wall* —5E **51**
Marsh La. *Ast* —4F **153**
Marsh La. *Boot* —4A **34**
Marsh La. *Frod* —5A **172**
Marsh La. *Wir* —5C **118**
Marshside Clo. *Liv* —4F **99**
Marsh St. *Kirk* —2D **55**
Marsh St. *St H* —4C **46**
Marsh St. *Wid* —1A **152**
**Marsh, The. —2E 151**
Marsland Gro. *St H* —3E **67**
Marston Clo. *Pren* —1F **117**
Marston Clo. *Wir* —2E **171**
Marston Cres. *Liv* —1A **8**
Marten Av. *Wir* —3C **162**
Martensen St. *Liv* —5B **78**
Martin Av. *St H* —2F **45**
Martin Clo. *Liv* —3A **124**
Martin Clo. *Pal* —3A **168**
Martin Clo. *Rain* —2A **86**
Martin Clo. *Wir* —1C **136**
Martindale Gro. *Beech* —5E **167**
Martindale Rd. *Croft B* —1E **163**
Martindale Rd. *Liv* —4D **103**
Martindale Rd. *St H* —3B **30**
Martine Clo. *Liv* —1B **22**
Martin Gro. *Prsct* —1E **85**

Martinhall Rd. *Liv* —4F **37**
Martin Rd. *Frod* —5B **172**
Martin Rd. *Liv* —3A **124**
Martin's La. *Wall* —2C **74**
Martland Av. *Liv* —2E **21**
Martland Rd. *Liv* —5C **104**
Martlesham Cres. *Wir* —1B **114**
Martlett Rd. *Liv* —1D **81**
Martock. *Whis* —4F **85**
Marton Clo. *Liv* —5D **147**
Marton Grn. *Liv* —5D **147**
Marton Rd. *Liv* —5E **61**
Marvin St. *Liv* —3A **78**
Marwood Tower. *Liv* —5D **55**
Marybone. *Liv* —3C **76** (3D **4**)
Maryfields. *Liv* —1E **17**
Maryhill Rd. *Run* —2A **166**
Maryland La. *Wir* —5D **71**
Maryland St. *Liv* —1E **99** (7H **5**)
  (in two parts)
Marylebone Av. *St H* —5F **65**
Mary Rd. *Boot* —2D **35**
Mary St. *Clo F* —3E **89**
Mary St. *Wid* —5D **133**
Maryton Grange. *Liv* —2D **125**
Maryville Rd. *Prsct* —5E **63**
Marywell Clo. *St H* —4D **67**
Masefield Av. *Wid* —4F **131**
Masefield Clo. *Wir* —5A **120**
Masefield Cres. *Boot* —5D **19**
Masefield Gro. *Dent G* —3D **45**
Masefield Gro. *Liv* —1E **103**
Masefield Pl. *Boot* —5D **19**
Masefield Rd. *Liv* —4C **10**
Maskell Rd. *Liv* —3F **79**
Mason Av. *Wid* —5A **110**
Mason St. *Edg H* —5A **78**
Mason St. *Run* —4C **152**
Mason St. *Wall* —3B **52**
Mason St. *Wat* —4D **17**
Mason St. *Wltn* —2A **126**
Masseyfield Rd. *Brook* —5A **168**
Massey Pk. *Wall* —1A **74**
Massey St. *Birk* —1D **97**
Massey St. *St H* —3C **66**
Master's Way. *Liv* —3D **145**
Mather Av. *Liv* —5B **102**
Mather Av. *St H* —5E **47**
Mather Av. *West P* —3D **165**
Mather Rd. *Pren* —4B **96**
Mathew St. *Liv* —5C **76** (5D **4**)
Mathieson Rd. *Wid* —2E **151**
Matlock Av. *Liv* —2A **36**
Matterdale Clo. *Frod* —5D **173**
Matthew Clo. *Wall* —4E **75**
Matthew St. *Wall* —4E **75**
Maud St. *Liv* —3F **99**
Maunders Ct. *Liv* —5A **10**
Maureen Wlk. *Liv* —1B **38**
Mauretania Rd. *Liv* —1A **56**
Maurice Jones Ct. *Wir* —5E **71**
Mavis Dri. *Wir* —1A **116**
Max Rd. *Liv* —1F **81**
Maxton Rd. *Liv* —3C **78**
Maxwell Clo. *Wir* —3A **94**
Maxwell Pl. *Liv* —5F **57**
Maxwell Rd. *Liv* —5F **57**
Maxwell St. *St H* —5E **45**
May Av. *Wall* —3D **75**
Maybank Gro. *Liv* —3F **123**
Maybank Rd. *Birk* —5D **97**
Maybury Way. *Liv* —2C **122**
May Clo. *Liv* —2B **34**
Mayer Av. *Wir* —3F **141**
Mayew Rd. *Wir* —1F **137**
Mayfair Av. *Bow P* —3F **81**
Mayfair Av. *Cros* —5E **9**
Mayfair Clo. *Anf* —2B **78**
Mayfair Clo. *Form* —1A **8**
Mayfair Gro. *Wid* —3D **131**

Mayfayre Av. *Liv* —2C **6**
Mayfield Av. *St H* —3E **65**
Mayfield Av. *Wid* —3B **130**
Mayfield Clo. *Liv* —5C **58**
Mayfield Gdns. *Liv* —5F **123**
Mayfield Rd. *Liv* —5A **124**
Mayfield Rd. *Wall* —1F **73**
Mayfield Rd. *Wir* —4A **142**
Mayfields. *Liv* —3E **55**
Mayfields Ho. *Wir* —5B **120**
Mayfields N. *Wir* —5B **120**
Mayfields S. *Wir* —5B **120**
Mayford Clo. *Liv* —3B **104**
Maynard St. *Liv* —2B **100**
May Pl. *Liv* —5E **77** (6H **5**)
Maypole Ct. *Boot* —5D **11**
May Rd. *Wir* —2A **158**
May St. *Boot* —3C **34**
May St. *Liv* —5E **77** (6H **5**)
Maytree Clo. *Liv* —2C **104**
Mayville Rd. *Liv* —4A **102**
Mazenod Ct. *Liv* —3C **76** (2D **4**)
Mazzini Clo. *Liv* —1E **77**
Mead Av. *Liv* —5C **18**
Meade Clo. *Rain* —5D **87**
Meade Rd. *Liv* —5E **57**
Meadfoot Rd. *Wir* —5D **71**
Meadow Av. *Clo F* —3D **89**
Meadow Bank. *Liv* —5B **6**
  (Airegate)
Meadow Bank. *Liv* —1B **22**
  (Beldale Pk.)
Meadowbank Clo. *Liv* —1E **81**
Mdw. Brook Clo. *Liv* —1B **38**
Meadowbrook Rd. *Wir* —2D **93**
Meadow Clo. *Newt W* —5F **49**
Meadow Clo. *Wid* —1D **131**
Meadow Ct. *Liv* —1B **126**
Meadow Cres. *Wir* —2B **116**
Meadow Cft. *Hes* —1C **158**
Meadowcroft. *St H* —5C **66**
Meadowcroft Pk. *Liv* —2D **81**
Meadowcroft Rd. *Wir* —2E **91**
Meadow Dri. *Liv* —1F **105**
Meadowfield Clo. *Birk* —2F **119**
Meadowfield Clo. *Liv* —1A **36**
Meadowgate. *Wir* —4D **135**
Meadow Hey. *Boot* —3A **34**
Mdw. Hey Clo. *Liv* —1B **126**
Meadow La. *Birk* —2F **119**
Meadow La. *Mag* —1E **13**
Meadow La. *St H* —1F **67**
Meadow La. *W Der* —2B **58**
Mdw. Oak Dri. *Liv* —4A **104**
Meadow Pk. *Birk* —2F **119**
Meadow Rd. *Wir* —4F **113**
Meadow Row. *Cas* —1A **168**
Meadowside. *Wir* —2B **72**
Meadowside Dri. *Liv* —5F **15**
Meadowside Rd. *Wir* —3D **163**
Meadows, The. *Rain* —3C **86**
Meadow St. *Wall* —3A **52**
Meadow, The. *Wir* —2B **116**
  (in two parts)
Meadow Vw. *Liv* —2B **18**
Meadow Wlk. *Wir* —4E **137**
Meadow Way. *Liv* —2B **58**
Meadway. *Boot* —3F **19**
Meadway. *Halt B* —1E **167**
Meadway. *Hes* —4F **157**
Meadway. *Mag* —3B **12**
Meadway. *Spit* —5C **142**
Meadway. *Upt* —3B **94**
Meadway. *Wall* —1A **74**
Meadway. *W'tree* —1C **102**
Meadway. *Whis* —2F **85**
Meadway. *Wid* —3A **130**
Meander, The. *Liv* —2E **59**
Measham Clo. *St H* —3C **46**
Measham Way. *Liv* —4E **39**

Medbourne Cres. *Liv* —5F **23**
Meddowcroft Rd. *Wall* —5F **51**
Medea Clo. *Liv* —5E **55**
Medea Towers. *Liv* —5E **55**
Medlock St. *Liv* —3E **55**
Medway. *Boot* —4C **34**
Medway Rd. *Birk* —2F **119**
Melbourne Clo. *Liv* —3B **146**
Melbourne St. *That H* —4E **65**
Melbourne St. *Wall* —3A **52**
Melbreck Rd. *Liv* —3B **124**
Melbury Rd. *Liv* —5B **60**
Melda Clo. *Liv* —3F **77**
Meldon Clo. *Liv* —1C **58**
Meldrum Rd. *Liv* —3B **102**
Melford Dri. *Pren* —3E **117**
Melford Dri. *Run* —1C **166**
Melford Gro. *Liv* —5C **56**
Meliden Gdns. *Birk* —5E **97**
Meliden Gdns. *St H* —5E **67**
Melksham Dri. *Wir* —5D **115**
**Melling. —5F 13**
Melling Av. *Liv* —1B **36**
Melling Dri. *Liv* —2E **23**
Melling La. *Liv* —3E **13**
**Melling Mount. —3C 14**
Melling Rd. *Boot* —3C **34**
Melling Rd. *Liv* —5B **20**
Melling Rd. *Wall* —4C **52**
Melling Way. *Liv* —2E **23**
Melloncroft Dri. *Wir* —1C **134**
Melloncroft Dri. W. *Wir* —2C **134**
Mellor Clo. *Tarb G* —2A **106**
Mellor Clo. *Wind H* —2D **169**
Mellor Rd. *Birk* —2C **118**
Melly Rd. *Liv* —1B **122**
Melrose. *Wir* —1A **94**
Melrose Av. *Btnwd* —4F **69**
Melrose Av. *Ecc* —3B **44**
Melrose Av. *Liv* —2E **17**
Melrose Av. *Wir* —4B **90**
Melrose Gdns. *Pren* —3F **117**
Melrose Rd. *Kirkby* —4D **15**
Melrose Rd. *Kirk* —3D **55**
Melrose Rd. *Wat* —5E **17**
Melton Clo. *Wir* —4E **93**
Melton Rd. *Run* —3B **166**
Melverley Rd. *Liv* —3B **22**
Melville Av. *Birk* —3A **120**
Melville Clo. *St H* —4C **44**
Melville Clo. *Wid* —3D **133**
  (in two parts)
Melville Pl. *Liv* —1A **100**
Melville Rd. *Boot* —1C **34**
Melville Rd. *Wir* —2E **141**
Melville St. *Liv* —4F **99**
*Melwood. —4C 58*
  *(Liverpool F.C. Sports Ground)*
Melwood Dri. *Liv* —4C **58**
Menai Rd. *Boot* —2D **35**
Menai St. *Birk* —3C **96**
Mendell Clo. *Wir* —2E **163**
Mendip Clo. *Birk* —3C **118**
Mendip Clo. *Liv* —5E **127**
Mendip Gro. *St H* —5F **47**
Mendip Rd. *Birk* —3C **118**
Mendip Rd. *Liv* —3A **102**
Menlo Av. *Wir* —1F **137**
Menlo Clo. *Pren* —5F **95**
Menlove Av. *Liv* —4A **102**
Menlove Ct. *Liv* —4B **102**
Menlove Gdns. N. *Liv* —4B **102**
Menlove Gdns. S. *Liv* —4B **102**
Menlove Gdns. W. *Liv* —4B **102**
Menlove Mans. *Liv* —3C **102**
Menstone Rd. *Liv* —2F **79**
Mentmore Cres. *Liv* —2B **58**
Mentmore Rd. *Liv* —2F **123**
**Meols. —3E 91**
Meol's Clo. *Hale V* —5E **149**

Meols Dri. *W Kir & Hoy* —2A **112**
Meols Pde. *Wir* —3C **90**
Mercer Av. *Liv* —3C **22**
*Mercer Ct. Boot —5C 34*
(off Clairville Clo.)
Mercer Ct. *W Der* —5E **59**
Mercer Dri. *Liv* —4E **55**
Mercer Heights. *Liv* —4C **22**
Mercer Rd. *Hay* —2C **48**
Mercer Rd. *Pren* —1E **95**
Mercer St. *Btnwd* —5E **69**
Mercer St. *Liv* —2C **144**
Merchant Clo. *Boot* —5B **20**
Merchants Ho. *Liv* —6D **4**
Mere Av. *Wir* —4B **162**
Mere Bank. *Liv* —4E **101**
Merebank. *Pren* —5E **95**
Merebrook Gro. *Liv* —5F **15**
Merecliff. *Liv* —3C **60**
Merecroft Av. *Wall* —4C **74**
Meredale Rd. *Liv* —5A **102**
Meredith St. *Liv* —2E **145**
Mere Farm Gro. *Pren* —5F **95**
Mere Farm Rd. *Pren* —5E **95**
Mere Grn. *Liv* —2A **56**
Mere Gro. *St H* —4B **30**
Mereheath. *Wir* —3E **71**
*Mereheath Gdns. Wir —3E 71*
(off Mereheath)
Mere Hey. *Ecc* —5A **44**
Mereland Way. *St H* —1F **67**
Mere La. *Liv* —5F **55**
Mere La. *Wall* —4E **51**
Mere La. *Wir* —5E **137**
Mere Pk. *Cros* —1D **17**
Mere Pk. Rd. *Wir* —1C **114**
Meres Rd. *Faz* —1E **37**
Merevale Clo. *Beech* —4E **167**
Mereview Cres. *Liv* —5D **39**
Merewood. *Liv* —5F **23**
Mereworth. *Wir* —3D **135**
Meribel Clo. *Liv* —5A **10**
Meriden Av. *Wir* —1A **162**
Meriden Clo. *St H* —2D **47**
Meriden Rd. *Liv* —3B **104**
Merlin Av. *Wir* —3D **93**
Merlin Clo. *Cas* —1A **168**
Merlin Clo. *St H* —2B **46**
Merlin Clo. *Wir* —3D **93**
Merlin Ct. *Liv* —3D **127**
Merlin St. *Liv* —3F **99**
Merriford Grn. *Liv* —2B **56**
Merrills La. *Wir* —4B **94**
Merrilocks Grn. *Liv* —5A **8**
Merrilocks Rd. *Liv* —5A **8**
Merrilox Av. *Liv* —4D **7**
Merrion Clo. *Liv* —1F **125**
Merritt Av. *Birk* —1B **96**
Merrivale Rd. *Liv* —2C **126**
Merriwood. *Liv* —4B **8**
Mersey Av. *Aig* —4F **123**
Mersey Av. *Mag* —5F **7**
*Merseybank Ho. Wir —4B 120*
(off New Ferry Rd.)
Merseybank Rd. *Wir* —4B **120**
Mersey Ct. *Liv* —2C **16**
*Mersey Ct. Wall —4E 75*
(off Borough Rd. E.)
Mersey Ho. *Boot* —4B **34**
Mersey La. S. *Birk* —2A **120**
Mersey Mt. *Birk* —1E **119**
*Mersey Pk. —1E 119*
Mersey Rd. *Aig* —4E **123**
Mersey Rd. *Birk* —2A **120**
Mersey Rd. *Cros* —2C **16**
Mersey Rd. *Wid* —3A **152**
Merseyside Ho. *Liv* —5D **4**
*Merseyside Maritime Mus.*
—1C **98** (7C 4)

*Merseyside Welcome Cen. —5D 77*
(off Clayton Sq.)
*Merseyside Young Peoples Theatre.*
—5F **77** (6J 5)
Mersey St. *St H* —5A **48**
Mersey St. *Wall* —4E **75**
Mersey Tunnel. *Liv* —3A **76** (1A 4)
Mersey Vw. *Liv* —1C **144**
Mersey Vw. *Wat* —3C **16**
Mersey Vw. *West* —4F **165**
Mersey Vw. *West P* —2D **165**
Mersey Vw. *Wid* —3A **152**
Mersey Vw. *Wir* —1D **141**
Mersey Vw. Cotts. *West* —4F **165**
Mersey Vw. Rd. *Wid* —3B **150**
Mersham Ct. *Wid* —5F **109**
Merstone Clo. *Liv* —5F **127**
Merthyr Gro. *Liv* —5E **81**
Merton Bank Rd. *St H* —3C **46**
Merton Clo. *Liv* —4B **82**
Merton Cres. *Liv* —4B **82**
Merton Dri. *Liv* —4A **82**
Merton Dri. *Wir* —1A **116**
Merton Gro. *Boot* —5C **34**
Merton Gro. *Liv* —2C **16**
Merton Ho. *Boot* —5C **34**
Merton Pl. *Pren* —3C **96**
Merton Rd. *Boot* —5C **34**
Merton Rd. *Wall* —1A **74**
Merton St. *St H* —3C **46**
Merton Towers. *Boot* —5D **35**
Mesham Clo. *Wir* —4E **93**
Methuen St. *Birk* —1A **96**
Methuen St. *Liv* —1E **101**
Mevagissey Rd. *Brook* —5C **168**
Mews Ct. *Liv* —3B **60**
Mews Ct. *Will* —5A **170**
Mews, The. *Aig* —3F **123**
Mews, The. *Liv* —4C **60**
Meyrick Rd. *Liv* —1E **57**
Micawber Clo. *Liv* —4F **99**
Michael Dragonette Ct. *Liv* —2C **76**
Mickfield Rd. *Liv* —3F **101**
Micklegate. *Murd* —3D **169**
**Micklehead Green. —3A 88**
Middlefield Rd. *Liv* —1E **125**
Middleham Clo. *Liv* —4C **22**
Middlehey Av. *Know* —4D **41**
Middlehurst Av. *St H* —4F **45**
Middlehurst Clo. *Ecc P* —4A **64**
Middlemass Hey. *Liv* —4E **105**
Middle Rd. *Liv* —2F **147**
(in two parts)
Middle Rd. *Wir* —1B **142**
Middlesex Rd. *Boot* —4D **35**
Middleton Rd. *Fair* —4E **79**
Middleton Rd. *Wat* —3F **17**
Middle Way. *Liv* —4D **39**
Middlewood. *Liv* —5F **23**
Midghall St. *Liv* —3C **76** (2D 4)
Midgley Ct. *Wir* —1B **116**
Midhurst Rd. *Liv* —5F **39**
Midland St. *Pren* —4C **96**
Midland St. *Wid* —3B **132**
Midland Ter. *Liv* —4D **17**
Midlothian Dri. *Liv* —1C **16**
Midway Rd. *Liv* —2E **83**
Milbrook Cres. *Liv* —2E **23**
Milbrook Dri. *Liv* —2E **23**
Milbrook Wlk. *Liv* —2E **23**
Mildenhall Rd. *Liv* —3A **104**
Mildenhall Way. *Liv* —2A **104**
Mildmay Rd. *Boot* —3B **34**
Mildmay Rd. *Liv* —1E **57**
Mile End. *Liv* —2D **77**
Miles Clo. *Wir* —2C **114**
Miles La. *Wir* —2C **114**
Miles St. *Liv* —4A **100**
Milestone Hey. *Liv* —3B **60**

Milford Dri. *Liv* —5E **39**
Milford St. *Liv* —5B **54**
Milk St. *St H* —5A **46**
Millachip Ct. *Liv* —1B **78**
Milland Clo. *Liv* —5C **38**
Millar Cres. *Wid* —5A **132**
Mill Bank. *Liv* —5F **57**
Millbank Cotts. *Frod* —5A **172**
Millbank Cotts. *Liv* —4E **7**
Millbank Ct. *Frod* —5A **172**
Millbank Ct. *Liv* —5D **21**
Millbank La. *Liv* —4F **7**
Mill Bank Rd. *Wall* —3A **74**
Millbeck Gro. *St H* —3B **30**
Millbrook Bus. Pk. *Rainf* —2C **28**
Millbrook La. *Ecc* —4B **44**
Mill Brow. *Ecc* —4B **44**
Mill Brow. *St H* —1D **89**
Mill Brow. *Wid* —2C **132**
Mill Brow. *Wir* —1D **141**
Mill Brow Clo. *St H* —1D **89**
Millburn Heights. *Liv* —1E **77**
Millbutt Clo. *Wir* —1D **141**
Mill Clo. *Birk* —5D **97**
Mill Clo. *Liv* —4E **9**
Mill Ct. *Boot* —5D **11**
Millcroft. *Liv* —5A **10**
Millcroft Rd. *Liv* —3C **126**
Miller Av. *Liv* —5D **9**
Millers Bri. *Boot* —1B **54**
Millers Bri. Ind, Est. *Mil B* —1B **54**
Millers Clo. *Wir* —1B **92**
Millerscroft. *Liv* —2C **22**
Millersdale. *Clo F* —2C **88**
Millersdale Av. *Liv* —1B **36**
Millersdale Clo. *Wir* —5F **163**
Millersdale Gro. *Beech* —4D **167**
Millersdale Rd. *Liv* —5A **102**
Millers Fold. *Ecc* —4B **44**
Millers Way. *Wir* —1C **92**
Millfield Clo. *Liv* —1A **80**
Millfield Clo. *Wir* —2D **141**
Millfield Rd. *Wid* —2C **132**
Millfields. *Ecc* —5A **44**
Mill Grn. *Will* —5A **170**
Millgreen Clo. *Liv* —5E **39**
Mill Grn. La. *Wid* —4D **111**
Mill Gro. *Liv* —5B **18**
Mill Hey. *Rain* —5E **87**
Mill Hey Rd. *Wir* —3D **135**
Mill Hill. *Pren* —1A **118**
Mill Hill Rd. *Wir* —4C **114**
Millhouse Clo. *Wir* —5B **70**
Millhouse La. *Wir* —5B **70**
Millington Clo. *Pren* —3E **117**
Millington Clo. *Sut W* —1F **173**
Millington Clo. *Wid* —4F **131**
Mill La. *Boot* —5D **35**
Mill La. *Cron* —4D **109**
Mill La. *Frod & K'ley* —3D **173**
Mill La. *Grea* —1C **114**
Mill La. *Hes* —2B **158**
Mill La. *Kirkby* —2C **22**
Mill La. *Know* —3D **41**
Mill La. *Liv* —4D **77** (3F 5)
(in two parts)
Mill La. *Old S & W'tree* —4A **80**
Mill La. *Rainf* —2B **28**
Mill La. *Rain* —4C **86**
Mill La. *St H* —1C **88**
Mill La. *Wall* —3A **74**
Mill La. *W Der* —5A **58**
Mill La. *Wid* —5C **110**
Mill La. *Will* —4A **170**
Millom Av. *Rain* —2B **86**
Millom Gro. *Liv* —2C **58**
Millom Gro. *St H* —3C **64**
Mill Pk. Dri. *Wir* —2E **171**
Mill Rd. *Brom* —4D **143**
Mill Rd. *High B* —5D **119**

Mill Rd. *Liv* —2F **77**
(in two parts)
Mill Rd. *Thing* —1B **138**
Mill Spring Ct. *Boot* —5D **35**
Mill Sq. *Liv* —3E **21**
Millstead Rd. *Liv* —1A **102**
Millstead Wlk. *Liv* —1A **102**
Mill Stile. *Liv* —2F **125**
Mill St. *Birk* —5D **97**
Mill St. *Liv* —3E **99**
(L8)
Mill St. *Liv* —2A **126**
(L25)
Mill St. *Prsct* —5D **63**
Mill St *H* —4F **45**
Mill Ter. *Wir* —2D **141**
Millthwaite Ct. *Wall* —2F **73**
Millthwaite Rd. *Wall* —2F **73**
Millvale St. *Liv* —3B **78**
Mill Vw. *Kirkby* —1C **22**
Mill Vw. *Liv* —4E **99**
Mill Vw. Dri. *Wir* —1C **140**
Millway Rd. *Liv* —3A **148**
Millwood. *Run* —1C **168**
Millwood. *Wir* —1D **141**
Millwood Av. *Ecc* —5F **43**
Millwood Est. *Liv* —4A **148**
Millwood Gdns. *Whis* —4F **85**
Millwood Rd. *Liv* —3E **147**
**Mill Yard. —1D 81**
Milman Clo. *Wir* —4F **93**
Milman Ct. *Liv* —1E **125**
Milman Rd. *Liv* —2F **55**
Milner Cop. *Wir* —2A **158**
Milne Rd. *Liv* —3E **57**
Milner Rd. *Liv* —3E **123**
Milner Rd. *Wir* —2A **158**
Milner St. *Birk* —1A **96**
Milner St. *Liv* —1B **100**
Milnthorpe Clo. *Liv* —3E **55**
Milnthorpe Rd. *Btnwd* —5E **69**
Milnthorpe St. *Liv* —1C **144**
Milroy St. *Liv* —5B **78**
Milton Av. *Liv* —4F **81**
Milton Av. *Whis* —3E **85**
Milton Av. *Wid* —4F **131**
Milton Clo. *Whis* —3E **85**
Milton Cres. *Wir* —1A **158**
Milton Grn. *Wir* —1B **138**
Milton Pavement. *Birk* —3D **97**
Milton Rd. *Birk* —5C **96**
Milton Rd. *Liv* —4E **79**
Milton Rd. *Walt* —1E **55**
Milton Rd. *Wat* —3E **17**
Milton Rd. *W Kir* —3A **112**
Milton Rd. *Wid* —4F **131**
Milton Rd. E. *Birk* —5D **97**
Milton St. *Boot* —4B **34**
Milton St. *Sut M* —4A **88**
Milton St. *Wid* —2A **152**
Milton Way. *Liv* —5B **6**
Milverney Way. *St H* —1A **66**
Milverton St. *Liv* —2C **78**
Milwood Ct. *Liv* —3A **148**
Mimosa Rd. *Liv* —3A **102**
Mindale Rd. *Liv* —1F **101**
Minehead Gro. *Sut L* —1D **89**
Minehead Rd. *Liv* —3E **123**
Miners Way. *Liv* —4A **148**
Miners Way. *Wid* —5A **132**
Mines Av. *Liv* —5F **123**
Mine's Av. *Prsct* —5E **63**
Mine Way. *Hay* —1F **49**
Minshull St. *Liv* —5A **78**
Minstead Av. *Liv* —3F **23**
Minster Ct. *Liv* —1A **100**
Minster Ct. *Run* —2E **165**
Minto Clo. *Liv* —4B **78**
Minton Clo. *Liv* —5F **39**
Minton Rd. *Wid* —4B **110**

Mintor Rd. *Liv* —3A **24**
Minto St. *Liv* —4B **78**
Minver Rd. *Liv* —4D **59**
Miranda Av. *Wir* —5E **119**
Miranda Pl. *Liv* —2D **55**
Miranda Rd. *Boot & Liv* —1D **55**
Mirfield Clo. *Liv* —1F **147**
Mirfield St. *Liv* —3B **78**
Miriam Pl. *Birk* —1F **95**
Miriam Rd. *Liv* —5A **56**
Miskelly St. *Liv* —3C **54**
Missouri Rd. *Liv* —4D **57**
Mistle Thrush Way. *Liv* —4F **39**
Miston St. *Liv* —3C **54**
Misty Clo. *Wid* —2C **130**
Mitchell Av. *Btnwd* —5E **69**
Mitchell Cres. *Wall* —4B **18**
Mitchell Rd. *Bil* —1E **31**
Mitchell Rd. *Prsct* —5C **62**
Mitchell Rd. *St H* —2C **64**
Mithril Clo. *Wid* —1E **133**
Mitre Clo. *Whis* —5D **85**
Mitylene St. *Liv* —5C **55**
Mobberley Way. *Wir* —4A **142**
Mockbeggar Dri. *Wall* —4E **51**
Mockbeggar Wharf. *Wall* —4E **51**
Modred St. *Liv* —4F **99**
Moel Famau Vw. *Liv* —2B **122**
Moffatdale Rd. *Liv* —3C **56**
Moffatt Rd. *Liv* —1B **36**
Moira St. *Liv* —4F **77**
Molesworth Gro. *Liv* —5E **81**
Molineux Av. *Liv* —5D **81**
Molland Clo. *Liv* —3D **59**
Mollington Av. *Liv* —1F **57**
Mollington Rd. *Liv* —3C **22**
Mollington Rd. *Wall* —3C **74**
Mollington St. *Birk* —4E **97**
Molly's La. *Know* —1D **41**
Molton Rd. *Liv* —1C **102**
Molyneux Clo. *Liv* —4F **83**
Molyneux Clo. *Prsct* —2D **85**
Molyneux Clo. *Wir* —4F **93**
Molyneux Ct. *B'grn* —5D **81**
Molyneux Ct. *Liv* —5B **38**
Molyneux Dri. *Prsct* —2D **85**
Molyneux Dri. *Wall* —3B **52**
Molyneux Dri. *Kens* —3B **78**
Molyneux Rd. *Mag* —3F **13**
Molyneux Rd. *Moss H* —5F **101**
Molyneux Rd. *Wat* —3E **17**
Molyneux Way. *Liv* —2C **20**
Monaghan Clo. *Liv* —1A **36**
Monash Clo. *Liv* —4E **55**
Monash Rd. *Liv* —3E **57**
Monastery La. *St H* —4D **67**
Monastery Rd. *Liv* —5C **56**
Monastery Rd. *St H* —4E **67**
Mona St. *Birk* —2F **95**
Mona St. *Boot* —2D **35**
Mona St. *St H* —5D **45**
Mond Rd. *Liv* —1F **37**
Mond Rd. *Wid* —4A **132**
Monfa Rd. *Boot* —2D **35**
Monica Dri. *Wid* —4A **110**
Monica Rd. *Liv* —3B **126**
Monkfield Way. *Liv* —3D **145**
Monk Rd. *Wall* —2B **74**
Monksdown Rd. *Liv* —2A **58**
Monks Ferry. *Birk* —4F **97**
Monksferry Wlk. *Liv* —5F **123**
Monk St. *Birk* —3F **97**
Monk St. *Liv* —5F **55**
Monks Way. *Beb* —3F **141**
Monks Way. *Liv* —2B **126**
Monks Way. *W Kir* —4C **112**
Monkswell Dri. *Liv* —1A **102**
Monkswell St. *Liv* —1A **122**
Monmouth Dri. *Liv* —4F **21**
Monmouth Gro. *St H* —1D **67**

Monmouth Rd. *Wall* —2F **73**
Monro Clo. *Liv* —5F **99**
Monro St. *Liv* —5F **99**
Mons Sq. *Boot* —5C **34**
Montague Rd. *Old S* —4A **80**
Montclair Dri. *Liv* —3B **102**
Monterey Rd. *Liv* —4B **80**
Montfort Dri. *Liv* —5A **124**
Montgomery Clo. *Whis* —4D **85**
Montgomery Hill. *Wir* —1F **135**
Montgomery Rd. *Huy* —2D **83**
Montgomery Rd. *Walt* —1A **36**
Montgomery Rd. *Wid* —4D **131**
Montgomery Way. *Liv* —2B **78**
Montpelier Av. *West* —4F **165**
Montpelier Cres. *Wall* —3A **52**
Montpellier Ho. *Wall* —3A **52**
Montrose Av. *Wall* —5E **75**
Montrose Bus. Pk. *Liv* —4E **79**
Montrose Ct. *Liv* —4F **59**
Montrose Ct. *Wir* —5B **90**
Montrose Pl. *Liv* —1F **147**
Montrose Rd. *Liv* —5D **57**
Montrose Way. *Liv* —4F **79**
Montrovia Cres. *Liv* —1F **37**
Monument Pl. *Liv* —4E **77** (4H **5**)
Monville Rd. *Liv* —1C **36**
Moorbridge Clo. *Boot* —1A **20**
Moor Clo. *Liv* —5F **9**
Moor Coppice. *Liv* —5F **9**
Moor Ct. *Liv* —1A **38**
Moorcroft Rd. *Liv* —3C **124**
Moorcroft Rd. *Wall* —1D **73**
Moorditch La. *Frod* —4A **172**
Moor Dri. *Liv* —5E **9**
Moore Av. *Birk* —2E **119**
Moore Av. *St H* —5A **48**
Moore Clo. *Wid* —2D **133**
Moore Dri. *Hay* —1F **49**
Moore St. *Boot* —3B **34**
Mooreway. *Rain* —5E **87**
Moorfield. *Liv* —5F **15**
Moorfield Rd. *Dent G* —3C **44**
Moorfield Rd. *Liv* —5A **10**
Moorfield Rd. *Wid* —5D **111**
Moorfields. *Liv* —4C **76** (4D **4**)
Moorfields Av. *Pren* —5D **95**
Moorfield Shop. Cen. *Liv* —4F **15**
Moorfoot Rd. *St H* —4F **47**
Moorfoot Rd. Ind. Est. *St H* —4F **47**
Moorfoot Way. *Liv* —4D **15**
Moorgate Av. *Liv* —2F **17**
Moorgate La. *Liv* —5A **24**
Moorgate Rd. *Know I* —2F **39**
Moorgate Rd. S. *Know* —2F **39**
Moorgate St. *Liv* —5B **78**
Moorhey Rd. *Liv* —4C **12**
Moor Ho. *Liv* —5E **9**
Mooring Clo. *Murd* —4D **169**
Moorings, The. *Birk* —4D **97**
Moorings, The. *Liv* —3B **6**
Moorings, The. *Wir* —2C **156**
Moorland Av. *Liv* —5E **9**
Moorland Clo. *Wir* —3A **158**
Moorland Dri. *Murd* —3E **169**
Moorland Pk. *Wir* —3A **158**
Moorland Rd. *Birk* —1E **119**
Moorland Rd. *Liv* —4C **12**
Moorlands Rd. *Liv* —4B **10**
Moor La. *Cros* —5E **9**
Moor La. *Faz* —5B **22**
Moor La. *Frod* —5B **172**
Moor La. *Ince B* —1F **9**
Moor La. *Liv* —2D **11**
Moor La. *Walt* —5F **35**
Moor La. *Wid* —5F **131**
(in two parts)
Moor La. *Wir* —2A **158**
Moor La. Ind. Est. *Wid* —5A **132**
Moor La. S. *Wid* —5F **131**

**Moor Park.** —4E **9**
Moor Pl. *Liv* —4E **77** (4H **5**)
Moorside Clo. *Liv* —1F **17**
Moorside Ct. *Wid* —5F **131**
Moorside Rd. *Liv* —1F **17**
Moor St. *Liv* —5C **76** (6C **4**)
Moorway. *Wir* —2B **158**
Moorwood Cres. *Clo F* —2C **88**
Moray Clo. *St H* —3E **45**
Morcroft Rd. *Liv* —1E **83**
Morden St. *Liv* —2C **78**
Morecambe St. *Liv* —1C **78**
Morecroft Rd. *Birk* —2A **120**
Morella Rd. *Liv* —3C **56**
Morello Clo. *St H* —3F **45**
Morello Dri. *Wir* —5B **142**
Moresby Clo. *Murd* —3E **169**
Moret Clo. *Liv* —5A **10**
**Moreton.** —5D **71**
Moreton Av. *Clo F* —2C **88**
**Moreton Common.** —2D **71**
Moreton Gro. *Wall* —5E **51**
Moreton Rd. *Wir* —2F **93**
Moreton Ter. *Frod* —5A **172**
Morgan M. *Boot* —2D **19**
Morgan St. *St H* —1D **67**
Morland Av. *Brom* —4D **163**
Morley Av. *Birk* —1B **96**
Morley Ct. *Liv* —2E **81**
Morley La. *Liv* —4E **55**
Morley Rd. *Run* —1A **166**
Morley Rd. *Wall* —3A **74**
Morley St. *Liv* —4E **55**
Morley St. *St H* —3F **45**
(in two parts)
Morley Way. *St H* —4F **45**
Morningside. *Liv* —2F **17**
Morningside Pl. *Liv* —2F **57**
Morningside Rd. *Liv* —2E **57**
Morningside Vw. *Liv* —3F **57**
Morningside Way. *Liv* —3F **57**
Mornington Av. *Liv* —3E **17**
Mornington Rd. *Wall* —4B **52**
Mornington St. *Liv* —4E **99**
Morpeth Clo. *Wir* —1B **92**
Morpeth Rd. *Wir* —1A **112**
Morpeth St. *Liv* —2F **99**
Morpeth Wharf. *Birk* —1E **97**
Morris Clo. *Hay* —3F **47**
Morris Ct. *Pren* —4F **95**
Morrissey Clo. *St H* —4D **45**
Morris St. *St H* —2E **67**
Morston Av. *Liv* —5E **23**
Morston Cres. *Liv* —5E **23**
Morston Wlk. *Liv* —5E **23**
Mortimer St. *Birk* —2F **97**
Mortlake Clo. *Wid* —1C **130**
Morton Ho. *Liv* —1F **123**
Morton Rd. *Wind* —2D **169**
Morton St. *Liv* —4F **99**
(in two parts)
Mortuary Rd. *Wall* —5B **52**
Morvah Clo. *Liv* —1C **58**
Morval Cres. *Liv* —1E **55**
Morval Cres. *Run* —1D **167**
Moscow Dri. *Liv* —1F **79**
Mosedale Av. *St H* —4B **30**
Mosedale Gro. *Beech* —5E **167**
Mosedale Rd. *Croft B* —5E **143**
Mosedale Rd. *Liv* —3A **36**
Moseley Av. *Wall* —2A **74**
Moseley Rd. *Wir* —1A **162**
Moses St. *Liv* —5F **99**
**Moss Bank.** —4A **30**
(nr. St Helens)
**Moss Bank.** —5D **133**
(nr. Widnes)
Moss Bank Pk. *Liv* —5A **18**
Moss Bank Rd. *St H* —5F **29**
Moss Bank Rd. *Wid* —5D **133**

Mossborough Hall La. *Rainf* —3B **26**
Mossborough Rd. *Rainf* —3D **27**
Mossbrow Rd. *Liv* —1E **83**
Moss Clo. *Will* —5A **170**
Mosscraig. *Liv* —4C **60**
Mosscroft Clo. *Liv* —2A **84**
Mossdale Dri. *Rain* —3D **87**
Mossdale Rd. *Liv* —5F **15**
Mossdene Rd. *Wall* —2F **73**
Moss End Way. *Know* —2D **25**
Mossfield Rd. *Liv* —2F **35**
Moss Ga. Gro. *Liv* —3A **82**
Moss Ga. Rd. *Liv* —3A **82**
Moss Grn. Way. *St H* —2A **68**
Moss Gro. *Birk* —2B **118**
Moss Gro. *Liv* —3B **100**
Mosshill Clo. *Liv* —4C **6**
Mosslands. *Ecc* —4A **44**
Mosslands Dri. *Wall* —1E **73**
Moss La. *Birk* —2B **118**
Moss La. *Boot & Orr P* —2E **35**
Moss La. *Crank* —1E **29**
Moss La. *High & Cros* —1C **8**
Moss La. *Kirkby* —2B **24**
Moss La. *Lith* —5B **18**
Moss La. *Lyd* —2B **6**
Moss La. *Mag* —5E **7**
Moss La. *St H* —2A **68**
Moss La. *Sim* —2F **15**
(in two parts)
Moss La. *Wid* —5E **133**
Moss La. *Wind* —5F **27**
Mosslawn Rd. *Liv* —4A **24**
Mosslea Pk. *Liv* —5F **101**
Mossley Av. *Liv* —4E **101**
Mossley Av. *Wir* —2D **163**
Mossley Ct. *Liv* —1F **123**
**Mossley Hill.** —1F **123**
Mossley Hill Dri. *Liv* —4D **101**
Mossley Hill Rd. *Liv* —2F **123**
Mossley Rd. *Birk* —1E **119**
**Moss Nook.** —2F **67**
Moss Nook La. *Liv* —2A **14**
Moss Nook La. *Rainf* —1F **27**
Moss Pits Clo. *Liv* —1E **37**
Moss Pits La. *Faz* —1E **37**
Moss Pits La. *W'tree* —3B **102**
**Moss Side.** —5E **7**
Moss Side. *K Ash* —3A **82**
Moss Side La. *Moore* —1E **155**
Moss St. *Gars* —1C **144**
Moss St. *Low H* —4F **77** (3J **5**)
Moss St. *Prsct* —4D **63**
Moss St. *Wid* —5D **133**
Moss Vw. *Lith* —5C **18**
Moss Vw. *Mag* —1F **13**
Mossville Clo. *Liv* —2A **124**
Mossville Rd. *Liv* —2A **124**
Moss Way. *Liv* —3C **38**
Mossy Bank Rd. *Wall* —2D **75**
Mostyn Av. *Gars* —4D **125**
Mostyn Av. *Hes* —2D **157**
Mostyn Av. *Old R* —2C **20**
Mostyn Av. *W Kir* —5B **112**
Mostyn Clo. *Liv* —4E **55**
Mostyn St. *Wall* —3B **74**
Mottershead Clo. *Wid* —4A **132**
Mottershead Rd. *Wid* —4A **132**
Mottram Clo. *Liv* —3F **23**
Moughland La. *Run* —1F **165**
Mould St. *Liv* —5D **55**
Moulton Clo. *Sut W* —1F **173**
Mounsey Rd. *Birk* —4D **97**
Mount Av. *Beb* —5D **119**
Mount Av. *Boot* —1D **35**
Mount Av. *Hes* —2F **157**
Mount Clo. *Liv* —1C **22**
Mount Ct. *Wall* —3A **52**
Mount Cres. *Liv* —1B **22**
Mount Dri. *Wir* —5D **119**

Mount Gro. *Birk* —4C **96**
Mt. Grove Pl. *Birk* —4C **96**
Mt. Haven Clo. *Wir* —4A **94**
Mt. Merrion. *Liv* —5A **104**
Mt. Olive. *Pren* —1A **118**
Mount Pk. *Liv* —1A **126**
Mount Pk. *Wir* —5D **119**
Mount Pk. Ct. *Liv* —1A **126**
Mt. Pleasant. *Liv* —5E **77** (6G **5**)
Mt. Pleasant. *Pren* —1B **118**
Mt. Pleasant. *Wat* —4D **17**
Mt. Pleasant. *Wid* —2B **132**
Mt. Pleasant Av. *St H* —1A **68**
Mt. Pleasant Rd. *Wall* —5A **52**
Mount Rd. *Beb & High B* —5E **141**
Mount Rd. *Birk* —3C **118**
Mount Rd. *Halt* —1F **167**
Mount Rd. *Liv* —2B **22**
(in two parts)
Mount Rd. *Upt* —4A **94**
Mount Rd. *Wall* —3A **52**
Mount Rd. *W Kir* —5C **112**
Mount St. *Liv* —1E **99** (7H **5**)
Mount St. *Wat* —4D **17**
Mount St. *Wid* —2B **132**
Mount St. *Wltn* —2A **126**
Mount, The. *Hes* —2F **157**
Mount, The. *Wall* —2C **74**
Mount, The. *Wir* —2A **142**
Mt. Vernon. *Liv* —5A **78**
Mt. Vernon Grn. *Liv* —4A **78**
Mt. Vernon Rd. *Liv* —4A **78**
Mt. Vernon St. *Liv* —4F **77**
Mt. Vernon Vw. *Liv* —4A **78**
Mountview Clo. *Liv* —4A **100**
Mountway. *Wir* —5D **119**
Mt. Wood Rd. *Birk* —4C **118**
Mowbray Av. *St H* —3C **46**
Mowbray Ct. *Liv* —2C **54**
Mowbray Gro. *Liv* —5A **80**
Mowcroft La. *Cuer* —1F **133**
Moxon St. *St H* —1C **64**
Moyles Clo. *Wid* —1D **131**
*Moyles Ct. Wid* —2D **131**
(off Moyles Clo.)
Mozart Clo. *Liv* —3B **100**
Muirfield Clo. *Liv* —5E **59**
Muirfield Rd. *Liv* —5C **82**
Muirhead Av. *Liv* —2C **78**
(L6)
Muirhead Av. *Liv* —5E **57**
(L13)
Muirhead Av. E. *Liv* —3A **58**
Mulberry Av. *St H* —5C **44**
Mulberry Clo. *Liv* —4F **15**
Mulberry Gro. *Wall* —3D **75**
Mulberry Pl. *Liv* —1F **99** (7J **5**)
Mulberry Rd. *Birk* —2F **119**
Mulberry St. *Liv* —1F **99** (7J **5**)
(in two parts)
Mulcrow Clo. *Parr & St H* —4D **47**
Mulgrave St. *Liv* —2A **100**
Mulliner St. *Liv* —2C **100**
Mullion Clo. *Brook* —4B **168**
Mullion Clo. *Liv* —3E **127**
Mullion Rd. *Liv* —3C **38**
Mullion Wlk. *Liv* —3C **38**
Mullrea Clo. *Liv* —3C **104**
Mulveton Rd. *Wir* —4F **141**
Mulwood Clo. *Liv* —5F **39**
Mumfords Gro. *Wir* —2E **91**
Mumfords La. *Wir* —2D **91**
Muncaster Clo. *Wir* —1D **163**
Munster Rd. *Liv* —3B **80**
Murat Gro. *Liv* —4C **16**
Murat St. *Liv* —4C **16**
Murcote Rd. *Liv* —1F **81**
**Murdishaw.** —4E **169**
Murdishaw Av. *Murd* —5C **168**
Murdishaw Av. S. *Murd* —4D **169**

Muriel St. *Liv* —3F **55**
Murphy Gro. *St H* —4E **47**
Murrayfield Dri. *Wir* —2F **71**
Murrayfield Rd. *Liv* —3A **104**
Murrayfield Wlk. *Liv* —3A **104**
Murray Gro. *Wir* —3A **112**
*Museum of Liverpool Life.*
        —1B **98** *(7B 4)*
Musker Dri. *Boot* —2C **18**
Musker Gdns. *Liv* —2F **17**
Musker St. *Liv* —2F **17**
Muspratt Rd. *Liv* —2A **34**
Muttocks Rake. *Boot* —5D **11**
Myers Av. *Whis* —1A **86**
Myerscough Av. *Boot* —3E **35**
Myers Rd. E. *Liv* —2E **17**
Myers Rd. W. *Cros* —2D **17**
Mynsule Rd. *Wir* —4F **141**
Myrtle Av. *Hay* —1B **48**
Myrtle Gro. *Bil* —1D **31**
Myrtle Gro. *Liv* —3D **17**
Myrtle Gro. *Wall* —3D **75**
Myrtle Gro. *Wid* —4D **131**
Myrtle Pde. *Liv* —1F **99**
Myrtle St. *Liv* —1F **99** *(7J 5)*

**N**airn Clo. *Wir* —1D **171**
Nairn M. *Liv* —5E **7**
Nansen Gro. *Liv* —2A **56**
Nant Pk. Ct. *Wall* —3C **52**
Nantwich Clo. *Wir* —2A **116**
Napier Clo. *St H* —5E **45**
Napier Dri. *Wir* —1F **93**
Napier Rd. *Wir* —4B **120**
Napier St. *St H* —5E **45**
Naples Rd. *Wall* —3D **75**
Napps Clo. *Liv* —2F **103**
*Napps Wlk. Liv* —2F **103**
*(off Napps Clo.)*
Napps Way. *Liv* —1F **103**
Napps Way. *Wir* —5A **138**
Naseby Clo. *Pren* —5C **94**
Naseby St. *Liv* —1F **55**
Nash Gro. *Liv* —3D **77** *(1F 5)*
Natal Rd. *Liv* —2B **36**
Nathan Dri. *Hay* —2E **49**
Nathan Gro. *Liv* —1F **23**
*National Wildfower Cen. —1F 103*
Naughton Lea. *Wid* —1D **131**
Naughton Rd. *Wid* —4A **132**
Navigation Clo. *Boot* —1A **20**
Navigation Clo. *Murd* —4D **169**
Navigation Wharf. *Liv* —3D **99**
Naylor Rd. *Pren* —1E **95**
Naylor Rd. *Wid* —3D **133**
Naylorsfield Dri. *Liv* —2C **104**
Naylor's Rd. *Liv* —2D **105**
Naylor St. *Liv* —3C **76** *(2D 4)*
Nazeby Av. *Liv* —2F **17**
Neale Dri. *Wir* —1E **115**
Neasham Clo. *Liv* —4F **127**
Nedens Gro. *Liv* —4C **6**
Nedens La. *Liv* —4C **6**
Needham Clo. *Run* —5D **153**
Needham Cres. *Pren* —5D **95**
Needham Rd. *Liv* —4C **78**
Needwood Dri. *Wir* —4F **141**
Neills Rd. *Bold* —5B **68**
Neilson Rd. *Liv* —1B **122**
Neil St. *Wid* —2B **132**
Nell's La. *Augh* —2F **7**
Nelson Av. *Whis* —4E **85**
Nelson Ct. *Birk* —3A **120**
Nelson Dri. *West* —4F **165**
Nelson Dri. *Wir* —3E **137**
Nelson Pl. *Whis* —4E **85**
Nelson Rd. *Birk* —3A **120**
Nelson Rd. *Liv* —5B **78**
(L7)

Nelson Rd. *Liv* —1B **34**
(L21)
Nelson's Cft. *Wir* —4A **142**
Nelson St. *Boot* —1B **54**
Nelson St. *Liv* —2D **99**
Nelson St. *Newt W* —5F **49**
(in two parts)
Nelson St. *Run* —4A **152**
Nelson St. *St H* —4D **67**
Nelson St. *Wall* —4C **52**
Nelson St. *W'tree* —2E **101**
Nelson St. *Wid* —1A **152**
Nelville Rd. *Liv* —1C **36**
Neptune Clo. *Murd* —3D **169**
Neptune St. *Birk* —1D **97**
*Neptune Theatre. —5D 77 (6F 5)*
Ness Gro. *Liv* —3C **22**
Neston Av. *Clo F* —2B **88**
Neston Rd. *Thor H & Nest* —5F **159**
Neston Rd. *Will* —5A **170**
Neston St. *Liv* —2F **55**
Netherby St. *Liv* —1F **121**
Netherfield. *Wid* —4D **131**
Netherfield Clo. *Pren* —5C **94**
Netherfield Rd. N. *Liv* —5E **55**
Netherfield Rd. S. *Liv* —2F **77**
Netherley Rd. *Liv & Tarb G* —4F **105**
Netherley Rd. *Wid* —2E **129**
**Netherton. —5F 11**
Netherton Dri. *Frod* —5A **172**
Netherton Grange. *Boot* —2B **20**
Netherton Grn. *Boot* —5F **11**
Netherton Ind. Est. *Boot* —4F **19**
Netherton La. *Boot* —5E **11**
(in two parts)
Netherton Pk. Rd. *Liv* —5D **19**
Netherton Rd. *Boot* —2D **35**
Netherton Rd. *Liv* —3F **123**
Netherton Rd. *Wir* —1E **93**
Netherton Way. *Boot* —4E **19**
(in two parts)
Netherwood Rd. *Liv* —1E **57**
Netley St. *Liv* —3E **55**
Nettlestead Rd. *Liv* —3A **58**
Neva Av. *Wir* —1D **93**
Neville Av. *St H* —1B **68**
Neville Clo. *Pren* —5C **94**
Neville Rd. *Liv* —4E **17**
Neville Rd. *Wall* —2A **74**
Neville Rd. *Wir* —3E **163**
Neville St. *Newt W* —4F **49**
Nevin St. *Liv* —3A **78**
Nevison St. *Liv* —5B **78**
Nevitte Clo. *Liv* —3A **60**
New Acres Clo. *Pren* —1C **94**
*New Albert Ter. Run* —4B **152**
*(off Bold St.)*
Newark Clo. *Boot* —5B **12**
Newark Clo. *Liv* —5D **61**
Newark Clo. *Pren* —5C **94**
Newark St. *Liv* —2E **55**
New Bank Pl. *Wid* —3B **130**
New Bank Rd. *Wid* —3B **130**
New Barnet. *Wid* —5F **109**
New Bird St. *Liv* —2D **99**
Newbold Cres. *Liv* —3E **113**
Newbold Gro. *Liv* —1F **59**
Newborough Av. *Cros* —1A **18**
Newborough Av. *Moss H* —4F **101**
**New Boston. —1F 49**
Newbridge Clo. *Brook* —4C **168**
Newbridge Clo. *Wir* —1B **116**
**New Brighton. —2B 52**
*New Brighton Cricket &*
*Bowling Club Ground. —5B 52*
Newburgh Clo. *Wind H* —1D **169**
Newburn. *Pren* —4B **96**
Newburns La. *Pren* —1B **118**
Newburn St. *Liv* —1F **55**
Newbury Clo. *Liv* —5D **83**

Newbury Clo. *Wid* —5A **110**
Newbury Way. *Liv* —1E **81**
Newbury Way. *Wir* —3F **71**
Newby Av. *Rain* —2A **86**
Newby Dri. *Liv* —3C **82**
Newby Gro. *Liv* —1C **58**
Newby Pl. *St H* —5A **30**
Newby St. *Liv* —3F **55**
Newcastle Rd. *Liv* —3A **102**
New Chester Rd. *Birk & Wir* —4F **97**
New Chester Rd. *Hoot* —3F **171**
New Chester Rd. *Wir & Hoot* —1F **171**
Newcombe St. *Liv* —1B **78**
Newcroft Rd. *Liv* —5F **103**
New Cross St. *Prsct* —4D **63**
New Cross St. *St H* —4F **45**
(Duke St.)
New Cross St. *St H* —5F **45**
(Westfield St.)
New Cut La. *Liv* —1A **42**
Newdales Clo. *Pren* —1C **94**
Newdown Rd. *Liv* —3C **38**
Newdown Wlk. *Liv* —3D **39**
Newell Rd. *Wall* —1B **74**
Newenham Cres. *Liv* —2E **81**
**New Ferry. —4B 120**
New Ferry By-Pass. *Wir* —4B **120**
New Ferry Rd. *Wir* —5B **120**
Newfield Clo. *Liv* —4C **10**
Newfields. *St H* —4C **44**
Newfort Way. *Boot* —2A **34**
New Glade Hill. *St H* —2E **47**
New Grey Rock Clo. *Liv* —2B **78**
New Hall. *Liv* —5F **21**
New Hall La. *Liv* —3E **57**
New Hall La. *Wir* —5B **90**
Newhall St. *Liv* —2D **99**
*Newhall Swimming Pool. —5F 21*
Newhaven Rd. *Wall* —4C **52**
New Hedley Gro. *Liv* —1C **76**
New Henderson St. *Liv* —3E **99**
New Hey. *Sand P* —1A **80**
New Hey Rd. *Wir* —5B **94**
Newholme Clo. *Liv* —5E **39**
Newhope Rd. *Birk* —2C **96**
Newhouse Rd. *Liv* —2D **101**
New Hutte La. *Liv* —1F **147**
Newick Rd. *Liv* —4C **22**
Newington. *Liv* —5D **77** *(6G 5)*
Newington Way. *Liv* —1E **131**
New Islington. *Liv* —3E **77** *(3G 5)*
Newland Clo. *Wid* —1C **130**
Newland Ct. *Liv* —1C **122**
Newland Dri. *Wall* —2A **74**
Newlands Rd. *St H* —1C **46**
Newlands Rd. *Wir* —3B **142**
Newling St. *Birk* —2C **96**
Newlyn Av. *Lith* —4A **18**
Newlyn Av. *Mag* —1E **13**
Newlyn Clo. *Brook* —4B **168**
Newlyn Clo. *Wir* —1E **91**
Newlyn Gro. *St H* —1D **47**
Newlyn Rd. *Liv* —3C **38**
Newlyn Rd. *Wir* —2E **91**
Newman St. *Liv* —3D **55**
New Mill Stile. *Liv* —1A **126**
Newmoore La. *Run* —4E **155**
Newmorn Ct. *Liv* —2C **122**
Newport Av. *Wall* —4D **51**
Newport Clo. *Pren* —5C **94**
Newport Ct. *Liv* —5C **54**
New Quay. *Liv* —4B **76** *(4B 4)*
Newquay Clo. *Brook* —4C **168**
Newquay Ter. *Liv* —4B **76** *(4B 4)*
New Red Rock Vw. *Liv* —2B **78**
New Rd. *Ecc L* —4E **63**
New Rd. *Old S & Tue* —1D **79**
New Rd. Ct. *Liv* —1E **79**
Newsham Clo. *Wid* —5B **108**
Newsham Dri. *Liv* —2C **78**

# Newsham Pk.—Norwood Rd.

Newsham Pk. —2D 79
Newsham Rd. Liv —1B 106
Newsham St. Liv —1D 77
New Sta. Rd. Liv —3A 146
Newstead Av. Liv —2B 16
Newstead Rd. Liv —2B 100
Newstet Rd. Know I —3B 24
New St. Run —5A 152
New St. St H —1C 88
New St. Wall —4E 75
New St. Wid —4B 132
**Newton. —4E 113**
Newton Clo. Liv —3B 58
**Newton Common. —5E 49**
Newton Ct. Liv —5E 79
Newton Cross La. Wir —4E 113
Newton Dri. Wir —4E 113
Newton Pk. Rd. Wir —4E 113
Newton Rd. Hoy —4C 90
Newton Rd. Liv —3E 79
Newton Rd. St H —5F 47
Newton Rd. Wall —2A 74
Newton St. Birk —2C 96
Newton Wlk. Boot —4B 34
Newton Way. Liv —5F 77 (5J 5)
Newton Way. Wir —4F 93
New Tower Ct. Wall —3C 52
**Newtown. —4D 173**
Newtown Gdns. Liv —3E 23
New Way. Liv —1A 82
New Way Bus. Cen. Wall —4D 75
Nicander Rd. Liv —4F 101
Nicholas Rd. Liv —1B 16
Nicholas Rd. Wid —4C 130
Nicholas St. Liv —3D 77 (1E 5)
Nicholl Rd. Ecc —2A 44
Nicholls Dri. Wir —4F 137
Nichol's Gro. Liv —2C 124
Nicholson St. Liv —5E 55
Nicholson St. St H —4E 47
Nickleby Clo. Liv —4F 99
Nickleby St. Liv —3B 98
Nicola Ct. Wall —5C 52
Nidderdale Av. Rain —3D 87
Nigel Rd. Wir —2C 158
Nigel Wlk. Cas —5A 154
Nightingale Clo. Beech —5F 167
Nightingale Clo. Kirkby —2B 22
Nightingale Clo. N'ley —4F 105
Nightingale Rd. Liv —5F 39
Nimrod St. Liv —2F 55
Ninth Av. Faz —1D 37
Nithsdale Rd. Liv —3E 101
Nixon St. Liv —1F 55
**Noctorum. —5D 95**
Noctorum Av. Pren —4C 94
Noctorum Dell. Pren —5D 95
Noctorum La. Pren —3D 95
Noctorum Rd. Pren —4D 95
Noctorum Way. Pren —5D 95
Noel St. Liv —2B 100
Nook La. St H —2F 67
Nook Ri. Liv —1B 102
Nook, The. Liv —1B 126
Nook, The. Pren —4B 96
Nook, The. Wind —2B 44
Nook, The. Wir —2B 114
Norbreck Av. Liv —4E 81
Norbury Av. Liv —4F 101
Norbury Av. Wir —2E 141
Norbury Clo. Liv —3D 23
Norbury Clo. Wid —3D 133
Norbury Clo. Wir —2F 141
Norbury Fold. Rain —5E 87
Norbury Gdns. Birk —5E 97
Norbury Rd. Liv —3D 23
Norbury Wlk. Liv —3D 23
Norcliffe Rd. Rain —2B 86
Norcott Dri. Btnwd —5F 69
Norfolk Clo. Boot —4D 35

Norfolk Clo. Pren —5C 94
Norfolk Dri. Wir —5C 112
Norfolk Pl. Liv —1A 34
Norfolk Pl. Wid —4C 130
Norfolk Rd. Liv —3C 12
Norfolk Rd. St H —2D 65
Norfolk St. Liv —2D 99
Norfolk St. Run —4B 152
Norgate St. Liv —4F 55
Norlands Ct. Birk —3E 119
Norland's La. Rain —1E 109
Norland's La. Wid —1E 109
Norlands, The. Wid —3F 109
Norland St. Wid —3D 133
Norleane Cres. Run —2B 166
Norley Av. East —2E 171
Norley Dri. Ecc —5A 44
Norley Pl. Liv —1E 147
Norman Av. Hay —1F 49
Normandale Rd. Liv —2D 57
Normandy Rd. Liv —3D 83
Norman Rd. Boot —1C 34
Norman Rd. Liv —2D 17
Norman Rd. Run —1A 166
Norman Rd. Wall —4E 75
Norman Salisbury Ct. St H —4F 45
Normans Rd. St H —4F 67
Normanston Clo. Pren —5B 96
Normanston Rd. Pren —5B 96
Norman St. Birk —1F 95
Norman St. Liv —4F 77 (4J 5)
Normanton Av. Liv —1C 122
Norma Rd. Liv —4E 17
Normington Clo. Liv —3C 6
Norris Clo. Pren —5C 94
**Norris Green. —1F 57**
Norris Grn. Cres. Liv —2F 57
Norris Grn. Rd. Liv —5B 58
Norris Grn. Way. Liv —2A 58
Norris Rd. Prsct —5C 62
Norseman Clo. Liv —3B 58
N. Atlantic Clo. Liv —2D 83
North Av. Ain —3E 21
North Av. Liv —1A 146
N. Barcombe Rd. Liv —2D 103
Northbrook Clo. Liv —2A 100
Northbrooke Way. Wir —1A 116
Northbrook Rd. Wall —3D 75
Northbrook St. Liv —2A 100
(Granby St.)
Northbrook St. Liv —2F 99
(Park Way)
N. Cantril Av. Liv —3E 59
(in two parts)
N. Cheshire Trad. Est. Nor C
—4E 117
North Clo. Wir —5C 142
Northcote Clo. Liv —2F 77
Northcote Rd. Wall —5D 51
Northdale Rd. Liv —1F 101
N. Dingle. Liv —3D 55
North Dri. Sand P —1A 80
North Dri. Wall —3F 51
North Dri. W'tree —1F 101
North Dri. Wir —3A 158
**North End. —1E 127**
N. End La. Halew —1E 127
Northern La. Wid —1A 130
Northern Perimeter Rd. Boot —5E 11
Northern Rd. Liv —3E 147
Northern Rd., The. Liv —5E 9
Northfield Clo. Clo F —3D 89
Northfield Clo. Liv —1A 24
Northfield Rd. Boot & Liv —2E 35
**North Florida. —1C 48**
N. Florida Rd. Hay —1D 49
North Front. Hals P —5E 85
Northgate Rd. Liv —1F 79
North Gro. Liv —3C 124

N. Hill St. Liv —4F 99
N. John St. Liv —4C 76 (4D 4)
N. John St. St H —5F 45
N. Linkside Rd. Liv —3C 126
N. Manor Way. Liv —3C 126
North Meade. Liv —5B 6
Northmead Rd. Liv —5E 125
N. Mersey Bus. Cen. Know I —1C 24
N. Mossley Hill Rd. Liv —5F 101
N. Mount Rd. Liv —1B 22
Northop Rd. Wall —5F 51
North Pde. Hoy —4A 90
North Pde. Kirkby —3E 23
North Pde. Liv —4E 147
N. Park Ct. Wall —3E 75
N. Park Rd. Liv —1B 22
N. Parkside Wlk. Liv —3A 58
N. Perimeter Rd. Liv —1C 24
Northridge Rd. Wir —2A 138
North Rd. Birk —1C 118
North Rd. Grass P —5F 123
North Rd. Liv —4C 80
(L14)
North Rd. Liv —2D 147
(L24)
North Rd. St H —3F 45
North Rd. W Kir —4A 112
North St. Hay —2E 49
North St. Liv —4D 77 (3E 4)
N. Sudley Rd. Liv —2E 123
North Ter. Wir —2E 91
Northumberland Gro. Liv —4D 99
Northumberland St. Liv —4D 99
Northumberland Ter. Liv —5E 55
Northumberland Way. Boot —2C 18
North Vw. Edg H —5A 78
North Vw. Huy —4A 84
N. Wallasey App. Wall —1C 72
Northway. Mag & Augh —3C 12
(in three parts)
Northway. Run —2F 167
Northway. W'tree —5B 80
Northway. Wid —3D 131
Northway. Wir —1D 159
Northways. Wir —4D 143
Northwich Clo. Liv —4B 10
Northwich Rd. Brook —5B 168
Northwich Rd. White I —1D 175
N. William St. Wall —4E 75
**Northwood. —2F 23**
Northwood Rd. Liv —2F 83
Northwood Rd. Pren —2F 117
Northwood Rd. Run —5E 153
**Norton. —2D 169**
Norton Dri. Wir —5C 114
Norton Ga. Nort —2C 168
Norton Gro. Liv —4D 13
Norton Gro. That H —1D 65
Norton Hill. Wind H —1C 168
Norton La. Halt —2A 168
(in two parts)
Norton La. Nort —1D 169
**Norton Priory Mus. & Gardens.**
—4B 154
**Norton Recreation Cen. —5B 154**
Norton Rd. Liv —3A 112
Norton Sta. Rd. Nort —2D 169
Norton St. Boot —3B 34
Norton St. Liv —4E 77 (3G 5)
Norton Vw. Halt —2A 168
Norton Village. Nort —2D 169
Nortonwood La. Wind H —2C 168
Norville Rd. Liv —4C 80
Norwich Dri. Wir —2A 94
Norwich Rd. Liv —3A 102
Norwich Way. Kirkby —3E 23
Norwood Av. Liv —4B 18
Norwood Ct. Wir —1D 115
Norwood Gro. Liv —2B 78
Norwood Rd. Wall —4B 74

Norwood Rd. *Wir* —5E **93**
Norwyn Rd. *Liv* —1E **57**
Nottingham Clo. *Rain* —1C **86**
Nottingham Rd. *Liv* —5C **82**
Nowshera Av. *Wir* —2F **137**
Nuffield Clo. *Wir* —5F **93**
Nun Clo. *Pren* —1B **118**
Nunn St. *St H* —5D **47**
Nunsford Clo. *Liv* —3D **19**
Nunthorpe Av. *Know* —3B **40**
Nurse Rd. *Wir* —1B **138**
Nursery Clo. *Liv* —4C **126**
Nursery Clo. *Pren* —1B **118**
Nursery Clo. *Wid* —1D **133**
Nursery La. *Liv* —5C **124**
Nursery Rd. *Liv* —3C **6**
Nursery Rd. *St H* —4D **65**
Nursery St. *Liv* —5D **55**
Nutfield Rd. *Liv* —3A **148**
**Nutgrove. —5C 64**
Nutgrove Av. *St H* —4D **65**
Nutgrove Hall Dri. *St H* —4D **65**
Nutgrove Rd. *St H* —5C **64**
Nut St. *That H* —4D **65**
Nuttall St. *Liv* —5B **78**
Nuttall St. *St H* —2F **65**
Nyland Rd. *Liv* —1D **83**

**O**ak Av. *Hay* —1E **49**
Oak Av. *Liv* —2B **36**
Oak Av. *Wir* —3D **93**
Oak Bank. *Birk* —4C **96**
Oak Bank. *Wir* —2A **142**
Oakbank Rd. *Liv* —4E **101**
Oakbank St. *Wall* —3C **74**
Oakbourne Clo. *Liv* —2C **122**
Oak Clo. *Liv* —2F **59**
Oak Clo. *Whis* —3E **85**
Oak Clo. *Wir* —2D **93**
*Oak Ct. Liv* —5A ***100***
  (off Weller Way)
Oakdale Av. *Wall* —4D **75**
Oakdale Dri. *Wir* —2C **114**
Oakdale Rd. *Moss H* —4A **102**
Oakdale Rd. *Wall* —4D **75**
Oakdale Rd. *Wat* —3D **17**
Oakdene Clo. *Wir* —5D **163**
Oakdene Ct. *Rain* —4B **86**
Oakdene Rd. *Birk* —1C **118**
Oakdene Rd. *Liv* —4B **56**
Oak Dri. *Run* —3C **166**
Oakenholt Rd. *Wir* —5E **71**
Oakes St. *Liv* —4F **77** (4J 5)
Oakfield. *Liv* —5B **56**
Oakfield Av. *Liv* —5A **104**
Oakfield Clo. *That H* —4D **65**
Oakfield Dri. *Huy* —1F **105**
Oakfield Dri. *Wid* —4A **130**
Oakfield Gro. *Liv* —5F **83**
Oakfield Rd. *Brom* —2C **162**
Oakfield Rd. *Chil T* —5E **171**
Oakfield Rd. *Walt* —5A **56**
Oakfield Ter. *Chil T* —5E **171**
Oakham Dri. *Liv* —4F **21**
Oakham Dri. *Wir* —5B **70**
Oakham St. *Liv* —3D **99**
Oakhill Clo. *Mag* —5D **7**
Oakhill Clo. *W Der* —5D **39**
Oakhill Cottage La. *Liv* —3D **7**
Oakhill Dri. *Liv* —3D **7**
**Oak Hill Park. —4B 80**
Oakhill Pk. *Liv* —4B **80**
Oakhill Rd. *Mag* —5D **7**
Oakhill Rd. *Old S* —4B **80**
Oakhurst Clo. *Liv* —4B **104**
Oakland Clo. *Liv* —2C **34**
Oakland Dri. *Wir* —3A **94**
Oakland Rd. *Liv* —4F **123**
Oaklands. *Rain* —4C **86**

Oaklands. *Wir* —4D **163**
Oaklands Av. *Liv* —4D **9**
Oaklands Ct. *Clo F* —2C **88**
Oaklands Dri. *Beb* —1F **141**
Oaklands Dri. *Hes* —1A **158**
Oaklands Ter. *Wir* —1A **158**
Oakland St. *Wid* —3A **152**
Oakland Va. *Wall* —3C **52**
Oak La. *Liv* —2B **58**
Oakleaf M. *Pren* —4D **95**
Oaklea Rd. *Wir* —1F **137**
Oaklee Gro. *Liv* —1A **24**
Oak Leigh. *Liv* —1E **79**
Oakleigh Gro. *Wir* —1F **141**
Oakley Clo. *Liv* —5E **39**
Oak Meadows. *Rain* —5E **87**
Oakmere Clo. *Liv* —1A **36**
Oakmere Clo. *Wir* —3E **71**
Oakmere Dri. *Wir* —5C **92**
Oakmere St. *Run* —5A **152**
Oakridge Clo. *Wir* —5C **142**
Oakridge Rd. *Wir* —5C **142**
Oak Rd. *Beb* —5F **119**
Oak Rd. *Hoot* —4E **171**
Oak Rd. *Liv* —5D **83**
Oak Rd. *Whis* —3E **85**
Oaks Clo. *Clo F* —3D **89**
Oaks La. *Wir* —3A **138**
Oaksmeade Clo. *Liv* —1F **59**
Oaks Pl. *Wid* —5A **132**
Oaks, The. *Liv* —5F **39**
Oaks, The. *St H* —2D **89**
Oaks, The. *Wir* —2C **162**
Oakston Av. *Rain* —4D **87**
Oak St. *Boot* —4C **34**
Oak St. *St H* —3E **67**
Oaksway. *Hes* —4B **158**
Oak Ter. *Liv* —4C **78**
Oakthorn Gro. *Hay* —2C **48**
Oak Towers. *Liv* —2F **23**
Oaktree Pl. *Birk* —1F **119**
Oaktree Rd. *Ecc* —3A **44**
Oak Va. *Liv* —4B **80**
**Oak Vale Park. —4B 80**
Oak Vw. *Liv* —4A **148**
Oakwood Clo. *B Vale* —4B **104**
Oakwood Dri. *Liv* —5F **83**
Oakwood Dri. *Pren* —1E **95**
Oakwood Pk. *Wir* —5D **163**
Oakwood Rd. *Liv* —5E **127**
Oakworth Clo. *Liv* —1E **23**
Oakworth Dri. *Tarb G* —2A **106**
Oakworth Dri. *Wir* —5C **120**
Oarside Dri. *Wall* —5A **52**
Oatfield La. *Liv* —4B **22**
Oatlands Rd. *Liv* —3C **22**
Oatlands, The. *Wir* —5C **112**
Oban Dri. *Wir* —2A **158**
Oban Rd. *Liv* —5B **56**
Oberon St. *Liv* —2C **54**
O'Brien Gro. *St H* —4E **47**
Observatory Rd. *Pren* —1E **95**
Oceanic Rd. *Liv* —4F **79**
Ocean Rd. *Liv* —1B **34**
O'Connell Clo. *St H* —2C **48**
O'Connell Rd. *Liv* —2D **77**
Octavia Ct. *Huy* —5F **83**
Octavia Hill Rd. *Liv* —4C **18**
Odsey St. *Liv* —4C **78**
Odyssey Cen. *Birk* —1C **96**
Ogden Clo. *Liv* —3F **57**
Ogle Clo. *Prsct* —1E **85**
Oglet La. *Liv* —5C **146**
Oil St. *Liv* —2B **76** (1A 4)
O'Keefe Rd. *St H* —4C **46**
Okehampton Rd. *Liv* —1D **103**
Okell Dri. *Liv* —2D **127**
Okell St. *Run* —5A **152**
*Old Albert Ter. Run* —*4B 152*
  (off Thomas St.)

Old Barn Rd. *Liv* —5B **56**
Old Barn Rd. *Wall* —3A **74**
Old Bidston Rd. *Birk* —1B **96**
**Old Boston. —1F 49**
Oldbridge Rd. *Liv* —5F **147**
Old Chester Rd. *Birk & Beb* —5E **97**
Old Church Yd. *Liv* —4B **76** (5C 4)
Old Clatterbridge Rd. *Wir* —5E **141**
Old Colliery Rd. *Whis* —3D **85**
Old Distillery Rd. *Liv* —2C **146**
Old Dover Rd. *Liv* —1C **104**
Old Eccleston La. *St H* —5C **44**
Old Farm Clo. *Will* —5A **170**
Old Farm Rd. *Cros* —5F **9**
Old Farm Rd. *Kirkby* —2F **39**
Old Field. *Whis* —2F **85**
Oldfield Clo. *Wir* —5E **137**
Oldfield Cotts. *Wir* —5D **137**
Oldfield Dri. *Hes* —1D **157**
Oldfield Farm La. *Hes* —5D **137**
Oldfield Gdns. *Wir* —1D **157**
Oldfield La. *Wir* —5A **92**
Oldfield Rd. *Hes* —5D **137**
Oldfield Rd. *Liv* —4A **124**
Oldfield Rd. *Wall* —5F **51**
Oldfield Rd. *St H* —3F **45**
Oldfield Way. *Wir* —5D **137**
Oldgate. *Wid* —5C **130**
Old Gorsey La. *Wall* —4B **74**
Old Greasby Rd. *Wir* —4F **93**
Old Hall Clo. *Liv* —3D **13**
Old Hall La. *Liv* —3D **23**
Old Hall Rd. *Brom* —1E **163**
Old Hall Rd. *Liv* —3D **13**
Old Hall St. *Liv* —4B **76** (3B 4)
Oldham Pl. *Liv* —5E **77** (6H 5)
Oldham St. *Liv* —5E **77** (7G 5)
Old Haymarket. *Liv* —4D **77** (4F 5)
Old Higher Rd. *Wid* —2D **149**
Old Hute La. *Liv* —2A **148**
Old Kennel Clo. *Liv* —3F **59**
Old La. *Ecc P* —4E **63**
Old La. *Hes* —2D **159**
Old La. *Liv* —3E **7**
Old La. *Rain* —3B **86**
Old Leeds St. *Liv* —4B **76** (3B 4)
Old Marylands La. *Wir* —5E **71**
Old Mdw. *Know* —4D **41**
Old Mdw. Rd. *Wir* —4E **137**
Old Mill Av. *St H* —1D **89**
Old Mill Clo. *Liv* —1A **102**
Old Mill Clo. *Wir* —3B **158**
Old Mill La. *Know* —4E **41**
Old Mill La. *W'tree* —1A **102**
Old Nook La. *St H* —2E **47**
Old Orchard. *Hals P* —5E **85**
Old Post Office Pl. *Liv* —6E **5**
Old Pump La. *Wir* —1C **114**
Old Quarry, The. *Liv* —2A **126**
Old Quay St. *Run* —4B **152**
Old Racecourse Rd. *Liv* —2B **12**
Old Rectory Grn. *Augh* —1F **7**
Old Rectory Grn. *Liv* —3E **11**
*Old Rockerrians R.F.C. Ground.*
  —*4F 117*
Old Ropery. *Liv* —5C **76** (5C 4)
Old Rough La. *Liv* —2E **23**
Old School Way. *Birk* —2E **95**
**Old Swan. —3A 80**
Old Thomas La. *Liv* —5D **81**
Old Upton La. *Wid* —5E **109**
Old Vicarage Rd. *Will* —5A **170**
Old Whint Rd. *Hay* —2A **48**
Old Wood La. *Liv* —5F **105**
Old Wood Rd. *Wir* —3F **137**
Oleander Dri. *St H* —4C **44**
Olga Rd. *St H* —4C **66**
Olinda St. *Wir* —5B **120**
Olive Clo. *Liv* —3A **22**

Olive Cres. *Birk* —5E **97**
Olivedale Rd. *Liv* —4F **101**
Olive Gro. *Boot* —4A **20**
Olive Gro. *Huy* —4D **83**
Olive Gro. *W'tree* —5A **80**
Olive La. *Liv* —5A **80**
Olive Mt. *Birk* —5E **97**
Olive Mt. Heights. *Liv* —1B **102**
Olive Mt. Rd. *Liv* —1A **102**
Olive Mt. Vs. *Liv* —5A **80**
Olive Mt. Wlk. *Liv* —1A **102**
Oliver Lyme Ho. *Prsct* —5E **63**
Oliver Lyme Rd. *Prsct* —5E **63**
Olive Rd. *Liv* —5E **17**
Oliver Rd. *St H* —2C **64**
Oliver St. *Birk* —3D **97**
Oliver St. E. *Birk* —3E **97**
Olivetree Rd. *Liv* —5B **80**
Olive Va. *Liv* —2E **101**
Olivia Clo. *Pren* —5C **94**
Olivia M. *Pren* —5C **94**
Olivia St. *Boot* —2D **55**
Ollerton Clo. *Pren* —5C **94**
Ollery Grn. *Boot* —1B **20**
Ollier St. *Wid* —5A **132**
Olney St. *Liv* —1F **55**
Olton St. *Liv* —1E **101**
Olympia St. *Liv* —3A **78**
Olympic Way. *Boot* —5B **20**
O' Neill St. *Boot* —4B **34**
(in two parts)
Onslow Rd. *Liv* —3C **78**
Onslow Rd. *Wall* —3B **52**
Onslow Rd. *Wir* —3B **120**
Opal Clo. *Eve* —2B **78**
Opal Clo. *Liv* —5C **18**
*Open Eye Gallery. —5D 77 (6F 5)*
Openfields Clo. *Liv* —2E **127**
Oppenheim Av. *St H* —3C **64**
Orange Gro. *Liv* —3D **78**
Orange Tree Clo. *Liv* —3B **60**
Oran Way. *Liv* —3D **83**
Orb Clo. *Liv* —4C **38**
Orb Wlk. *Liv* —5C **38**
Orchard Av. *Liv* —5D **81**
Orchard Clo. *Ecc P* —4A **64**
Orchard Clo. *Hals P* —5E **85**
Orchard Clo. *St H* —1D **47**
Orchard Ct. *Birk* —1F **119**
Orchard Ct. *Liv* —1E **13**
Orchard Dale. *Liv* —1F **17**
Orchard Dene. *Rain* —3C **86**
Orchard Gdns. *Hals P* —1E **107**
Orchard Grange. *Wir* —2C **92**
Orchard Hey. *Boot* —1B **20**
Orchard Hey. *Ecc* —5A **44**
Orchard Hey. *Liv* —2E **13**
Orchard Rd. *Wir* —5E **71**
Orchard, The. *Huy* —4E **83**
Orchard, The. *Liv* —3F **123**
Orchard, The. *Rain* —1C **86**
Orchard, The. *Wall* —4A **52**
Orchard Way. *Wid* —1A **130**
Orchard Way. *Wir* —1D **141**
Orchid Gro. *Liv* —1F **121**
Orchid Way. *St H* —4B **68**
O'Reilly Ct. *Liv* —2C **76**
Orford Clo. *Hale V* —5D **149**
Orford St. *Liv* —1F **101**
Oriel Clo. *Liv* —5B **76** (5C **4**)
Oriel Clo. *Old R* —2D **21**
Oriel Cres. *Liv* —2C **54**
Oriel Dri. *Liv* —2C **20**
Oriel Lodge. *Boot* —1C **54**
Oriel Rd. *Birk* —1E **119**
Oriel Rd. *Boot* —5B **34**
Oriel Rd. *Liv* —2C **54**
Oriel St. *Liv* —3C **76** (1D **4**)
Orient Dri. *Liv* —1B **126**
Origen Rd. *Liv* —5D **81**

Oriole Clo. *St H* —4B **64**
Orith Av. *Ecc* —5F **43**
Orkney Clo. *St H* —1D **47**
Orkney Clo. *Wid* —1E **133**
Orlando Clo. *Pren* —5C **94**
Orlando St. *Boot* —2C **54**
Orleans Rd. *Liv* —3A **80**
Ormande St. *Sher I* —2B **66**
Ormesby Gro. *Wir* —4B **162**
Ormiston Rd. *Wall* —4B **52**
Ormond Clo. *Wid* —2C **130**
Ormonde Av. *Liv* —3C **12**
Ormonde Cres. *Liv* —3A **24**
Ormonde Dri. *Liv* —2C **12**
Ormond M. *Pren* —5C **94**
Ormond St. *Liv* —4C **76** (4C **4**)
Ormond St. *Wall* —1B **74**
Ormond Way. *Pren* —5C **94**
Ormsby St. *Liv* —2E **101**
Ormside Gro. *St H* —4D **67**
Ormskirk Rd. *Know* —2D **41**
Ormskirk Rd. *Liv* —5B **20**
Ormskirk St. *St H* —4F **45**
Orphan Dri. *Liv* —1D **79**
Orphan St. *Liv* —1A **100**
**Orrell. —2D 35**
Orrell Hey. *Boot* —1D **35**
Orrell La. *Boot & Liv* —1E **35**
Orrell Mt. *Boot* —1C **34**
Orrell Mt. Ind. Est. *Boot* —1C **34**
Orrell Rd. *Liv & Boot* —5C **18**
Orrell Rd. *Wall* —4C **52**
Orrell St. *St H* —5C **46**
Orret's Mdw. Rd. *Wir* —1B **116**
Orrysdale Rd. *Wir* —3A **112**
Orry St. *Liv* —1D **77**
Orsett Rd. *Liv* —5F **23**
Orston Cres. *Wir* —5A **142**
Ortega Clo. *Wir* —5C **120**
Orthes St. *Liv* —5F **77** (6J **5**)
Orton Rd. *Liv* —1C **102**
Orville St. *St H* —4E **67**
Orwell Rd. *Sut M* —3A **88**
Orwell Rd. *Liv* —3D **55**
Osbert Rd. *Liv* —1B **16**
Osborne Av. *Wall* —4B **52**
Osborne Gro. *Prsct* —1A **84**
Osborne Gro. *Wall* —5B **52**
Osborne Rd. *Ecc* —3A **44**
Osborne Rd. *Lith* —4C **18**
Osborne Rd. *Pren* —4B **96**
Osborne Rd. *Tue* —5E **57**
Osborne Rd. *Wall* —4C **52**
Osborne Va. *Wall* —4B **52**
Osborne Wood. *Liv* —3C **122**
Osbourne Clo. *Wir* —3E **163**
Osmaston Rd. *Birk* —2A **118**
Osprey Clo. *Beech* —5F **167**
Osprey Clo. *Liv* —4F **105**
Ossett Clo. *Nort* —2D **169**
Ossett Clo. *Pren* —5C **94**
Osterley Gdns. *Liv* —2F **35**
O'Sullivan Cres. *St H* —3E **47**
Oswald Clo. *Liv* —4E **15**
Oteley Av. *Wir* —2D **163**
Othello Clo. *Liv* —2C **54**
Otterburn Clo. *Wir* —1B **92**
**Otterspool. —3C 122**
Otterspool Dri. *Liv* —4D **123**
Otterspool Rd. *Liv* —3D **123**
Otterton Rd. *Liv* —3C **38**
Ottley St. *Liv* —3C **78**
Otway St. *Liv* —3C **144**
Oulton Clo. *Liv* —3B **6**
Oulton Clo. *Pren* —1E **117**
Oulton La. *Liv* —1D **105**
Oulton Rd. *Liv* —3D **103**
Oulton Way. *Pren* —2E **117**
Oundle Dri. *Liv* —2C **20**
Oundle Pl. *Liv* —5B **126**

Oundle Rd. *Wir* —5E **71**
Outer Central Rd. *Liv* —2E **147**
Outer Forum. *Liv* —1E **57**
Out La. *Liv* —2A **126**
Outlet La. *Liv & Bic* —1E **15**
*Oval Sports Cen., The. —5F 119*
Oval, The. *Wall* —5F **51**
Overbrook La. *Know B* —3C **40**
Overbury St. *Liv* —1B **100**
Overchurch Rd. *Wir* —3E **93**
Overdale Av. *Wir* —2D **139**
Overdale Rd. *Will* —4A **170**
Overdene Wlk. *Liv* —4F **23**
Overgreen Gro. *Wir* —5D **71**
Overton Av. *Liv* —4B **18**
Overton Clo. *Liv* —4D **23**
Overton Clo. *Pren* —1F **117**
Overton Grn. *Liv* —4D **23**
Overton Rd. *Wall* —2B **74**
Overton St. *Liv* —5B **78**
Overton Way. *Pren* —1F **117**
Ovington Clo. *Sut W* —1F **173**
Ovolo Rd. *Liv* —2A **80**
Owdale Rd. *Liv* —4A **36**
Owen Clo. *St H* —2D **65**
Owen Dri. *Liv* —4B **146**
Owen Rd. *Kirk* —3D **55**
Owen Rd. *Know I* —1C **40**
Owen Rd. *Rain* —4C **86**
Owen St. *St H* —2C **64**
Oxborough Clo. *Wid* —5F **109**
Oxbow Rd. *Liv* —3E **59**
Oxendale Clo. *Liv* —2B **100**
Oxenholme Cres. *Liv* —2A **58**
Oxford Av. *Boot* —5D **35**
Oxford Av. *Liv* —5B **18**
Oxford Clo. *Liv* —2C **122**
Oxford Dri. *Halew* —4F **127**
Oxford Dri. *Wat* —3C **16**
Oxford Dri. *Wir* —4F **159**
*Oxford Ho. Boot —5E 35*
(off Fernhill Rd.)
Oxford Rd. *Boot* —5D **35**
Oxford Rd. *Huy* —2A **84**
Oxford Rd. *Run* —1A **166**
Oxford Rd. *Wall* —2C **74**
Oxford Rd. *Walt* —5B **20**
Oxford Rd. *Wat* —3C **16**
Oxford St. *Liv* —5F **77** (6J **5**)
(in two parts)
Oxford St. *St H* —4F **45**
(Cooper St.)
Oxford St. *St H* —3F **45**
(Rutland St.)
Oxford St. *Wid* —5B **132**
Oxford St. E. *Liv* —5A **78**
Oxheys. *Nort* —2C **168**
Ox La. *Tarb G* —2C **106**
Oxley Av. *Wir* —3B **72**
Oxley St. *St H* —4D **67**
Oxmoor Clo. *Brook* —5A **168**
**Oxton. —5F 95**
Oxton Clo. *Aig* —2C **122**
Oxton Clo. *Kirkby* —5B **22**
Oxton Clo. *Wid* —5C **108**
*Oxton Cricket Club Ground. —5F 95*
Oxton Rd. *Birk* —4C **96**
Oxton Rd. *Wall* —2E **75**
Oxton St. *Liv* —3F **55**

**P**acific Rd. *Birk* —2F **97**
Pacific Rd. *Boot* —5B **34**
(Atlantic Rd.)
Pacific Rd. *Boot* —4B **34**
(Sea Vw. Rd.)
Packenham Rd. *Liv* —5F **57**
Paddington. *Liv* —5A **78**
(in two parts)
Paddock Clo. *Liv* —4B **8**

Paddock Gro. *Clo F* —3D **89**
Paddock Ri. *Padd M* —1E **173**
Paddock Rd. *Know P* —5A **62**
Paddock, The. *Hes* —2C **158**
Paddock, The. *Kirkby* —1D **39**
Paddock, The. *More* —2C **92**
Paddock, The. *Prsct* —4A **64**
Paddock, The. *Upt* —4B **94**
Paddock, The. *Wltn* —5B **104**
Padeswood Clo. *St H* —5C **66**
Padstow Clo. *Liv* —3E **127**
Padstow Dri. *Wind* —2B **44**
Padstow Rd. *Liv* —1D **103**
Padstow Rd. *Wir* —1C **114**
Padstow Sq. *Brook* —5B **168**
Pagebank Rd. *Liv* —3A **82**
Pagefield Rd. *Liv* —3F **101**
Page Grn. *Liv* —3C **82**
**Page Moss. —4B 82**
Page Moss Av. *Liv* —2B **82**
Page Moss La. *Liv* —3A **82**
Page Moss Pde. *Liv* —2B **82**
Page Wlk. *Liv* —3E **77** (2H **5**)
Pagewood Clo. *Pren* —5D **95**
Paignton Clo. *Liv* —3B **84**
Paignton Rd. *Liv* —1D **103**
Paignton Rd. *Wall* —5F **51**
Paisley Av. *St H* —1D **47**
Paisley Av. *Wir* —1E **171**
Paisley Ct. *Liv* —2F **81**
Paisley St. *Liv* —3B **76** (2A **4**)
**Palace Fields. —4B 168**
Palace Fields Av. *Brook & Pal*
—4F **167**
Palace Rd. *Liv* —2A **36**
Palatine Arc. *St H* —5A **46**
Palatine Rd. *Wall* —4D **75**
Palatine Rd. *Wir* —1C **162**
Palatine, The. *Boot* —5C **34**
Palermo Clo. *Wall* —4D **75**
Paley Clo. *Liv* —4F **55**
Palladio Rd. *Liv* —2A **80**
Pallard Av. *Frod* —5D **173**
Pall Mall. *Liv* —3B **76** (1C **4**)
Pall Mall Cen. *Liv* —3B **76** (2C **4**)
Palm Clo. *Liv* —5C **36**
*Palm Ct. Liv* —5A **100**
(off Weller Way)
Palmer Clo. *St H* —4F **45**
Palmerston Av. *Liv* —1A **34**
Palmerston Clo. *Liv* —1F **123**
Palmerston Ct. *Liv* —1F **123**
Palmerston Dri. *Liv* —1B **34**
Palmerston Rd. *Gars* —1C **144**
Palmerston Rd. *Moss H* —1F **123**
Palmerston Rd. *Wall* —2F **73**
Palmerston St. *Birk* —2F **119**
Palm Gro. *Liv* —3B **126**
Palm Gro. *Pren* —3A **96**
Palm Hill. *Pren* —5B **96**
Palmwood Av. *Rain* —4D **87**
Palmwood Clo. *Pren* —3E **117**
Paltridge Way. *Wir* —3F **137**
Pamela Clo. *Liv* —1B **38**
Pampas Gro. *Liv* —4B **36**
Pankhurst Rd. *Liv* —3C **18**
Pansy St. *Liv* —4D **55**
Parade. *Liv* —1B **98** (7C **4**)
Parade Cres. *Liv* —5E **147**
Parade St. *St H* —4A **46**
Parade, The. *W'tree* —5B **80**
Paradise Gdns. *Liv* —2F **101**
Paradise La. *Whis* —4D **85**
Paradise St. *Liv* —1C **98** (6E **4**)
Paragon Clo. *Wid* —4B **110**
Parbold Ct. *Wid* —4D **131**
Parbrook Clo. *Liv* —5D **61**
Parbrook Rd. *Liv* —5D **61**

Park Av. *Cros* —5E **9**
Park Av. *Ecc P* —4F **63**
Park Av. *Faz* —1C **36**
Park Av. *Hay* —2A **48**
Park Av. *Lyd* —4D **7**
Park Av. *Moss H* —1E **123**
Park Av. *Rain* —2C **86**
Park Av. *Wall* —3D **75**
Park Av. *Wid* —2B **132**
Parkbourn Dri. *Liv* —5F **7**
Parkbourn Sq. *Liv* —5F **7**
Parkbridge Rd. *Birk* —1C **118**
Pk. Brow Dri. *Liv* —5F **23**
Parkbury Ct. *Pren* —1A **118**
Park Clo. *Birk* —3C **96**
Park Clo. *Kirkby* —1B **22**
Park Ct. *Frod* —5A **172**
Park Ct. *Kirkby* —2C **22**
Park Ct. *Liv* —5E **17**
Park Ct. *Run* —2A **166**
Parkdale Av. *Liv* —1A **36**
Park Dri. *Cros* —5A **8**
Park Dri. *Pren* —2A **96**
Park Dri. *Thor* —3A **10**
Parkend Rd. *Birk* —1C **118**
Parker Av. *Liv* —1F **33**
Parker Clo. *Boot* —4B **20**
Parkers Ct. *Hall P* —4E **167**
Parker St. *Liv* —5D **77** (5F **5**)
Parker St. *Run* —4B **152**
Parkfield Av. *Birk* —3D **97**
Parkfield Av. *Boot* —5A **20**
Parkfield Dri. *Wall* —2B **74**
Parkfield Gro. *Liv* —1C **12**
Parkfield Pl. *Birk* —3D **97**
Parkfield Rd. *Aig* —5B **100**
Parkfield Rd. *Wat* —3E **17**
Parkfield Rd. *Wir* —4A **142**
Parkgate La. *Nest* —5E **159**
Parkgate Way. *Murd* —4C **168**
Park Gro. *Birk* —4D **97**
Pk. Hill Ct. *Liv* —5F **99**
Parkhill Rd. *Birk* —1C **118**
Pk. Hill Rd. *Liv* —5F **99**
Parkholme. *Liv* —4E **17**
Park Ho. St. *St H* —4C **46**
Parkhurst Rd. *Birk* —2C **118**
Parkhurst Rd. *Liv* —2F **57**
Parkinson Rd. *Liv* —4A **36**
Parkland Clo. *Liv* —4F **99**
Parkland Ct. *Pren* —1C **94**
Parklands. *Know* —5D **41**
Parklands. *Wid* —1C **130**
*Parklands Ct. Wir* —2A **116**
(off Childwall Grn.)
Parklands Dri. *Wir* —4B **158**
Parklands Way. *Liv* —4E **17**
Park La. *Boot* —1E **35**
(L20)
Park La. *Boot* —3F **19**
(L30)
Park La. *Frod* —5B **172**
Park La. *Liv* —1C **98** (7D **4**)
Park La. *Mag* —4F **7**
Park La. *Wir* —5A **70**
Park La. W. *Boot* —2F **19**
Park Pl. *Boot* —5C **34**
Park Pl. *Liv* —3E **99**
Park Rd. *Birk* —1E **119**
Park Rd. *East* —4F **163**
Park Rd. *Hes* —1B **158**
Park Rd. *Kirkby* —2B **22**
Park Rd. *Meol* —2E **91**
Park Rd. *Port S* —2B **142**
Park Rd. *Prsct* —4C **62**
Park Rd. *Run* —2F **165**
Park Rd. *St H* —4C **46**
Park Rd. *Tox* —4F **99**
Park Rd. *Wall* —3C **74**
Park Rd. *Wat* —4E **17**

Park Rd. *W Kir* —4A **112**
Park Rd. *Wid* —3B **132**
Park Rd. *Will* —5B **170**
Park Rd. E. *Birk* —3C **96**
Park Rd. N. *Birk* —2F **95**
Park Rd. S. *Pren* —3B **96**
*Park Rd. Sports Cen.* —4F **99**
Park Rd. W. *Pren* —2F **95**
Parkside. *Boot* —4C **34**
Parkside. *Wall* —3C **74**
Parkside Av. *Sut M* —3B **88**
Parkside Clo. *Liv* —5E **105**
Parkside Clo. *Wir* —1A **142**
Parkside Dri. *Liv* —3A **58**
Parkside Rd. *Birk* —1E **119**
Parkside Rd. *Wir* —1A **142**
Parkside St. *Liv* —3F **77**
Parkstile La. *Liv* —4C **38**
Parkstone Rd. *Birk* —1C **118**
Park St. *Birk* —2D **97**
(in two parts)
Park St. *Boot* —5C **34**
Park St. *Hay* —2F **47**
Park St. *Liv* —4D **99**
Park St. *St H* —4C **46**
Park St. *Wall* —2C **74**
Park Ter. *Liv* —5E **17**
Park, The. *Liv* —5E **83**
Parkvale Av. *Nor C* —4E **117**
Pk. Vale Rd. *Liv* —2A **36**
Park Vw. *Huy* —2C **82**
Park Vw. *Liv* —1D **79**
(L6)
Park Vw. *Liv* —5A **18**
(L21)
Park Vw. *Thor* —3B **10**
Park Vw. *Walt* —4A **36**
Park Vw. *Wat* —3D **17**
Park Vw. *Wir* —2C **162**
Parkview Clo. *Birk* —2C **96**
Parkview Clo. *Hes* —2F **157**
Parkview Dri. *Liv* —5E **105**
Parkview Rd. *Liv* —2D **39**
Pk. Wall Rd. *Liv* —1A **10**
Parkway. *Boot* —5F **11**
Parkway. *Cros* —5F **17**
Park Way. *Huy* —4D **61**
Parkway. *Irby* —5F **115**
Park Way. *Meol* —3E **91**
Park Way. *Tox* —2F **99**
(in two parts)
Parkway. *Wall* —4E **51**
Parkway Clo. *Wir* —5F **115**
Parkway E. *Liv* —2B **22**
Parkway W. *Liv* —2B **22**
Park W. *Wir* —3D **157**
Parkwood Clo. *Wir* —1D **163**
Parkwood Rd. *Liv* —5A **104**
Parkwood Rd. *Whis* —4E **85**
Parlane St. *St H* —4C **46**
(in two parts)
Parliament Clo. *Liv* —2E **99**
Parliament Pl. *Liv* —2F **99**
Parliament St. *Liv* —2D **99**
Parliament St. *That H* —4D **65**
Parlington Clo. *Wid* —5C **130**
Parlow Rd. *Liv* —3E **57**
Parnell Rd. *Wir* —4A **142**
**Parr. —5D 47**
*Parr Community Swimming Pool.*
—5C **46**

Parren Av. *Whis* —5C **84**
Parr Gro. *Hay* —2A **48**
Parr Gro. *Wir* —5C **92**
Parr Ind. Est. *St H* —1E **67**
Parr Mt. Ct. *St H* —5C **46**
Parr Mt. St. *St H* —5C **46**
Parr's Rd. *Pren* —1B **118**
**Parr Stocks. —1D 67**
Parr Stocks Rd. *Parr & St H* —5D **47**

Parr St. *Liv* —1D **99** (7F **5**)
(L1)
Parr St. *Liv* —4B **18**
(L21)
Parr St. *St H* —5B **46**
Parr St. *Wid* —3C **132**
Parry's La. *Run* —1A **166**
Parry St. *Wall* —4D **75**
Parsonage Rd. *Wid* —3A **152**
Parthenon Dri. *Liv* —5D **37**
Partington Av. *Boot* —4E **35**
Parton St. *Liv* —3C **78**
Partridge Clo. *Liv* —5F **39**
Partridge Rd. *Cros* —1B **16**
Partridge Rd. *Kirkby* —2B **22**
*Passport Office.* —*5C* **76** (*5C* **4**)
Passway. *St H* —5C **30**
Pasture Av. *Wir* —4E **71**
Pasture Clo. *Clo F* —2C **88**
Pasture Clo. *Liv* —3B **126**
Pasture Cres. *Liv* —5E **71**
Pasture La. *Rainf* —1A **28**
Pasture Rd. *Wir* —3D **71**
Pastures, The. *Wir* —4A **68**
Pastures, The. *Wir* —4F **113**
Pateley Clo. *Liv* —4C **22**
Pateley Wlk. *Liv* —3F **147**
Paterson St. *Birk* —3C **96**
Patmos Clo. *Liv* —5E **55**
Paton Clo. *Wir* —3D **113**
Patricia Av. *Birk* —5F **73**
Patricia Gro. *Boot* —2D **35**
Patrick Av. *Boot* —1D **35**
Pattens Clo. *Boot* —1D **19**
Patten St. *Birk* —1A **96**
Patten's Wlk. *Know* —3D **41**
Patterdale Cres. *Liv* —5E **7**
Patterdale Dri. *St H* —3B **64**
Patterdale Rd. *Liv* —3E **101**
Patterdale Rd. *Wir* —4F **141**
Pauldings La. *Liv* —5A **18**
Pauline Wlk. *Liv* —1B **38**
Paul McCartney Way. *Liv* —3B **78**
Paul Orr Ct. *Liv* —2C **76**
Paulsdail Dri. *Wir* —2E **93**
Paul St. *Liv* —3C **76** (1D **4**)
Paulton Clo. *Liv* —5F **99**
Paverley Bank. *Liv* —3D **105**
Pavilion Clo. *Liv* —2B **100**
*Pavilion Sports Cen.* —*5A* **58**
Paxton Rd. *Liv* —2E **83**
Peacehaven Clo. *Liv* —1F **103**
Peach Gro. *Hay* —1E **49**
Peach Gro. *Liv* —1B **22**
Peach St. *Liv* —5F **77**
Peach Tree Clo. *Hale V* —5E **149**
Pearce Clo. *Liv* —3F **103**
Pear Gro. *Liv* —3B **78**
Pearl Way. *Liv* —2B **78**
Pearson Rd. *Boot* —1E **35**
Pearson Rd. *Birk* —5E **97**
Pearson St. *Liv* —2F **101**
Pear Tree Av. *Liv* —2F **59**
Pear Tree Av. *Run* —3C **166**
Peartree Clo. *Frod* —4D **173**
Pear Tree Clo. *Hale V* —5E **149**
Pear Tree Dri. *Wir* —1C **158**
Pear Tree Rd. *Liv* —1E **105**
Peasefield Rd. *Liv* —2A **82**
**Peasley Cross.** —*2C* **66**
Peasley Cross La. *St H* —5B **46**
Peatwood Av. *Liv* —1F **39**
Peckers Hill Rd. *St H* —4E **67**
Peckfield Clo. *Brook* —5A **168**
Peckforton Dri. *Sut W* —1F **173**
Peckmill Grn. *Liv* —5F **105**
Pecksniff Clo. *Liv* —4F **99**
Peebles Av. *St H* —1D **47**
Peebles Clo. *Liv* —4D **15**
Peel Av. *Birk* —1F **119**

. Peel Clo. *Whis* —3E **85**
Peel Cottage. *Liv* —5B **6**
Peel Ho. La. *Wid* —1B **132**
Peel Pl. *Liv* —2F **99**
Peel Pl. *St H* —3A **46**
Peel Rd. *Boot* —3A **34**
Peel St. *Liv* —5A **100**
Peel St. *Run* —4F **151**
Peel Wlk. *Liv* —5B **6**
Peet Av. *Ecc* —4C **44**
Peet St. *Liv* —5B **78**
Pelham Gro. *Liv* —5C **100**
Pelham Rd. *Wall* —3A **74**
Pemberton Clo. *Will* —5A **170**
Pemberton Rd. *Liv* —3A **80**
Pemberton Rd. *Wir* —1B **116**
Pemberton St. *St H* —5E **45**
Pembrey Way. *Liv* —4D **127**
Pembroke Av. *Wir* —2E **93**
Pembroke Clo. *St H* —1E **65**
Pembroke Ct. *Birk* —5E **97**
Pembroke Ct. *Mnr P* —2C **154**
Pembroke Gdns. *Liv* —4F **77** (4J **5**)
Pembroke Pl. *Liv* —4E **77** (4J **5**)
Pembroke Rd. *Boot & Liv* —5C **34**
Pembroke St. *Liv* —4F **77** (4J **5**)
Pembury Clo. *Liv* —5E **39**
Penare. *Brook* —5C **168**
Penarth Clo. *Liv* —1B **100**
Pencombe Rd. *Liv* —2B **82**
Penda Dri. *Liv* —4E **15**
Pendennis Rd. *Wall* —3C **74**
Pendennis St. *Liv* —1B **78**
Pendine Clo. *Liv* —2C **78**
Pendle Av. *St H* —3D **47**
Pendlebury St. *Clo F* —2C **88**
Pendle Clo. *Wir* —3E **93**
Pendle Dri. *Liv* —1C **18**
Pendleton Grn. *Liv* —5E **127**
(in two parts)
Pendleton Rd. *Liv* —1A **56**
Pendle Vw. *Liv* —1C **18**
Pendle Vs. *Liv* —2C **18**
Penfold. *Liv* —1E **13**
Penfold Clo. *Liv* —4D **103**
Penfolds. *Halt B* —1D **167**
Pengwern Gro. *Liv* —1D **101**
Pengwern St. *Liv* —4A **100**
Pengwern Ter. *Wall* —4C **52**
Penhale Clo. *Liv* —2B **122**
Peninsula Clo. *Wall* —3E **51**
Penketh Ct. *Run* —4B **152**
Penketh Grn. *Liv* —3E **147**
Penketh's La. *Run* —4A **152**
Penkett Ct. *Wall* —5C **52**
Penkett Gdns. *Wall* —5C **52**
Penkett Gro. *Wall* —5C **52**
Penkett Rd. *Wall* —5B **52**
Penkford La. *C Grn* —2D **69**
Penkford St. *Newt W* —5E **49**
Penlake La. *St H* —4E **67**
Penley Cres. *Liv* —3B **22**
Penlinken Dri. *Liv* —2B **78**
Penmann Clo. *Liv* —4F **127**
Penmann Cres. *Liv* —4F **127**
Penmon Dri. *Wir* —4F **137**
Pennant Av. *Liv* —2C **58**
Pennard Av. *Liv* —5D **61**
Pennine Clo. *St H* —5E **47**
Pennine Dri. *St H* —5F **47**
Pennine Rd. *Birk* —3C **118**
Pennine Rd. *Wall* —2F **73**
Pennine Way. *Liv* —1C **22**
Pennington Av. *Boot* —1E **35**
Pennington Clo. *Frod* —2D **173**
Pennington La. *St H* —5B **48**
Pennington Rd. *Liv* —2C **34**
Pennington St. *Liv* —1F **55**
Penn La. *Run* —5F **151**

Pennsylvania Rd. *Liv* —4D **57**
Penny La. *C Grn* —3D **69**
Penny La. *Hay* —1F **49**
Penny La. *Liv* —5F **101**
Penny La. *Wid* —2F **107**
Penny La. Neighbourhood Cen. *Liv*
—3F **101**
Pennystone Clo. *Wir* —3D **93**
Penpoll Ind. Est. *Boot* —2C **34**
Penrhos Rd. *Wir* —5A **90**
Penrhyd Rd. *Wir* —2D **137**
Penrhyn Av. *Liv* —1B **34**
Penrhyn Av. *Wir* —1A **138**
Penrhyn Cres. *Run* —3A **166**
Penrhyn Rd. *Know B* —3B **40**
Penrhyn St. *Liv* —1D **77**
Penrith Clo. *Frod* —4D **173**
Penrith Cres. *Liv* —5E **7**
Penrith Rd. *St H* —3B **64**
Penrith St. *Birk* —4C **96**
Penrose Av. E. *Liv* —4E **81**
Penrose Av. W. *Liv* —4E **81**
Penrose St. *Liv* —5E **55**
Penryn Av. *St H* —1D **47**
Pensall Dri. *Wir* —5F **137**
Pensarn Rd. *Liv* —4F **79**
**Pensby.** —*3A* **138**
Pensby Clo. *Wir* —2A **138**
Pensby Hall La. *Wir* —5F **137**
Pensby Rd. *Hes* —1A **158**
Pensby Rd. *Thing* —2A **138**
Pensby St. *Birk* —1B **96**
Penshaw Ct. *Run* —3E **167**
Pentire Av. *Wind* —2B **44**
Pentire Clo. *Liv* —2B **38**
Pentland Av. *Liv* —2A **56**
Pentland Av. *St H* —5F **47**
Pentland Rd. *Liv* —1A **24**
Penuel Rd. *Liv* —1F **55**
Penvalley Cres. *Liv* —2C **78**
Peony Gdns. *St H* —4B **68**
Peover St. *Liv* —3D **77** (1F **5**)
Peploe Rd. *Walt* —1D **57**
Peplow Rd. *Kirkby* —3B **22**
Pepper St. *Hale V* —5D **149**
Pera Clo. *Liv* —3A **78**
*Perch Rock Fort.* —*1B* **52**
Percival La. *Run* —5E **151**
Percival Way. *St H* —3C **44**
Percy Rd. *Wall* —4D **75**
Percy St. *Boot* —3B **34**
Percy St. *Liv* —2F **99**
Percy St. *St H* —4F **67**
Peregrine Way. *Liv* —3E **127**
Perimeter Rd. *Know I & Liv* —5D **25**
Perriam Rd. *Liv* —4D **125**
Perrin Av. *Run* —2E **165**
Perrin Rd. *Wall* —1E **73**
Perrins Rd. *Btnwd* —5F **69**
Perrygate Clo. *Liv* —1B **100**
Perry St. *Liv* —3D **99**
Perry St. *Run* —5B **152**
Pershore Rd. *Liv* —5E **23**
Perth Av. *That H* —4E **65**
Perth Clo. *Liv* —4D **15**
Perth St. *Liv* —3A **78**
Peterborough Dri. *Boot* —1E **19**
Peterborough Rd. *Liv* —3A **102**
Peterlee Clo. *St H* —4F **65**
Peterlee Way. *Boot* —4A **20**
*Peter Lloyd Leisure Cen.* —*1F* **79**
Peter Mahon Way. *Boot* —4B **34**
Peter Price's La. *Wir* —3E **141**
Peter Rd. *Liv* —1E **55**
(in two parts)
Petersfield Clo. *Boot* —4A **20**
Petersgate. *Murd* —3D **169**
Peter's La. *Liv* —5D **77** (6E **5**)
Peter St. *Liv* —4D **77** (4E **4**)
Peter St. *St H* —4E **45**

# Peter St.—Poplar Dri.

Peter St. *Wall* —4E **75**
Peterwood. *Birk* —3A **120**
Petham Ct. *Wid* —5E **109**
Petherick Rd. *Liv* —3C **38**
Petton St. *Liv* —5F **55**
Petunia Clo. *Liv* —2A **82**
Petunia Clo. *St H* —4A **68**
Petworth Clo. *Liv* —3B **146**
Peveril St. *Liv* —5F **35**
**Pex Hill Country Pk. & Vis. Cen.**
                              *—3E 109*
Pharmacy Rd. *Liv* —3C **146**
Pheasant Fields. *Hale V* —5C **148**
Pheasant Gro. *Liv* —3E **127**
Philbeach Rd. *Liv* —1D **57**
**Philharmonic Hall. —1F 99 (7J 5)**
Philip Gro. *St H* —4C **66**
Philip Rd. *Wid* —4B **130**
Phillimore Rd. *Liv* —3C **78**
Phillip Gro. *Liv* —1E **81**
Phillips Clo. *Thor* —4B **10**
Phillips St. *Liv* —3C **76** (2D **4**)
Phillips Way. *Wir* —2E **157**
Phipps' La. *Btnwd* —3E **69**
Phoenix Dri. *Liv* —2A **82**
Physics Rd. *Liv* —2C **146**
Phythian Clo. *Liv* —3A **78**
Phythian St. *Hay* —2F **47**
Phythian St. *Liv* —3A **78**
Picadilly. *Bil* —1E **31**
Pickerill Rd. *Wir* —1D **115**
Pickering Rake. *Boot* —5D **11**
Pickering Rd. *Wall* —3B **52**
Pickerings Clo. *Run* —4C **166**
**Pickering's Pasture Local**
             **Nature Reserve. —3B 150**
Pickerings Rd. *Haleb* —2B **150**
Pickering St. *Liv* —1A **78**
Pickmere Dri. *Brook* —5C **168**
Pickmere Dri. *Wir* —2F **171**
  (in two parts)
Pickop St. *Liv* —3C **76** (2D **4**)
Pickwick St. *Liv* —3F **99**
Pickworth Way. *Liv* —3B **22**
Picow Farm Rd. *Run* —1E **165**
Picow Rd. *Run* —5E **151**
Picow St. *Run* —5A **152**
Picton Av. *Run* —1B **166**
Picton Clo. *Pren* —5F **95**
Picton Clo. *Wir* —2D **171**
Picton Cres. *Liv* —1E **101**
Picton Rd. *Wall* —4D **17**
Picton Rd. *W'tree* —1D **101**
**Picton Sports Cen. —1F 101**
Piele Rd. *Hay* —1D **49**
Pighue La. *Liv* —5E **79**
Pigot St. *St H* —5E **45**
Pigott's Rake. *Boot* —5D **11**
Pike Ho. Rd. *Ecc* —3A **44**
Pike Pl. *Ecc* —4B **44**
Pikes Bri. Fold. *Ecc* —4A **44**
Pikes Hey Rd. *Wir* —2F **135**
Pilchbank Rd. *Liv* —2E **81**
Pilch La. *Liv* —2E **81**
Pilch La. E. *Liv* —4A **82**
Pilgrim St. *Birk* —3F **97**
Pilgrim St. *Liv* —1E **99** (7H **5**)
Pilgrims Way. *Run* —4D **155**
**Pilkington Glass Mus. —1B 64**
Pilling La. *Liv* —2A **6**
Pilot Gro. *Liv* —1D **101**
Pimblett Rd. *Hay* —1E **49**
Pimbley Gro. E. *Liv* —4C **12**
Pimbley Gro. W. *Liv* —4C **12**
Pimhill Clo. *Liv* —3A **100**
Pimpernel Way. *St H* —4A **68**
Pincroft Way. *Liv* —4D **55**
Pine Av. *St H* —2F **45**
Pine Av. *Wid* —2B **132**

Pine Av. *Wir* —4F **141**
Pine Clo. *Hay* —2C **48**
Pine Clo. *Huy* —2D **83**
Pine Clo. *Kirkby* —2C **22**
Pine Clo. *Whis* —3E **85**
*Pine Ct. Birk —3D 97*
  (off Byles St.)
*Pine Ct. Liv —5A 100*
  (off Byles St.)
Pinedale Clo. *Pren* —5D **95**
Pine Gro. *Boot* —4D **35**
Pine Gro. *Wat* —3D **17**
Pinehurst Av. *Anf* —4B **56**
Pinehurst Av. *Wat* —2C **16**
Pinehurst Rd. *Liv* —4B **56**
Pinellas. *Run* —4B **152**
Pinemore Rd. *Liv* —2A **124**
Pineridge Clo. *Wir* —5C **142**
Pine Rd. *Run* —3C **166**
Pine Rd. *Wir* —1C **158**
Pines, The. *Liv* —4F **39**
Pines, The. *Wir* —4B **142**
Pinetop Clo. *Liv* —2B **78**
Pinetree Av. *Pren* —5C **94**
Pinetree Clo. *Boot* —2F **19**
Pine Tree Clo. *Wir* —1F **93**
Pinetree Ct. *Wall* —1F **73**
Pinetree Dri. *Wir* —5D **113**
Pine Tree Gro. *Wir* —1F **93**
Pinetree Rd. *Liv* —5C **83**
Pine Vw. Dri. *Wir* —5A **138**
Pine Views. *Liv* —2E **99**
Pine Walks. *Birk* —3B **118**
Pine Way. *Wir* —5E **127**
Pinewood Av. *W Der* —5D **39**
Pinewood Clo. *N'ley* —3E **105**
Pinewood Dri. *Wir* —2B **158**
Pinewood Gdns. *Liv* —5E **15**
Pinewood Rd. *Btnwd* —4F **69**
Pinfold Clo. *Boot* —5E **11**
Pinfold Ct. *Cros* —5D **9**
Pinfold Ct. *Wir* —2A **112**
Pinfold Cres. *Liv* —5A **24**
Pinfold Dri. *Ecc* —5A **44**
Pinfold La. *Know* —5B **40**
Pinfold La. *Wir* —2A **112**
Pinfold Rd. *Liv* —5C **126**
Pingwood La. *Liv* —1F **15**
Pinmill Brow. *Frod* —5B **172**
Pinmill Clo. *Frod* —5B **172**
Pinners Fold. *Nort* —2B **168**
Pinnington Pl. *Liv* —4D **83**
Pinnington Rd. *Whis* —3E **85**
Pintail Clo. *St H* —2B **46**
Piper's Clo. *Wir* —2D **157**
Piper's End. *Wir* —2D **157**
Pipers La. *Hes* —5C **136**
  (in two parts)
Pipit Clo. *Liv* —2E **127**
Pippits Row. *Padd M* —1E **173**
Pirrie Rd. *Liv* —5D **37**
Pitch Clo. *Wir* —5D **93**
Pit La. *Wid* —5A **110**
Pit Pl. *Liv* —2A **126**
Pitsmead Rd. *Liv* —4E **23**
Pitts Heath La. *Run* —4D **155**
Pitt St. *Liv* —1D **99**
Pitt St. *St H* —5C **46**
Pitt St. *Wid* —2A **152**
Pitville Av. *Liv* —1A **124**
Pitville Clo. *Liv* —2A **124**
Pitville Gro. *Liv* —1A **124**
Pitville Rd. *Liv* —1A **124**
Pitville Ter. *Wid* —5C **130**
Plaistow Ct. *Run* —3E **167**
Plane Clo. *Liv* —5B **36**
Plane Tree Gro. *Hay* —1F **49**
Planetree Rd. *Liv* —4E **59**
Plane Tree Rd. *Wir* —3E **141**
Plantation Clo. *Cas* —1A **168**

Plantation Rd. *Brom* —1F **163**
Planters, The. *Boot* —1B **20**
Planters, The. *Wir* —5C **92**
Platt Gro. *Birk* —4A **120**
Platts St. *Hay* —2A **48**
Plattsville Rd. *Liv* —4A **102**
Playfield Rd. *Liv* —4F **59**
Playfield Wlk. *Liv* —4F **59**
**Playhouse Theatre. —5D 77 (5F 5)**
Pleasant Hill St. *Liv* —3D **99**
Pleasant St. *Boot* —1B **54**
Pleasant St. *Liv* —5E **77** (6H **5**)
Pleasant St. *Wall* —4B **52**
Pleasant Vw. *Boot* —1B **54**
Pleasant Vw. *Liv* —4E **79**
Pleasington Clo. *Pren* —5E **95**
Pleasington Dri. *Pren* —5E **95**
Plemont Rd. *Liv* —1F **79**
Plimsoll St. *Liv* —5B **78**
Plover Dri. *Nort* —2D **169**
Pluckington Rd. *Liv* —3B **84**
Plumbers Way. *Liv* —4F **83**
Plumer St. *Birk* —1A **96**
Plumer St. *Liv* —2E **101**
Plumley Gdns. *Wid* —2A **130**
Plumpstons La. *Frod* —4B **172**
Plumpton St. *Liv* —2F **77**
Plum Tree Clo. *Prsct* —5A **64**
Plum Tree Clo. *Stock V* —3B **60**
Plymouth Clo. *Murd* —4E **169**
Plymyard Av. *Brom & East* —4C **162**
Plymyard Clo. *Wir* —5D **163**
Plymyard Copse. *Wir* —5D **163**
Pochard Ri. *Nort* —2D **169**
**Pocket Nook. —4C 46**
Pocket Nook St. *St H* —4B **46**
Podium Rd. *Liv* —2A **80**
Poets Corner. *Wir* —2B **142**
Poets Grn. *Whis* —3F **85**
  (in two parts)
Poleacre Dri. *Wid* —2D **131**
Pollard Rd. *Liv* —5A **80**
**Poll Hill. —1F 157**
Poll Hill Rd. *Wir* —1F **157**
Pollitt Cres. *Clo F* —2C **88**
Pollitt Sq. *Wir* —4C **120**
Pollitt St. *Clo F* —3C **88**
Pomfret St. *Liv* —3F **99**
Pomona St. *Liv* —5E **77** (6H **5**)
Pond Clo. *Liv* —2C **78**
Pond Grn. Way. *St H* —2F **67**
Pond Vw. Clo. *Wir* —2C **158**
Pond Wlk. *St H* —2A **68**
Ponsonby Rd. *Wall* —1E **73**
Ponsonby St. *Liv* —3A **100**
Pool Bank. *Wir* —5B **120**
Poolbank Rd. *Wir* —5B **120**
Pool End. *St H* —1F **67**
Poole Rd. *Wall* —1D **75**
Poole Wlk. *Liv* —5A **100**
Pool Hey. *Liv* —3B **60**
  (in two parts)
Pool Hollow. *Run* —1B **166**
Pool La. *Brom P* —2C **142**
Pool La. *Run* —4B **152**
Pool La. *Upt* —2A **116**
Poolside Rd. *Run* —1B **166**
Pool St. *Birk* —2D **97**
Pool St. *Wid* —5B **132**
Poolwood Rd. *Wir* —5B **94**
Pope St. *Boot* —3A **34**
Poplar Av. *Ecc* —4A **44**
Poplar Av. *Liv* —5F **9**
Poplar Av. *Run* —3C **166**
Poplar Av. *Wir* —4F **93**
Poplar Bank. *Liv* —4E **83**
Poplar Clo. *Run* —3C **166**
*Poplar Ct. Liv —5A 100*
  (off Weller Way)
Poplar Dri. *Eve* —1A **78**

*A-Z Liverpool 237*

Poplar Dri. *Kirkby* —2C **22**
Poplar Dri. *Wir* —3A **142**
Poplar Farm Clo. *Wir* —3C **92**
Poplar Gro. *Birk* —5D **97**
Poplar Gro. *Hay* —2C **48**
Poplar Gro. *Liv* —2F **33**
Poplar Gro. *Prsct* —1E **85**
Poplar Gro. *St H* —5C **44**
Poplar Rd. *Hay* —2C **48**
Poplar Rd. *Liv* —1F **125**
Poplar Rd. *Pren* —5B **96**
Poplar Ter. *Wall* —4B **52**
Poplar Way. *Liv* —3D **55**
Poppleford Clo. *Liv* —4C **104**
Poppy Clo. *Wir* —4A **72**
Porchester Rd. *Liv* —2F **57**
Porchfield Clo. *Liv* —5B **38**
Porlock Av. *Liv* —4E **103**
Porlock Av. *Sut L* —1C **88**
Porlock Clo. *Wir* —4B **158**
Portal M. *Wir* —4F **137**
Portal Rd. *Wir* —4F **137**
Portbury Clo. *Wir* —1B **142**
Portbury Wlk. *Wir* —1B **142**
Portbury Way. *Wir* —1C **142**
Port Causeway. *Wir* —3C **142**
Portelet Rd. *Liv* —2F **79**
Porter Clo. *Rain* —5E **87**
Porter St. *Liv* —2B **76**
Porter St. *Run* —5C **152**
Portgate Clo. *Liv* —1C **58**
Porthcawl Clo. *Wid* —1C **130**
Porthleven Rd. *Brook* —5B **168**
Portia Av. *Wir* —5E **119**
Portia Gdns. *Wir* —5E **119**
Portia St. *Boot* —2C **54**
**Portico. —4B 64**
Portico Av. *Prsct* —5A **64**
Portico Ct. *Prsct* —5A **64**
Portico La. *Prsct* —5F **63**
Portland Av. *Liv* —3C **16**
Portland Ct. *Wall* —2A **52**
Portland Gdns. *Liv* —2C **76**
Portland Pl. *Liv* —2E **77**
Portland St. *Birk* —1A **96**
Portland St. *Liv* —2C **76**
Portland St. *Newt W* —4F **49**
Portland St. *Run* —4F **151**
Portland St. *Wall* —2A **52**
Portland Way. *St H* —2F **67**
Portlemouth Rd. *Liv* —3C **38**
Portloe Av. *Liv* —3F **127**
Portman Rd. *Liv* —2D **101**
*Port of Liverpool Building.*
        **—5B 76 (6B 4)**
Porto Hey Rd. *Wir* —2D **137**
Porton Rd. *Liv* —4C **22**
Portreath Way. *Wind* —2B **44**
Portree Av. *Wir* —5D **163**
Portree Clo. *Liv* —3F **35**
Portrush St. *Liv* —5E **57**
Portside. *Pres B* —3E **169**
Portsmouth Pl. *Murd* —4E **169**
**Port Sunlight. —2B 142**
*Port Sunlight Heritage Cen.* —2B **142**
Portway. *Liv* —5C **126**
Portwood Clo. *Liv* —1B **100**
Post Office La. *West P* —3D **165**
Potter's La. *Wid* —2F **149**
  (in two parts)
Pottery Clo. *Whis* —3C **84**
Pottery Fields. *Prsct* —5E **63**
Pottery La. *Whis & Huy* —3B **84**
Poulsom Dri. *Boot* —3C **18**
Poulter Rd. *Liv* —1B **36**
**Poulton. —1B 162**
  (nr. Bebington)
**Poulton. —3A 74**
  (nr. Wallasey)
Poulton Bri. Rd. *Birk* —4A **74**

Poulton Clo. *Liv* —1D **147**
Poulton Dri. *Wid* —4C **130**
Poulton Grn. Clo. *Wir* —5F **141**
Poulton Hall Rd. *Raby M* —3A **162**
Poulton Hall Rd. *Wall* —3A **74**
Poulton Rd. *Wall* —3A **74**
Poulton Rd. *Wir* —4A **142**
Poulton Royd Dri. *Wir* —5F **141**
Poulton Va. *Wall* —4A **74**
Poverty La. *Liv* —2E **13**
Powell Dri. *Bil* —2D **31**
Powell St. *Pren* —1F **95**
Powell St. *St H* —4E **67**
Power Rd. *Birk* —4A **120**
Power Rd. *Brom* —1F **163**
Powis St. *Liv* —4A **100**
Pownall Sq. *Liv* —4C **76** (3D **4**)
Pownall St. *Liv* —1C **98** (7D **4**)
Poynter St. *St H* —4E **65**
Pratt Rd. *Prsct* —5C **62**
Precincts, The. *Liv* —1E **17**
Precinct, The. *Wir* —1D **163**
Preece Clo. *Wid* —1D **131**
Preesall Way. *Liv* —3C **38**
  (in two parts)
Premier St. *Liv* —1F **77**
Prentice Rd. *Birk* —3E **119**
**Prenton. —4F 117**
Prenton Av. *Clo F* —2B **88**
Prenton Dell Av. *Pren* —4A **118**
Prenton Dell Rd. *Pren* —3E **117**
Prenton Farm Rd. *Pren* —4A **118**
*Prenton Golf Course.* —4B **118**
Prenton Grn. *Liv* —4E **147**
Prenton Hall Rd. *Pren* —3F **117**
Prenton La. *Birk* —3B **118**
*Prenton Pk.* —2C **118**
Prenton Pk. Rd. *Birk* —1C **118**
Prenton Rd. E. *Birk* —2C **118**
Prenton Rd. W. *Birk* —2B **118**
Prenton Village Rd. *Pren* —3F **117**
Prenton Way. *Nor C* —3D **117**
Prentonwood Ct. *Birk* —3C **118**
**Prescot. —5D 63**
Prescot By-Pass. *Prsct* —5B **62**
Prescot Cen. *Prsct* —5D **63**
Prescot Dri. *Liv* —3D **79**
*Prescot F.C. Ground.* —4C **84**
*Prescot Leisure Cen.* —1E **85**
*Prescot Mus.* —5C **62**
Prescot Rd. *Cron* —5F **107**
Prescot Rd. *Fair & Old S* —3C **78**
Prescot Rd. *Mag & Mell* —1C **22**
Prescot Rd. *St H* —3B **64**
Prescot Rd. *Wid* —1D **131**
Prescot St. *Liv* —4F **77** (3J **5**)
Prescot St. *Wall* —3A **52**
Preseland Rd. *Liv* —2E **17**
Prestbury Av. *Pren* —2E **117**
Prestbury Clo. *Pren* —2E **117**
Prestbury Clo. *Wid* —4E **131**
Prestbury Dri. *Ecc* —1B **64**
Prestbury Rd. *Liv* —4F **37**
Preston Av. *Prsct* —1C **84**
**Preston Book. —5F 169**
*Preston Brook Marina.* —3E **169**
Preston Gro. *Liv* —1C **78**
**Preston on the Hill. —4F 169**
Preston St. *Liv* —4D **77** (4E **4**)
Preston St. *Sut M* —4A **88**
Preston Way. *Liv* —1A **18**
Prestwick Dri. *Liv* —4C **8**
Prestwood Cres. *Liv* —2F **81**
Prestwood Rd. *Liv* —2F **81**
Pretoria Rd. *Liv* —2B **36**
Price Gro. *St H* —1A **68**
Price's La. *Pren* —5B **96**
Price St. *Birk* —1B **96**
Price St. *Liv* —1C **98** (7E **4**)
Primrose Clo. *Cas* —1A **168**

Primrose Clo. *Wid* —3E **131**
Primrose Ct. *Wall* —3B **52**
Primrose Dri. *Liv* —1E **83**
Primrose Gro. *Hay* —1E **49**
Primrose Gro. *Wall* —4E **75**
Primrose Hill. *Liv* —4D **77** (3E **4**)
Primrose Hill. *Wir* —1A **142**
Primrose Rd. *Birk* —2F **95**
Primrose Rd. *Liv* —4C **102**
Primrose St. *Liv* —3D **55**
Primula Clo. *St H* —4A **68**
Primula Dri. *Liv* —4B **36**
Prince Albert M. *Liv* —2D **99**
Prince Alfred Rd. *Liv* —2F **101**
Prince Andrew's Gro. *Wind* —2C **44**
Prince Edward St. *Birk* —2C **96**
Prince Edwin St. *Liv* —2E **77**
Princes Av. *Cros* —1D **17**
Princes Av. *East* —4E **163**
Princes Av. *Prin P* —2F **99**
Princes Av. *W Kir* —4B **112**
Princes Boulevd. *Wir* —4D **119**
Prince's Clo. *Cas* —1F **167**
Princes Gdns. *Liv* —3C **76** (2C **4**)
  (in two parts)
Princes Ga. E. *Liv* —3B **100**
Princes Ga. W. *Liv* —3A **100**
Princes Pde. *Liv* —4A **76** (3A **4**)
**Princes Park. —3B 100**
*Princes Pk.* —4B **100**
Princes Pk. Mans. *Liv* —4B **100**
Princes Pavement. *Birk* —3E **97**
Princes Pl. *Birk* —5E **97**
Princes Pl. *Wid* —3E **131**
Princes Rd. *Liv* —2F **99**
Princes Rd. *St H* —2C **64**
Princess Av. *Hay* —1F **49**
Princess Av. *St H* —3E **45**
Princess Dri. *Liv* —3E **59**
Princess Rd. *Wall* —4B **52**
Princess St. *Run* —4A **152**
Princess Ter. *Pren* —4C **96**
Princes St. *Boot* —2B **54**
Princes St. *Liv* —4C **76** (4D **4**)
Princes St. *Wid* —4A **132**
Princess Way. *S'frth* —2F **33**
Prince St. *Liv* —5E **17**
Princes Way. *St H* —5A **30**
Princesway. *Wall* —5A **52**
Princeway. *Frod* —5B **172**
Prince William St. *Liv* —3E **99**
Priors Clo. *Liv* —2B **126**
Priorsfield. *Wir* —1E **93**
Priorsfield Rd. *Liv* —2B **126**
Prior St. *Boot* —2A **34**
Priory Clo. *Aig* —2B **122**
Priory Clo. *Halt* —1A **168**
Priory Clo. *Whis* —5C **84**
Priory Ct. *Liv* —4D **83**
Priory Farm Clo. *Liv* —5A **124**
Priory Gdns. *St H* —1F **45**
Priory Ridge. *Cas* —1A **168**
Priory Rd. *Liv* —3A **56**
Priory Rd. *Wall* —3E **75**
Priory Rd. *Wind H* —5C **154**
Priory Rd. *Wir* —4C **112**
Priory St. *Birk* —3F **97**
Priory St. *Liv* —3D **145**
Priory, The. *Rain* —3C **86**
Priory Way. *Liv* —2B **126**
Priory Wharf. *Birk* —3F **97**
Pritchard Av. *Liv* —1F **33**
Pritt St. *Liv* —3E **77** (1G **5**)
Private Dri. *Wir* —2D **139**
Prizett Rd. *Liv* —5B **124**
Probyn Rd. *Wall* —1E **73**
Procter Rd. *Birk* —3A **120**
Proctor Ct. *Boot* —1D **19**
Proctor Rd. *Wir* —5C **90**

Proctors Clo. *Wid* —2C **132**
Progress Pl. *Liv* —4D **4**
Promenade. *Wir* —3B **90**
Promenade Gdns. *Liv* —1F **121**
Promenade, The. *Liv* —4C **122**
Prophet Wlk. *Liv* —4E **99**
Prospect Ct. *Liv* —2D **79**
Prospect Rd. *Birk* —3B **118**
Prospect Rd. *St H* —4D **47**
Prospect Row. *Run* —3F **165**
Prospect St. *Ersk* —4F **77**
Prospect Va. *Liv* —4C **76** (5D **4**)
Prospect Va. *Wall* —1F **73**
Prospect Way. *Boot* —2B **20**
Providence Cres. *Liv* —3E **99**
Provident St. *St H* —5A **48**
Province Pl. *Boot* —2D **35**
Province Rd. *Boot* —2D **35**
Prussia St. *Liv* —3C **4**
  (Old Hall St.)
Prussia St. *Liv* —3C **4**
  (Pall Mall)
Public Hall St. *Run* —4A **152**
Pudsey St. *Liv* —4E **77** (4G **5**)
Pugin St. *Liv* —4E **55**
Pulford Av. *Pren* —2A **118**
Pulford Clo. *Beech* —4E **167**
Pulford Rd. *Beb* —2F **141**
Pulford St. *Liv* —4F **55**
Pullman Clo. *Wir* —2D **159**
Pumpfields Rd. *Liv* —3C **76** (1C **4**)
*Pump House Mus. —2F* **97**
Pump La. *Halt* —2F **167**
Pump La. *Wir* —4B **92**
Pump Rd. *Birk* —1E **97**
Punnell's La. *Liv* —2A **6**
Purbeck Dri. *Wir* —5D **115**
Purley Gro. *Liv* —2A **124**
Purley Rd. *Liv* —3C **16**
Purser Gro. *Liv* —1D **101**
Putney Ct. *Run* —3E **167**
Pye Rd. *Wir* —2A **158**
Pyes Gdns. *St H* —1B **46**
Pyes La. *Liv* —4C **60**
Pye St. *Liv* —2F **101**
Pye St. *St H* —4F **67**
Pygon's Hill La. *Liv* —1D **7**
Pym St. *Liv* —1F **55**
Pyramids Shop. Cen., The. *Birk*
  —3D **97**

**Q**uadrangle, The. *Liv* —5B **102**
Quadrant Clo. *Murd* —5D **169**
*Quadrant, The. Wir* —5B **90**
  *(off Station Rd.)*
Quaker La. *Wir* —1F **157**
Quakers All. *Liv* —4C **76** (4D **4**)
Quakers Mdw. *Know* —4D **41**
Quarry Av. *Wir* —3F **141**
Quarry Bank. *Birk* —4D **97**
Quarry Bank. *Liv* —2F **23**
Quarrybank Pl. *Birk* —4C **96**
Quarrybank St. *Birk* —4C **96**
Quarry Clo. *Kirkby* —2F **23**
Quarry Clo. *Old S* —1F **79**
Quarry Clo. *Run* —1D **167**
Quarry Clo. *Wir* —5F **137**
Quarry Ct. *Wid* —3C **130**
Quarry Dale. *Liv* —2F **23**
Quarry Grn. *Liv* —2F **23**
Quarry Grn. Flats. *Liv* —2F **23**
Quarry Hey. *Liv* —2F **23**
Quarry La. *Wir* —1B **138**
Quarry Pk. *Rain* —5D **87**
Quarry Pl. *Liv* —2F **125**
Quarry Rd. *Boot* —1D **55**
Quarry Rd. *Old S* —1F **79**
Quarry Rd. *Thor* —4A **10**
Quarry Rd. E. *Beb* —3A **142**

Quarry Rd. E. *Hes* —1E **157**
Quarry Rd. W. *Wir* —1E **157**
Quarryside Dri. *Wir* —2A **24**
Quarry St. *Liv* —1F **125**
Quarry St. S. *Liv* —2A **126**
Quartz Way. *Liv* —5C **18**
Quayle Clo. *Hay* —2B **48**
Quay Pl. *Pres B* —3E **169**
Quayside. *Frod* —4D **173**
Quay, The. *Frod* —3D **173**
Queen Anne St. *Liv* —3E **77** (2G **5**)
Queen Av. *Liv* —4C **76** (5D **4**)
Queen Av. Shop. Arc. *Liv* —5C **4**
Queen Elizabeth Ct. *Liv* —5A **18**
Queen Mary's Dri. *Wir* —1B **142**
Queen's Av. *Meol* —3D **91**
Queen's Av. *Wid* —4B **130**
Queensbury. *Wir* —3D **113**
Queensbury Av. *Wir* —1E **163**
Queensbury St. *Liv* —4F **99**
Queensbury Way. *Wid* —1D **131**
Queens Clo. *Liv* —1C **144**
Queens Clo. *Run* —1F **165**
Queens Ct. *Eve* —1A **78**
Queens Ct. *W'tree* —5C **80**
Queenscourt Rd. *Liv* —1C **80**
Queensdale Rd. *Liv* —4A **102**
Queens Dock Commercial Cen. *Liv*
  —2D **99**
Queen's Dri. *Pren* —3A **118**
Queen's Dri. *Wind* —2C **44**
Queens Dri. *Wir* —2E **157**
Queens Dri. Flyover. *Liv* —4C **80**
Queens Dri. Mossley Hill. *Moss H*
  —5E **101**
*Queens Drive Public Baths &*
  *Recreation Cen. —1F* **55**
Queens Dri. Stoneycroft. *Liv* —1A **80**
Queens Dri. Walton. *Walt* —1A **56**
Queens Dri. Wavertree. *W'tree* —1C **102**
Queens Dri. W. Derby. *Liv* —3E **57**
Queensland Av. *That H* —4E **65**
Queensland Pl. *That H* —4E **65**
Queensland St. *Liv* —1A **100**
Queens M. *Liv* —1A **78**
*Queens Pk. —3B* **74**
  *(Hoylake)*
*Queens Pk. Community Leisure Cen.*
  —4E **45**
Queens Pl. *Birk* —5E **97**
Queen Sq. *Liv* —4D **77** (4E **5**)
  (in two parts)
Queen's Rd. *Birk* —3F **119**
Queen's Rd. *Boot* —1C **54**
Queen's Rd. *Cros* —1E **17**
Queen's Rd. *Eve* —1A **78**
Queen's Rd. *Hay* —1F **49**
Queen's Rd. *Hoy* —4A **90**
Queen's Rd. *Prsct* —5E **63**
Queen's Rd. *Run* —1F **165**
Queen's Rd. *St H* —2C **64**
Queen's Rd. *Wall* —2E **75**
Queen St. *Birk* —5E **97**
Queen St. *Gars* —2C **144**
Queen St. *Liv* —5D **17**
Queen St. *Run* —4A **152**
Queen St. *St H* —3F **45**
Queen St. *Wall* —1B **74**
Queens Wlk. *Liv* —2E **99**
Queensway. *Birk* —1A **98** (7A **4**)
Queensway. *Frod* —5B **172**
Queensway. *Liv* —3F **17**
Queensway. *St H* —5A **30**
Queensway. *Wall* —5A **52**
Queensway. *Wid* —1F **151**
Queensway. *Wir* —4C **158**
Queens Wharf. *Liv* —2C **99**
Queenswood Av. *Wir* —4E **119**
Quernmore Rd. *Liv* —2A **24**
Quernmore Wlk. *Liv* —2A **24**

Quickswood Clo. *Liv* —4F **103**
Quickswood Dri. *Liv* —4F **103**
Quickswood Grn. *Liv* —4F **103**
Quickthorn Cres. *Liv* —4B **60**
Quigley Av. *Boot* —4A **20**
Quigley St. *Birk* —5E **97**
Quinesway. *Wir* —4A **94**
Quinn St. *Wid* —5B **132**
Quintbridge Clo. *Liv* —4E **127**
Quorn St. *Liv* —4B **78**

**R**aby. —5C **160**
Raby Av. *Wir* —4B **162**
Raby Clo. *Brom* —3A **162**
Raby Clo. *Hes* —3F **157**
Raby Clo. *Wid* —2D **133**
Raby Dell. *Raby M* —4B **162**
Raby Dri. *More* —2D **93**
Raby Dri. *Raby M* —3A **162**
Raby Gro. *Wir* —4D **119**
Raby Hall Rd. *Wir* —5E **161**
**Raby Mere. —3A 162**
Raby Mere Rd. *Wir* —5C **160**
  (in two parts)
Raby Rd. *Thor H* —4B **160**
Rachel St. *Liv* —2D **77**
Radburn Clo. *Liv* —5B **10**
Radburn Rd. *Liv* —5B **10**
Radford Av. *Wir* —5B **142**
Radford Clo. *Wid* —5C **130**
Radley Dri. *Liv* —2C **20**
Radley Dri. *Wir* —4F **159**
Radley Rd. *Wall* —1F **73**
Radleys Ct. *Liv* —3F **99**
Radley St. *St H* —4E **65**
Radmore Rd. *Liv* —3C **80**
Radnor Av. *Wir* —1F **157**
Radnor Clo. *Liv* —1D **147**
Radnor Dri. *Boot* —4E **35**
Radnor Dri. *Wall* —5C **52**
Radnor Dri. *Wid* —2C **130**
Radnor Pl. *Liv* —1D **79**
Radnor Pl. *Pren* —3C **96**
Radshaw Ct. *Liv* —5F **15**
Radway Rd. *Liv* —1F **83**
Raeburn Av. *East* —4D **163**
Raeburn Av. *W Kir* —3C **112**
Raffles Rd. *Birk* —4C **96**
Raffles St. *Liv* —2E **99**
Rafter Av. *Boot* —1E **35**
Raglan St. *Liv* —2C **144**
Raglan Wlk. *Liv* —2C **144**
Railside Ct. *Liv* —1C **76**
Railton Av. *Rain* —4D **87**
Railton Clo. *Rain* —5D **87**
Railton Rd. *Liv* —1E **57**
Railway Cotts. *Hoot* —4D **171**
Railway Cotts. *Liv* —5C **126**
Railway Rd. *Birk* —2F **119**
  (in two parts)
Railway St. *Liv* —2C **144**
Railway St. *St H* —4B **46**
Railway Ter. *St H* —4E **67**
Railway Vw. *C Grn* —2D **69**
Railway Vw. *Liv* —2C **22**
Rainbow Clo. *Wid* —1C **130**
Rainbow Dri. *Halew* —4E **127**
Rainbow Dri. *Mell* —1B **22**
Raines Clo. *Wir* —5E **93**
Rainford Av. *Boot* —3E **35**
Rainford By-Pass. *Rainf* —1F **27**
Rainford Gdns. *Liv* —5C **76** (5E **4**)
Rainford Hall Cotts. *Crank* —3E **29**
Rainford Ind. Est. *Rainf* —1C **28**
Rainford Rd. *Bil* —1B **30**
Rainford Rd. *Wind & Dent G* —1C **44**

Rainford Sq. *Liv* —5C **76** (5D **4**)
Rainham Clo. *Liv* —4C **124**
**Rainhill.** —3C **86**
*Rainhill Pk.* **—3D 87**
Rainhill Rd. *Rain & St H* —3C **86**
**Rainhill Stoops.** —5E **87**
Rake Clo. *Wir* —5A **94**
Rake Hey. *Wir* —1B **92**
Rake Hey Clo. *Wir* —1C **92**
Rake La. *Wall* —1B **74**
Rake La. *Wir* —5A **94**
Rake M. *Wir* —5A **94**
Rakersfield Ct. *Wall* —3C **52**
Rakersfield Rd. *Wall* —3C **52**
Rakes La. *Liv* —4C **10**
Rake, The. *Brom* —2C **162**
Raleigh Av. *Whis* —4D **85**
Raleigh Rd. *Wir* —2A **72**
Raleigh St. *Boot* —2B **54**
Rame Clo. *Liv* —2B **38**
Ramford St. *St H* —1D **67**
Ramilies Rd. *Moss H* —4F **101**
Ramleh Clo. *Liv* —2B **16**
Rampit Clo. *Hay* —1F **49**
Ramsbrook Clo. *Liv* —3C **146**
Ramsbrook La. *Wid & Hale V*
—2C **148**
Ramsbrook Rd. *Liv* —3C **146**
Ramsey Clo. *Liv* —4D **125**
Ramsey Clo. *Whis* —3E **85**
Ramsey Clo. *Wid* —1E **133**
Ramsey Ct. *Wir* —5B **112**
Ramsey Rd. *Liv* —4D **125**
Ramsfield Rd. *Liv* —3A **148**
Ramsons Clo. *Liv* —3E **127**
Randall Dri. *Boot* —2C **18**
Randle Clo. *Wir* —5F **141**
Randle Heights. *Liv* —3E **39**
Randles Rd. *Know B* —3A **40**
Randolph St. *Liv* —4F **55**
Randon Gro. *St H* —4F **45**
Ranelagh Av. *Liv* —5A **18**
Ranelagh Dri. N. *Liv* —4A **124**
Ranelagh Dri. S. *Liv* —4A **124**
Ranelagh Pl. *Liv* —5E **77** (5G **5**)
Ranelagh St. *Liv* —5D **77** (6F **5**)
Ranfurly Rd. *Liv* —5B **124**
Rangemore Rd. *Liv* —3F **123**
Rankin Hall. *Liv* —2E **123**
Rankin St. *Wall* —4A **74**
Ranworth Clo. *Liv* —5E **37**
Ranworth Pl. *Liv* —5E **37**
Ranworth Sq. *Liv* —5E **37**
Ranworth Way. *Liv* —5F **37**
Rappart Rd. *Wall* —3D **75**
Rashid Mufti Ct. *Liv* —3A **100**
Ratcliffe Pl. *Rain* —2B **86**
Rathbone Rd. *W'tree* —1F **101**
Rathlin Clo. *Wid* —1E **133**
Rathmore Av. *Liv* —1A **124**
Rathmore Clo. *Pren* —1A **118**
Rathmore Dri. *Pren* —5A **96**
Rathmore Rd. *Pren* —5A **96**
Raven Clo. *Liv* —3A **78**
Raven Ct. *Liv* —5F **37**
Ravendale Clo. *Pren* —5D **95**
Ravenfield Clo. *Liv* —4E **127**
Ravenfield Dri. *Wid* —1C **130**
Ravenglass Av. *Liv* —5D **7**
**Ravenhead.** —2E **65**
Ravenhead Av. *Liv* —1E **39**
Ravenhead Retail Pk. *St H* —2A **66**
Ravenhead Rd. *St H* —2E **65**
Ravenhill Cres. *Wir* —2F **71**
Ravenhurst Way. *Whis* —5D **85**
Ravenna Rd. *Liv* —4D **125**
Ravenscroft Rd. *Wall* —4C **96**
Ravenside Retail Pk. *Liv* —2F **145**
Ravensthorpe Grn. *Liv* —5F **37**
Ravenstone Clo. *Wir* —2E **93**

Ravenstone Dri. *St H* —4C **66**
Ravenstone Rd. *Liv* —4B **124**
Ravenswood Av. *Birk* —4F **119**
Ravenswood Rd. *Liv* —3A **80**
Ravenswood Rd. *Wir* —5A **138**
Raven Way. *Boot* —5C **34**
Rawcliffe Clo. *Wid* —5F **109**
Rawcliffe Rd. *Birk* —4D **97**
Rawcliffe Rd. *Liv* —4F **35**
Rawdon Clo. *Pal* —3A **168**
Rawlinson Cres. *Liv* —4B **128**
Rawlinson Rd. *Liv* —4A **80**
Rawlins St. *Liv* —3D **79**
Rawson Clo. *Liv* —1F **33**
Rawson Rd. *Liv* —5F **17**
(in two parts)
Raydale Clo. *Liv* —5A **36**
Raymond Av. *Boot* —4A **20**
Raymond Pl. *Liv* —2D **77**
Raymond Rd. *Wall* —3C **74**
Raynham Rd. *Liv* —4F **79**
Reade Clo. *Wir* —1A **162**
Reading Clo. *Liv* —4D **55**
Reading St. *Liv* —4D **55**
Reads Ct. *Liv* —1F **35**
Reapers Way. *Boot* —1A **20**
Rear Comn. Pas. *Liv* —3D **79**
Reay Ct. *Wall* —3E **75**
Reay St. *Wid* —2C **132**
Rebecca Gdns. *St H* —4C **66**
Recreation St. *St H* —5C **46**
Rector Rd. *Liv* —4C **56**
Rectory Clo. *Birk* —5D **97**
Rectory Clo. *Wir* —3F **157**
Rectory Dri. *Liv* —3F **127**
Rectory Gdns. *St H* —5C **66**
Rectory La. *Hes* —3E **157**
Rectory Rd. *Wir* —5B **112**
Redacre Clo. *Dut* —2F **175**
Red Banks. *Wir* —3D **135**
Redbourn Av. *Liv* —1F **147**
Redbourne Dri. *Wid* —5B **108**
Redbourn St. *Liv* —5C **56**
Redbrook Clo. *Wir* —4D **163**
Redbrook St. *Liv* —5B **56**
Red Brow La. *Pres B* —2E **169**
Redbrow Way. *Liv* —1E **23**
Redburn Clo. *Liv* —5A **100**
Redcap Clo. *Wall* —3E **51**
Redcar Dri. *Wir* —5D **163**
Redcar M. *Liv* —5B **56**
Redcar Rd. *Wall* —5D **51**
Redcar St. *Liv* —5B **56**
Red Cat La. *Crank* —1E **29**
Redcote Ct. *W Kir* —5A **112**
Redcroft. *Wir* —1C **114**
Red Cross St. *Liv* —5C **76** (6C **4**)
Red Cut La. *Liv* —5E **25**
Redditch Clo. *Wir* —5C **92**
Redfern St. *Liv* —3C **54**
Redfield Clo. *Wall* —2D **75**
Redford Clo. *Wir* —5C **92**
Redford St. *Liv* —5C **56**
Redgate Av. *Liv* —1A **18**
Redgate Dri. *St H* —5D **47**
Redgrave St. *Liv* —4C **78**
Redhill Av. *Liv* —5F **23**
Red Hill Rd. *Wir* —2B **140**
Redhouse Bank. *Wir* —3A **112**
Redhouse La. *Wir* —3A **112**
Redington Rd. *Liv* —4D **125**
Redland Rd. *Liv* —5B **20**
Red La. *Frod* —5C **172**
Red Lion Clo. *Liv* —1C **12**
Red Lomes. *Boot* —5D **11**
Redmain Way. *Liv* —1F **59**
Redmere Dri. *Wir* —2D **159**
Redmires Clo. *Liv* —1B **100**
Redmont St. *Birk* —5E **97**
Redmoor Cres. *Liv* —5E **15**

Redpoll Gro. *Liv* —2E **127**
Red Rock St. *Liv* —2B **78**
Red Rum Clo. *Liv* —5D **21**
Redruth Av. *St H* —1D **47**
Redruth Clo. *Brook* —4C **168**
Redruth Rd. *Liv* —3D **39**
Redstone Clo. *Wir* —3D **91**
Redstone Dri. *Wir* —1C **156**
Redstone Pk. *Wall* —3F **51**
Redstone Ri. *Pren* —3D **95**
Redvers Av. *Hoot* —3F **171**
Redvers Dri. *Liv* —2F **35**
Redwald Clo. *Liv* —4F **15**
Redwing La. *Liv* —4F **103**
Redwing Way. *Liv* —2D **127**
Redwood Av. *Liv* —4C **6**
Redwood Clo. *Liv* —4B **104**
Redwood Clo. *Pren* —2F **117**
*Redwood Ct. Liv* —5A **100**
(off Byles St.)
Redwood Dri. *Hay* —3F **47**
Redwood Gro. *Boot* —4C **34**
Redwood Rd. *Liv* —4B **104**
Redwood Way. *Liv* —4E **15**
Reedale Clo. *Liv* —5A **102**
Reedale Rd. *Liv* —5A **102**
Reeds Av. E. *Wir* —3F **71**
Reeds Av. W. *Wir* —3F **71**
Reed's La. *Rainf* —2E **27**
Reeds La. *Wir* —2F **71**
Reeds Rd. *Liv* —2E **83**
Reedville. *Pren* —4B **96**
Reedville Gro. *Wir* —4F **71**
Reedville Rd. *Wir* —2F **141**
Reeves Av. *Boot* —3E **35**
Reeves St. *St H* —5E **47**
Regal Cres. *Wid* —4B **130**
Regal Dri. *Wind* —3C **44**
Regal Rd. *Liv* —5C **38**
Regal Tower. *Liv* —5C **38**
Regal Wlk. *Liv* —4E **55**
Regent Av. *Boot* —2F **19**
Regent Av. *Hay* —1B **48**
Regent Av. *Liv* —4E **81**
Regent Rd. *Boot & Kirk* —3F **33**
Regent Rd. *Cros* —1D **17**
Regent Rd. *Liv* —2B **54**
Regent Rd. *Wall* —5D **51**
Regent Rd. *Wid* —3B **132**
Regents Clo. *Wir* —2B **138**
Regents Rd. *St H* —1C **64**
Regent St. *Liv* —2B **76**
Regent St. *Newt W* —5F **49**
Regent St. *Run* —4A **152**
Regents Way. *Wir* —4D **119**
Regina Av. *Liv* —3C **16**
Reginald Rd. *St H* —5E **67**
Reginald Rd. Ind. Est. *Reg I* —5F **67**
Regina Rd. *Liv* —2A **36**
Reigate Clo. *Liv* —1C **126**
Rendal Clo. *Liv* —1A **78**
Rendcombe Grn. *Liv* —5F **37**
Rendelsham Clo. *Wir* —4E **93**
Rendel St. *Birk* —2D **97**
Renfrew Av. *St H* —1D **47**
Renfrew Av. *Wir* —5E **163**
Renfrew St. *Liv* —4A **78**
Rennell Rd. *Liv* —3C **80**
Rennie Av. *St H* —4C **44**
Renshaw St. *Liv* —5E **77** (6G **5**)
Renton Av. *Run* —5D **153**
Renville Rd. *Liv* —4C **80**
Renwick Av. *Rain* —2A **86**
Renwick Rd. *Liv* —3A **36**
Repton Gro. *Liv* —3C **20**
Repton Rd. *Liv* —1C **102**
Reservoir Rd. *Birk* —3B **118**
Reservoir Rd. *Liv* —1F **125**
Reservoir Rd. N. *Birk* —3B **118**
Reservoir St. *Liv* —2A **78**

Reservoir St. *St H* —4C **64**
Rest Hill Rd. *Wir* —2B **140**
Retford Rd. *Liv* —3F **23**
Retford Wlk. *Liv* —3F **23**
Reva Rd. *Liv* —3E **81**
Revesby Clo. *Wid* —2D **131**
Rex Cohen Ct. *Liv* —4E **101**
Rexmore Rd. *Liv* —2A **124**
Rexmore Way. *Liv* —2E **101**
Reynolds Av. *St H* —1B **68**
Reynolds Clo. *Liv* —2A **78**
Reynolds Way. *Liv* —2A **126**
Rhiwlas St. *Liv* —4A **100**
Rhodesia Rd. *Liv* —2B **36**
Rhodesway. *Wir* —3B **158**
Rhona Clo. *Wir* —1C **170**
Rhosesmor Clo. *Liv* —1F **39**
Rhosesmor Rd. *Liv* —2F **39**
Rhyl St. *Liv* —4E **99**
Rhyl St. *Wid* —5F **131**
Rialto Clo. *Liv* —2F **99**
Ribble Av. *Liv* —5E **7**
Ribble Av. *Rain* —3C **86**
Ribble Clo. *Wid* —1F **133**
Ribble Cres. *Bil* —2C **30**
Ribbledale Rd. *Liv* —5A **102**
Ribble Ho. *Liv* —1C **126**
Ribble Rd. *Liv* —1C **126**
Ribbler's Ct. *Liv* —2F **39**
Ribbler's La. *Know* —2F **39**
Ribbler's La. *Liv* —1D **39**
Ribblesdale Av. *Liv* —1B **36**
Ribblesdale Clo. *Wir* —5F **163**
Ribble St. *Birk* —5F **73**
Ribchester Way. *Tarb G* —2A **106**
Rice Hey Rd. *Wall* —1C **74**
Rice La. *Liv* —5F **35**
Rice La. *Wall* —1C **74**
Rice St. *Liv* —1E **99** (7H **5**)
Richard Allen Way. *Liv* —2E **77**
Richard Chubb Dri. *Wall* —5D **53**
Richard Clo. *Cas* —1A **168**
Richard Gro. *Liv* —1E **81**
Richard Hesketh Dri. *Liv* —3C **22**
Richard Kelly Clo. *Liv* —3D **57**
Richard Kelly Dri. *Liv* —1D **57**
Richard Kelly Pl. *Liv* —3D **57**
Richard Martin Rd. *Liv* —4C **18**
Richard Rd. *Liv* —4A **8**
Richards Gro. *St H* —4E **47**
Richardson Rd. *Birk* —3E **119**
Richardson St. *Liv* —2C **100**
Richland Rd. *Liv* —1F **79**
Richmond Av. *Hay* —1B **48**
Richmond Av. *Liv* —5A **18**
Richmond Av. *Run* —5E **153**
Richmond Clo. *Ecc* —4A **44**
Richmond Clo. *Wir* —1F **141**
Richmond Ct. *Lith* —1B **34**
Richmond Cres. *Boot* —2F **19**
Richmond Gro. *Liv* —4E **7**
Richmond Ho. *Liv* —4B **76** (4B **4**)
Richmond Pde. *Liv* —4B **4**
Richmond Pk. *Liv* —5B **56**
Richmond Rd. *Liv* —5E **9**
Richmond Rd. *Wir* —1F **141**
Richmond Row. *Liv* —3E **77** (1G **5**)
Richmond St. *Liv* —5D **77** (5E **5**)
Richmond St. *Wall* —2B **52**
Richmond St. *Wid* —3C **132**
Richmond Ter. *Liv* —1A **78**
Richmond Way. *Hes* —5F **137**
Richmond Way. *Tarb G* —2A **106**
Richmond Way. *Thing* —1A **138**
Rich Vw. *Pren* —1B **118**
Rickaby Clo. *Wir* —2C **162**
Rickman St. *Liv* —3D **55**
Rickman Way. *Liv* —1F **105**
Ridding La. *Run* —5B **168**
Riddock Rd. *Liv* —3B **34**

Ridgefield Rd. *Wir* —2F **137**
Ridgemere Rd. *Wir* —2F **137**
Ridge, The. *Wir* —5D **137**
Ridgetor Rd. *Liv* —1F **125**
Ridgeview Rd. *Pren* —4D **95**
Ridgeway. *Murd* —4D **169**
Ridgeway Dri. *Liv* —3D **7**
Ridgeway, The. *Beb* —4D **119**
Ridgeway, The. *Cron* —3C **108**
Ridgeway, The. *Hes* —3B **158**
Ridgeway, The. *Liv* —1A **126**
Ridgeway, The. *Meol* —4E **91**
Ridgewood Dri. *St H* —5C **66**
Ridgewood Dri. *Wir* —3F **137**
Ridgewood Way. *Liv* —1A **36**
Ridgmont Av. *Liv* —1F **57**
Riding Clo. *Clo F* —2C **88**
Ridingfold. *Liv* —2D **127**
Riding Hill Rd. *Know* —1D **61**
Riding Hill Wlk. *Know* —1D **61**
Ridings Hey. *Pren* —5D **95**
Ridings, The. *Pren* —4D **95**
Riding St. *Liv* —4E **77** (4J **5**)
Ridley Gro. *Wir* —3A **112**
Ridley La. *Liv* —1D **13**
Ridley Rd. *Liv* —3C **78**
Ridley St. *Pren* —4C **96**
Ridsdale. *Wid* —4C **130**
Ridsdale Lawn. *Liv* —1A **128**
Riesling Dri. *Liv* —5D **15**
Rigby Dri. *Wir* —2D **115**
Rigby Rd. *Liv* —4B **6**
Rigby St. *Liv* —4B **76** (3B **4**)
Rigby St. *St H* —4F **45**
  (Duke St.)
Rigby St. *St H* —5F **45**
  (N. John St.)
Riley Av. *Boot* —3D **35**
Riley Dri. *Run* —2A **166**
Rimmer Av. *Liv* —5A **82**
Rimmerbrook Rd. *Liv* —2B **104**
Rimmer Clo. *Liv* —1B **34**
Rimmer Gro. *St H* —5E **47**
Rimmer St. *Liv* —4E **77** (3H **5**)
Rimmington Rd. *Liv* —2E **123**
Rimrose Rd. *Boot* —3A **34**
Rimrose Valley Rd. *Liv* —2A **18**
Rindlebrook La. *Prsct* —1C **84**
Ringcroft Rd. *Liv* —3B **80**
Ringo Starr Dri. *Liv* —3B **78**
Ringsfield Rd. *Liv* —4A **148**
Ringway Rd. *Liv* —5C **104**
Ringway Rd. *Run* —5D **153**
Ringways. *Wir* —4D **143**
Ringwood. *Pren* —1A **118**
Ringwood Av. *Liv* —4F **81**
Ripley Av. *Liv* —4B **18**
Ripley Clo. *Liv* —1E **13**
Ripon Clo. *Boot* —4F **19**
Ripon Clo. *Liv* —3A **84**
Ripon Rd. *Wall* —5E **51**
Ripon Row. *Halt L* —3D **167**
Ripon St. *Birk* —5E **97**
Ripon St. *Liv* —2F **55**
Risbury Rd. *Liv* —1F **57**
Rishton Clo. *Liv* —1F **77**
Rishton St. *Liv* —1A **78**
Ritchie Av. *Liv* —2C **36**
Ritherup La. *Rain* —2C **86**
Ritson St. *Liv* —3B **100**
Rivacre Rd. *East & Hoot* —5F **163**
Riva La. *Wir* —5E **137**
River Avon St. *Liv* —2B **100**
Riverbank Clo. *Wir* —4F **157**
Riverbank Rd. *Liv* —5A **124**
Riverbank Rd. *Wir* —4F **157**
River Gro. *Wir* —4B **120**
Riversdale. *Frod* —4C **172**
Riversdale Clo. *Liv* —1E **23**
Riversdale Ct. *Liv* —4F **123**

Riversdale M. *Liv* —4F **123**
Riversdale Rd. *Aig* —5F **123**
Riversdale Rd. *Halt* —1E **167**
Riversdale Rd. *S'frth* —1F **33**
Riversdale Rd. *Wall* —2D **75**
Riversdale Rd. *Wir* —4A **112**
Riverside. *Port S* —2B **142**
Riverside. *W Der* —2E **59**
River Side. *Wir* —1B **134**
Riverside Bus. Pk. *Liv* —1F **121**
Riverside Clo. *Boot* —3A **34**
Riverside Dri. *Liv* —2F **121**
Riverside Gro. *St H* —4D **67**
Riverside Ho. *Wall* —5E **75**
Riverside Vw. *Aig* —3C **122**
Riverside Wlk. *Liv* —1B **98** (7B **4**)
Riverslea Rd. *Liv* —3B **16**
River Vw. *Liv* —3C **16**
River Vw. *Wir* —4C **120**
Riverview Heights. *Liv* —5F **123**
Riverview Rd. *Wall* —3E **75**
Riverview Rd. *Wir* —5F **143**
Riverview Wlk. *Liv* —5F **99**
River Way. *Liv* —1C **126**
Riverwood Rd. *Brom* —1F **163**
Riviera Dri. *Birk* —3D **119**
Rivington Av. *Pren* —5E **95**
Rivington Av. *St H* —2E **45**
Rivington Rd. *Dent G & St H* —5D **45**
Rivington Rd. *Wall* —3C **74**
Rivington Rd. *White I* —2E **175**
Rivington St. *St H* —1D **65**
Roadwater Clo. *Liv* —2B **104**
Robarts Rd. *Liv* —5A **56**
Robeck Rd. *Liv* —5B **80**
Robert Dri. *Wir* —1E **115**
Robert Gro. *Liv* —1E **81**
Roberts Av. *Hay* —3F **47**
Roberts Ct. *Hall P* —4F **167**
Roberts Ct. *Liv* —5A **18**
Roberts Dri. *Boot* —1E **35**
Robertson St. *Liv* —4E **99**
Roberts St. *Liv* —3B **76** (2A **4**)
Robert St. *Birk* —2D **97**
Robert St. *Run* —5C **152**
Robert St. *Wid* —3B **132**
Robina Rd. *St H* —3D **67**
Robin Clo. *Murd* —3D **169**
Robins La. *St H* —3C **66**
Robinson M. *Birk* —3F **97**
  (off Gertrude St.)
Robinson Pl. *St H* —5C **46**
Robinson Rd. *Liv* —4C **18**
Robinson St. *St H* —5D **47**
Robin Way. *Wir* —2B **116**
Robsart St. *Liv* —1E **77**
Robson St. *Eve* —4F **55**
Robson St. *Old S* —5F **79**
**Roby. —4C 82**
Roby Clo. *Rain* —2C **86**
Roby Mt. Av. *Liv* —4D **83**
Roby Rd. *Bow P & Huy* —5F **81**
  (in two parts)
Roby St. *Boot* —4C **34**
Roby St. *Liv* —2E **101**
Roby St. *St H* —2D **65**
Roby Well Way. *Bil* —1D **31**
Rocastle Clo. *Liv* —3A **78**
Rochester Av. *Boot* —4F **19**
Rochester Gdns. *St H* —2D **65**
Rochester Rd. *Birk* —2F **119**
Rock Av. *Wir* —1F **157**
Rock Bank. *Wir* —4A **94**
Rockbank Rd. *Liv* —1E **79**
Rockbourne Av. *Liv* —4F **103**
Rockbourne Grn. *Liv* —4F **103**
Rockbourne Way. *Liv* —4F **103**
Rock Clo. *Birk* —2F **119**
Rock Ct. *Liv* —3A **80**
Rock Dri. *Frod* —4C **172**

Rocket Trad. Cen. *Liv* —5C 80
**Rock Ferry.** —2A 120
Rock Ferry By-Pass. *Birk* —1A 120
Rockfield Clo. *Wid* —2D 131
Rockfield Gdns. *Liv* —5C 6
Rockfield Rd. *Liv* —4F 55
Rockford Av. *Liv* —1E 39
Rockford Clo. *Liv* —1E 39
Rockford Wlk. *Liv* —1E 39
Rock Gro. *Liv* —3F 79
Rockhill Rd. *Liv* —2B 126
Rockhouse St. *Liv* —1C 78
Rockingham Ct. *Liv* —1F 23
Rockland Rd. *Liv* —3E 17
Rockland Rd. *Wall* —4F 51
Rocklands Av. *Wir* —5A 120
Rocklands La. *Wir* —3C 160
Rock La. *Liv* —4F 13
Rock La. *Wid.* —1E 131
Rock La. E. *Birk* —3A 120
(in two parts)
Rock La. W. *Birk* —3F 119
Rockley St. *Liv* —3B 55
(in two parts)
Rockmount Clo. *Liv* —1F 125
Rockmount Pk. *Liv* —1F 125
Rockmount Rd. *Liv* —3F 123
Rock Pk. *Birk* —2A 120
(in two parts)
Rock Pk. Rd. *Birk* —3B 120
Rockpoint Av. *Wall* —4C 52
Rockside Rd. *Liv* —2A 124
Rock St. *Liv* —3A 80
Rock St. *St H* —3C 64
Rock Vw. *Liv* —5E 55
Rock Vw. *Mag* —1A 22
Rockville Rd. *Liv* —5C 80
Rockville St. *Birk* —2F 119
Rockwell Clo. *Liv* —3D 59
Rockwell Rd. *Liv* —3D 59
Rockybank Rd. *Birk* —1D 119
Rocky La. *Anf* —1C 78
Rocky La. *Child* —1C 102
Rocky La. *Wir* —2F 157
Rocky La. S. *Wir* —2A 158
Roderick Rd. *Liv* —1A 56
Roderick St. *Liv* —3E 77 (2H 5)
Rodgers Clo. *Frod* —4B 172
Rodick St. *Liv* —2F 125
Rodmell Rd. *Liv* —2B 39
Rodney St. *Birk* —4D 97
Rodney St. *Boot* —1B 54
Rodney St. *Liv* —1E 99 (7H 5)
Rodney St. *St H* —5E 45
Roe All. *Liv* —5D 77 (6F 5)
Roedean Clo. *Mag* —5D 7
Roedean Clo. *Wltn* —3B 126
Roehampton Dri. *Liv* —4C 8
Roehampton Dri. *Run* —3E 167
Roemarsh Clo. *Liv* —1B 58
Roemarsh Ct. *Hall P* —4E 167
Roe St. *Liv* —4D 77 (5F 5)
Roften Works Ind. Est. *Hoot*
—5D 171
Rogers Av. *Boot* —3E 35
Rogersons Grn. *Liv* —2E 127
Rokeby Clo. *Liv* —2E 77 (1H 5)
Rokeby Ct. *Mnr P* —2D 155
Rokeby St. *Liv* —3E 77 (1H 5)
Roker Av. *Wall* —3A 74
Rokesmith Av. *Liv* —1C 100
Roland Av. *Run* —1F 165
Roland Av. *St H* —1C 46
Roland Av. *Wir* —1D 141
Rolands Wlk. *Cas* —5F 153
Roleton Clo. *Boot* —1B 20
Rolleston Dri. *Beb* —3A 142
Rolleston Dri. *Wall* —4F 51
Rolling Mill La. *St H* —3F 67
Rollo St. *Liv* —4D 55

Roman Clo. *Cas* —5E 153
Roman Rd. *Meol* —2D 91
Roman Rd. *Pren* —4A 118
(in two parts)
Rome Clo. *Liv* —3D 83
Romer Rd. *Liv* —3C 78
Romford Way. *Liv* —1F 147
(in two parts)
Romilly St. *Birk* —3D 97
Romilly St. *Liv* —3A 78
Romley St. *Liv* —1F 55
Romney Clo. *Wid* —2E 133
Romulus St. *Liv* —4D 79
Ronald Clo. *Liv* —4F 17
Ronald Rd. *Liv* —4F 17
Ronald Ross Av. *Boot* —2F 19
Ronaldshay. *Wid* —2E 133
Ronald St. *Liv* —3F 79
Ronaldsway. *Cros* —4A 10
Ronaldsway. *Faz* —1A 38
Ronaldsway. *Halew* —4A 128
Ronaldsway. *Hes* —4F 157
Ronaldsway. *Upt* —3F 93
Ronan Clo. *Boot* —4A 34
Ronan Rd. *Wid* —2D 151
Rone Clo. *Wir* —1D 93
Rookery La. *Rainf* —1A 28
Rooks Way. *Wir* —2E 157
Rooley, The. *Liv* —5D 83
Roosevelt Dri. *Liv* —5B 20
Roper's Bri. Clo. *Whis* —3D 85
Roper St. *Liv* —4F 99
Roper St. *St H* —4C 46
Rosalind Av. *Wir* —5E 119
Rosalind Way. *Liv* —2D 55
Rosam Ct. *Hall P* —4E 167
Rosclare Dri. *Wall* —5F 51
Roscoe & Gladstone Hall. *Liv*
—5E 101
Roscoe Clo. *Tarb G* —2A 106
Roscoe Cres. *West P* —3E 165
Roscoe La. *Liv* —1E 99 (7G 5)
Roscoe Pl. *Liv* —5E 77 (7G 5)
Roscoe St. *Liv* —1E 99 (7H 5)
Roscoe St. *St H* —1D 65
Roscommon St. *Liv* —2E 77
(in two parts)
Roscote Clo. *Wir* —3F 157
Roscote, The. *Wir* —3F 157
Roseacre. *Wir* —3A 112
Roseate Ct. *Wall* —3E 51
Rose Av. *Boot* —1C 34
Rose Av. *Hay* —2E 49
Rose Av. *St H* —4C 66
Rose Bank Rd. *Child* —2D 103
Rosebank Rd. *Huy* —5C 60
Rosebank Way. *Liv* —1C 82
Roseberry Av. *Wall* —2C 74
Rosebery Av. *Liv* —3C 16
Rosebery Gro. *Birk* —2B 118
Rosebery Rd. *Dent G* —3D 45
Rosebery St. *Liv* —2A 100
Rosebourne Clo. *Liv* —2B 122
Rose Brae. *Liv* —5A 102
Rosebrae Ct. *Birk* —2F 97
Rose Brow. *Liv* —5A 104
Rose Clo. *Murd* —5D 169
Rose Ct. *Birk* —3D 97
Rose Ct. *Liv* —2E 101
Rose Cres. *Wid* —5F 131
Rosecroft. *Wir* —4C 162
Rosecroft Clo. *Wir* —5A 90
Rosedale Av. *Liv* —1E 17
Rosedale Clo. *Liv* —4B 36
Rosedale Rd. *Birk* —1E 119
Rosedale Rd. *Liv* —4A 102
Rose Dri. *Rainf* —1A 28
Rosefield Av. *Wir* —5E 119
Rosefield Rd. *Liv* —3C 126
Rosegarth Grn. *Liv* —2B 80

Roseheath Dri. *Liv* —5F 127
Roseheath Ho. *Liv* —5A 128
Rose Hill. *Liv* —3D 77 (1F 5)
Rosehill Av. *Bold* —5B 68
Rosehill Ct. *Liv* —5A 104
Roseland Clo. *Liv* —3B 6
Roselands Ct. *Birk* —3E 119
Rose La. *Liv* —1F 123
Rose Lea Clo. *Wid* —4A 110
Rosemary Av. *Beech* —1F 173
Rosemary Clo. *Liv* —1A 100
Rosemary Clo. *Pren* —1E 95
Rosemead Av. *Wir* —3F 137
Rosemont Rd. *Liv* —2E 123
Rosemoor Dri. *Liv* —5A 10
Rose Mt. *Pren* —1B 118
Rose Mt. Clo. *Pren* —1A 118
Rose Mt. Dri. *Wall* —5A 52
Rose Pl. *Birk* —1F 119
(New Chester Rd.)
Rose Pl. *Birk* —5D 97
(Victoria Rd.)
Rose Pl. *Liv* —3D 77 (1F 5)
(in two parts)
Rose Pl. *Raint* —1A 28
Roseside Dri. *Liv* —4F 105
Rose St. *Liv* —4F 5
(L1)
Rose St. *Liv* —2F 125
(L25)
Rose St. *Wid* —5F 131
Rose Ter. *Liv* —5A 102
Rose Va. *Liv* —1E 77
(Gt. Homer St., in two parts)
Rose Va. *Liv* —1E 77
(Netherfield Rd. N.)
Rose Vw. Av. *Wid* —2A 132
Rose Vs. *Liv* —2F 101
Rosewarne Clo. *Liv* —2B 122
Rosewood Clo. *N'ley* —4E 105
Rosewood Clo. *Stock V* —4B 60
Rosewood Dri. *Wir* —1B 92
Rosewood Gdns. *Liv* —2B 58
Roseworth Av. *Liv* —1A 36
Roskell Rd. *Liv* —5C 126
Roslin Rd. *Pren* —5B 96
Roslin Rd. *Wir* —1D 137
Roslyn St. *Birk* —1F 119
Rossall Av. *Liv* —2D 21
Rossall Clo. *Hale V* —5E 149
Rossall Rd. *Liv* —4B 80
Rossall Rd. *Wid* —2D 133
Rossall Rd. *Wir* —5F 71
Ross Av. *Wir* —2C 72
Ross Clo. *Know* —5D 41
Rossendale Clo. *Pren* —5D 95
Rossett Av. *Liv* —3D 101
Rossett Rd. *Liv* —2C 16
Rossett St. *Liv* —1C 78
Rossini St. *Liv* —2A 34
Rosslyn Av. *Liv* —2B 12
Rosslyn Cres. *Wir* —1E 93
Rosslyn Dri. *Wir* —1E 93
Rosslyn Pk. *Wir* —2E 93
Rosslyn St. *Liv* —1B 122
Rossmore Gdns. *Liv* —3B 56
Ross St. *St H* —4C 46
Ross St. *Wid* —3B 132
Ross Tower Ct. *Wall* —3C 52
Rostherne Av. *Wall* —3A 74
Rostherne Cres. *Wid* —2D 131
Rosthwaite Gro. *St H* —4B 30
Rosthwaite Rd. *Liv* —5B 58
Roswell Ct. *Liv* —5B 60
Rothbury Clo. *Beech* —4E 167
Rothbury Clo. *Wir* —1C 92
Rothbury Ct. *Sut M* —4B 88
Rothbury Rd. *Liv* —5F 59
Rotherham Clo. *Liv* —2E 83
Rotherwood Clo. *Wir* —1D 141

Rothesay Clo. *Cas* —5F **153**
Rothesay Clo. *St H* —1E **47**
Rothesay Ct. *Wir* —3F **141**
Rothesay Dri. *Liv* —2E **17**
Rothesay Dri. *Wir* —1E **171**
Rothesay Gdns. *Pren* —3F **117**
Rothsay Clo. *Liv* —2E **77**
Rothwells La. *Liv* —3B **10**
Rothwell St. *Liv* —2A **78**
Rotunda St. *Liv* —1D **77**
Roughdale Av. *Liv* —1F **39**
Roughdale Av. *Sut M* —2B **88**
Roughdale Clo. *Liv* —1F **39**
Roughwood Dri. *Liv* —2F **23**
Roundabout, The. *Wid* —3D **109**
Round Hey. *Liv* —3A **60**
Round Meade, The. *Liv* —5B **6**
Roundwood Dri. *Sher I* —2B **66**
Routledge St. *Wid* —3B **132**
Rowan Av. *Liv* —2F **59**
Rowan Clo. *Hay* —3F **47**
Rowan Clo. *Run* —3C **166**
Rowan Clo. *St H* —1D **47**
Rowan Ct. *Liv* —2E **123**
Rowan Ct. *Wir* —2B **114**
Rowan Dri. *Liv* —2C **22**
Rowan Gro. *Liv* —1D **105**
Rowan Gro. *Wir* —3E **141**
Rowan Tree Clo. *Wir* —1C **114**
Rowena Clo. *Liv* —5F **9**
Rowsley Gro. *Liv* —1B **36**
Rowson St. *Prsct* —4D **63**
Rowson St. *Wall* —2B **52**
Rowthorn Clo. *Wid* —4E **131**
Rowton Clo. *Pren* —1F **117**
Roxborough Clo. *Btnwd* —5F **69**
Roxborough Wlk. *Liv* —1C **126**
Roxburgh Av. *Birk* —2D **119**
Roxburgh Av. *Liv* —1C **122**
Roxburgh St. *Boot & Liv* —1E **55**
Royal Av. *Wid* —3B **130**
*Royal Court Theatre. —4D 77 (4F 5)*
Royal Cft. *Liv* —2B **80**
Royal Gro. *St H* —2D **65**
*Royal Liver Building. —5B 76 (5B 4)*
*Royal Liverpool Golf Course.*
        *—1A 112*
Royal Mail St. *Liv* —5E **77** (5G **5**)
Royal Pl. *Wid* —4B **130**
Royal Standard Way. *Birk* —1F **119**
Royal St. *Liv* —4E **55**
Royden Av. *Run* —2F **165**
Royden Av. *Wall* —1D **75**
*Royden Pk. —4A 114*
Royden Rd. *Wir* —3E **93**
 (in two parts)
Royden St. *Liv* —5F **99**
Royden Way. *Liv* —1E **121**
Roysten Gdns. *St H* —1D **67**
Royston Av. *Wall* —2D **75**
Royston St. *Liv* —5B **78**
Royton Clo. *Liv* —1F **147**
Royton Rd. *Liv* —3F **17**
Rubbing Stone. *Wir* —3D **135**
Ruby St. *Liv* —1F **121**
 (in two parts)
Rudd Av. *St H* —1A **68**
Rudd St. *Wir* —4B **90**
Rudgate. *Whis* —4E **85**
Rudgrave M. *Wall* —1D **75**
Rudgrave Pl. *Wall* —1D **75**
Rudgrave Sq. *Wall* —1D **75**
Rudheath La. *Run* —4D **155**
Rudley Wlk. *Liv* —5F **147**
Rudston Rd. *Liv* —1C **102**
Rudyard Clo. *Liv* —3C **80**
Rudyard Rd. *Liv* —3C **80**
Rufford Av. *Liv* —4E **7**
Rufford Clo. *Liv* —5F **21**
Rufford Clo. *Prsct* —1F **85**

Rufford Clo. *Wid* —2C **130**
Rufford Rd. *Boot* —3C **34**
Rufford Rd. *Liv* —3C **78**
Rufford Rd. *Wall* —3B **74**
Rufford Wlk. *St H* —2E **47**
Rugby Dri. *Liv* —4E **21**
Rugby Rd. *Liv* —5B **20**
Rugby Rd. *Wall* —1F **73**
Ruislip Clo. *Liv* —2C **126**
Rullerton Rd. *Wall* —2A **74**
Rumford Pl. *Liv* —4B **76** (4B **4**)
Rumford St. *Liv* —4C **76** (4C **4**)
Rumney Pl. *Liv* —3D **55**
Rumney Rd. *Liv* —3E **55**
Rumney Rd. W. *Liv* —3D **55**
**Runcorn. —4A 152**
Runcorn Dock Rd. *Run* —5E **151**
*Runcorn F.C. Ground. —4B 152*
*Runcorn Golf Course. —4A 166*
*Runcorn Hill Local Nature Reserve &*
       *Vis. Cen. —2F 165*
Runcorn Rd. *Nort & Moore* —3F **155**
Runcorn Spur Rd. *Run* —5B **152**
*Runcorn Swimming Pool. —4B 152*
Rundle Rd. *Liv* —2E **123**
Rundle St. *Birk* —1A **96**
Runic St. *Liv* —4F **79**
Runnell's La. *Liv* —5C **10**
Runnel, The. *Nest* —5E **159**
*Runnymead Wlk. Wid —2C 132*
 *(off William St.)*
Runnymede. *Liv* —2D **83**
Runnymede Clo. *Liv* —5A **104**
Runnymede Dri. *Hay* —2A **48**
Runton Rd. *Liv* —4C **104**
Rupert Dri. *Liv* —3A **78**
Rupert Rd. *Liv* —3C **82**
Rupert Row. *Cas* —2A **168**
Ruscar Clo. *Liv* —2E **127**
Ruscombe Rd. *Liv* —1F **81**
Rushden Rd. *Liv* —4A **24**
Rushey Hey Rd. *Liv* —3E **23**
Rushfield Cres. *Brook* —5B **168**
Rushgreen Clo. *Pren* —2C **94**
Rushlake Dri. *Liv* —4D **105**
Rushmere Rd. *Liv* —1F **57**
Rusholme Clo. *Liv* —1A **148**
Rushton Clo. *Wid* —1E **131**
Rushton Pl. *Liv* —2A **126**
Rushton's Wlk. *Boot* —1D **19**
Rushy Vw. *Newt W* —4F **49**
Ruskin Av. *Birk* —3F **119**
Ruskin Av. *Wall* —3A **74**
Ruskin Clo. *Boot* —5C **34**
Ruskin Dri. *Dent G* —4D **45**
Ruskin St. *Liv* —2E **55**
Ruskin Way. *Liv* —5D **83**
Rusland Av. *Wir* —3F **137**
Rusland Rd. *Liv* —5E **23**
Rusling Pk. *Liv* —5A **124**
Russell Ct. *Wid* —5B **110**
Russell Pl. *Gars* —1C **144**
Russell Pl. *Liv* —5E **77** (5H **5**)
Russell Rd. *Birk* —1F **119**
 (in two parts)
Russell Rd. *Gars* —1C **144**
Russell Rd. *Huy* —4B **84**
Russell Rd. *Moss H* —4F **101**
Russell Rd. *Run* —1E **165**
Russell Rd. *Wall* —1E **73**
Russell St. *Birk* —2E **97**
Russell St. *Liv* —4E **77** (4H **5**)
Russet Clo. *Liv* —4E **105**
Russet Clo. *St H* —3F **45**
Russian Av. *Liv* —1F **79**
Russian Dri. *Liv* —1F **79**
Rutherford Clo. *Liv* —5E **79**
Rutherford Rd. *Mag* —3E **13**
Rutherford Rd. *Moss H* —3A **102**
Rutherford Rd. *Wind* —2C **44**

Rutherglen Av. *Liv* —3F **17**
Ruth Evans Ct. *Rain* —2A **86**
Ruthven Rd. *Lith* —1A **34**
Ruthven Rd. *Old S* —5B **80**
Rutland Av. *Halew* —4F **127**
Rutland Av. *Seft P* —3D **101**
Rutland Clo. *Liv* —1F **77**
Rutland Ho. *Liv* —4D **101**
Rutland St. *Boot* —4D **35**
Rutland St. *Run* —4F **151**
Rutland St. *St H* —3F **45**
Rutland Way. *Liv* —3B **84**
Rutter St. *Liv* —4E **99**
Rycot Rd. *Liv* —3B **146**
Rycroft Rd. *Liv* —1E **37**
Rycroft Rd. *Meol* —3E **91**
Rycroft Rd. *Wall* —3C **74**
Rydal Av. *Cros* —3F **17**
Rydal Av. *Pren* —4C **94**
Rydal Av. *Prsct* —5F **63**
Rydal Bank. *Wall* —2C **74**
Rydal Bank. *Wir* —5A **120**
Rydal Clo. *Ain* —3F **21**
Rydal Clo. *Hes* —3A **138**
Rydal Clo. *Kirkby* —1D **23**
Rydal Gro. *Run* —2B **166**
Rydal Gro. *St H* —1A **46**
Rydal Rd. *Liv* —5E **83**
Rydal St. *Liv* —5A **56**
Rydal Way. *Wid* —3C **130**
Rydecroft. *Liv* —2F **125**
Ryder Clo. *Rain* —2A **86**
Ryder Rd. *Wid* —5B **110**
Rye Clo. *Clo F* —2C **88**
Ryecote. *Liv* —1E **39**
Rye Ct. *Liv* —5E **59**
Rye Cft. *Liv* —2B **18**
Ryecroft Rd. *Hes* —3C **158**
Ryedale Clo. *Liv* —2B **100**
Ryefield La. *Liv* —2B **18**
Ryegate Rd. *Liv* —4B **124**
Rye Gro. *Liv* —5E **59**
Rye Hey Rd. *Liv* —3E **23**
Ryland Pk. *Wir* —2A **138**
Rylands Hey. *Wir* —5D **92**
Rylands St. *Wid* —4B **132**
Ryleys Gdns. *Liv* —4D **4**
Rymer Gro. *Liv* —2A **56**
Ryton Rd. *Liv* —4D **23**

**S**abre Clo. *Murd* —3D **169**
Sackville Rd. *Wind* —2C **44**
Saddle Clo. *Liv* —5D **21**
Saddlers Ri. *Nort* —2C **168**
Sadler's La. *St H* —1E **43**
Sadler St. *Wid* —3C **132**
Saffron Gdns. *St H* —1D **67**
Saffron M. *Liv* —4B **10**
St Agnes Rd. *Huy* —4E **83**
St Agnes Rd. *Kirk* —3D **55**
St Aidan's Ct. *Pren* —3F **95**
St Aidan's Gro. *Liv* —4C **60**
*St Aidans Ter. Liv —5D 55*
 *(off Latham St.)*
St Aidan's Ter. *Pren* —3F **95**
St Aidan's Way. *Boot* —2E **19**
St Albans. *Liv* —1A **78**
St Albans Clo. *Hay* —1F **49**
St Albans Ct. *Liv* —1C **76**
St Alban's Rd. *Boot* —5C **34**
St Albans Rd. *Pren* —2A **96**
St Alban's Rd. *Wall* —2B **74**
St Albans Sq. *Boot* —1C **54**
St Ambrose Cft. *Boot* —1E **19**
St Ambrose Gro. *Liv* —5B **56**
St Ambrose Rd. *Wid* —3C **132**
St Ambrose Way. *Liv* —2E **77** (1H **5**)
St Andrew Rd. *Liv* —5B **56**
St Andrews Av. *Liv* —5E **59**

St Andrew's Ct. *Liv* —5E **17**
St Andrews Dri. *Cros* —4B **8**
St Andrew's Dri. *Huy* —4C **60**
St Andrews Gdns. *Liv* —4E **77** (4H **5**)
St Andrew's Gro. *Boot* —2C **18**
St Andrews Gro. *St H* —2B **46**
St Andrews Pl. *Liv* —1C **122**
St Andrews Rd. *Beb* —3A **142**
St Andrews Rd. *Boot* —2C **34**
St Andrew's Rd. *Liv* —4B **8**
St Andrew's Rd. *Pren* —3B **96**
St Andrew St. *Liv* —5E **77** (5J **5**)
St Andrews Vw. *Liv* —4E **15**
St Annes Clo. *Birk* —2D **97**
St Anne's Cotts. *Liv* —2C **80**
St Anne's Ct. *Liv* —3F **79**
(L13)
St Anne's Ct. *Liv* —3E **123**
(L17)
St Annes Gdns. *Liv* —3E **123**
St Annes Gro. *Birk* —1C **96**
St Annes Gro. *Liv* —3E **123**
St Annes Ho. *Boot* —1C **54**
St Anne's Rd. *Aig* —3E **123**
St Anne's Rd. *Huy* —5E **83**
St Annes Rd. *Wid* —2B **132**
St Annes Ter. *Birk* —2C **96**
St Anne St. *Birk* —1C **96**
(in three parts)
St Anne St. *Liv* —3E **77** (1G **5**)
St Annes Way. *Birk* —2D **97**
St Ann Pl. *Rain* —2C **86**
**St Anns. —5C 44**
St Ann's Rd. *St H* —5C **44**
St Anthony's Clo. *Huy* —4C **60**
St Anthony's Gro. *Boot* —2D **19**
St Anthony's Pl. *Liv* —1D **77**
St Anthony's Rd. *Liv* —5B **8**
St Anthony's Shop. Cen. *Liv* —1D **77**
St Asaph Gro. *Boot* —4F **19**
St Augustine St. *Liv* —1D **77**
St Augustine's Way. *Boot* —1D **19**
St Austell Clo. *Brook* —4B **168**
St Austell Clo. *Wir* —5B **70**
St Austells Rd. *Liv* —1E **55**
St Bartholomews Ct. *Huy* —3C **82**
St Benedict's Gro. *Liv* —4C **60**
St Benet's Way. *Boot* —2E **19**
St Bernard's Clo. *Boot* —2D **19**
St Bernards Clo. *Liv* —2A **100**
St Bernard's Dri. *Boot* —2D **19**
St Brendan's Clo. *Liv* —4C **60**
St Bride's Rd. *Wall* —1D **75**
St Bride St. *Liv* —1F **99**
St Bridget's Gro. *Boot* —2D **19**
St Bridget's La. *Wir* —5B **112**
St Brigids Cres. *Liv* —1C **76**
St Catherine's Clo. *Liv* —5E **83**
St Catherines Gdns. *Birk* —5D **97**
St Catherine's Rd. *Boot* —5C **34**
St Chad's Dri. *Kirkby & Liv* —3E **23**
St Chads Pde. *Liv* —3E **23**
St Christoper's Dri. *Liv* —4C **60**
St Christopher's Av. *Boot* —1D **19**
St Clare Rd. *Liv* —2E **101**
St Columbas Clo. *Wall* —1D **75**
St Cuthberts Clo. *Liv* —5E **39**
St Cyrils Clo. *Liv* —3C **104**
St Damian's Cft. *Boot* —2E **19**
St David Rd. *Pren* —3A **96**
St David Rd. *Wir* —4F **163**
St David's Clo. *Rain* —2C **86**
St David's Gro. *Boot* —3D **19**
St Davids La. *Pren* —4D **95**
St David's Rd. *Huy* —1B **82**
St Domingo Gro. *Liv* —5F **55**
St Domingo Rd. *Liv* —4E **55**
St Domingo Va. *Liv* —5F **55**

St Dunstan's Gro. *Boot* —2D **19**
St Edmond's Rd. *Boot* —1C **54**
St Edmund's Rd. *Wir* —2F **141**
St Edwards Clo. *Birk* —1B **96**
St Elmo Rd. *Wall* —1D **75**
St Gabriel's Av. *Liv* —4A **84**
St George's Av. *Birk* —2D **119**
St George's Av. *Wind* —3C **44**
St Georges Ct. *Wall* —1E **73**
St Georges Ct. *Wind* —4D **131**
St George's Gro. *Boot* —3D **19**
St George's Gro. *Wir* —1D **93**
*St George's Hall. —4D 77 (4F 5)*
St George's Heights. *Liv* —1E **77**
St George's Hill. *Liv* —1E **77**
St George's Mt. *Wall* —3B **52**
St George's Pk. *Wall* —3B **52**
St George's Pl. *Liv* —4D **77** (4F **5**)
St George's Rd. *Huy* —1E **83**
St Georges Rd. *St H* —1D **65**
St George's Rd. *Wall* —5E **51**
St George's Way. *Liv* —5F **5**
St George's Way. *Wir* —3A **160**
St Gerard Clo. *Liv* —5D **55**
St Gregory's Cft. *Boot* —1E **19**
**St Helens. —5A 46**
St Helen's Clo. *Pren* —3B **96**
*St Helens Cricket Club Ground.*
                                     *—3E 45*
*St Helens Football Ground. —4F 67*
St Helens Linkway. *St H* —1A **66**
St Helens Retail Pk. *St H* —1B **66**
St Helens Rd. *Ecc P & Prsct* —4D **63**
St Helens Rd. *Rainf* —3B **28**
*St Helens R.L.F.C. Ground. —5C 44*
*St Helens R.U.F.C. Ground. —1A 44*
*St Helens Transport Mus. —4B 46*
St Hilary Brow. *Wall* —2F **73**
St Hilary Dri. *Wall* —1F **73**
St Hilda's Dri. *Frod* —4C **172**
St Hugh's Clo. *Pren* —3B **96**
St Hugh's Ho. *Boot* —5C **34**
St Ives Ct. *Pren* —2A **96**
St Ives Gro. *Liv* —3F **79**
St Ives Rd. *Pren* —3A **96**
St Ives Way. *Liv* —4F **127**
St James Clo. *Frod* —4B **172**
St James Clo. *Grea* —5D **93**
St James' Clo. *Liv* —5A **58**
St James Ct. *Wall* —3B **52**
St James Dri. *Boot* —4B **34**
St James Mt. *Rain* —4C **86**
St James Pl. *Liv* —2E **99**
St James Rd. *Birk* —1F **95**
St James' Rd. *Ecc P & Prsct* —5E **63**
St James Rd. *Huy* —5E **83**
St James Rd. *Liv* —2E **99**
St James Rd. *Rain* —4C **86**
St James Rd. *Wall* —3B **52**
St James St. *Liv* —2D **99**
St James Way. *Boot* —1E **19**
St Jerome's Way. *Boot* —1E **19**
St Johns Av. *Liv* —3A **36**
St Johns Brow. *Run* —4B **152**
St John's Cen. *Liv* —5D **77** (5F **5**)
St John's Clo. *Wir* —3D **91**
St John's Ct. *Wat* —4D **17**
St John's Ho. *Boot* —5C **34**
St John's La. *Liv* —4D **77** (4F **5**)
St John's Pavement. *Birk* —3D **97**
St John's Pl. *Liv* —4D **17**
St John's Rd. *Boot & Kirk* —1B **54**
St John's Rd. *Huy* —5E **83**
St John's Rd. *Wall* —1E **73**
St John's Rd. *Wat* —4D **17**
St John's Rd. *Wir* —5F **163**
St John's Sq. *Boot* —3D **97**
St John's Sq. *Liv* —5F **5**
St John's Ter. *Boot* —1B **54**
St John St. *Birk* —3D **97**

St John St. *Newt W* —5F **49**
St John St. *Run* —4B **152**
St John St. *St H* —3D **65**
St Johns Way. *Liv* —5D **77** (5F **5**)
St Joseph's Clo. *Liv* —4C **60**
St Josephs Clo. *St H* —2C **66**
St Josephs Cres. *Liv* —3D **77** (2G **5**)
St Jude's Clo. *Liv* —4C **60**
St Kilda's Rd. *Wir* —2E **93**
St Laurence Clo. *Birk* —2D **97**
St Laurence Dri. *Birk* —2D **97**
St Laurence Gro. *Liv* —5F **23**
St Lawrence Clo. *Liv* —5A **100**
St Lawrence Rd. *Frod* —5B **172**
St Leonard's Clo. *Boot* —1D **19**
St Lucia Rd. *Wall* —1D **75**
St Lukes Clo. *Liv* —5F **59**
St Luke's Ct. *Liv* —1A **56**
St Lukes Cres. *Wid* —5B **110**
St Luke's Gro. *Boot* —1D **19**
St Lukes Pl. *Liv* —1E **99** (7G **5**)
St Luke's Rd. *Liv* —1D **17**
St Luke's Rd. *St H* —5D **45**
St Luke's Way. *Frod* —4B **172**
St Luke's Way. *Liv* —4C **60**
St Margaret's Gro. *Boot* —2C **18**
St Margaret's Rd. *Wir* —5A **90**
St Mark's Gro. *Boot* —1C **18**
St Mark's Rd. *Liv* —5F **83**
St Mark's St. *Hay* —2A **48**
St Martins Gro. *Liv* —1F **39**
St Martin's Ho. *Boot* —5C **34**
St Martin's La. *Murd* —3D **169**
St Martin's Mkt. *Liv* —1E **77**
St Martins M. *Liv* —2E **77**
*St Mary's Arc. St H —5A 46*
(off St Mary's Mkt.)
St Mary's Av. *Bil* —1C **30**
St Mary's Av. *Liv* —1A **56**
St Mary's Av. *Wall* —2B **74**
*St Mary's Church Tower. —3F 97*
(off Priory St.)
St Mary's Clo. *Hale V* —5D **149**
St Mary's Clo. *Old S* —5F **79**
St Marys Ct. *Liv* —2A **126**
St Mary's Ct. *Wir* —5A **94**
St Mary's Ga. *Birk* —3F **97**
St Mary's Gro. *Boot* —2C **18**
St Mary's Gro. *Liv* —1A **56**
St Mary's La. *Liv* —1A **56**
St Mary's Mkt. *St H* —5A **46**
St Mary's Pl. *Liv* —1A **56**
St Mary's Rd. *Gars* —5A **124**
St Marys Rd. *Halt* —1F **167**
St Mary's Rd. *Huy* —4E **83**
St Mary's Rd. *Wat* —4F **17**
St Marys Rd. *Wid* —3A **152**
St Mary's St. *Liv* —2A **126**
St Mary's St. *Wall* —2B **74**
St Mathews Clo. *Huy* —3F **83**
St Mathews Clo. *Liv* —1D **57**
St Matthew's Av. *Liv* —5C **18**
St Matthews Gro. *St H* —3C **64**
St Mawes Clo. *Wid* —2E **131**
St Mawes Way. *Wind* —2B **44**
St Michael Rd. *Augh* —1F **7**
St Michael's Chu. Rd. *Liv* —1B **122**
St Michaels Clo. *Liv* —4C **122**
St Michael's Clo. *Wid* —5C **130**
St Michaels Ct. *Liv* —3E **83**
St Michael's Gro. *Boot* —2C **18**
St Michaels Gro. *Liv* —2B **78**
St Michael's Gro. *Wir* —1D **93**
**St Michael's Hamlet. —2B 122**
St Michael's Ind. Est. *Wid* —5C **130**
*St Michael's Municipal Golf Course.*
                                     *—5E 131*
St Michael's Rd. *Aig* —2B **122**
St Michael's Rd. *Cros* —5B **8**
St Michaels Rd. *St H* —3A **88**

St Michael's Rd. *Wid* —5C **130**
St Monica's Dri. *Boot* —1D **19**
St Nicholas' Dri. *Boot* —1D **19**
St Nicholas Gro. *St H* —4D **67**
St Nicholas Pl. *Liv* —5B **76** (5A **4**)
 (in two parts)
St Nicholas' Rd. *Wall* —1D **73**
St Nicholas Rd. *Whis* —5D **85**
St Oswald Gdns. *Liv* —3A **80**
St Oswald's Av. *Pren* —1C **94**
St Oswald's Ct. *Boot* —2F **19**
St Oswald's La. *Boot* —2F **19**
St Oswald's M. *Pren* —5C **72**
St Oswald's St. *Liv* —4A **80**
St Paschal Baylon Boulevd. *Liv*
 —1F **103**
St Patrick's Clo. *Liv* —5E **15**
St Patrick's Dri. *Boot* —1D **19**
St Paul's Av. *Wall* —4E **75**
St Paul's Clo. *Birk* —2E **119**
St Pauls Clo. *Liv* —5D **15**
St Pauls Pl. *Boot* —1D **55**
St Paul's Rd. *Birk* —2F **119**
 (in two parts)
St Paul's Rd. *Wall* —4D **75**
St Paul's Rd. *Wid* —5A **132**
St Paul's Sq. *Liv* —4B **76** (3C **4**)
St Paul St. *St H* —4E **67**
St Paul's Vs. *Birk* —2E **119**
St Peters Clo. *Kirkby* —5D **15**
St Peters Clo. *Wir* —3F **157**
St Peter's Ct. *Birk* —3A **120**
St Peter's Ct. *Liv* —5B **100**
St Peter's Ho. *Boot* —1D **55**
St Peter's M. *Birk* —3A **120**
St Peter's Rd. *Birk* —3A **120**
St Peter's Rd. *Liv* —2C **36**
St Peters Row. *Liv* —4D **34**
St Peter's Way. *Pren* —5C **94**
St Philip's Av. *Liv* —5C **18**
St Richards Clo. *Liv* —2D **55**
St Seiriol Gro. *Pren* —3A **96**
St Stephens Clo. *Liv* —4C **104**
St Stephens Clo. *Wir* —4C **158**
St Stephen's Ct. *Birk* —3B **118**
St Stephen's Gro. *Boot* —2D **19**
St Stephen's Pl. *Liv* —3D **77** (2E **5**)
St Stephen's Rd. *Birk* —2B **118**
St Teresa's Rd. *St H* —4D **45**
St Thomas Ct. *Wid* —3D **131**
St Thomas's Dri. *Boot* —2D **19**
St Thomas Sq. *St H* —5F **45**
St Vincent Rd. *Pren* —3A **96**
St Vincent Rd. *Wall* —1D **75**
St Vincents Clo. *Liv* —5C **59**
St Vincent St. *Liv* —4E **77** (4H **5**)
St Vincent Way. *Liv* —4E **77** (4H **5**)
St Werburghs Sq. *Birk* —3D **97**
St William Rd. *Liv* —5B **10**
St William Wlk. *Liv* —5B **10**
St Winifred Rd. *Rain* —1B **86**
St Winifred Rd. *Wall* —4B **52**
Saker St. *Liv* —4F **55**
Salacre Clo. *Wir* —5B **94**
Salacre Cres. *Wir* —5A **94**
Salacre La. *Wir* —4A **94**
Salacre Ter. *Wir* —4A **94**
Salcombe Dri. *Liv* —5B **126**
Salem Vw. *Pren* —1B **118**
Salerno Dri. *Liv* —2D **83**
 (in two parts)
Sales Wood Av. *Ecc* —5A **44**
Saline Clo. *Liv* —5A **60**
Salisbury Av. *Boot* —4A **20**
Salisbury Av. *Wir* —4A **112**
Salisbury Dri. *Wir* —5B **120**
Salisbury Hall. *Liv* —2E **123**
Salisbury Ho. *Boot* —4B **34**
Salisbury Pk. *Liv* —4D **103**
Salisbury Rd. *Anf* —5F **55**

Salisbury Rd. *Boot* —4B **34**
 (in two parts)
Salisbury Rd. *Gars* —5A **124**
Salisbury Rd. *Liv* —5A **36**
Salisbury Rd. *Wall* —3A **52**
Salisbury Rd. *W'tree* —2D **101**
Salisbury St. *Birk* —4D **97**
Salisbury St. *Liv* —2E **77** (1H **5**)
 (in two parts)
Salisbury St. *Prsct* —4D **63**
Salisbury St. *Run* —1A **166**
Salisbury St. *Wid* —4B **132**
Salisbury Ter. *Liv* —1F **101**
Salop St. *Liv* —3F **55**
Saltash Clo. *Brook* —4B **168**
Saltash Clo. *Liv* —3E **127**
Saltburn Rd. *Wall* —1D **73**
 (in two parts)
Saltergate Rd. *Liv* —5A **100**
Salthouse Quay. *Liv* —1C **98** (7C **4**)
Saltney St. *Liv* —1B **76**
Saltpit La. *Liv* —1E **13**
Saltwood Dri. *Brook* —5C **168**
Saltworks Clo. *Frod* —3D **173**
Salvia Way. *Liv* —5D **15**
Samaria Av. *Wir* —5C **120**
Samphire Gdns. *St H* —4B **68**
Samuel St. *St H* —4D **65**
Sanbec Gdns. *Wid* —4D **109**
Sandalwood. *Run* —1C **168**
Sandalwood Clo. *Liv* —1B **78**
Sandalwood Dri. *Pren* —5D **95**
Sandalwood Gdns. *St H* —4C **66**
Sandbeck St. *Liv* —1F **121**
Sandbourne. *Wir* —1A **94**
Sandbrook Ct. *Wir* —1E **93**
Sandbrook La. *Wir* —1E **93**
Sandbrook Rd. *Liv* —1A **104**
Sandcliffe Rd. *Wall* —3E **51**
Sandeman Rd. *Liv* —3D **57**
Sanderling Rd. *Liv* —2A **24**
Sanders Hey Clo. *Brook* —5A **168**
Sandfield. *Liv* —4D **83**
Sandfield Av. *Wir* —2D **91**
Sandfield Clo. *Liv* —1C **80**
Sandfield Clo. *Wir* —1D **141**
Sandfield Ct. *Frod* —5B **172**
Sandfield Cres. *St H* —5F **45**
**Sandfield Park. —1B 80**
Sandfield Pk. *Wir* —2D **157**
Sandfield Pk. E. *Liv* —5C **58**
Sandfield Pl. *Boot* —4B **34**
Sandfield Rd. *Beb* —1D **141**
Sandfield Rd. *Boot* —5D **35**
Sandfield Rd. *Ecc* —3A **44**
Sandfield Rd. *Liv* —5B **104**
Sandfield Rd. *Upt* —3B **116**
Sandfield Rd. *Wall* —4B **52**
Sandfields. *Frod* —5B **172**
Sandfield Ter. *Wall* —4B **52**
Sandfield Wlk. *Liv* —2B **80**
Sandford Dri. *Liv* —5D **7**
Sandford St. *Birk* —2E **97**
Sandforth Clo. *Liv* —5A **58**
Sandforth Ct. *Liv* —1A **80**
Sandforth Rd. *Liv* —5A **58**
Sandgate Clo. *Liv* —3B **146**
Sandham Gro. *Wir* —2C **158**
Sandham Rd. *Liv* —3A **148**
Sandhead St. *Liv* —1F **101**
Sandhey Rd. *Wir* —3C **90**
Sandheys Av. *Liv* —4C **16**
Sandheys Clo. *Liv* —4E **55**
Sandheys Gro. *Liv* —3C **16**
Sandheys Rd. *Wall* —4B **52**
Sandheys Ter. *Liv* —4C **16**
Sandhills Bus. Pk. *Liv* —4C **54**
Sandhills La. *Liv* —4B **54**
Sandhills, The. *Wir* —3E **71**
Sandhills Vw. *Wall* —1D **73**

Sandhurst. *Liv* —1C **16**
Sandhurst Clo. *S'frth* —1F **33**
Sandhurst Dri. *Liv* —3D **21**
Sandhurst Rd. *Liv* —1A **148**
Sandhurst Rd. *Rain* —1A **86**
Sandhurst St. *Liv* —1A **122**
Sandhurst Way. *Liv* —2B **6**
Sandicroft Rd. *Liv* —1F **59**
Sandino St. *Liv* —3E **99**
Sandiway. *Brom* —4C **162**
Sandiway. *Huy* —5F **83**
Sandiway. *Meol* —2D **91**
Sandiway. *Whis* —4D **85**
Sandiway Av. *Wid* —3A **130**
Sandiways. *Mag* —1E **13**
Sandiways Av. *Boot* —3A **20**
Sandiways Rd. *Wall* —5E **51**
Sandlea Pk. *Wir* —4A **112**
Sandlewood Gro. *Liv* —1F **23**
Sandon Clo. *Rain* —2B **86**
Sandon Ind. Est. *Liv* —5B **54**
Sandon Pl. *Wid* —3D **133**
Sandon Promenade. *Wall* —2D **75**
 (in two parts)
Sandon Rd. *Wall* —2D **75**
Sandon St. *St H* —3D **65**
Sandon St. *Tox* —1F **99**
Sandon St. *Wat* —4D **17**
Sandon Way. *Liv* —5B **54**
Sandown Clo. *Run* —4B **166**
Sandown Ct. *Liv* —1F **101**
Sandown La. *Liv* —1F **101**
**Sandown Park. —5F 79**
Sandown Pk. Rd. *Liv* —2E **21**
Sandown Rd. *S'frth* —1F **33**
Sandown Rd. *W'tree* —5F **79**
Sandpiper Clo. *Wir* —3D **93**
Sandpiper Gro. *Liv* —3E **127**
Sandpipers Ct. *Wir* —4A **90**
Sandridge Rd. *Wall* —4B **52**
Sandridge Rd. *Wir* —2F **137**
Sandringham Av. *Liv* —5E **17**
Sandringham Av. *Wir* —3C **90**
Sandringham Clo. *Hoy* —3C **90**
Sandringham Clo. *Liv* —5E **15**
Sandringham Clo. *New F* —5A **120**
Sandringham Dri. *Liv* —5B **100**
Sandringham Dri. *St H* —5C **66**
Sandringham Rd. *Wall* —3A **52**
Sandringham Rd. *Liv* —2C **12**
Sandringham Rd. *Tue* —5D **57**
Sandringham Rd. *Wat* —5E **17**
Sandringham Rd. *Wid* —5F **109**
Sandrock Rd. *Wall* —4B **52**
Sands Rd. *Liv* —5F **101**
Sandstone. *Wall* —1C **74**
Sandstone Clo. *Rain* —5C **86**
Sandstone Dri. *Whis* —1A **86**
Sandstone Dri. *Wir* —4E **113**
Sandstone Rd. E. *Liv* —2F **79**
Sandstone Rd. W. *Liv* —2F **79**
Sandstone Wlk. *Wir* —3A **158**
Sandwash Clo. *Rainf* —1B **28**
Sandway Cres. *Liv* —1A **58**
Sandy Brow La. *Liv* —1E **41**
Sandy Grn. *Liv* —2C **36**
Sandy Gro. *Liv* —5F **57**
Sandy Knowle. *Liv* —1A **102**
Sandy La. *Crank & St H* —4E **29**
Sandy La. *Cron* —4D **109**
Sandy La. *Hes* —1A **158**
Sandy La. *Irby* —5C **114**
Sandy La. *Lyd* —1B **6**
Sandy La. *Mell* —5F **13**
Sandy La. *Old S* —5F **57**
Sandy La. *Pres B* —4E **169**
Sandy La. *Wall* —5E **51**
Sandy La. *Walt* —2B **36**
Sandy La. *W Kir* —1B **134**
Sandy La. *West P* —3D **165**

Sandy La. *Wid* —3F **111**
Sandy La. N. *Wir* —5C **114**
Sandymoor La. *Run* —4D **155**
Sandy Moor La. *Run* —5D **155**
Sandymount Dri. *Wall* —4A **52**
Sandymount Dri. *Wir* —3F **141**
Sandy Rd. *Liv* —5F **17**
Sandyville Gro. *Liv* —3E **57**
Sandyville Rd. *Liv* —3D **57**
Sandy Way. *Pren* —4A **96**
Sankey Rd. *Hay* —3F **47**
Sankey Rd. *Liv* —3D **13**
Sankey St. *Liv* —1E **99**
Sankey St. *Newt W* —5F **49**
Sankey St. *St H* —1D **67**
Sankey St. *Wid* —1A **152**
Sankey Valley Ind. Est. *Newt W*
—1F **69**
Sankey Valley Pk. *Newt W* —1F **69**
Santon Av. *Liv* —1E **79**
Sapphire Dri. *Liv* —5E **15**
Sapphire St. *Liv* —5F **79**
Sarah's Cft. *Boot* —2E **19**
Sark Rd. *Liv* —2F **79**
Sartfield Clo. *Liv* —1E **103**
Sarum Rd. *Liv* —2A **104**
Satinwood Cres. *Liv* —2A **22**
**Saughall Massie. —3C 92**
Saughall Massie La. *Wir* —4E **93**
Saughall Massie Rd. *Upt* —3C **92**
Saughall Massie Rd. *W Kir* —3D **113**
Saughall Rd. *Wir* —2C **92**
Saunby St. *Liv* —3C **144**
Saunders Av. *Prsct* —2D **85**
Saunderton Clo. *Hay* —1C **48**
Saville Rd. *Liv* —4C **6**
Saville Rd. *Old S* —4B **80**
Savoy Ct. *Liv* —5D **17**
Savoylands Clo. *Liv* —2C **122**
Sawley Clo. *Murd* —3E **169**
Sawpit La. *Huy* —4F **83**
Saxby Rd. *Liv* —1A **82**
Saxon Clo. *Liv* —1B **78**
Saxon Ct. *St H* —3E **45**
Saxonia Rd. *Liv* —1A **56**
Saxon Rd. *Hoy* —3C **90**
Saxon Rd. *Liv* —2D **17**
Saxon Rd. *More* —5F **71**
Saxon Rd. *Run* —5C **152**
Saxon Ter. *Wid* —3B **132**
Saxon Way. *Liv* —4E **15**
Saxony Rd. *Liv* —4A **78**
Sayce St. *Wid* —3B **132**
Scafell La. *Liv* —1A **128**
Scafell Clo. *Wir* —2D **171**
Scafell Lawn. *Liv* —1A **128**
Scafell Rd. *St H* —5A **30**
Scafell Wlk. *Liv* —5A **106**
Scape La. *Liv* —5F **9**
Scargreen Av. *Liv* —5F **37**
Scarisbrick Av. *Liv* —1B **34**
Scarisbrick Clo. *Liv* —4E **7**
Scarisbrick Cres. *Liv* —5D **37**
Scarisbrick Dri. *Liv* —5D **37**
Scarisbrick Pl. *Liv* —1D **57**
Scarisbrick Rd. *Liv* —5D **37**
Scarsdale Rd. *Liv* —2F **57**
Sceptre Clo. *Newt W* —5F **49**
Sceptre Rd. *Liv* —4C **38**
Sceptre Tower. *Liv* —5C **38**
Sceptre Wlk. *Liv* —5C **38**
Scholar St. *Liv* —2C **100**
Scholes La. *St H* —4A **64**
Scholes Pk. *St H* —4B **64**
Schomberg St. *Liv* —3A **78**
School Clo. *Liv* —2C **104**
School Clo. *Wir* —4F **71**
Schoolfield Clo. *Wir* —2B **116**
Schoolfield Rd. *Wir* —2B **116**
School Hill. *Wir* —3F **157**

School La. *Ain* —3D **21**
School La. *Chil T* —4F **171**
School La. *Halt* —2F **167**
School La. *High B* —1D **141**
School La. *Hoy* —4B **90**
(in two parts)
School La. *Huy* —4A **84**
School La. *Know & Know B* —2A **40**
School La. *Lith* —5B **18**
School La. *Liv* —5D **77** (6E **4**)
School La. *Mag* —5F **7**
School La. *Mell* —5A **14**
School La. *Meol* —2D **91**
School La. *New F* —5B **120**
School La. *Pren* —5C **72**
School La. *Rain* —5E **87**
(in two parts)
School La. *S'frth* —1A **34**
School La. *Thur* —1B **136**
School La. *Wall* —2E **73**
(in two parts)
School La. *Wid* —2E **111**
School La. *Wltn* —5A **126**
School Pl. *Birk* —2D **97**
School St. *Hay* —2F **47**
School Way. *Liv* —4B **144**
School Way. *Wid* —1D **133**
Schooner Clo. *Murd* —4D **169**
Science Rd. *Liv* —3C **146**
Scone Clo. *Liv* —5C **38**
Scorecross. *St H* —3B **66**
Score La. *Liv* —5C **80**
Scoresby Rd. *Liv* —3C **72**
Score, The. *St H* —5A **66**
(in two parts)
Scorpio Clo. *Liv* —1A **82**
Scorton St. *Liv* —1C **78**
Scotchbarn La. *Prsct* —5E **63**
*Scotchbarn Pool. —5E 63*
Scoter Rd. *Liv* —3F **23**
Scotia Av. *Wir* —5C **120**
Scotia Rd. *Liv* —2A **80**
Scotland Rd. *Liv* —3D **77** (2F **5**)
Scots Pl. *Birk* —2F **95**
Scott Av. *Liv* —5A **84**
Scott Av. *Sut M* —3A **88**
Scott Av. *Whis* —3F **85**
Scott Av. *Wid* —4F **131**
Scott Clo. *Kirk* —4F **55**
Scott Clo. *Mag* —1D **13**
Scotts Quays. *Birk* —5E **75**
Scott St. *Boot* —3B **34**
Scott St. *Wall* —1B **74**
Scythes, The. *Boot* —1B **20**
Scythes, The. *Wir* —5C **92**
Scythia Clo. *Wir* —4C **120**
Seabank Av. *Wall* —1C **74**
Seabank Cotts. *Wir* —1F **91**
Seabank Rd. *Wall* —3B **52**
Seabank Rd. *Wir* —4E **157**
Sea Brow. *Liv* —5C **76** (6C **4**)
Seacombe Promenade. *Wall* —2E **75**
Seacombe Tower. *Liv* —5E **55**
Seacombe Vw. *Wall* —4E **75**
Sea Ct. Flats. *Wall* —4F **51**
Seacroft Clo. *Liv* —5A **60**
Seacroft Rd. *Liv* —5A **60**
Seafield Av. *Liv* —2E **17**
Seafield Av. *Wir* —4E **157**
Seafield Dri. *Wall* —4F **51**
Seafield Rd. *Boot* —4B **34**
Seafield Rd. *Liv* —3F **35**
Seafield Rd. *Wir* —4B **120**
Seaford Clo. *Wind H* —1D **169**
Seafore Clo. *Liv* —3B **6**
**Seaforth. —1E 33**
Seaforth Dri. *Wir* —2E **93**
*Seaforth Nature Reserve. —1D 33*
Seaforth Rd. *Liv* —3A **34**
Seaforth Va. N. *Liv* —1A **34**

Seaforth Va. W. *Liv* —2A **34**
Seagram Clo. *Liv* —5C **20**
Sea La. *Run* —5D **153**
Sealy Clo. *Wir* —1A **162**
Seaman Rd. *Liv* —2E **101**
Seaport Rd. *Liv* —3A **100**
Sea Rd. *Wall* —3F **51**
Seascale Av. *St H* —3B **64**
Seath Av. *St H* —4E **47**
Seathwaite Clo. *Beech* —5E **167**
Seathwaite Clo. *Liv* —2B **16**
Seathwaite Cres. *Liv* —1D **23**
Seaton Clo. *Liv* —5A **40**
Seaton Gro. *St H* —5D **65**
Seaton Pk. *Run* —4E **155**
Seaton Rd. *Birk* —5C **96**
Seaton Rd. *Wall* —5A **52**
Sea Vw. *Wir* —4B **90**
Seaview Av. *Irby* —1D **137**
Seaview Av. *Wall* —1A **74**
Seaview La. *Wir* —1D **137**
Sea Vw. Rd. *Boot* —4A **34**
Seaview Rd. *Wall* —5A **52**
Seaview Ter. *Liv* —4C **16**
Seawood Gro. *Wir* —2D **93**
Second Av. *Cros* —1D **17**
Second Av. *Faz* —2E **37**
Second Av. *Liv* —1C **36**
Second Av. *Pren* —3B **94**
Second Av. *Rain* —2B **86**
Second Av. *Run* —2F **167**
Sedbergh Av. *Liv* —2C **20**
Sedbergh Gro. *Beech* —5E **167**
Sedbergh Rd. *Wall* —1F **73**
Sedburgh Gro. *Liv* —3B **82**
Sedburn Rd. *Liv* —1A **40**
Seddon Clo. *Ecc* —5F **43**
Seddon Rd. *Liv* —1B **144**
Seddon Rd. *St H* —2B **64**
Seddons Ct. *Ecc L* —4D **63**
Seddon St. *Liv* —1D **99** (7E **4**)
Seddon St. *St H* —1F **45**
Sedgefield Clo. *Wir* —1A **94**
Sedgefield Rd. *Wir* —1A **94**
Sedgeley Wlk. *Liv* —1F **83**
Sedgemoor Rd. *Liv* —5E **37**
Sedgewick Cres. *Btnwd* —5E **69**
Sedley St. *Liv* —5B **56**
Sedum Gro. *Liv* —5D **15**
Seeds La. *Liv* —5C **20**
Seeley Av. *Birk* —2A **96**
Seel Rd. *Liv* —4F **83**
Seel St. *Liv* —5D **77** (6E **5**)
**Sefton. —3F 11**
Sefton Av. *Liv* —1B **34**
Sefton Av. *Wid* —1A **132**
Sefton Bus. Pk. *Boot* —5A **20**
Sefton Clo. *Liv* —2B **22**
(in three parts)
*Sefton Cricket Club Ground.*
—4D **101**
Sefton Dri. *Ain* —3D **21**
Sefton Dri. *Kirkby* —2C **22**
Sefton Dri. *Mag* —2B **12**
Sefton Dri. *Seft P* —4B **100**
Sefton Dri. *Thor* —3A **10**
Sefton Fold Dri. *Bil* —1D **31**
Sefton Fold Gdns. *Bil* —1D **31**
Sefton Gro. *Liv* —5C **100**
Sefton La. *Liv* —2A **12**
Sefton La. Ind. Est. *Liv* —2A **12**
Sefton Mill Ct. *Liv* —3F **11**
Sefton Mill La. *Liv* —3F **11**
Sefton Moss La. *Boot* —2D **19**
Sefton Moss Vs. *Liv* —5B **18**
**Sefton Park. —5D 101**
*Sefton Pk. —5D 101*
Sefton Pk. Rd. *Liv* —3B **100**
Sefton Retail Pk. *Boot* —2A **20**
Sefton Rd. *Birk* —3A **120**

Sefton Rd. *Boot* —3D **35**
Sefton Rd. *Faz* —1D **37**
Sefton Rd. *Lith* —5B **18**
Sefton Rd. *Wall* —4B **52**
Sefton Rd. *Walt* —3A **36**
Sefton Rd. *Wir* —4A **120**
*Sefton R.U.F.C. Ground. —5D 59*
Sefton St. *Brun B* —5E **99**
Sefton St. *Lith* —5B **18**
 (in two parts)
Sefton St. *Liv & Tox* —3D **99**
Sefton St. *Newt W* —5F **49**
**Sefton Town. —5D 11**
Sefton Vw. *Cros* —1A **18**
Sefton Vw. *S'frth* —5B **18**
Selborne. *Whis* —4F **85**
Selborne Clo. *Liv* —2A **100**
Selborne St. *Liv* —2F **99**
Selbourne Clo. *Wir* —1C **116**
Selby Clo. *Run* —3F **155**
Selby Clo. *St H* —1D **65**
Selby Gro. *Liv* —3B **84**
Selby Rd. *Liv* —2A **36**
Selby St. *Wall* —1B **74**
Seldon St. *Liv* —3A **78**
Selina Rd. *Liv* —1E **55**
Selkirk Av. *Wir* —1E **171**
Selkirk Dri. *Ecc* —3B **44**
Selkirk Rd. *Liv* —4F **79**
Sellar St. *Liv* —4A **65**
Selsdon Rd. *Liv* —3C **16**
Selsey Clo. *Liv* —1B **88**
Selside Lawn. *Liv* —5A **106**
Selside Rd. *Liv* —1A **128**
Selside Wlk. *Liv* —5F **105**
Selston Clo. *Wir* —5A **142**
Selworthy Grn. *Liv* —3D **103**
Selwyn Clo. *Wid* —1D **133**
Selwyn St. *Liv* —2E **55**
Seneschal Ct. *Hall P* —4E **167**
Sennen Clo. *Brook* —5B **168**
Sennen Rd. *Liv* —5F **23**
Sentinel Way. *Boot* —5B **20**
September Rd. *Liv* —1C **78**
Serenade Rd. *Liv* —4F **15**
Sergrim Rd. *Liv* —3C **82**
Serpentine N., The. *Liv* —5A **8**
Serpentine Rd. *Wall* —1C **74**
Serpentine S., The. *Liv* —1B **16**
Serpentine, The. *Cros* —5A **8**
Serpentine, The. *Gars* —4A **124**
Servia Rd. *Liv* —1B **34**
Servite Clo. *Liv* —3C **16**
Servite Ct. *Liv* —3C **126**
Servite Ho. *Liv* —5B **100**
Sessions Rd. *Liv* —3D **55**
Seth Powell Way. *Liv* —5C **60**
Settrington Rd. *Liv* —2F **57**
Seven Acre Rd. *Liv* —5B **10**
Seven Acres La. *Wir* —2A **138**
Sevenoaks Clo. *Liv* —1E **77**
Seventh Av. *Faz* —1D **37**
Seventh Av. *Liv* —1D **37**
Severn Clo. *Bil* —2D **31**
Severn Clo. *St H* —5C **66**
Severn Clo. *Wid* —2E **133**
Severn Rd. *Liv* —4F **15**
Severn Rd. *Rain* —3B **86**
Severn St. *Birk* —5A **74**
Severn St. *Liv* —5F **55**
Severs St. *Liv* —2A **78**
Sewell St. *Prsct* —5D **63**
Sewell St. *Run* —5B **152**
Sextant Clo. *Murd* —5D **169**
Sexton Av. *St H* —1B **68**
Sexton Way. *Liv* —4E **81**
Seymour Ct. *Birk* —5E **97**
Seymour Ct. *Mnr P & Run* —3C **154**
Seymour Dri. *Liv* —4E **7**
Seymour Pl. E. *Wall* —3B **52**

Seymour Pl. W. *Wall* —3B **52**
Seymour Rd. *B'grn* —4D **81**
Seymour Rd. *Liv* —1B **34**
Seymour St. *Birk* —5D **97**
Seymour St. *Liv* —4E **77** (4H **5**)
Seymour St. *Mil B* —1B **54**
Seymour St. *St H* —4D **67**
Seymour St. *Wall* —3B **52**
Shacklady Rd. *Liv* —1A **24**
Shackleton Rd. *Wir* —2B **72**
Shadwell Clo. *Liv* —5B **54**
Shadwell St. *Liv* —1B **76**
Shaftesbury Rd. *Cros* —1D **17**
Shaftesbury St. *Liv* —3E **99**
Shaftesbury Ter. *Liv* —3A **80**
Shaftesbury Way. *Btnwd* —4F **69**
Shaftsbury Av. *Liv* —5E **15**
Shaftway Clo. *Hay* —1F **49**
Shakespeare Av. *Birk* —3F **119**
Shakespeare Clo. *Liv* —2A **78**
Shakespeare Rd. *Sut M* —4A **88**
Shakespeare Rd. *Wall* —4D **75**
Shakespeare Rd. *Wid* —3A **132**
Shakespeare St. *Boot* —3A **34**
Shakespeare St. *Liv* —2C **144**
 (in two parts)
Shalcombe Clo. *Liv* —5A **128**
Shaldon Clo. *Liv* —5A **24**
Shaldon Gro. *Liv* —5A **24**
Shaldon Rd. *Liv* —1A **40**
Shaldon Wlk. *Liv* —5A **24**
Shalem Ct. *Wir* —1D **141**
Shalford Gro. *Wir* —4D **113**
Shallcross Ct. *Liv* —2A **78**
Shallcross Pl. *Liv* —2A **78**
Shallmarsh Clo. *Wir* —2D **141**
Shallmarsh Ct. *Wir* —2D **141**
Shallmarsh Rd. *Wir* —2D **141**
Shalom Ct. *Liv* —4E **101**
Shamrock Rd. *Birk* —2F **95**
Shand St. *Liv* —3C **144**
Shanklin Rd. *Liv* —5F **79**
Shannon St. *Birk* —5F **73**
Shard Clo. *Liv* —3B **38**
Shard St. *St H* —4E **67**
Sharpeville Clo. *Liv* —4D **55**
Sharples Cres. *Liv* —2F **17**
Sharp St. *Wid* —4A **132**
Sharwood Rd. *Liv* —5F **105**
Shavington Av. *Pren* —1F **117**
Shawbury Av. *Wir* —5D **119**
Shawell Ct. *Wid* —2E **133**
Shaw Entry. *Prsct* —1F **107**
Shaw Gdns. *St H* —5E **65**
Shaw Hill St. *Liv* —4D **77** (4E **5**)
Shaw La. *Prsct & Whis* —2D **85**
Shaw La. *Wir* —2C **114**
Shaw Rd. *Liv* —2C **146**
Shaws All. *Liv* —1C **98** (7D **4**)
 (in two parts)
Shaws Dri. *Wir* —3D **91**
Shaw St. *Birk* —4C **96**
Shaw St. *Hay* —2A **49**
Shaw St. *Liv* —2F **77** (1J **5**)
Shaw St. *Run* —5F **151**
 (in two parts)
Shaw St. *St H* —5B **46**
Shaw St. *Wall* —3E **75**
Shaw St. *Wir* —4B **90**
Shawton Rd. *Liv* —1C **102**
Shearman Clo. *Wir* —3A **138**
Shearman Rd. *Wir* —3A **138**
Shearwater Clo. *Liv* —5F **105**
Sheehan Heights. *Liv* —5C **54**
Sheen Rd. *Wall* —5C **52**
Sheila Wlk. *Liv* —2B **38**
Sheil Pl. *Liv* —3C **78**
Sheil Rd. *Liv* —2C **78**
Shelagh Av. *Wid* —3A **132**
Sheldon Clo. *Wir* —1A **162**

Sheldon Rd. *Liv* —3D **59**
Shelley Clo. *Liv* —5F **83**
Shelley Gro. *Liv* —2C **144**
Shelley Pl. *Whis* —3F **85**
Shelley Rd. *Wid* —3A **132**
Shelley St. *Boot* —4B **34**
 (in two parts)
Shelley Way. *Wir* —1B **134**
**Shell Green. —3E 133**
Shell Grn. Ho. *Wid* —3E **133**
Shellingford Rd. *Liv* —2A **82**
Shelmore Dri. *Liv* —5E **99**
Shelton Clo. *Liv* —4A **80**
Shelton Clo. *Wid* —1E **133**
Shelton Rd. *Wall* —5A **52**
Shenley Clo. *Wir* —1F **141**
Shenley Rd. *Liv* —1C **102**
Shenstone St. *Liv* —5B **78**
Shenton Av. *St H* —2D **47**
Shepherd Clo. *Wir* —5C **92**
Shepherds Row. *Cas* —5F **153**
Shepherd St. *Liv* —4F **77**
Sheppard Av. *Liv* —1A **104**
Shepston Av. *Liv* —2A **56**
Shepton Rd. *Liv* —5D **61**
Sherborne Av. *Boot* —1E **19**
Sherborne Av. *Liv* —4D **127**
Sherborne Clo. *Run* —4F **155**
Sherborne Rd. *Wall* —1F **73**
Sherborne Sq. *Liv* —4E **83**
Sherbourne Way. *Btnwd* —5F **69**
Sherbrooke Clo. *Liv* —2E **81**
Sherburn Clo. *Liv* —5D **21**
Sherdley Ct. *Rain* —2C **86**
*Sherdley Pk. —4B 66*
Sherdley Pk. Dri. *St H* —5C **66**
*Sherdley Pk. Golf Course. —4A 66*
Sherdley Rd. *St H* —5F **65**
 (in two parts)
Sherdley Rd. *Sher I* —2B **66**
Sherford Clo. *Liv* —5F **105**
Sheridan Way. *Run* —5D **155**
Sheriff Clo. *Liv* —2E **77**
Sheringham Clo. *St H* —5D **47**
Sheringham Clo. *Wir* —2A **94**
Sherlock Av. *Hay* —1E **49**
Sherlock La. *Wall* —4A **74**
Sherlock St. *Liv* —4F **55**
Sherman Dri. *Rain* —5D **87**
Sherry Ct. *Liv* —4D **101**
Sherry La. *Wir* —2A **116**
Sherwell Clo. *Liv* —5A **80**
Sherwood Av. *Liv* —5D **9**
Sherwood Av. *Wir* —1D **137**
Sherwood Clo. *Rain* —1C **86**
Sherwood Clo. *Wid* —3C **130**
Sherwood Ct. *Huy* —4F **83**
Sherwood Ct. *W Der* —5F **39**
Sherwood Cres. *Btnwd* —5E **69**
Sherwood Dri. *Wir* —5E **119**
Sherwood Gro. *Wir* —3F **91**
Sherwood Rd. *Cros* —5C **8**
Sherwood Rd. *Wall* —3C **74**
Sherwood Rd. *Wir* —4F **91**
Sherwood's La. *Liv* —5F **21**
Sherwood St. *Liv* —1B **76**
Sherwyn Rd. *Liv* —3C **56**
Shetland Clo. *Wid* —1E **133**
Shetland Dri. *Wir* —2E **163**
Shevington Clo. *St H* —4C **66**
Shevington Clo. *Wid* —1E **133**
Shevington's La. *Liv* —5D **15**
Shevington Wlk. *Wid* —1E **133**
Shewell Clo. *Birk* —5D **97**
Shiel Rd. *Wall* —4B **52**
Shimmin St. *Liv* —5A **78**
Shipley Wlk. *Liv* —3D **147**
Ship St. *Frod* —4B **172**
Shipton Clo. *Liv* —3B **124**

Shipton Clo. *Pren* —3E **117**
Shipton Clo. *Wid* —1D **131**
Shirdley Av. *Liv* —1F **39**
Shirdley Wlk. *Liv* —1F **39**
Shirebourne Av. *St H* —1B **46**
Shiregreen. *St H* —5C **66**
Shires, The. *Liv* —1E **65**
Shirley Rd. *Liv* —4C **124**
Shirley St. *Wir* —3E **75**
Shirwell Gro. *Sut L* —2C **88**
Shobdon Clo. *Liv* —4F **39**
Shop La. *Liv* —1C **12**
Shop Rd. *Know* —4C **40**
Shore Bank. *Wir* —4C **120**
Shore Dri. *Wir* —1C **142**
Shorefields. *Wir* —4B **120**
Shorefields Ho. *Wir* —5C **120**
Shorefields Village. *Liv* —1F **121**
Shore La. *Wir* —2C **134**
Shore Rd. *Birk* —2E **97**
Shore Rd. *Boot* —3F **33**
Shore Rd. *Cald* —2C **134**
Short Clo. *Newt W* —5E **49**
Shortfield Rd. *Wir* —5A **94**
Shortfield Way. *Wir* —5A **94**
Short St. *Hay* —2E **49**
Short St. *Newt W* —5E **49**
Short St. *Wid* —2A **152**
Shortwood Rd. *Liv* —3F **81**
Shottesbrook Grn. *Liv* —5F **37**
Shrewsbury Av. *Old R* —2C **20**
Shrewsbury Av. *Wat* —2D **17**
Shrewsbury Clo. *Pren* —3F **95**
Shrewsbury Dri. *Wir* —3A **94**
Shrewsbury Pl. *Liv* —1C **144**
Shrewsbury Rd. *Hes* —1A **158**
Shrewsbury Rd. *Liv* —1C **144**
Shrewsbury Rd. *Pren* —2F **95**
Shrewsbury Rd. *Wall* —1F **73**
Shrewsbury Rd. *W Kir* —5A **112**
Shrewton Rd. *Liv* —2A **104**
Shropshire Clo. *Boot* —1A **20**
Shropshire Gdns. *St H* —1F **65**
Shuttleworth Clo. *Wir* —3E **93**
Sibford Rd. *Liv* —1D **81**
Siddall St. *St H* —1F **45**
Siddeley Dri. *Newt W* —5F **49**
Siddeley St. *Liv* —1C **122**
Sidewell St. *Gars* —2C **144**
Sidgreave St. *St H* —5E **45**
Sidings, The. *Birk* —2F **119**
Sidlaw Av. *St H* —5F **47**
Sidney Av. *Wall* —3A **52**
Sidney Gdns. *Birk* —5E **97**
Sidney Pl. *Liv* —1A **100**
Sidney Powell Av. *Liv* —3C **22**
Sidney Rd. *Birk* —5E **97**
Sidney Rd. *Boot* —1D **55**
Sidney St. *Birk* —2E **97**
Sidney St. *St H* —4D **45**
Sidney Ter. *Birk* —1E **119**
Sienna Clo. *Liv* —3C **104**
Signal Works Rd. *Liv* —5E **21**
Silcroft Rd. *Liv* —5E **23**
Silkhouse La. *Liv* —4C **76** (4C **4**)
Silkstone Clo. *Liv* —1B **100**
Silkstone Clo. *St H* —5D **45**
Silkstone Cres. *Pal* —3B **168**
Silkstone St. *St H* —5D **45**
(in two parts)
Silver Av. *Hay* —3A **48**
Silverbeech Av. *Liv* —5B **102**
Silverbeech Rd. *Wall* —3C **74**
Silverbirch Gdns. *Wall* —1E **73**
Silver Birch Way. *Liv* —2B **6**
Silverbrook Rd. *Liv* —3C **104**
Silverburn Av. *Wir* —5E **71**
Silverdale Av. *Liv* —1E **79**
Silverdale Av. *Frod* —5C **172**
Silverdale Clo. *Liv* —1E **105**

Silverdale Dri. *Liv* —5D **19**
Silverdale Gro. *St H* —5A **30**
Silverdale Rd. *Pren* —5A **96**
Silverdale Rd. *Wir* —5F **119**
Silverlea Av. *Wall* —1A **74**
Silver Leigh. *Liv* —3D **123**
Silverlime Gdns. *St H* —4C **64**
Silverstone Dri. *Liv* —1D **105**
Silverstone Gro. *Liv* —2B **6**
Silverton Rd. *Liv* —4E **123**
Silverwell Rd. *Liv* —3D **39**
Silverwell Wlk. *Liv* —3D **39**
Silvester St. *Liv* —1C **76**
Simms Av. *St H* —5E **47**
Simm's Cross. —4B **132**
Simm's Rd. *Liv* —5D **57**
Simnel Clo. *Liv* —3B **104**
Simon Ct. *Liv* —5E **15**
Simonsbridge. *Wir* —3D **135**
Simons Clo. *Whis* —1D **107**
Simon's Cft. *Boot* —2C **18**
Simonside. *Wid* —2C **130**
Simonstone Gro. *St H* —4D **67**
Simonswood La. *Liv* —4A **24**
Simonswood Wlk. *Liv* —3A **24**
Simpson St. *Birk* —3D **97**
Simpson St. *Liv* —2D **99**
Sim St. *Liv* —3E **77** (2H **5**)
Sinclair Av. *Prsct* —1F **85**
Sinclair Av. *Wal* —4F **131**
Sinclair Clo. *Prsct* —5F **63**
Sinclair Dri. *Liv* —3B **102**
Sinclair St. *Liv* —2C **144**
Singleton Av. *Birk* —1C **118**
Singleton Av. *St H* —3D **47**
Singleton Dri. *Know* —5D **41**
Sirdar Clo. *Liv* —1B **100**
Sir Howard St. *Liv* —1F **99**
Sir Howard Way. *Liv* —1F **99**
Sir Thomas St. *Liv* —4C **76** (4D **4**)
Siskin Grn. *Liv* —4A **104**
Sisters Way. *Birk* —3D **97**
Six Acre La. *Moore* —2F **155**
Sixth Av. *Faz* —1D **37**
Sixth Av. *Liv* —1D **37**
Skeffington. *Whis* —4E **85**
Skellington Fold. *Liv* —4E **105**
Skelthorne St. *Liv* —5D **77** (5G **5**)
Skelton Clo. *St H* —1A **46**
Skerries Rd. *Liv* —4A **56**
Skiddaw Clo. *Beech* —1A **174**
Skiddaw Rd. *Wir* —5E **143**
Skipton Rd. *Anf* —4B **56**
Skipton Rd. *Huy* —3B **84**
Skirving Pl. *Liv* —5D **55**
Skirving St. *Liv* —5D **55**
Skye Clo. *Wid* —1E **133**
Sky Pk. Ind. Est. *Liv* —4B **146**
Slag La. *Hay* —1B **48**
(in two parts)
Slater Pl. *Liv* —1D **99** (7F **5**)
Slater St. *Liv* —1D **99** (7F **5**)
Slatey Rd. *Pren* —3B **96**
Sleaford Rd. *Liv* —1B **82**
Sleepers Hill. *Liv* —4F **55**
Slessor Av. *Wir* —3D **113**
Slim Rd. *Liv* —2E **83**
Slingsby Dri. *Wir* —5A **94**
Smallridge Clo. *Wir* —3E **137**
Smallwoods M. *Wir* —5E **137**
Smeaton St. *Liv* —2E **55**
(in two parts)
Smeaton St. S. *Liv* —2E **55**
Smethick Wlk. *Boot* —1A **20**
Smilie Av. *Wir* —5C **70**
Smith Av. *Birk* —1B **96**
Smithdown Gro. *Liv* —1A **100**
Smithdown La. *Liv* —5A **78**
(in two parts)
Smithdown Pl. *Liv* —4A **102**

Smithdown Rd. *Liv* —2B **100**
Smith Dri. *Boot* —3E **35**
Smithfield St. *Liv* —4C **76** (3D **4**)
Smithfield St. *St H* —1D **67**
Smith Pl. *Liv* —5D **55**
Smith Rd. *Wid* —5F **131**
Smith St. *Liv* —4D **55**
Smith St. *Prsct* —5E **63**
Smith St. *St H* —4E **67**
Smithy Clo. *Wid* —4C **108**
Smithy Hey. *Wir* —4C **112**
Smithy Hill. *Wir* —4A **160**
Smithy La. *Augh* —1F **7**
Smithy La. *Cron* —2C **108**
Smithy La. *Liv* —1F **55**
Smithy La. *Will* —5A **170**
Smollett St. *Boot* —2A **34**
Smollett St. *Liv* —3B **78**
Smugglers Way. *Wall* —3E **51**
Smyth Rd. *Wid* —2D **133**
Snaefell Av. *Liv* —1E **79**
Snaefell Gro. *Liv* —1E **79**
Snave Clo. *Liv* —2B **34**
Snowberry Clo. *Wid* —5E **111**
Snowberry Rd. *Liv* —4A **60**
Snowden Rd. *Wir* —1C **92**
Snowdon Gro. *St H* —4C **66**
Snowdon La. *Liv* —1C **76**
Snowdon Rd. *Birk* —2D **119**
Snowdrop Av. *Birk* —1F **95**
Snowdrop Clo. *Beech* —1F **173**
Snowdrop St. *Liv* —4D **55**
Soho Pl. *Liv* —3E **77** (2H **5**)
Soho Sq. *Liv* —3E **77** (2H **5**)
Soho St. *Liv* —3E **77** (1H **5**)
(in two parts)
Solar Rd. *Liv* —2B **36**
Solly Av. *Birk* —2E **119**
Solomon St. *Liv* —4B **78**
Solway Gro. *Beech* —5D **167**
Solway St. *Birk* —5A **74**
Solway St. *Liv* —2B **100**
(in two parts)
Solway St. W. *Liv* —2B **100**
(in two parts)
Soma Av. *Liv* —5C **18**
Somerford Ho. *Liv* —2B **16**
Somerford Rd. *Liv* —2F **81**
Somerford Wlk. *Wid* —1E **133**
(off Barneston Rd.)
Somerset Pl. *Liv* —1D **79**
Somerset Rd. *Boot* —4D **35**
Somerset Rd. *Hes* —3E **137**
Somerset Rd. *Liv* —3C **16**
Somerset Rd. *Wall* —1E **73**
Somerset Rd. *W Kir* —3C **112**
Somerset St. *St H* —1D **67**
Somerton St. *Liv* —1E **101**
Somerville Clo. *Brom* —4B **162**
Somerville Gro. *Liv* —3D **17**
Somerville Rd. *Liv* —3D **17**
Somerville Rd. *Wid* —4D **131**
Somerville St. Clo. *Liv* —5E **55**
Sommer Av. *Liv* —4A **58**
Sonning Av. *Liv* —4A **18**
Sonning Rd. *Liv* —1D **57**
Sorany Clo. *Liv* —4A **10**
Sorogold St. *St H* —5C **46**
Sorrel Clo. *Pren* —4D **95**
S. Albert Rd. *Liv* —5B **100**
Southampton Way. *Murd* —4E **169**
South Av. *Prsct* —5B **62**
South Bank. *Pren* —1B **118**
S. Bank Rd. *Edg H* —4D **79**
S. Bank Rd. *Gars* —5B **124**
S. Bank Ter. *Run* —4F **151**
S. Barcombe Rd. *Liv* —2E **103**
S. Boundary Rd. *Know I* —5B **24**
Southbourne Rd. *Wall* —1D **73**
Southbrook Rd. *Liv* —3C **104**

Southbrook Way. *Liv* —3C **104**
S. Cantril Av. *Liv* —4F **59**
S. Chester St. *Liv* —3E **99**
Southcroft Rd. *Wall* —1D **73**
Southdale Rd. *Birk* —2E **119**
Southdale Rd. *Liv* —1F **101**
Southdean Rd. *Liv* —5B **60**
**Southdene. —5A 24**
South Dri. *Hes* —3A **158**
South Dri. *Irby* —2C **136**
South Dri. *Sand P* —1A **80**
South Dri. *Upt* —4A **94**
South Dri. *W'tree* —1F **101**
Southern Cres. *Liv* —4D **99**
Southern Expressway. *Hall P*
—4E **167**
Southern Rd. *Liv* —5E **147**
Southey Clo. *Wid* —4F **131**
Southey Gro. *Liv* —4D **13**
Southey Rd. *St H* —3C **64**
Southey St. *Boot* —4B **34**
(in two parts)
Southey St. *Liv* —2D **101**
S. Ferry Quay. *Liv* —1B **98**
Southfield Rd. *Liv* —2E **35**
South Front. *Hals P* —1E **107**
Southgate Clo. *Liv* —5E **39**
Southgate Rd. *Liv* —3A **80**
South Gro. *Ding* —5A **100**
South Gro. *Moss H* —3C **124**
S. Hey Rd. *Wir* —3D **137**
S. Highville Rd. *Liv* —3D **103**
S. Hill Gro. *Liv* —5A **100**
S. Hill Gro. *Pren* —1B **118**
S. Hill Rd. *Liv* —1F **121**
S. Hill Rd. *Pren* —5B **96**
S. Hunter St. *Liv* —1E **99** (7J **5**)
S. John St. *Liv* —5C **76** (5D **4**)
S. John St. *St H* —5C **46**
Southlands M. *Run* —1F **165**
South La. *Wid* —4E **111**
South La. Entry. *Wid* —5F **111**
S. Manor Way. *Liv* —3C **126**
South Meade. —1B **12**
Southmead Gdns. *Liv* —5E **125**
Southmead Rd. *Liv* —5E **125**
S. Moor Dri. *Liv* —1E **17**
S. Mossley Hill Rd. *Liv* —3A **124**
Southney Clo. *Liv* —3B **22**
South Pde. *Cros* —2F **17**
South Pde. *Kirkby* —3E **23**
South Pde. *Speke* —4E **147**
South Pde. *W Kir* —4A **112**
South Pde. *West P* —3D **165**
S. Park Ct. *Liv* —2C **22**
S. Park Ct. *Wall* —3E **75**
S. Park Rd. *Liv* —2B **22**
S. Parkside Dri. *Liv* —4B **58**
S. Parkside Wlk. *Liv* —3B **58**
S. Park Way. *Boot* —1D **55**
Southport Rd. *Boot* —2E **35**
Southport Rd. *Lyd* —1A **6**
Southport Rd. *Thor* —3A **10**
Southport St. *St H* —5A **48**
South Quay. *Liv* —1C **98**
Southridge Rd. *Wir* —2A **138**
South Rd. *Birk* —1C **118**
South Rd. *Grass P* —1A **144**
South Rd. *Liv* —2D **37**
(L9)
South Rd. *Liv* —3C **80**
(L14)
South Rd. *Liv* —3E **147**
(L24)
South Rd. *Wat* —5D **17**
South Rd. *W Kir* —5B **112**
South Rd. *West P* —3D **165**
S. Sefton Bus. Cen. *Boot* —1B **54**
South Sta. Rd. *Liv* —4B **104**
South St. *Liv* —4A **100**

South St. *That H* —4D **65**
South St. *Wid* —4B **132**
S. Sudley Rd. *Liv* —3F **123**
South Vw. *Huy* —4B **84**
South Vw. *Wat* —5E **17**
South Vw. *Wir* —2D **143**
S. View Ter. *Cuer* —2F **133**
South Vs. *Wall* —4B **52**
Southward Rd. *Hay* —1F **49**
Southwark Gro. *Boot* —4F **19**
South Way. *Liv* —1B **102**
Southway. *Run* —3F **167**
(in two parts)
Southway. *Wid* —4D **131**
Southwell Pl. *Liv* —4E **99**
Southwell St. *Liv* —4E **99**
Southwick Rd. *Birk* —1E **119**
S. Wirral Retail Pk. *Wir* —4D **143**
Southwood Av. *Wind H* —5C **154**
Southwood Clo. *Liv* —5A **24**
Southwood Rd. *Liv* —2B **122**
Sovereign Clo. *Murd* —3D **169**
Sovereign Hey. *Liv* —5C **38**
Sovereign Rd. *Liv* —5C **38**
Sovereign Way. *Liv* —5C **38**
Spark La. *Halt* —1F **167**
Sparks La. *Hes* —1B **138**
Sparling St. *Liv* —2D **99**
Sparrow Hall Clo. *Liv* —4E **37**
Sparrow Hall Rd. *Liv* —4E **37**
Sparrowhawk Clo. *Liv* —3E **127**
Sparrowhawk Clo. *Pal* —3A **168**
Speakman Rd. *Dent G* —2D **45**
Speakman St. *Run* —4F **151**
**Speke. —4B 146**
Speke Boulevd. *Liv* —3B **146**
Speke Chu. Rd. *Liv* —4B **146**
*Speke Hall. —5F 145*
Speke Hall Av. *Liv & Liv A* —4A **146**
Speke Hall Ind. Est. *Liv* —4A **146**
Speke Hall Rd. *Liv* —5A **126**
Speke Ind. Pk. *Liv* —2E **145**
Spekeland Rd. *Liv* —1C **100**
Speke Rd. *Gars & Speke* —2C **144**
(in two parts)
Speke Rd. *Hunts X & Wltn* —2B **126**
Speke Town La. *Liv* —3B **146**
Spellow La. *Liv* —3F **55**
Spellow Pl. *Liv* —4B **4**
Spence Av. *Boot* —3D **35**
Spencer Av. *Wir* —5A **72**
Spencer Clo. *Liv* —1F **105**
Spencer Gdns. *St H* —3D **67**
Spencer Pl. *Boot* —1D **35**
Spencer's La. *Liv* —3E **21**
Spencer St. *Liv* —2F **77**
Spennymoor Ct. *Run* —3E **167**
Spenser Av. *Birk* —3F **119**
Spenser Clo. *Wid* —3F **131**
Spenser St. *Boot* —4B **34**
Spicer Gro. *Liv* —3E **23**
Spice St. *Liv* —2B **36**
*Spike Islands Visitors Cen. —2A 152*
Spindle Clo. *Liv* —2F **77**
Spindrift Ct. *W Kir* —5A **112**
Spindus Rd. *Liv* —4A **146**
Spinnaker Clo. *Murd* —4D **169**
Spinney Av. *Wid* —3A **130**
Spinney Clo. *Clo F* —2C **88**
Spinney Clo. *Liv* —5C **24**
Spinney Cres. *Liv* —4B **8**
Spinney Grn. *Ecc* —1A **64**
Spinney Rd. *Liv* —5C **24**
Spinney, The. *Beb* —4B **142**
Spinney, The. *Hes* —5C **158**
Spinney, The. *Prsct* —4C **62**
Spinney, The. *Stock V* —4A **60**

Spinney, The. *W Kir* —4E **113**
Spinney, The. *Wir* —3A **94**
Spinney Vw. *Liv* —5D **25**
Spinney Wlk. *Cas* —1A **168**
Spinney Way. *Liv* —3C **82**
**Spital. —4B 142**
Spital Heyes. *Wir* —4B **142**
Spital Rd. *Wir* —4A **142**
Spofforth Rd. *Liv* —1D **101**
Spooner Av. *Liv* —5C **18**
Sprainger St. *Liv* —2B **76**
Sprakeling Pl. *Boot* —1E **35**
Spray St. *St H* —4E **45**
Spreyton Clo. *Liv* —1C **58**
Sprig Clo. *Liv* —5D **21**
Springbank Clo. *Run* —4B **166**
Spring Bank Rd. *Liv* —1B **78**
Springbourne Rd. *Liv* —2B **122**
Springbrook Clo. *Ecc* —4A **44**
Spring Clo. *Liv* —5F **15**
Spring Ct. *Run* —5B **152**
Springdale Clo. *Liv* —5C **58**
Springfield. *Liv* —3E **77** (2G **5**)
(in two parts)
Springfield Av. *Liv* —5C **18**
Springfield Av. *Wir* —3E **113**
Springfield Clo. *St H* —3C **64**
Springfield Clo. *Wir* —2C **116**
Springfield La. *Ecc* —3A **44**
Springfield Pk. *Hay* —1C **48**
Springfield Rd. *Augh* —2F **7**
Springfield Rd. *St H* —3C **64**
Springfield Rd. *Wid* —4A **130**
Springfield Sq. *Liv* —3F **55**
Springfield Way. *Liv* —3E **59**
Spring Gdns. *Liv* —2E **13**
Spring Gro. *Liv* —5C **58**
Springhill Av. *Wir* —4D **163**
Springmeadow Rd. *Liv* —4A **104**
Springpool. *St H* —4D **67**
Springs Clo. *Boot* —4D **35**
Spring St. *Birk* —1F **119**
Spring St. *Wid* —1A **152**
Spring Va. *Wall* —4E **51**
Springville Rd. *Liv* —1C **36**
Springwell Rd. *Boot* —1D **35**
Springwood Av. *Gars & Wltn* —4D **125**
*Springwood Ct. Liv —4D 125*
(off Ramsey Rd.)
Springwood Gro. *Liv* —1F **39**
Springwood Way. *Wir* —4A **120**
Spruce Clo. *Birk* —5D **97**
Spruce Gro. *Liv* —4B **60**
(in two parts)
Sprucewood Clo. *Liv* —1B **78**
Spur Clo. *Liv* —5C **38**
Spurgeon Clo. *Liv* —1F **77**
Spurling Rd. *Btnwd* —5F **69**
Spurriers La. *Liv* —2C **14**
Spurstow Clo. *Pren* —1F **117**
Spur, The. *Liv* —2D **17**
Squires Av. *Wid* —3F **131**
Squires Clo. *Hay* —2B **48**
Squires St. *Liv* —1A **100**
Stable Clo. *Wir* —5D **93**
Stables, The. *Liv* —5A **10**
Stackfield, The. *Wir* —3F **113**
Stadium Rd. *Wir* —4E **143**
*Stadmoers Pk. —4B 84*
*Stadmoers Vis. Cen. —4C 84*
Stafford Clo. *Liv* —2A **84**
Stafford Moreton Way. *Liv* —1C **12**
Stafford Rd. *St H* —2D **65**
Stafford St. *Liv* —4E **77** (3H **5**)
Stag La. *Boot* —3B **20**
Stainburn Av. *Liv* —5E **37**
Stainer Clo. *Liv* —1F **81**
Stainton Clo. *Liv* —4E **127**
Stainton Clo. *St H* —5B **30**
Stairhaven Rd. *Liv* —3B **124**

Stakes, The. *Wir* —3E 71
Stalbridge Av. *Liv* —4F 101
Staley Av. *Liv* —2F 17
Staley St. *Boot* —2C 34
Stalisfield Av. *Liv* —1A 58
Stalisfield Gro. *Liv* —1A 58
Stalisfield Pl. *Liv* —1A 58
Stalmine Rd. *Liv* —4A 36
Stamford Ct. *Boot* —5D 35
Stamfordham Dri. *Liv* —4C 124
Stamfordham Gro. *Liv* —5D 125
Stamfordham Pl. *Liv* —5C 124
Stamford St. *Liv* —4C 78
Stanbury Av. *Liv* —1A 142
Standale Rd. *Liv* —1F 101
Standard Pl. *Birk* —1F 119
Standard Rd. *Liv* —4C 38
Standen Clo. *St H* —4E 45
Stand Farm Rd. *Liv* —5E 39
Standish Av. *Bil* —1E 31
Standish Ct. *Wid* —4D 131
Standish St. *Liv* —3C 76 (3E 4)
Standish St. *St H* —4A 46
Stand Pk. Av. *Boot* —3F 19
Stand Pk. Clo. *Boot* —3F 19
Stand Pk. Rd. *Liv* —3D 103
Stand Pk. Way. *Boot* —2E 19
Standring Gdns. *St H* —3B 64
Stanfield Av. *Liv* —1F 77
Stanfield Dri. *Wir* —4F 141
Stanford Av. *Wall* —4B 52
Stanford Cres. *Liv* —3D 127
Stangate. *Liv* —5B 6
Stanhope Dri. *Liv* —3C 82
Stanhope Dri. *Wir* —1D 163
Stanhope St. *Liv* —3D 99
(in two parts)
Stanhope St. *St H* —3F 45
Stanier Way. *Liv* —5C 78
Staniforth Pl. *Liv* —5D 81
**Stanley. —4E 79**
Stanley Av. *Wall* —5D 51
Stanley Av. *Wir* —4B 118
Stanley Bank Rd. *St H* —1A 48
Stanley Bungalows. *Know* —5C 40
Stanley Clo. *Liv* —4D 55
Stanley Clo. *Wall* —4E 75
Stanley Clo. *Wid* —2C 132
Stanley Ct. *Birk* —1F 119
Stanley Cres. *Prsct* —5C 62
Stanley Gdns. *Liv* —3F 35
Stanley Ho. *Boot* —4B 34
Stanley Ind. Est. *Liv* —2E 79
Stanley La. *Wir* —1F 171
**Stanley Park. —4B 18**
*Stanley Pk.* —3A 56
Stanley Pk. *Liv* —4A 18
Stanley Pk. Av. N. *Liv* —2B 56
(in two parts)
Stanley Pk. Av. S. *Liv* —3B 56
Stanley Precinct. *Boot & Liv* —5D 35
Stanley Rd. *Birk* —5F 73
Stanley Rd. *Boot & Kirk* —2C 34
Stanley Rd. *Hoy* —5A 90
Stanley Rd. *Huy* —3E 83
Stanley Rd. *Mag* —4C 12
Stanley Rd. *New F* —4A 120
Stanley Rd. *Wat* —5E 17
Stanley St. *Fair* —3D 79
Stanley St. *Gars* —3C 144
Stanley St. *Liv* —4C 76 (4D 4)
Stanley St. *Run* —4B 152
Stanley St. *Wall* —4E 75
Stanley Ter. *Liv* —1A 124
Stanley Ter. *Wall* —4B 52
*Stanley Theatre. —5F 77*
Stanley Vs. *Run* —1F 165
Stanley Yd. *Liv* —5A 36
Stanlowe Vw. *Liv* —5F 123
Stanmore Pk. *Wir* —1B 114

Stanmore Rd. *Liv* —3B 102
Stanmore Rd. *Run* —5D 153
Stanney Clo. *East* —2E 171
Stannyfield Clo. *Liv* —4B 10
Stannyfield Dri. *Liv* —4B 10
Stansfield Av. *Liv* —1F 13
Stanton Av. *Liv* —4A 18
Stanton Clo. *Boot* —5D 11
Stanton Clo. *Hay* —2C 48
Stanton Cres. *Liv* —3C 22
Stanton Rd. *Liv* —4F 101
Stanton Rd. *Wir* —4E 141
Stanwood Clo. *Ecc* —5F 43
Stanwood Gdns. *Whis* —3E 85
Stapehill Clo. *Liv* —4B 80
Stapeley Gdns. *Liv* —1A 148
Staplands Rd. *Liv* —4D 81
Stapleford Rd. *Liv* —3C 104
Staplehurst Clo. *Liv* —5E 39
Stapleton Av. *Liv* —4D 147
Stapleton Av. *Rain* —2C 86
Stapleton Av. *Wir* —5D 93
Stapleton Clo. *Liv* —2B 104
Stapleton Clo. *Rain* —2C 86
Stapleton Rd. *Rain* —1B 86
Stapleton Way. *Wid* —2B 150
Stapley Clo. *Run* —1F 165
Star Inn Cotts. *Rainf* —1A 28
Starling Clo. *Murd* —3D 169
Starling Gro. *Liv* —2F 59
Star St. *Liv* —3E 99
Startham Av. *Bil* —2D 31
Starworth Dri. *Wir* —5C 120
Statham Rd. *Pren* —1C 94
Station App. *Meol* —3E 91
Station App. *Wir* —4E 71
Station Clo. *Liv* —5C 126
Station M. *Liv* —2C 22
Station Rd. *Birk* —5F 73
Station Rd. *Hay* —2C 48
Station Rd. *Hes* —4F 157
Station Rd. *Hoy* —5B 90
Station Rd. *Huy* —4C 82
Station Rd. *Lyd* —1A 6
Station Rd. *Mag* —2E 13
Station Rd. *Mell* —2A 22
Station Rd. *Prsct* —5D 63
Station Rd. *Rain* —3C 86
Station Rd. *Run* —5F 151
Station Rd. *St H* —4E 67
Station Rd. *Sut W* —1B 174
Station Rd. *Thur* —5F 135
Station Rd. *Wall* —2A 74
Station Rd. *Wid* —5D 110
Station Rd. *Witn* —4A 104
Station St. *Rain* —3C 86
Statton Rd. *Liv* —5B 80
Staveley Rd. *Liv* —4B 124
Stavert Clo. *Liv* —5B 38
Staverton Pk. *Liv* —4C 22
Stavordale Rd. *Wir* —5A 72
Steble St. *Liv* —4F 99
Steel Av. *Wall* —5C 52
Steel Ct. *Liv* —5C 54
Steeplechase Clo. *Liv* —5C 20
Steeple, The. *Wir* —3D 135
Steeple Vw. *Liv* —5E 15
Steers Cft. *Liv* —3F 59
Steers St. *Liv* —2F 77
Steinberg Ct. *Liv* —2C 76
Stella Precinct. *Liv* —2A 34
Stenhills Cres. *Run* —5C 152
Stepford St. *Liv* —5F 99
Stephens La. *Liv* —4C 76 (4C 4)
*Stephenson Ct. Liv* —5C 78
*(off Crosfield Rd.)*
Stephenson Ho. *Liv* —1A 100
Stephenson Rd. *Liv* —4A 80
Stephenson Way. *W'tree* —5E 79

Stephen Way. *Rain* —1B 86
Stepney Gro. *Liv* —2A 56
Sterling Way. *Liv* —5D 55
Sterndale Clo. *Liv* —1B 100
Sterrix Av. *Boot* —3C 18
Sterrix Grn. *Liv* —3C 18
Sterrix La. *Liv & Boot* —3C 18
Steve Biko Clo. *Liv* —2B 100
Stevenage Clo. *St H* —4F 65
Stevenson Cres. *St H* —4D 45
Stevenson Dri. *Wir* —4F 141
Stevenson St. *Liv* —1E 101
Stevens Rd. *Wir* —3C 158
Stevens St. *St H* —3D 65
Steventon. *Run* —4D 155
Steward Ct. *Prsct* —1F 85
Stewards Av. *Wid* —4F 131
Stewart Av. *Boot* —4E 35
Stewart Clo. *Wir* —4F 137
Stile Hey. *Liv* —5B 10
Stiles Rd. *Liv* —4F 15
Stillington Rd. *Liv* —5A 100
Stirling Av. *Liv* —2E 17
Stirling Cres. *St H* —5C 66
Stirling Rd. *Liv* —4B 146
Stirling St. *Wall* —4B 74
Stockbridge La. *Liv* —1B 82
Stockbridge Pl. *Liv* —5A 56
Stockbridge St. *Liv* —1A 78
**Stockbridge Village. —3A 60**
Stockdale Clo. *Liv* —3C 76 (2D 4)
Stockham Clo. *Halt* —2A 168
Stockham La. *Brook* —5C 168
Stockham La. *Halt* —2A 168
(in three parts)
Stockmoor Rd. *Liv* —5F 37
Stockpit Rd. *Know I* —3C 24
Stocks Av. *St H* —5E 47
Stockswell Rd. *Cron & Wid* —5F 107
Stockton Gro. *St H* —5D 65
Stockton Wood Rd. *Liv* —4C 146
Stockville Rd. *Liv* —5E 103
Stoddart Rd. *Liv* —1A 56
Stoke Clo. *Wir* —2E 171
Stokesay. *Pren* —3D 95
Stokesley Av. *Liv* —3C 22
Stoke St. *Birk* —1B 96
Stonebarn Dri. *Liv* —4C 6
Stone Barn La. *Pal* —4F 167
Stonebridge La. *Walt & Crox* —2A 38
Stoneby Dri. *Wall* —4A 52
Stonechat Clo. *Beech* —5F 167
Stonechat Clo. *Liv* —5E 105
Stonecrop. *Liv* —4E 103
Stonecrop Clo. *Beech* —5F 167
Stonecross Dri. *Rain* —5D 87
Stonedale Cres. *Liv* —4A 38
Stonefield Rd. *Liv* —2F 81
Stonegate Dri. *Liv* —5F 99
Stonehaven Clo. *Liv* —1F 103
Stone Hey. *Whis* —5D 85
Stonehey Dri. *Wir* —1C 134
Stonehey Rd. *Liv* —5E 23
Stone Hey Wlk. *Liv* —5E 23
Stonehill Av. *Liv* —5B 56
Stonehill Av. *Wir* —1A 142
Stonehills La. *Run* —5C 152
Stonehill St. *Liv* —5B 56
Stonehouse M. *Aller* —1D 125
Stonehouse Rd. *Wall* —1E 73
Stonelea. *Wind H* —1B 168
Stoneleigh Gro. *Birk* —4F 119
Stoneridge Ct. *Pren* —1C 94
Stone Sq. *Boot* —3E 35
Stone St. *Liv* —2B 76
Stone St. *Prsct* —5D 63
Stoneville Rd. *Liv* —2A 80
**Stoneycroft. —2A 80**
Stoneycroft Clo. *Liv* —1A 80
Stoneycroft Cres. *Liv* —1A 80

Stoney Hey Rd. *Wall* —4A **52**
Stoneyhurst Av. *Liv* —2C **20**
Stoney La. *Rain* —3A **86**
Stoney La. *Whis* —2F **85**
Stoney Vw. *Rain* —3B **86**
Stonham Clo. *Wir* —4E **93**
Stonyfield. *Boot* —5E **11**
Stony Holt. *Run* —2C **168**
Stonyhurst Rd. *Liv* —3B **126**
Stonyhurst Clo. *St H* —1B **46**
Stopgate La. *Sim* —4F **15**
Stopgate La. *Walt* —4D **37**
Store St. *Liv* —2D **55**
**Storeton Brickfields. —2E 139**
Storeton Clo. *Pren* —1A **118**
Storeton La. *Wir* —4C **138**
Storeton Rd. *Birk* —3C **118**
Storeton Rd. *Pren* —1B **118**
Stormont Rd. *Liv* —5B **124**
Storrington Av. *Liv* —5A **38**
Storrington Heys. *Liv* —5B **38**
(in three parts)
Storrsdale Rd. *Liv* —1B **124**
Stour Av. *Rain* —3C **86**
Stourcliffe Rd. *Wall* —2A **74**
Stourport Clo. *Wir* —5C **92**
Stourton Rd. *Liv* —5E **23**
Stourton St. *Wall* —4C **74**
Stourvale Rd. *Liv* —4F **127**
Stowe Av. *Liv* —3E **21**
Stowe Clo. *Liv* —5A **126**
Stowell St. *Liv* —1F **99** (7J **5**)
Stowford Clo. *Liv* —1C **58**
Strada Way. *Liv* —3F **77** (2J **5**)
Stradbroke Rd. *Liv* —3A **102**
Strafford Dri. *Boot* —4E **35**
Strand Rd. *Wir* —4B **90**
(in two parts)
Strand Shop. Cen. *Boot* —4C **34**
Strand St. *Liv* —5C **76** (6C **4**)
Strand, The. *Liv* —5B **76** (5C **4**)
Stratford Rd. *Liv* —4F **123**
Strathallan Clo. *Wir* —5E **137**
Strathcona Rd. *Liv* —2E **101**
Strathcona Rd. *Wall* —5B **52**
Strathearn Rd. *Wir* —4F **157**
Strathlorne Clo. *Birk* —1F **119**
Strathmore Gro. *St H* —5C **66**
Strathmore Rd. *Liv* —2C **78**
Stratton Clo. *Brook* —4B **168**
Stratton Clo. *Liv* —1E **125**
Stratton Clo. *Wall* —5C **52**
Stratton Dri. *St H* —5D **65**
Stratton Pk. *Wid* —4F **109**
Stratton Rd. *Liv* —4C **22**
Stratton Wlk. *Liv* —4C **22**
Strauss Clo. *Liv* —3B **100**
Strawberry Rd. *Liv* —1E **57**
Streatham Av. *Liv* —4F **101**
Street Hey La. *Will* —2B **170**
Stretford Clo. *Liv* —5E **15**
Stretton Av. *Bil* —1E **31**
Stretton Av. *St H* —5F **47**
Stretton Av. *Wall* —2A **74**
Stretton Clo. *Liv* —5A **40**
Stretton Clo. *Pren* —1E **117**
Stretton Clo. *Wir* —2E **171**
Stretton Way. *Liv* —5B **84**
Strickland St. *St H* —4B **46**
Stringhey Rd. *Wall* —1C **74**
Stroma Rd. *Liv* —3B **124**
Stroud Clo. *Wir* —1C **114**
Stuart Av. *Liv* —5C **126**
Stuart Av. *Wir* —5F **71**
Stuart Clo. *Wir* —1A **94**
Stuart Dri. *Liv* —3E **81**
Stuart Gro. *Liv* —2D **55**
Stuart Rd. *Birk* —1D **119**

Stuart Rd. *Mnr P* —3C **154**
Stuart Rd. *Mell* —2B **22**
Stuart Rd. *Walt* —1E **55**
Stuart Rd. *Wat & Cros* —3E **17**
Stuart Rd. *Wind* —2C **44**
Stuart Rd. N. *Liv & Boot* —5E **35**
Studholme St. *Liv* —4C **54**
Studland Rd. *Liv* —4E **37**
Studley Rd. *Wall* —5E **51**
Sturdee Rd. *Liv* —5B **80**
Sturgess St. *Newt W* —5F **49**
Suburban Rd. *Liv* —5C **56**
Sudbury Clo. *Liv* —2D **127**
Sudbury Rd. *Liv* —3B **16**
Sudell Av. *Liv* —5F **7**
Sudell La. *Liv* —1D **7**
*Sudley Art Gallery. —2F 123*
Sudley Grange. *Liv* —3E **123**
Sudworth Rd. *Wall* —4A **52**
Suffield Rd. *Liv* —3D **55**
Suffolk Pl. *Wid* —5C **130**
Suffolk St. *Boot* —4D **35**
Suffolk St. *Liv* —1D **99** (7F **5**)
Suffolk St. *Run* —4F **151**
Suffton Pk. *Liv* —4C **22**
Sugar La. *Know* —5C **40**
Sugar St. *Liv* —3B **36**
Sugnall St. *Liv* —1F **99** (7J **5**)
(in two parts)
Sulby Av. *Liv* —1E **79**
Sulgrave Clo. *Liv* —5C **80**
Sullington Dri. *Liv* —3E **105**
Sullivan Av. *Wir* —5F **93**
Sumley Clo. *St H* —3D **47**
Summer Clo. *Cas* —1F **167**
Summerfield. *Wir* —5D **143**
Summerfield Clo. *Ecc* —5F **43**
Summerhill Dri. *Liv* —3F **13**
Summer La. *Halt* —1F **167**
Summer La. *Pres H* —4F **169**
Summers Av. *Boot* —4E **35**
Summer Seat. *Boot* —5A **34**
Summer Seat. *Liv* —2D **77** (1E **4**)
Summers Rd. *Brun B* —4D **99**
Summertrees Av. *Wir* —5D **93**
Summertrees Clo. *Wir* —5D **93**
Summerwood. *Wir* —5D **115**
Summit, The. *Wall* —1C **74**
Summit Way. *Liv* —1F **125**
Sumner Clo. *Liv* —1C **76**
Sumner Clo. *Rain* —5D **87**
Sumner Gro. *Liv* —5F **15**
Sumner Rd. *Pren* —1F **95**
Sumner St. *Hay* —2A **48**
Sunbeam Rd. *Liv* —3A **80**
Sunbourne Rd. *Liv* —2B **122**
Sunbury Rd. *Liv* —4B **56**
Sunbury Rd. *Wall* —3C **74**
Sunbury St. *St H* —3C **64**
Suncroft Rd. *Wir* —3C **158**
Sundale Av. *Prsct* —5F **63**
Sundew Clo. *Liv* —1F **35**
Sundridge St. *Liv* —5A **100**
Sunfield Rd. *Wir* —4F **71**
Sunflower Clo. *St H* —4A **68**
Sunlight St. *Liv* —1C **78**
Sunloch Clo. *Liv* —5D **21**
Sunningdale. *Wir* —1F **93**
Sunningdale Av. *Wid* —3B **130**
Sunningdale Clo. *Btnwd* —5F **69**
Sunningdale Clo. *Liv* —5C **82**
Sunningdale Dri. *Brom* —4B **162**
Sunningdale Dri. *Hes* —2A **138**
Sunningdale Dri. *Liv* —4C **8**
Sunningdale Rd. *Liv* —1F **101**
Sunningdale Rd. *Wall* —3F **51**
Sunniside La. *Run* —3E **155**
Sunny Bank. *Beb* —1D **141**
Sunnybank. *Upt* —3F **93**
Sunnybank Av. *Pren* —5D **95**

Sunny Bank Rd. *Liv* —2D **103**
Sunnydale. *Rain* —3D **87**
Sunny Ga. Rd. *Liv* —4A **124**
Sunnymede Dri. *Liv* —4D **7**
Sunnyside. *Prin P* —4A **100**
Sunnyside. *Wir* —4D **71**
Sunnyside Rd. *Liv* —2C **16**
Sunrise Clo. *Liv* —5B **124**
Sunsdale Rd. *Liv* —4A **102**
Sunset Clo. *Liv* —5F **15**
Surby Clo. *Liv* —1E **103**
Surrey Av. *Wir* —4F **93**
Surrey Dri. *Wir* —1C **134**
Surrey St. *Boot* —4D **35**
Surrey St. *Liv* —1D **99** (7E **5**)
Surrey St. *Run* —5A **152**
(in two parts)
Surrey St. *St H* —5D **47**
Surrey St. *Wall* —3A **74**
Susan Gro. *Wir* —1D **93**
Susan St. *Wid* —2C **132**
Susan Wlk. *Prsct* —1F **85**
Sussex Clo. *Boot* —4D **35**
Sussex Clo. *Wir* —3E **137**
Sussex Gro. *St H* —1C **66**
Sussex Rd. *Liv* —3D **13**
Sussex Rd. *Wid* —3D **133**
Sussex Rd. *Wir* —3C **112**
Sussex St. *Boot* —4D **35**
Sussex St. *Liv* —3C **16**
Sutcliffe St. *Liv* —3B **78**
**Sutherland Ct.** *Run* —5B **152**
Sutherland Dri. *Wir* —1D **171**
Sutherland Rd. *Prsct* —5E **63**
**Sutton. —3F 67**
Sutton Causeway. *Frod* —3E **173**
Sutton Clo. *Wir* —2E **171**
*Sutton Community Leisure Cen.*
—5B **66**
*Sutton Cricket Club Ground. —4C 66*
*Sutton Hall Golf Course. —2A 174*
**Sutton Heath. —5E 65**
Sutton Heath Rd. *St H* —5E **65**
**Sutton Leach. —1D 89**
Sutton Lodge Rd. *St H* —1B **66**
**Sutton Manor. —4A 88**
Sutton Moss Rd. *St H* —3F **67**
Sutton Oak Dri. *St H* —2D **67**
*Sutton Pk. —4C 66*
Sutton Pk. Dri. *St H* —4C **66**
Sutton Rd. *St H* —2C **66**
Sutton Rd. *Wall* —4B **52**
Suttons La. *Wid* —5B **132**
Sutton St. *Liv* —1E **79**
Sutton St. *Run* —5B **152**
Suttons Way. *Liv* —3E **127**
**Sutton Weaver. —2A 174**
Sutton Wood Rd. *Liv* —4C **146**
Suzanne Boardman Ho. *Liv* —1C **78**
Swainson Rd. *Liv* —1E **37**
Swale Av. *Rain* —3C **86**
Swaledale Av. *Rain* —3D **87**
Swaledale Clo. *Wir* —5E **163**
Swalegate. *Liv* —5C **6**
Swallow Clo. *Kirkby* —3E **15**
Swallow Clo. *N'ley* —4F **105**
Swallow Clo. *W Der* —5F **39**
Swallow Fields. *Liv* —4E **37**
Swallowhurst Cres. *Liv* —1A **58**
Swan Av. *St H* —1A **68**
Swan Ct. *Pren* —2F **117**
Swan Cres. *Liv* —1A **102**
Swanhey. *Liv* —3E **13**
Swan La. *Augh* —1E **7**
Swan Rd. *Newt W* —4D **49**
**Swanside. —3E 81**
Swanside Av. *Liv* —3E **81**
Swanside Pde. *Liv* —3E **81**
Swanside Rd. *Liv* —3E **81**
Swanston Av. *Liv* —2A **56**

Swan St. *Liv* —3F **79**
Swan Wlk. *Liv* —3E **13**
Sweden Gro. *Liv* —4D **17**
Sweet Briar Ct. *Clo F* —4D **89**
Sweeting St. *Liv* —5C **76** (5C **4**)
Swift Gro. *Liv* —4F **39**
Swift's Clo. *Boot* —1D **19**
Swift's La. *Boot* —1D **19**
Swift St. *St H* —3A **46**
Swinbrook Grn. *Liv* —5F **37**
Swinburne Clo. *Liv* —1F **103**
Swinburne Rd. *Dent G* —3D **45**
Swindale Clo. *Liv* —2B **100**
Swinderby Dri. *Liv* —2B **22**
Swindon Clo. *Liv* —4D **55**
Swindon Clo. *Wind H* —5D **155**
Swindon Clo. *Wir* —5C **92**
Swindon St. *Liv* —4D **55**
Swinford Av. *Wid* —2E **133**
Swisspine Gdns. *St H* —4C **64**
Swiss Rd. *Liv* —3C **78**
Switch Island. *Boot* —1B **20**
Sword Clo. *Liv* —5C **38**
Sword Wlk. *Liv* —5C **38**
Swynnerton Way. *Wid* —4B **110**
Sybil Rd. *Liv* —4A **56**
Sycamore Av. *Cros* —4F **9**
Sycamore Av. *Halew* —1F **147**
Sycamore Av. *Hay* —3F **47**
Sycamore Av. *Wid* —2B **132**
Sycamore Av. *Wir* —2D **93**
Sycamore Clo. *Ecc* —4B **44**
Sycamore Clo. *Walt* —5C **36**
Sycamore Clo. *Wir* —2D **93**
*Sycamore Ct. Liv —5A 100*
  *(off Weller Way)*
Sycamore Dri. *Sut W* —1A **174**
Sycamore Gdns. *St H* —2E **45**
Sycamore Pk. *Liv* —2D **125**
Sycamore Ri. *Wir* —2C **114**
Sycamore Rd. *Birk* —5D **97**
Sycamore Rd. *Huy* —1E **105**
Sycamore Rd. *Run* —2C **166**
Sycamore Rd. *Wat* —3E **17**
Sydenham Av. *Liv* —3C **100**
Sydenham Ho. *Liv* —4C **100**
Syder's Gro. *Know* —5C **40**
Sydney St. *Liv* —2A **36**
Sydney St. *West P* —3D **165**
Sylvan Ct. *Liv* —3A **126**
Sylvandale Gro. *Wir* —4D **143**
Sylvania Rd. *Liv* —1A **56**
Sylvia Clo. *Liv* —2B **38**
Syren St. *Liv* —3C **54**
Syston Av. *St H* —2C **46**

**T**abley Av. *Wid* —2C **130**
Tabley Clo. *Pren* —2F **117**
Tabley Gdns. *St H* —5D **65**
Tabley Rd. *Liv* —2D **101**
Tabley St. *Liv* —1C **98**
Tace Clo. *Liv* —2F **99**
Taggart Av. *Liv* —3D **103**
Tagus Clo. *Liv* —3B **100**
Tagus St. *Liv* —2B **100**
Tailor's La. *Liv* —2E **13**
Talbot Av. *Thor H* —1A **160**
Talbot Clo. *St H* —4F **45**
Talbot Ct. *Liv* —5E **83**
Talbot Ct. *Pren* —5A **96**
Talbot Rd. *Pren* —5A **96**
Talbot St. *Boot* —4B **34**
Talbotville Rd. *Liv* —5B **80**
Talgarth Way. *Liv* —2A **104**
Taliesin St. *Liv* —1D **77**
Talisman Clo. *Murd* —3D **169**
Talisman Way. *Boot* —4A **34**
Talland Clo. *Liv* —3E **127**
Tallarn Rd. *Liv* —3B **22**

Talton Rd. *Liv* —2D **101**
Tamar Clo. *Liv* —2A **78**
Tamarisk Gdns. *St H* —5C **64**
Tamar Rd. *Hay* —2C **48**
Tamerton Clo. *Liv* —2E **125**
Tamworth St. *Liv* —4E **99**
Tamworth St. *Newt W* —5F **49**
Tamworth St. *St H* —4E **45**
Tanar Clo. *Wir* —4B **142**
Tanat Dri. *Liv* —5B **102**
Tancred Rd. *Liv* —4F **55**
Tancred Rd. *Wall* —1A **74**
Tanhouse. *Halt* —1E **167**
Tanhouse Ind. Est. *Wid* —5D **133**
Tan Ho. La. *Btnwd* —5F **69**
Tanhouse La. *Wid* —4C **132**
Tanhouse Rd. *Liv* —5B **10**
Tansley Clo. *Wir* —4E **113**
Tanworth Gro. *Wir* —5B **70**
Tapley Pl. *Liv* —4F **79**
Taplow St. *Liv* —5B **56**
**Tarbock Green. —5D 107**
Tarbock Rd. *Huy* —5D **83**
Tarbock Rd. *Speke* —3D **147**
Tarbot Hey. *Wir* —1C **92**
Tarbrock Ct. *Boot* —5D **11**
Target Rd. *Wir* —2C **156**
Tariff St. *Liv* —1C **76**
Tarleton Clo. *Liv* —5E **127**
Tarleton St. *Liv* —5D **77** (5E **5**)
Tarlton Clo. *Rain* —1A **86**
Tarnbeck. *Nort* —2C **168**
Tarncliff. *Liv* —3C **60**
Tarn Gro. *St H* —5B **30**
Tarporley Clo. *Pren* —1F **117**
Tarran Dri. *Tarr I* —4D **71**
Tarran Rd. *Tarr I* —4D **71**
Tarran Way E. *Tarr I* —3D **71**
Tarran Way Ind. Est. *Tarr I* —4D **71**
Tarran Way N. *Tarr I* —3D **71**
Tarran Way S. *Tarr I* —4D **71**
Tarran Way W. *Tarr I* —4D **71**
Tarves Wlk. *Liv* —3F **23**
Tarvin Clo. *Run* —4C **166**
Tarvin Clo. *Sut M* —2B **88**
Tarvin Rd. *Wir* —1F **171**
Tasker Ter. *Rain* —2C **86**
Tasman Gro. *That H* —4E **65**
Tate Clo. *Wid* —1D **131**
*Tate Gallery. —1B 98 (7B 4)*
Tate St. *Liv* —3F **55**
Tatlock Clo. *Bil* —1E **31**
Tatlock St. *Liv* —2C **76**
  (in two parts)
Tattersall Pl. *Boot* —1B **54**
Tattersall Rd. *Liv* —1A **34**
Tattersall Way. *Liv* —4E **79**
Tatton Rd. *Birk* —4D **97**
Tatton Rd. *Liv* —2F **35**
Taunton Av. *Sut L* —1D **89**
Taunton Dri. *Liv* —3E **21**
Taunton Rd. *Liv* —4B **84**
Taunton Rd. *Wall* —5E **51**
Taunton St. *Liv* —1E **101**
Taurus Rd. *Liv* —2A **82**
Tavener Clo. *Wir* —5C **162**
Tavistock Rd. *Wall* —5F **51**
Tavy Rd. *Liv* —2A **78**
Tawd St. *Liv* —3E **55**
Tawny Ct. *Hall P* —3E **167**
Taylor Clo. *St H* —3E **67**
*Taylor Pk. —1C 64*
Taylor Rd. *Hay* —2E **49**
Taylors Clo. *Liv* —5E **35**
Taylor's La. *Cuer* —2F **133**
  (in two parts)
Taylors La. *Liv* —5E **35**
Taylors Row. *Run* —5C **152**
Taylor St. *Birk* —2E **97**
Taylor St. *Liv* —1D **77**

Taylor St. *St H* —4E **67**
Taylor St. *Wid* —3C **132**
*Taylor St. Ind. Est. Liv —1D 77*
  *(off Taylor St.)*
Teakwood Clo. *Liv* —1A **78**
Teal Clo. *St H* —2B **46**
Teal Gro. *Liv* —3E **127**
Teals Way. *Wir* —2E **157**
Teasville Rd. *Liv* —5E **103**
Tebay Clo. *Liv* —5F **7**
Tebay Rd. *Wir* —2E **163**
Teck St. *Liv* —4A **78**
Tedburn Rd. *Liv* —5C **104**
Tedbury Clo. *Liv* —5E **23**
Tedbury Wlk. *Liv* —5E **23**
Tedder Sq. *Wid* —4D **131**
Teehey Clo. *Wir* —1D **141**
Teehey Gdns. *Wir* —1D **141**
Teehey La. *Wir* —1D **141**
Tees Clo. *Liv* —2D **55**
Teesdale Rd. *Hay* —1C **48**
Teesdale Rd. *Wir* —3E **141**
Teesdale Way. *Rain* —1C **86**
Tees Pl. *Liv* —2E **55**
Tees St. *Birk* —5F **73**
Tees St. *Liv* —2D **55**
Teign Clo. *Liv* —2A **78**
Teilo St. *Liv* —4F **99**
Telary Clo. *Liv* —1C **76**
Telegraph La. *Wall* —1C **72**
Telegraph Rd. *Hes* —4D **137**
Telegraph Rd. *W Kir & Thur* —2F **135**
Telegraph Way. *Liv* —3E **23**
Telford Clo. *Pren* —5B **96**
Telford Clo. *Wid* —5D **109**
Tempest Hey. *Liv* —4C **76** (4C **4**)
Temple Ct. *Liv* —5C **76** (5D **4**)
Temple La. *Liv* —4C **76** (4D **4**)
Templemore Av. *Liv* —1A **124**
Templemore Rd. *Pren* —5A **96**
Temple Rd. *Birk* —2C **118**
Temple St. *Liv* —4C **76** (4D **4**)
Templeton Cres. *Liv* —2B **58**
Tenby Av. *Liv* —4A **18**
Tenby Dri. *Run* —5D **153**
Tenby Dri. *Wir* —1F **93**
Tenby St. *Liv* —5A **56**
Tennis St. *Dent G* —3D **45**
Tennis St. N. *Dent G & St H* —3E **45**
Tennyson Av. *Birk* —3F **119**
Tennyson Rd. *Liv* —1A **106**
Tennyson Rd. *Wid* —3A **132**
Tennyson Rd. *Boot* —3B **34**
Tennyson St. *Sut M* —4A **88**
Tennyson Wlk. *Liv* —3F **99**
Tensing Rd. *Liv* —1D **13**
Tenterden St. *Liv* —2D **77**
Tenth Av. *Faz* —1D **37**
Terence Rd. *Liv* —3D **103**
Terminus Rd. *Liv* —1C **82**
Terminus Rd. *Wir* —4D **143**
Tern Clo. *Liv* —3E **15**
Tern Clo. *Wid* —5B **110**
Ternhall Rd. *Liv* —4F **37**
Ternhall Way. *Liv* —4F **37**
Tern Way. *St H* —4A **64**
Tern Way. *Wir* —5B **70**
Terrace Rd. *Wid* —2A **152**
Terret Cft. *Liv* —4B **60**
Tetbury St. *Birk* —4C **96**
Tetchill Clo. *Nort* —2D **169**
Tetlow St. *Liv* —3F **55**
Tetlow Way. *Liv* —3F **55**
Teulon Clo. *Liv* —3F **55**
Tewit Hall Clo. *Liv* —4C **146**
Tewit Hall Rd. *Liv* —4C **146**
Tewkesbury Clo. *W Der* —4F **39**
Tewkesbury Clo. *Wltn* —3C **126**
Teynham Av. *Know* —4D **41**
Teynham Cres. *Liv* —1F **57**

Thackeray Gdns. *Boot* —5D 19

Thackray Rd. *St H* —3D 65

Thames Rd. *St H* —5C 66

Thames St. *Liv* —3B 100

Thatcher's Mt. *C Grn* —2D 69

**Thatto Heath. —3D 65**

*Thatto Heath Pk. —3D 65*

Thatto Heath Rd. *St H* —3D 65

Thermal Rd. *Wir* —3D 143

*Thermopylae Ct. Pren* —3D 95
(off Vyner Rd. S.)

Thermopylae Pas. *Pren* —3C 94
(in two parts)

**Thingwall. —1A 138**

Thingwall Av. *Liv* —4D 81

Thingwall Dri. *Wir* —1A 138

Thingwall Hall Dri. *Liv* —4D 81

Thingwall La. *Liv* —3D 81

*Thingwall Recreation Cen. —1B 138*

Thingwall Rd. *Liv* —2B 102

Thingwall Rd. *Wir* —1D 137

Thingwall Rd. E. *Wir* —1A 138

Third Av. *Cros* —1D 17

Third Av. *Faz* —1E 37

Third Av. *Liv* —1D 37

Third Av. *Pren* —3B 94

Third Av. *Run* —2F 167

Thirlmere Av. *Lith* —5D 19

Thirlmere Av. *Pren* —3C 94

Thirlmere Av. *St H* —5A 30

Thirlmere Clo. *Frod* —5D 173

Thirlmere Clo. *Liv* —5E 7

Thirlmere Dri. *Liv* —5D 19

Thirlmere Dri. *Wall* —1B 74

Thirlmere Grn. *Liv* —1A 78

Thirlmere Rd. *Eve* —1A 78

Thirlmere Way. *Wall* —4C 130

Thirlmere Wlk. *Liv* —1D 23

Thirlstane St. *Liv* —1B 122

Thirsk Clo. *Run* —4C 166

Thistledown Clo. *Liv* —1F 121

Thistleton Av. *Birk* —1F 95

Thistlewood Rd. *Liv* —4E 79

Thistley Hey Rd. *Liv* —3F 23

Thomas Clo. *Liv* —2C 144

Thomas Ct. *Hall P* —3F 167

Thomas Dri. *Liv* —4C 80

Thomas Dri. *Prsct* —2C 84

Thomas La. *Liv* —2D 81

Thomas St. *Birk* —4E 97
(in two parts)

Thomas St. *Run* —4B 152

Thomas St. *Wid* —5A 132

Thomaston St. *Liv* —5E 55
(in two parts)

Thomas Winder Ct. *Liv* —5D 55

Thompson Rd. *Liv* —1F 33
(in two parts)

Thompson St. *Birk* —5E 97

Thompson St. *St H* —2D 65

Thomson St. *Liv* —2B 78

Thorburn Clo. *Wir* —4B 120

Thorburn Ct. *Wir* —3B 120

Thorburn Cres. *Wir* —4B 120

Thorburn Rd. *Wir* —4B 120

Thorburn St. *Liv* —5B 78

Thorley Clo. *Liv* —5A 80

Thornaby Gro. *St H* —5D 65

Thornbeck Clo. *Liv* —5E 39

Thornbridge Av. *Liv* —5D 19

Thornbrook Clo. *Liv* —4D 59

Thornbury Rd. *Liv* —4C 56

Thorncliffe Rd. *Wall* —3A 74

Thorn Clo. *Run* —3C 166

Thorncroft Dri. *Wir* —3B 138

Thorndale Rd. *Liv* —3D 17

Thorndale St. *Liv* —4E 55

Thorndyke Clo. *Rain* —5E 87

Thorne La. *Wall* —1F 73

Thornes Rd. *Liv* —3B 78

Thorness Clo. *Wir* —2C 114

Thorneycroft St. *Birk* —1A 96

Thornfield Hey. *Wir* —5A 142

Thornfield Rd. *Cros* —4A 10

Thornfield Rd. *Walt* —3F 35

Thornham Av. *St H* —3C 66

Thornham Clo. *Wir* —2A 94

Thornhead La. *Liv* —5D 59

Thornhill Rd. *Liv* —2A 102

Thornholme Cres. *Liv* —2F 57

Thornhurst. *Liv* —1E 39

Thornleigh Av. *Wall* —1F 171

Thornley Rd. *Wir* —2C 92

Thornridge. *Wir* —1A 94

Thorn Rd. *Run* —3C 166

Thorn Rd. *St H* —5C 44

Thorns Dri. *Wir* —2C 114

Thornside Wlk. *Liv* —5B 104

Thorns, The. *Liv* —5B 6

**Thornton. —4B 10**

Thornton. *Wid* —4E 131

Thornton Av. *Boot* —1D 35

Thornton Av. *Wir* —4D 119

Thornton Comn. Rd. *Wir* —4B 160

Thornton Cres. *Wir* —4B 158

Thornton Gro. *Liv* —3C 82

Thornton Gro. *Wir* —4D 119

**Thornton Hough. —4B 160**

Thornton Rd. *Beb* —4C 118

Thornton Rd. *Boot* —3C 34

Thornton Rd. *Liv* —5E 81

Thornton Rd. *Wall* —5A 52

Thornton St. *Birk* —1A 96

Thornton St. *Liv* —2B 34

Thorntree Clo. *Aig* —1F 121

Thorn Tree Clo. *Hale V* —5E 149

Thornwood Clo. *Liv* —1B 78

Thornycroft Rd. *Liv* —2D 101

Thorpe Bank. *Birk* —4F 119

Thorstone Dri. *Wir* —5C 114

Thorsway. *Birk* —2F 119

Thorsway. *Wir* —1D 135

Three Butt La. *Liv* —5F 57

**Three Lanes End. —4B 92**

Threlfall St. *Liv* —5B 100

Thresher Av. *Wir* —5C 92

Threshers, The. *Boot* —1B 20

Throne Rd. *Liv* —5C 38

Throne Wlk. *Liv* —4C 38

Thurne Way. *Liv* —3A 104

Thurnham St. *Liv* —1C 78

Thursby Clo. *Liv* —5F 23

Thursby Cres. *Liv* —4F 23

Thursby Rd. *Croft B* —5E 143

Thursby Wlk. *Liv* —5F 23

**Thurstaston. —2B 136**

Thurstaston Rd. *Hes* —1E 157

Thurstaston Rd. *Irby & Thur* —2B 136

Thurston Rd. *Liv* —5B 56

Tibb's Cross La. *Wid* —2C 110

Tichbourne Way. *Liv* —3F 77

Tickle Av. *St H* —5D 47

Tideswell Clo. *Liv* —1B 100

Tideway. *Wall* —3E 51

Tilbrook Dri. *St H* —4D 67

Tilbury Pl. *Murd* —4E 169

Tildsley Cres. *West* —4F 165

Tillotson Clo. *Liv* —4E 99

Tilney St. *Liv* —2A 36

Tilstock Av. *Wir* —4B 120

Tilstock Clo. *Liv* —2A 128

Tilstock Cres. *Pren* —3F 117

Tilston Clo. *Liv* —5D 37

Tilston Rd. *Kirkby* —3C 22

Tilston Rd. *Wall* —5A 52

Tilston Rd. *Walt* —4D 37

Time Pk. *Whis* —1F 85

Timmis Cres. *Wid* —3A 132

Timon Av. *Boot* —3E 35

Timor Av. *That H* —3E 65

Timperley St. *Wid* —4B 132

Timpron St. *Liv* —1B 100

Timway Dri. *Liv* —3E 59

Tinas Way. *Wir* —4A 94

Tinling Clo. *Prsct* —5E 63

Tinsley Clo. *Liv* —2E 127

Tinsley St. *Liv* —4A 56

Tintagel Clo. *Brook* —5C 168

Tintagel Rd. *Liv* —3D 39

Tintern Dri. *Wir* —1E 93

Tiptree Clo. *Liv* —4F 39

Titchfield St. *Liv* —2C 76

Tithebarn Clo. *Wir* —3F 157

Tithebarn Gro. *Liv* —2A 102

Tithe Barn La. *Kirkby* —4D 23

Tithe Barn La. *Liv* —5C 22

Tithebarn La. *Mag* —5A 14

Tithebarn Rd. *Know* —4D 41

Tithebarn Rd. *Liv* —1F 17

Tithebarn St. *Liv* —4C 76 (4C 4)

Tithings, The. *Halt B* —1E 167

Tiverton Av. *Wall* —2A 74

Tiverton Clo. *Liv* —3B 84

Tiverton Clo. *Wid* —1C 130

Tiverton Rd. *Liv* —1E 147

Tiverton St. *Liv* —1E 101

Tobermory Clo. *Hay* —3A 48

Tobin Clo. *Liv* —2C 76

Tobin St. *Wall* —2D 75

Tobruk Rd. *Liv* —2D 83

Todd Rd. *St H* —5B 46

Toft Clo. *Wid* —3F 131

Toft St. *Liv* —4C 78

Toftwood Av. *Rain* —5D 87

Toftwood Gdns. *Rain* —5D 87

Toleman Av. *Wir* —2A 142

Tollemache Rd. *Birk & Pren* —2E 95

Tollemache St. *Wall* —3B 52

Tollerton Rd. *Liv* —5F 57

Tolpuddle Rd. *Liv* —1F 125

Tolpuddle Way. *Liv* —3D 55

Tolver St. *St H* —4A 46

Tom Mann Clo. *Liv* —3D 77 (3F 5)

Tonbridge Clo. *Liv* —3B 146

Tonbridge Dri. *Liv* —2D 21

Tonge Hey. *Liv* —4F 23

Tontine Mkt. *St H* —5A 46

Topaz Clo. *Liv* —1E 55

Topcliffe Gro. *Liv* —5A 40

Topgate Clo. *Hes* —2B 158

Topham Dri. *Ain R* —3B 20

Topham Ter. *Liv* —5B 20

Topsham Clo. *Liv* —5C 104

Torcross Way. *Halew* —3E 127

Torcross Way. *Wltn* —5C 104

Tordelow Clo. *Liv* —2A 78

Toronto Clo. *Liv* —4D 61

Toronto St. *Wall* —3E 75

Torrington Dri. *Liv* —5E 127

Torrington Dri. *Wir* —1B 138

Torrington Gdns. *Wir* —5B 116

Torrington Rd. *Liv* —5B 124

Torrington Rd. *Wall* —2A 74

Torrisholme Rd. *Liv* —5D 37

Torr St. *Liv* —5E 55
(in two parts)

Torus Rd. *Liv* —2A 80

Torview. *Liv* —3A 102

Torwood. *Pren* —3D 95

Tothale Turn. *Liv* —5F 105

Totnes Av. *Liv* —3F 127

Totnes Rd. *Liv* —3C 38

*Tourist Info. Cen. —1C 98 (7C 4)*
*(Albert Dock)*

*Tourist Info. Cen. —2F 97*
*(Birkenhead)*

*Tourist Info. Cen. —2C 52*
*(New Brighton)*

*Tourist Info. Cen. —5D 77 (5F 5)*
*(Queen Sq.)*

*Tourist Info. Cen. —4A* **152**
(Runcorn)
Towcester St. *Liv* —2B **34**
Tower Gdns. *Liv* —5B **76** (5C **4**)
**Tower Hill. —5F 15**
Tower Hill. *Birk* —1D **119**
Towerlands St. *Liv* —5A **78**
Tower La. *Nort* —3C **168**
Tower Promenade. *Wall* —2C **52**
Tower Quays. *Birk* —1E **97**
Tower Rd. *Birk* —1E **97**
Tower Rd. *Pren* —3B **118**
Tower Rd. *Tran* —1D **119**
Tower Rd. N. *Wir* —5E **137**
Tower Rd. S. *Wir* —1F **157**
Towers Av. *Liv* —5C **6**
Tower's Rd. *Liv* —3C **102**
Towers, The. *Birk* —2E **119**
Tower St. *Brun B* —4D **99**
Tower Way. *Liv* —1A **126**
Tower Wharf. *Birk* —1E **97**
**Town End. —3C 108**
Townfield Clo. *Pren* —1E **117**
Townfield Gdns. *Wir* —5F **119**
Townfield La. *Frod* —5C **172**
Townfield La. *Pren* —1E **117**
Townfield La. *Wir* —5F **119**
Townfield Rd. *Wind H* —5C **154**
Townfield Rd. *Wir* —4B **112**
Town Fields. *Wall* —5E **51**
Townfield Vw. *Wind H* —5C **154**
Townfield Way. *Wall* —2B **74**
Town Hall Dri. *Run* —1B **166**
Town La. *Beb* —1D **141**
Town La. *Hale V* —5D **149**
*Townley Ct. Wir* —4B **90**
(off Marmion Rd.)
Town Mdw. La. *Wir* —5B **70**
*Town Pk. Info. Cen. —2B* **168**
Town Rd. *Birk* —1D **119**
Town Row. *Liv* —4B **58**
Townsend Av. *Club & Nor G* —3E **57**
(in two parts)
Townsend La. *Anf & Club* —5C **56**
Townsend St. *Birk* —5E **73**
Townsend St. *Liv* —5B **54**
Townsend Vw. *Ford* —3B **18**
Townsend Vw. *Nor G* —5E **37**
Townshend Av. *Wir* —2D **137**
Town Vw. *Pren* —4C **96**
Town Vw. M. *Pren* —4C **96**
Towson St. *Liv* —5F **55**
(in two parts)
**Toxteth. —4F 99**
Toxteth Gro. *Liv* —5A **100**
*Toxteth Sports Cen. —3F 99*
Toxteth St. *Liv* —4B **98**
**Trafalgar. —3A 142**
Trafalgar Av. *Wall* —1D **75**
Trafalgar Ct. *Wid* —1A **152**
Trafalgar Dri. *Wir* —3A **142**
Trafalgar Rd. *Wall* —1C **74**
Trafalgar St. *Dent G* —4E **45**
Trafalgar Way. *Ersk* —3F **77**
Trafford Cres. *Run* —4C **166**
*Tramway & Mus. —2F 97*
Tramway Rd. *Liv* —1C **122**
**Tranmere. —5F 97**
*Tranmere Rovers F.C. —2C 118*
Trapwood Clo. *Ecc* —5A **44**
Travanson Clo. *Liv* —2B **38**
Travers' Entry. *St H* —4A **68**
Traverse St. *St H* —5C **46**
Travis Dri. *Liv* —5F **15**
Travis St. *Wid* —4B **132**
Trawden Way. *Liv* —1C **18**
Treborth St. *Liv* —4A **100**
Trecastle Rd. *Liv* —1A **24**
Treebank Clo. *Run* —2A **166**
Treetop Ct. *Liv* —2B **78**

Treetops Dri. *Birk* —5D **73**
Tree Vw. Ct. *Liv* —2E **13**
Treforris Rd. *Wall* —4F **51**
Trefula Pk. *Liv* —5A **58**
Trelawney Clo. *Liv* —3B **104**
Tremore Clo. *Liv* —2B **58**
Trenance Clo. *Brook* —5B **168**
Trendeal Rd. *Liv* —3D **39**
Trent Av. *Bow P* —3F **81**
Trent Av. *Mag* —5F **7**
Trent Clo. *Liv* —5D **39**
Trent Clo. *Rain* —3B **86**
Trent Clo. *St H* —1C **88**
Trent Clo. *Wid* —5B **110**
Trentham Av. *Liv* —4F **101**
Trentham Clo. *Wid* —5B **110**
Trentham Rd. *Liv* —4C **22**
Trentham Rd. *Wall* —3C **74**
Trentham St. *Run* —4F **151**
Trentham Wlk. *Liv* —4C **22**
Trent Pl. *Rain* —3B **86**
(in two parts)
Trent Rd. *Bil* —1C **30**
Trent Rd. *Rain* —3B **86**
Trent St. *Birk* —5F **73**
Trent St. *Liv* —5C **54**
Trent Way. *Wir* —4C **158**
Tressel Dri. *Sut M* —3A **88**
Tressell St. *Liv* —5F **35**
Trevelyan St. *Liv* —5F **35**
Treviot Clo. *Liv* —4D **15**
Trevor Dri. *Liv* —1F **17**
Trevor Rd. *Liv* —2A **36**
Triad, The. *Boot* —4C **34**
Trigg M. *Liv* —3C **54**
Trimley Clo. *Wir* —4E **93**
Tring Clo. *Wir* —2A **94**
Trinity Ct. *Wir* —4B **90**
Trinity Gro. *Liv* —2B **16**
Trinity La. *Birk* —2E **97**
Trinity Pl. *Boot* —5D **35**
Trinity Pl. *Wid* —5B **132**
Trinity Rd. *Boot & Liv* —1C **54**
Trinity Rd. *Wall* —1B **74**
Trinity Rd. *Wir* —4B **90**
Trinity St. *Birk* —2C **96**
Trinity St. *Run* —4B **152**
Trinity St. *St H* —4C **46**
Trinity Wlk. *Liv* —3E **77** (2H **5**)
Trispen Clo. *Liv* —4E **127**
Trispen Rd. *Liv* —4D **39**
Trispen Wlk. *Liv* —4D **39**
Tristram's Cft. *Boot* —2D **19**
Troon Clo. *Hay* —3A **48**
Troon Clo. *Liv* —5E **59**
Troon Clo. *Wir* —5C **162**
Trotwood Clo. *Liv* —5D **21**
Troutbeck Av. *Liv* —5E **7**
Troutbeck Av. *Newt W* —4E **49**
Trout Beck Clo. *Beech* —5A **168**
Troutbeck Clo. *Wir* —2A **116**
Troutbeck Gro. *St H* —3B **30**
Troutbeck Rd. *Liv* —4D **103**
Trouville Rd. *Liv* —4C **56**
Trowbridge St. *Liv* —5E **77** (5H **5**)
Trueman Clo. *Pren* —1C **94**
Trueman St. *Liv* —4D **77** (3E **4**)
Truro Av. *Boot* —1F **19**
Truro Clo. *Brook* —4C **168**
Truro Clo. *St H* —1D **47**
Truro Rd. *Liv* —3A **102**
Tudor Av. *Wall* —4E **75**
Tudor Av. *Wir* —4A **142**
Tudor Clo. *Liv* —5F **77** (6J **5**)
Tudor Clo. *Wid* —2D **133**
Tudor Ct. *Liv* —5A **124**
Tudor Grange. *Wir* —1D **115**
Tudor Ho. *Liv* —5F **105**
Tudor Rd. *Birk* —1E **119**
Tudor Rd. *Cros* —2D **17**

Tudor Rd. *Hunts X* —5C **126**
Tudor Rd. *Mnr P* —4B **154**
Tudor St. *Liv* —3B **78**
Tudor Vw. *Liv* —5E **15**
(in two parts)
Tudorville Rd. *Wir* —2F **141**
Tudorway. *Wir* —2B **158**
**Tue Brook. —1E 79**
Tue La. *Wid* —3B **108**
Tuffins Corner. *Liv* —4D **105**
Tulip Av. *Birk* —1F **95**
Tulip Rd. *Hay* —2F **49**
Tulip Rd. *Liv* —2A **102**
Tullimore Rd. *Liv* —3F **123**
Tullis St. *St H* —1E **65**
Tulloch St. *Liv* —3B **78**
Tully Av. *Newt W* —5E **49**
Tumilty Av. *Boot* —4E **35**
Tunnel Rd. *Birk* —4E **97**
Tunnel Rd. *Liv* —1B **100**
Tunstall Clo. *Wir* —4E **93**
Tunstall St. *Liv* —2C **100**
Tunstalls Way. *Clo F* —2D **89**
Tupelo Clo. *Liv* —4F **39**
Tupman St. *Liv* —4F **99**
Turmar Av. *Wir* —1B **138**
Turnacre. *K Ash* —3E **81**
Turnall Rd. *Wid* —5B **130**
Turnberry Clo. *Huy* —5C **82**
Turnberry Clo. *W Der* —5F **59**
Turnberry Clo. *Wir* —5B **70**
Turnbridge Rd. *Liv* —4C **6**
Turner Av. *Boot* —1E **35**
Turner Clo. *Liv* —1A **122**
Turner Clo. *Wid* —1D **131**
Turner Home, The. *Liv* —5A **100**
Turners Ct. *Liv* —1B **126**
Turner St. *Birk* —4C **96**
Turney Rd. *Wall* —2A **74**
Turnstone Clo. *Liv* —5E **39**
Turnstone Dri. *Liv* —3E **127**
Turret Rd. *Wall* —5A **52**
Turriff Dri. *Wir* —1C **170**
Turriff Rd. *Liv* —2A **82**
Turton Clo. *Hale V* —5D **149**
Turton St. *Liv* —5D **55**
Tuscan Clo. *Wid* —4B **110**
Tuson Dri. *Wid* —5F **109**
Tweed Clo. *Liv* —2B **78**
Tweed St. *Birk* —5A **74**
Twickenham Dri. *Liv* —5C **82**
Twickenham Dri. *Wir* —3F **71**
Twickenham St. *Liv* —5B **56**
Twigden Clo. *Liv* —5F **21**
Twig La. *Liv* —1E **13**
(L31)
Twig La. *Liv* —3C **82**
(L36)
Two Butt La. *Rain & Whis* —1A **86**
Twomey Clo. *Liv* —2C **76**
Twyford Av. *Liv* —4B **18**
Twyford Clo. *Liv* —1E **13**
Twyford Clo. *Wid* —4B **110**
Twyford La. *Wid* —2C **110**
Twyford Pl. *St H* —5C **46**
Twyford St. *Liv* —5B **56**
Tyberton Pl. *Liv* —1C **146**
Tyburn Clo. *Wir* —5F **141**
Tyburn Rd. *Wir* —5F **141**
Tyndall Av. *Liv* —5F **17**
Tyne Clo. *Liv* —4C **56**
Tyne Clo. *That H* —5D **65**
Tynemouth Clo. *Liv* —1A **78**
Tynemouth Rd. *Murd* —4C **168**
Tyne St. *Birk* —5F **73**
Tynron Gro. *Pren* —5D **95**
Tynville Rd. *Liv* —1C **36**
Tynwald Clo. *Liv* —1F **79**
Tynwald Cres. *Wid* —4F **109**
Tynwald Hill. *Liv* —2F **79**

Tynwald Pl. *Liv* —2F **79**
Tynwald Rd. *Wir* —4A **112**
Tyrer Gro. *Prsct* —4E **63**
Tyrers Av. *Liv* —2B **6**
Tyrer St. *Birk* —5F **73**
Tyrer St. *Liv* —5D **77** (5F **5**)

**U**ldale Clo. *Liv* —1A **58**
Uldale Way. *Liv* —1A **58**
Ullet Rd. *Liv* —5B **100**
Ullet Wlk. *Liv* —4D **101**
Ullswater Av. *Pren* —3D **95**
Ullswater Av. *St H* —5A **30**
Ullswater Clo. *Liv* —1D **23**
Ullswater Gro. *Beech* —5D **167**
Ullswater St. *Liv* —5A **56**
Ulster Rd. *Liv* —3B **80**
Ultonia St. *Liv* —3C **144**
Ulverscroft. *Pren* —5F **95**
Ulverston Clo. *Hay* —2A **48**
Ulverston Clo. *Liv* —5E **7**
Ulverston Lawn. *Liv* —5F **105**
Umbria St. *Liv* —3C **144**
Undercliffe Rd. *Liv* —2A **80**
Underhill Rd. *St H* —1D **65**
Underley St. *Liv* —2C **100**
Underley Ter. *Wir* —5B **120**
Underway, The. *Halt* —2F **167**
Unicorn Rd. *Liv* —4C **38**
Unicorn Way. *Birk* —4F **97**
Union Bank La. *Bold H & Wid* —5B **88**
Union Ct. *Liv* —5C **76** (5D **4**)
Union St. *Birk* —1E **119**
Union St. *Liv* —4B **76** (4B **4**)
Union St. *Run* —5B **152**
Union St. *St H* —3A **46**
Union St. *Wall* —2D **75**
Union Ter. *Wall* —2B **52**
Unity Gro. *Know B* —2A **40**
*Unity Theatre.* —1E **99** (7H **5**)
*University of Liverpool Art Gallery.*
    —1F **99**

University Rd. *Boot* —1D **55**
Upavon Av. *Wir* —1B **114**
Upchurch Clo. *Liv* —5F **99**
Upland Clo. *St H* —3B **64**
Upland Rd. *St H* —3B **64**
Upland Rd. *Upt* —3F **93**
Uplands Rd. *Brom* —1C **162**
Uplands, The. *Pal* —3F **167**
Up. Baker St. *Liv* —3A **78**
Up. Beau St. *Liv* —2E **77** (1G **5**)
Up. Beckwith St. *Birk* —1B **96**
**Upper Bidston Village. —5C 72**
Up. Brassey St. *Birk* —1F **95**
Up. Bute St. *Liv* —2E **77**
Up. Duke St. *Liv* —1E **99** (7G **5**)
Up. Essex St. *Liv* —4F **99**
Up. Flatbrick Rd. *Birk* —2E **95**
Up. Frederick St. *Liv* —1D **99** (7E **5**)
  (in two parts)
Up. Hampton St. *Liv* —2F **99**
Up. Harrington St. *Liv* —3E **99**
Up. Hill St. *Liv* —3E **99**
  (in three parts)
Up. Hope Pl. *Liv* —1F **99** (7J **5**)
Up. Huskisson St. *Liv* —2A **100**
Up. Mann St. *Liv* —3E **99**
  (in two parts)
Up. Mason St. *Liv* —5A **78**
Up. Mersey Rd. *Wid* —2A **152**
Up. Newington. *Liv* —5E **77** (6G **5**)
Up. Park St. *Liv* —4F **99**
Up. Parliament St. *Liv* —2E **99**
Up. Pitt St. *Liv* —1D **99**
Up. Pownall St. *Liv* —1D **99**
Up. Rice La. *Wall* —1C **74**
Up. Stanhope St. *Liv* —2E **99**
  (in two parts)

Up. Warwick St. *Liv* —3F **99**
Up. William St. *Liv* —2B **76**
Uppingham Av. *Liv* —3E **21**
Uppingham Rd. *Liv* —1F **79**
Uppingham Rd. *Wall* —1F **73**
**Upton. —4A 94**
  (nr. Birkenhead)
**Upton. —1B 130**
  (nr. Cronton)
Upton Barn. *Liv* —5C **6**
Upton Bridle Path. *Wid* —5F **109**
Upton By-Pass. *Wir* —3E **93**
Upton Clo. *Liv* —4E **147**
Upton Clo. *Wir* —4F **93**
Upton Ct. *Wir* —3A **94**
*Upton Cricket Club Ground.* —4F **93**
Upton Grange. *Wid* —1D **131**
Upton Grn. *Liv* —4E **147**
Upton La. *Wid* —5E **109**
Upton Pk. Dri. *Wir* —3A **94**
Upton Rd. *Pren* —4C **94**
Upton Rd. *Wir* —1E **93**
**Upton Rocks. —5E 109**
Urmson Rd. *Wall* —1B **74**
Ursula St. *Boot* —2D **55**
Utkinton Clo. *Pren* —1F **117**
Utting Av. *Liv* —4B **56**
Utting Av. E. *Liv* —2E **57**
UVECO Bus. Cen. *Birk* —4A **74**
Uxbridge St. *Liv* —1B **100**
  (in two parts)

**V**ahler Ter. *Run* —5C **152**
Vale Clo. *Liv* —2F **125**
Vale Ct. *Dut* —2F **175**
Vale Dri. *Wall* —4C **52**
Vale Gro. *Liv* —4A **24**
Vale Lodge. *Liv* —4F **35**
Va. Lodge Clo. *Liv* —5F **35**
Valencia Gro. *Ecc P* —4F **63**
Valencia Rd. *Liv* —1A **102**
Valentia Rd. *Wir* —5A **90**
Valentine Gro. *Liv* —4E **21**
Valentine Rd. *Newt W* —5F **49**
Valentines Way. *Ain R* —3C **20**
Valerian Rd. *Birk* —2F **95**
Valerie Clo. *Liv* —2B **38**
Vale Rd. *Cros* —1D **17**
Vale Rd. *Wltn* —1E **125**
Valescourt Rd. *Liv* —1C **80**
Valeview Towers. *Liv* —2F **125**
Valiant Clo. *Liv* —5A **40**
Valiant Way. *Laird T* —5F **97**
Valkyrie Rd. *Wall* —1A **74**
Vallance Rd. *Liv* —4C **56**
Valleybrook Gro. *Wir* —5B **142**
Valley Clo. *Ain* —4F **21**
Valley Clo. *Cros* —1B **18**
Valley Rd. *Birk* —4D **73**
Valley Rd. *Kirkby* —5A **22**
Valley Rd. *Liv* —5A **56**
Valley Rd. *Wir* —2D **163**
Valley Rd. Bus. Pk. *Birk* —4E **73**
*Valley Views.* —2A **104**
  (off Hartsbourne Av.)
Vanbrugh Cres. *Liv* —4C **56**
Vanbrugh Rd. *Liv* —3C **56**
Vanderbilt Av. *Liv* —5B **20**
Vanderbyl Av. *Wir* —5C **142**
Vandries St. *Liv* —2B **76** (1A **4**)
Vandyke St. *Liv* —2B **100**
Vanguard St. *Liv* —5F **55**
Vardon St. *Birk* —1C **96**
Varley Rd. *Liv* —3A **124**
Varley Rd. *St H* —4C **46**
Varthen St. *Liv* —4F **55**
Vatt Way. *Liv* —5C **78**
Vaughan Rd. *Wall* —4B **52**
Vaughan St. *Birk* —1F **95**

Vaux Cres. *Boot* —3D **35**
**Vauxhall. —1B 76**
Vauxhall Rd. *Liv* —3C **76** (1D **4**)
Vaux Pl. *Boot* —3D **35**
Veitch Rd. *Liv* —2C **76**
Venables Clo. *Wir* —1B **162**
Venables Dri. *Wir* —5A **142**
Venice St. *Liv* —5F **55**
Venmore St. *Liv* —5F **55**
  (in two parts)
Ventnor Rd. *Liv* —1F **101**
*Venture Ct. Birk* —4E **97**
  (off Clifton Rd.)
Verbena Clo. *Beech* —1F **173**
Verdala Pk. *Liv* —2C **124**
Verdi Av. *Liv* —2A **34**
Verdi St. *Liv* —2F **33**
Verdi Ter. *Liv* —2F **33**
Vere St. *Liv* —4E **99**
  (in two parts)
Vermont Av. *Liv* —1D **17**
Vermont Clo. *Liv* —3D **15**
Vermont Rd. *Liv* —1D **17**
Vermont Way. *Boot* —4C **34**
Verney Cres. *Liv* —4C **124**
Verney Cres. S. *Liv* —4C **124**
Vernon Av. *Hoot* —3F **171**
Vernon Av. *Wall* —4C **75**
*Vernon Sangster Sports Cen.* —4A **56**
Vernon St. *Liv* —4C **76** (3D **4**)
Vernon St. *St H* —4C **46**
Verona St. *Liv* —5F **55**
Verulam Clo. *Liv* —2A **100**
Verwood Clo. *Wir* —5D **115**
Verwood Dri. *Liv* —5A **40**
Veryan Clo. *Liv* —3F **127**
Vescock St. *Liv* —1D **77**
Vesta Rd. *Liv* —3D **145**
Vesuvius Pl. *Liv* —5D **55**
Vesuvius St. *Liv* —5D **55**
Vetch Hey. *Liv* —4E **105**
Viaduct St. *Newt W* —5F **49**
Viaduct St. *Wid* —3A **152**
Vicarage Clo. *Birk* —3B **118**
Vicarage Clo. *Hale V* —5E **149**
Vicarage Clo. *Moss H* —2B **124**
Vicarage Dri. *Hay* —1A **48**
Vicarage Gro. *Wall* —1C **74**
Vicarage Lawn. *Liv* —4C **104**
Vicarage Pl. *Prsct* —5C **62**
Vicarage Rd. *Hay* —1A **48**
Vicarage Rd. *Wid* —5A **132**
Vicar Rd. *Liv* —4C **56**
Vicar St. *Run* —4A **152**
Viceroy St. *Liv* —5F **55**
Vickers Rd. *Wid* —2E **151**
Victoria Av. *B'grn* —4D **81**
Victoria Av. *Cros* —1C **16**
Victoria Av. *Liv* —1F **101**
Victoria Av. *St H* —5A **30**
Victoria Av. *Wid* —1A **132**
Victoria Av. *Wir* —4A **158**
Victoria Clo. *Liv* —1E **123**
Victoria Ct. *Birk* —2D **97**
Victoria Ct. *Liv* —5B **100**
Victoria Ct. *W'tree* —1F **101**
Victoria Dri. *Birk* —3A **120**
Victoria Dri. *Liv* —2F **35**
Victoria Dri. *Wir* —4A **112**
Victoria Fields. *Birk* —5C **96**
Victoria Gdns. *Pren* —5B **96**
Victoria Gro. *Wid* —1A **132**
Victoria Ho. *Prsct* —5D **63**
Victoria La. *Pren* —5B **96**
Victoria Mt. *Pren* —5B **96**
Victoria Pde. *Wall* —2C **52**
**Victoria Park. —1F 35**
  (nr. Aintree)
**Victoria Park. —1F 101**
  (nr. Liverpool)

*Victoria Pk.* *—3F 45*
  (St Helens)
*Victoria Pk.* *—2E 119*
  (Tranmere)
*Victoria Pk.* *—3D 17*
  (Waterloo)
*Victoria Pk.* *—2B 132*
  (Widnes)
Victoria Pk. Rd. *Birk* —2D **119**
Victoria Pl. *Rain* —3C **86**
Victoria Pl. *Wall* —4E **75**
Victoria Promenade. *Wid* —3A **152**
Victoria Rd. *Aig* —1E **123**
Victoria Rd. *Beb* —1D **141**
Victoria Rd. *Birk* —5C **96**
Victoria Rd. *Cros* —1D **17**
Victoria Rd. *Huy* —4F **83**
Victoria Rd. *Run* —5A **152**
  (in two parts)
Victoria Rd. *Tue* —5E **57**
Victoria Rd. *Wall* —3A **52**
  (in two parts)
Victoria Rd. *Wat* —5E **17**
Victoria Rd. *W Kir* —3B **112**
Victoria Rd. *Wid* —5A **132**
Victoria Rd. W. *Cros* —1C **16**
Victoria Sq. *St H* —4A **46**
Victoria Sq. *Wid* —5A **132**
Victoria St. *Liv* —5C **76** (5D **4**)
Victoria St. *Rain* —3C **86**
Victoria St. *St H* —3A **46**
Victoria St. *Wid* —5B **132**
Victoria St. *Wir* —2B **142**
Victoria Ter. *Liv* —3A **102**
  (in two parts)
Victoria Ter. *Rain* —3C **86**
Victor St. *Liv* —1D **101**
Victory Clo. *Boot* —5E **19**
Vienna St. *Liv* —5F **55**
Viennese Rd. *Liv* —3B **104**
Viewpark Clo. *Liv* —2F **103**
View Rd. *Rain* —4C **86**
Viking Clo. *Liv* —1A **34**
Village Clo. *Cas* —2A **168**
Village Clo. *Wall* —5E **51**
Village Ct. *Irby* —1D **137**
Village Ct. *Liv* —2C **122**
Village Courts. *Boot* —5F **11**
Village Grn. Ct. *Pren* —1C **94**
Village Nook. *Ain* —3E **21**
Village Rd. *Beb* —1D **141**
Village Rd. *Hes* —3F **157**
Village Rd. *Pren* —5A **96**
Village Rd. *W Kir* —4C **112**
Village St. *Liv* —2F **77**
Village St. *Run* —5D **155**
Village, The. *Beb* —1A **142**
Village Wall. *Wall* —5E **51**
Villa Gloria Clo. *Liv* —4A **124**
Villas Rd. *Liv* —1B **14**
Villiers Cres. *Ecc* —3F **43**
Villiers Rd. *Know B* —2B **40**
Vincent Ct. *Liv* —1D **99** (7F **5**)
Vincent Naughton Ct. *Birk* —4E **97**
Vincent Rd. *Liv* —4C **18**
Vincent Rd. *Rain* —2B **86**
Vincent St. *Birk* —3D **97**
Vincent St. *Liv* —5F **79**
Vincent St. *St H* —4A **46**
Vineries, The. *Liv* —1E **125**
Vineside Rd. *Liv* —1D **81**
Vine St. *Birk* —2C **96**
Vine St. *Liv* —1F **99**
Vine St. *Run* —5A **152**
Vine St. *Wid* —5A **132**
Vine Ter. *Wid* —2A **130**
Vineyard St. *Liv* —2E **145**
Vining Rd. *Prsct* —5F **63**
Vining St. *Liv* —3F **99**
Viola Clo. *Liv* —5D **15**

Viola St. *Boot* —2C **54**
Violet Rd. *Birk* —2F **95**
Violet Rd. *Liv* —2B **34**
Violet St. *Wid* —5A **132**
Virgil St. *Liv* —2D **77**
Virgil St. *St H* —4E **45**
Virginia Av. *Liv* —4C **6**
Virginia Gro. *Liv* —4C **6**
Virginia Rd. *Wall* —2B **52**
Virginia St. *Liv* —4B **76** (3B **4**)
Virgin's La. *Liv* —3F **9**
Vista Rd. *Hay* —1F **49**
Vista Rd. *Run* —2A **166**
Vista Way. *Newt W* —4F **49**
Vittoria Clo. *Birk* —2D **97**
Vittoria St. *Birk* —2C **96**
Vivian Av. *Wall* —4E **75**
Voelas St. *Liv* —3A **100**
Vogan Av. *Liv* —2A **18**
Volunteer St. *Frod* —4D **173**
Volunteer St. *St H* —4F **45**
Vronhill Clo. *Liv* —3A **100**
Vulcan Clo. *Birk* —1F **95**
Vulcan St. *Birk* —1F **95**
Vulcan St. *Boot* —4A **34**
Vulcan St. *Gars* —3C **144**
Vulcan St. *Liv* —2B **76**
Vyner Clo. *Pren* —3E **95**
Vyner Ct. *Pren* —3E **95**
Vyner Rd. *Wall* —1F **73**
Vyner Rd. N. *Liv* —4A **104**
Vyner Rd. N. *Pren* —2D **95**
Vyner Rd. S. *Liv* —4A **104**
Vyner Rd. S. *Pren* —3D **95**
Vyrnwy St. *Liv* —4F **55**

**W**addicar. —1A **22**
Waddicar La. *Liv* —2A **22**
Wadebridge Rd. *Liv* —2A **38**
Wadeson Rd. *Liv* —1D **57**
Wadham Pk. *Boot* —1C **54**
Wadham Rd. *Boot* —2C **54**
Wagon La. *Hay* —4A **48**
  (in two parts)
Waine Gro. *Whis* —1A **86**
Waine St. *Hay* —2F **47**
Waine St. *St H* —4D **47**
Wainwright Clo. *Liv* —1B **100**
Wainwright Gro. *Liv* —1B **144**
Wakefield Dri. *Wir* —2F **71**
Wakefield Rd. *Boot* —3A **20**
Wakefield St. *Liv* —3E **77** (2G **5**)
Walby Clo. *Wid* —2C **130**
Walby Clo. *Wid* —2C **116**
Walden Rd. *Liv* —3C **80**
Waldgrave Pl. *Liv* —5B **80**
Waldgrave Rd. *Liv* —5A **80**
Waldron Clo. *Liv* —3C **76** (2D **4**)
Walford Clo. *Wir* —5F **141**
*Walker Art Gallery.* *—4D 77* *(3F 5)*
Walker Av. *Sut M* —3B **88**
Walker Dri. *Boot* —1C **54**
Walker M. *Birk* —1D **119**
Walker Pl. *Birk* —1D **119**
Walker Rd. *Liv* —1A **34**
Walker's Cft. *Wall* —1F **73**
Walkers La. *Sut M* —3A **88**
Walker St. *Birk* —1D **119**
Walker St. *Liv* —3A **78**
Walker St. *Port S* —1B **142**
Walker St. *Wir* —4B **90**
Walker Way. *Liv* —2F **35**
Walk, The. *Liv* —4C **60**
Walk, The. *Speke* —5F **145**
Wallace Av. *Liv* —2A **84**
Wallace Dri. *Liv* —2F **83**
Wallace St. *Liv* —2A **36**
Wallace St. *Wid* —4A **132**
Wallacre Rd. *Wall* —2E **73**

*Wallasey.* *—2F 73*
Wallasey Bri. Rd. *Birk* —5F **73**
*Wallasey Cricket Club Ground.*
  *—5F 51*
*Wallasey Golf Course.* *—5C 50*
*Wallasey R.F.C. Ground.* *—2D 73*
Wallasey Rd. *Wall* —2F **73**
Wallasey Village. *Wall* —5E **51**
Wallcroft. *Will* —5A **170**
Waller Clo. *Liv* —4E **55**
Waller St. *Boot* —2A **34**
Wallgate Rd. *Liv* —2F **103**
Wallgate Way. *Liv* —3F **103**
Wallingford Rd. *Wir* —5F **93**
Wallrake. *Wir* —3F **157**
Wallsend Ct. *Wid* —1E **131**
Walmer Rd. *Liv* —5E **17**
Walmesley Rd. *Ecc* —3A **44**
Walmsley St. *Liv* —5C **54**
Walmsley St. *Wall* —1C **74**
Walmsley St. *Wid* —4C **132**
Walney Rd. *Liv* —3A **58**
Walney Ter. *Liv* —3A **58**
Walnut Av. *Liv* —5C **36**
Walnut Gro. *Liv* —2A **22**
Walnut St. *Liv* —5F **77**
Walpole Av. *Whis* —3F **85**
Walpole Rd. *Run* —3B **166**
Walsh Clo. *Liv* —2C **76**
Walsh Rd. *Liv* —4C **80**
*Walsingham St. Wall* *—3D 75*
  (off Liscard Rd.)
Walsingham Dri. *Run* —5D **155**
Walsingham Rd. *Liv* —5E **81**
Walsingham Rd. *Wall* —3D **75**
Walter Beilin Ct. *Liv* —4E **101**
Walter Gro. *St H* —5E **67**
Walter St. *Liv* —1B **76**
Waltham Ct. *Run* —3E **155**
Waltham Rd. *Liv* —5C **56**
Waltho Av. *Liv* —1E **13**
**Walton. —1F 55**
Walton Breck Rd. *Liv* —4F **55**
Walton Hall Av. *Liv* —2A **56**
*Walton Hall Pk.* *—5B 36*
Walton La. *Liv* —4F **55**
Walton Lodge Rd. *Liv* —4F **35**
Walton Pk. *Liv* —4A **36**
Walton Pk. Gdns. *Liv* —1A **56**
Walton Rd. *Dent G* —2D **45**
Walton Rd. *Liv* —4E **55**
*Walton Sports Cen.* *—1B 56*
Walton St. *Birk* —3E **97**
Walton St. *Run* —5A **152**
Walton Va. *Liv* —2A **36**
Walton Village. *Liv* —1F **55**
  (in two parts)
Wambo La. *Liv* —4B **104**
Wandsworth Rd. *Liv* —2F **57**
Wandsworth Way. *Wid* —1F **151**
Wango La. *Liv* —4E **21**
Wantage Vw. *Liv* —5C **82**
Wapping. *Liv* —1C **98** (7D **4**)
Wapping Quay. *Liv* —2C **98**
Wapshare Rd. *Liv* —2C **57**
Warbler Clo. *Liv* —2D **127**
Warbreck Av. *Liv* —1A **36**
Warbreck Moor. *Liv* —1B **36**
**Warbreck Park. —1A 36**
Warbreck Rd. *Liv* —2A **36**
Warburton Hey. *Rain* —2B **86**
Warden St. *Liv* —3E **55**
Wardgate Av. *Liv* —5E **39**
Ward Gro. *Birk* —4F **119**
Ward Rake. *Boot* —1D **19**
Ward Rd. *Liv* —5A **8**
Ward St. *Liv* —4E **77** (4G **5**)
Ward St. *Prsct* —4D **63**
Ward St. *St H* —4F **45**
  (in two parts)

Wareing Rd. *Liv* —2C **36**
Waresley Cres. *Liv* —4E **37**
Warham Rd. *Liv* —4C **56**
Waring Av. *Birk* —2D **119**
Waring Av. *St H* —1B **68**
Warkworth Clo. *Liv* —1B **106**
Warkworth Clo. *Wid* —1C **130**
Warmington Rd. *Liv* —3C **80**
Warner Dri. *Liv* —3C **56**
Warnerville Rd. *Liv* —5B **80**
Warnley Clo. *Wid* —1D **131**
Warren Cft. *Nort* —3C **168**
Warren Dri. *Pren* —3C **94**
Warren Dri. *Wall* —3F **51**
*Warren Golf Course. —4F 51*
Warren Hey. *Wir* —5A **142**
Warrenhouse Rd. *Kirkby* —1A **24**
Warrenhouse Rd. *Wat* —3B **16**
Warren Hurst. *Wall* —3A **52**
Warren Rd. *Liv* —5A **8**
Warren Rd. *Wir* —4A **90**
Warren St. *Liv* —5E **77** (5H **5**)
Warren, The. *Wir* —4B **94**
Warren Way. *Wir* —1D **157**
Warrington New Rd. *St H* —5B **46**
Warrington Old Rd. *St H* —1B **66**
Warrington Rd. *Ast I & Mnr P*
 —3A **154**
Warrington Rd. *Prsct & Whis* —5D **63**
Warrington Rd. *Rain & Bold H* —2B **86**
Warrington Rd. *Run* —5E **153**
Warrington Rd. *Wid* —4C **132**
Warrington St. *Birk* —5E **97**
Warton Clo. *Liv* —2C **126**
Warton St. *Boot* —2A **34**
Warton Ter. *Boot* —2B **34**
Warwick Av. *Liv* —2D **17**
Warwick Clo. *Liv* —3A **84**
Warwick Clo. *Pren* —4C **96**
Warwick Ct. *Liv* —3A **100**
Warwick Dri. *Wall* —5C **52**
Warwick Dri. *Wir* —1C **134**
Warwick Rd. *Boot* —4D **35**
Warwick Rd. *Liv* —3A **84**
Warwick Rd. *Wir* —4E **93**
Warwick St. *Liv* —3D **99**
Warwick St. *St H* —5D **45**
Wasdale Av. *Liv* —5E **7**
Wasdale Av. *St H* —5B **30**
Wasdale Rd. *Liv* —3A **36**
Washbrook Av. *Pren* —5C **72**
Washbrook Clo. *St H* —4B **44**
Washington Dri. *Liv* —4D **15**
Washington Pde. *Boot* —4C **34**
Washway La. *St H* —1F **45**
Wastdale Ct. *Wir* —5C **70**
Wastdale Dri. *Wir* —5C **70**
Wastdale M. *Wir* —5C **70**
Wastle Bri. Rd. *Liv* —1E **83**
Waterdale Cres. *St H* —4D **67**
Waterdale Pl. *St H* —4D **67**
Waterfield Clo. *Wir* —2D **141**
Waterford Rd. *Liv* —3C **104**
Waterford Rd. *Pren* —4F **95**
Waterford Way. *Murd* —4C **168**
 (in two parts)
Waterfront. *Pres H* —4F **169**
Watergate La. *Liv* —2B **126**
Watergate Way. *Liv* —2B **126**
Waterhouse Clo. *Liv* —5B **56**
Waterland La. *St H* —1F **67**
Water La. *Tarb G* —5C **106**
**Waterloo. —4E 17**
Waterloo Cen. *Wid* —1A **152**
Waterloo Clo. *Liv* —5D **17**
Waterloo Ct. *Beb* —1A **142**
**Waterloo Park. —4F 17**
Waterloo Pl. *Birk* —4E **97**
Waterloo Quay. *Liv* —3A **76** (1A **4**)
Waterloo Rd. *Liv* —2B **76** (1A **4**)

Waterloo Rd. *Run* —5F **151**
 (in two parts)
Waterloo Rd. *S'frth* —1F **33**
Waterloo Rd. *Wall* —2B **52**
Waterloo Rd. *Wat* —5E **17**
Waterloo Rd. *Wid* —2A **152**
Waterloo St. *Liv* —2A **102**
Waterloo St. *St H* —5F **45**
Watermead Dri. *Pres B* —5F **169**
Waterpark Clo. *Pren* —3F **117**
Waterpark Dri. *Liv* —3F **59**
Waterpark Rd. *Pren & Birk* —3F **117**
Watersedge. *Frod* —3D **173**
Waterside. *Boot* —5E **11**
Waterside. *St H* —4B **46**
Waterside Ct. *St H* —4B **46**
Waterside Dri. *Frod* —3C **172**
Waterside Pk. *Liv* —4D **83**
Water St. *Birk* —3F **97**
Water St. *Cros* —4B **10**
Water St. *Liv* —5B **76** (5B **4**)
Water St. *Run* —4A **152**
Water St. *St H* —5F **45**
Water St. *Wall* —2D **75**
Water St. *Wat* —5D **17**
Water St. *Wid* —3D **133**
 (Halton Vw. Rd.)
Water St. *Wid* —1A **152**
 (Waterloo Rd.)
Water St. *Wir* —2C **142**
Waterway Av. *Boot* —2B **20**
Waterworks La. *Hoot* —4E **171**
Waterworks St. *Boot* —4D **35**
Watery La. *Ecc* —2B **44**
Watery La. *St H* —3E **67**
Watford Rd. *Liv* —4A **56**
Watkin Clo. *Boot* —4B **20**
Watkins Av. *Newt W* —5F **49**
Watkinson St. *Liv* —2D **99**
Watling Av. *Liv* —4A **18**
Watling Way. *Whis* —5A **64**
Watmough St. *Liv* —2E **77** (1H **5**)
Watson St. *Birk* —2D **97**
Watton Beck Clo. *Liv* —5F **7**
Watton Clo. *Liv* —1A **60**
Watts Clift Way. *St H* —5B **46**
Watts Clo. *Liv* —1A **24**
Watts La. *Boot* —2E **35**
Wauchope St. *Liv* —1E **101**
Wavell Av. *Wid* —4C **130**
Wavell Rd. *Liv* —2E **83**
Waverley Dri. *Prsct* —1A **84**
Waverley Gro. *Birk* —2C **118**
Waverley Rd. *Cros* —1C **16**
Waverley Rd. *Seft P* —5C **100**
Waverley Rd. *Wir* —4C **90**
Waverley St. *Boot* —5B **34**
Waverton Av. *Pren* —2E **117**
***Wavertree. —1F 101***
*Wavertree Athletics Cen. —2F 101*
Wavertree Av. *Liv* —5E **79**
Waver Tree Av. *Wid* —4F **131**
Wavertree Boulevd. *Liv* —5D **79**
Wavertree Boulevd. S. *Liv* —5D **79**
*Wavertree Cricket Club Ground.*
 *—1F 101*
Wavertree Gdns. *Liv* —2F **101**
**Wavertree Green. —2B 102**
Wavertree Grn. *Liv* —2A **102**
Wavertree Nook Rd. *Liv* —5B **80**
*Wavertree Pk. —5C 78*
Wavertree Rd. *Liv* —5B **78**
Wavertree Shop. Cen. *Liv* —5C **78**
Wavertree Technology Pk. *Liv* —4E **79**
 (in three parts)
*Wavertree Tennis Cen. —2E 101*
Wavertree Trad. Est. *Liv* —2E **101**
Wavertree Va. *Liv* —1D **101**
Wayford Clo. *Frod* —4B **172**
Waylands Dri. *Liv* —5B **126**

Wayville Clo. *Liv* —2A **124**
Weardale Rd. *Liv* —3E **101**
Weasdale Clo. *St H* —4D **67**
Weates Clo. *Wid* —1E **133**
Weatherby. *Wir* —5B **94**
Weaver Av. *Liv* —4F **15**
Weaver Av. *Rain* —3B **86**
Weaver Ct. *Liv* —1C **126**
Weaver Cres. *Frod* —4D **173**
Weaver Gro. *St H* —5A **48**
Weaver Ho. *Liv* —1C **126**
Weaver Ind. Est. *Liv* —3C **144**
Weaver La. *Frod* —3B **172**
Weaver Pk. Ind. Est. *Frod* —3D **173**
Weaver Rd. *Frod* —4D **173**
Weaver Rd. *West* —4A **166**
Weaverside Av. *Sut W* —1F **173**
Weavers La. *Liv* —4F **13**
Weaver St. *Liv* —5F **35**
Weaver Vw. *West* —4F **165**
Webb Clo. *Liv* —5C **78**
Webb Dri. *Btnwd* —5F **69**
Webber Rd. *Know I* —4B **24**
Webb St. *Liv* —2C **100**
Webb St. *St H* —2D **67**
Webster Av. *Boot* —4E **35**
Webster Av. *Wall* —1D **75**
Webster Dri. *Liv* —3E **23**
Webster Rd. *Liv* —2C **100**
Websters Holt. *Wir* —3F **93**
Webster St. *Lith* —1B **34**
Webster St. *Liv* —4D **77** (3E **5**)
Wedge Av. *Hay* —3A **48**
Wedgewood Gdns. *St H* —5B **64**
Wedgewood St. *Liv* —4B **78**
Wedgwood Dri. *Wid* —4B **110**
Weightman Gro. *Liv* —2A **36**
Weirside. *St H* —5D **67**
Welbeck Av. *Liv* —4F **101**
Welbourne Rd. *Liv* —5C **80**
Weld Blundell Av. *Liv* —2B **6**
Weldon St. *Liv* —1F **55**
Weld Rd. *Liv* —2C **16**
Welfield Pl. *Liv* —5A **100**
Welford Av. *Pren* —2F **117**
Welland Clo. *Liv* —1E **147**
Welland Rd. *Wir* —2D **141**
Wellbank Dri. *Liv* —3A **128**
Wellbrae Clo. *Wir* —4D **93**
Wellbrook Clo. *Brook* —5C **168**
Wellbrook Clo. *Liv* —3D **147**
Wellbrook Grn. *Liv* —4D **147**
Wellbrow Rd. *Liv* —1A **56**
Wellcroft Rd. *Liv* —2E **83**
Weller St. *Liv* —4F **99**
Weller Way. *Liv* —5A **100**
Wellesbourne Pl. *Liv* —1A **58**
Wellesbourne Rd. *Liv* —5A **38**
Wellesley Gro. *Wir* —1A **142**
Wellesley Rd. *Liv* —5A **100**
Wellesley Rd. *Wall* —2B **74**
Wellesley Ter. *Liv* —5A **100**
Wellfield. *Rainf* —1A **28**
Wellfield. *Wid* —1A **132**
Wellfield Av. *Liv* —4E **23**
Wellfield Rd. *Liv* —4A **36**
Wellgreen Rd. *Liv* —2F **103**
Wellgreen Wlk. *Liv* —2F **103**
Wellington Av. *Liv* —3D **101**
Wellington Clo. *Beb* —1A **142**
Wellington Clo. *Liv* —2C **20**
Wellington Fields. *Liv* —3D **101**
*Wellington Gdns. Liv* —4D **17**
 *(off Wellington St.)*
Wellington Ga. *Hale V* —5D **149**
Wellington Gro. *Liv* —1E **101**
Wellington Rd. *Beb* —1A **142**
Wellington Rd. *Liv* —1A **34**
Wellington Rd. *Pren* —4A **96**
Wellington Rd. *Tox* —5F **99**

Wellington Rd. *Wall* —2A **52**
Wellington Rd. *W'tree* —2E **101**
Wellington St. *Gars* —1C **144**
Wellington St. *Liv* —2D **77** (1E **5**)
Wellington St. *Run* —4A **152**
Wellington St. *Wat* —4D **17**
Wellington St. *Wid* —1A **152**
*Wellington St. Ind. Est. Wid* —1A **152**
  *(off Wellington St.)*
Wellington Ter. *Birk* —4D **97**
Wellington Ter. *Liv* —4A **100**
Wellington Ter. *St H* —3A **46**
Well La. *Beb* —1D **141**
Well La. *Birk* —1D **119**
Well La. *Boot* —5D **35**
Well La. *Grea* —1C **114**
Well La. *Hes* —4A **158**
Well La. *Liv* —2F **103**
  (in two parts)
Well La. Gdns. *Boot* —5D **35**
Wells St. *Liv* —2F **101**
Wellstead Clo. *Liv* —1A **102**
Wellstead Rd. *Liv* —1A **102**
Wellstead Wlk. *Liv* —1A **102**
Welsh Rd. *L Sut & Chil T* —5F **171**
Welton Av. *Wir* —4F **93**
Welton Clo. *Liv* —4D **147**
Welton Grn. *Liv* —4D **147**
Welton Rd. *Croft B* —5D **143**
Welwyn Clo. *St H* —5F **65**
Wembley Gdns. *Liv* —2F **35**
Wembley Rd. *Cros* —2F **17**
Wembley Rd. *Moss H* —4B **102**
Wendell St. *Liv* —2C **100**
Wendover Av. *Liv* —1C **122**
Wendover Clo. *Hay* —1D **49**
Wendover Clo. *Pren* —5D **95**
Wendron Rd. *Liv* —3D **39**
Wenger Rd. *Wid* —4B **110**
Wenlock Dri. *Liv* —5E **127**
Wenlock Rd. *Beech* —1A **174**
Wenlock Rd. *Liv* —4B **56**
Wenning Av. *Liv* —5E **7**
Wensley Av. *Liv* —5F **127**
Wensley Dale. *Liv* —1A **36**
Wensleydale Av. *Wir* —5E **163**
Wensleydale Clo. *Liv* —5B **6**
Wensleydale Dri. *Rain* —3D **87**
Wensley Rd. *Liv* —1A **36**
Wentworth Av. *Wall* —4B **52**
Wentworth Clo. *Pren* —5D **95**
Wentworth Clo. *Wid* —4A **110**
Wentworth Dri. *Liv* —2F **77**
Wentworth Dri. *Wir* —5B **162**
Wentworth Gro. *Liv* —4B **82**
Wernbrook Clo. *Pren* —5D **95**
Wernbrook Rd. *Liv* —4C **56**
Wervin Clo. *Pren* —2E **117**
Wervin Rd. *Liv* —4D **23**
Wervin Rd. *Pren* —2E **117**
Wervin Way. *Liv* —4C **22**
Wesley Av. *Hay* —1E **49**
Wesley Av. *Wall* —1C **74**
Wesley Ct. *Liv* —5D **17**
Wesley Gro. *Wall* —3E **75**
Wesley Hall Gdns. *St H* —5D **65**
Wesley Pl. *Liv* —1F **101**
Wesley St. *Liv* —5D **17**
W. Albert Rd. *Liv* —5B **100**
**West Bank. —2A 152**
Westbank Av. *Wall* —4C **52**
W. Bank Dock Est. *Wid* —2E **151**
Westbank Rd. *Birk* —1C **118**
W. Bank Rd. *Liv* —4E **79**
W. Bank St. *Wid* —2A **152**
Westbourne Av. *Liv* —4B **10**
Westbourne Av. *Wir* —4B **112**
Westbourne Gro. *Wir* —4B **112**
Westbourne Rd. *Pren* —4C **96**
Westbourne Rd. *Wall* —2F **73**

Westbourne Rd. *Wir* —4A **112**
Westbourne St. *Liv* —3F **77**
Westbrook Av. *Prsct* —5B **62**
Westbrook Rd. *Liv* —4C **104**
Westbrook Rd. *Wir* —2C **92**
Westbury Clo. *Liv* —3C **122**
Westbury St. *Birk* —5E **97**
Westcliffe Rd. *Liv* —4F **57**
West Clo. *Ecc P* —4A **64**
West Clo. *Pren* —4D **95**
Westcombe Rd. *Liv* —4C **56**
Westcott La. *Liv* —5B **56**
Westcott Way. *Pren* —5D **95**
Westdale Rd. *Birk* —2E **119**
Westdale Rd. *Liv* —1F **101**
Westdale Vw. *Liv* —1F **101**
**West Derby. —4D 59**
*West Derby Golf Course. —5D 59*
W. Derby Rd. *Liv* —3A **78**
  (in two parts)
W. Derby St. *Liv* —4F **77**
**West Derby Village. —4B 58**
W. Derby Village. *Liv* —4B **58**
West Dri. *Hes* —3A **158**
West Dri. *Upt* —4A **94**
W. End Gro. *Hay* —2F **47**
W. End Rd. *Hay* —2F **47**
Westerhope Way. *Wid* —1F **131**
*Western Approaches Mus.*
  *—4C 76 (4C 4)*
Western Av. *Huy* —3A **82**
Western Av. *Speke* —5C **146**
Western Av. *Wir* —3D **143**
Western Dri. *Liv* —5A **124**
Westerton Rd. *Liv* —5E **59**
Westfield Av. *Liv* —4E **81**
Westfield Cres. *Run* —1E **165**
Westfield Dri. *Liv* —5E **39**
Westfield M. *Run* —1F **165**
Westfield Rd. *Liv* —2E **35**
Westfield Rd. *Run* —1E **165**
Westfield Rd. *Wall* —5D **75**
Westfield St. *St H* —5F **45**
Westfield Wlk. *Liv* —3B **22**
Westgate. *Wid* —5B **130**
Westgate Rd. *Liv* —4A **102**
Westgate Rd. *Wir* —3B **142**
West Gro. *Wir* —2F **157**
Westhead Av. *Liv* —3F **23**
Westhead Clo. *Liv* —4A **24**
Westhead Wlk. *Liv* —3F **23**
  (in two parts)
Westhouse Clo. *Wir* —5C **162**
**West Kirby. —3A 112**
W. Kirby Concourse. *W Kir* —4A **112**
W. Kirby Rd. *Wir* —4B **92**
W. Knowe. *Pren* —5F **95**
*West Lancashire Golf Course. —3A 8*
West La. *Run* —3E **167**
Westleigh Pl. *Sut L* —1C **88**
W. Lodge Dri. *Wir* —3A **112**
West Mains. *Liv* —4A **148**
West Meade. *Liv* —5B **6**
Westminster Av. *Boot* —1E **19**
Westminster Clo. *Liv* —2E **55**
Westminster Clo. *Wid* —4B **130**
Westminster Ct. *Pren* —4F **95**
Westminster Dri. *Hay* —1F **49**
Westminster Dri. *Wir* —3D **163**
Westminster Gro. *Prsct* —1A **84**
Westminster Rd. *Liv* —2D **55**
Westminster Rd. *Wall* —2B **74**
W. Moor Dri. *Liv* —5E **9**
Westmoreland Rd. *Wall* —4C **52**
Westmorland Av. *Boot* —2C **18**
Westmorland Av. *Wid* —3B **132**
Westmorland Dri. *Liv* —3C **76** (2D **4**)
Westmorland Pl. *Liv* —1D **77**
Westmorland Rd. *Liv* —4E **83**
W. Oakhill Pk. *Liv* —4A **80**

**Weston. —4F 165**
Weston Ct. *Liv* —2B **16**
Weston Ct. *Run* —3F **165**
Weston Cres. *West* —4F **165**
Weston Gro. *Halew* —1A **148**
Weston Gro. *Mag* —4D **13**
**Weston Point. —3D 165**
Weston Point Docks. *West P* —3D **165**
Weston Point Expressway. *West P*
  —1E **165**
Weston Rd. *Run & West* —2E **165**
W. Orchard La. *Liv* —5D **21**
Westover Clo. *Liv* —1C **12**
Westover Rd. *Liv* —1C **12**
**West Park. —1D 65**
W. Park Gdns. *Pren* —1C **94**
West Pk. Rd. *St H* —1D **65**
West Rd. *Liv* —4C **80**
  (L14)
West Rd. *Liv* —2D **147**
  (L24)
West Rd. *Pren* —4D **95**
West Rd. *West P* —3D **165**
Westry Clo. *Wir* —1B **92**
West Side. *St H* —1C **66**
W. Side Av. *Hay* —2A **48**
West St. *Prsct* —5C **62**
West St. *St H* —2D **65**
West St. *Wall* —1B **74**
**Westvale. —3C 22**
West Vw. *Birk* —5F **97**
West Vw. *Liv* —4B **84**
West Vw. *Wall* —3A **52**
West Vw. Av. *Liv* —4B **84**
Westview Clo. *Pren* —5D **95**
Westward Ho. *Wir* —3D **135**
Westward Vw. *Aig* —1A **122**
Westward Vw. *Wat* —3B **16**
Westway. *Grea* —5E **93**
Westway. *Hes* —4F **157**
Westway. *Mag* —5C **6**
West Way. *More* —5E **71**
West Way. *Pren* —5D **95**
Westway. *Run* —3E **167**
Westway. *W'tree* —1B **102**
W. Way Sq. *Wir* —5E **71**
Westwick Pl. *Liv* —3B **82**
Westwood. *Wind H* —1C **168**
Westwood Ct. *Pren* —4F **95**
Westwood Gro. *Wall* —2A **74**
Westwood Rd. *Pren* —3C **94**
Westwood Rd. *Liv* —4C **124**
Wetherby Av. *Wall* —1E **73**
Wetherby Ct. *Liv* —1C **82**
Wethersfield Rd. *Pren* —1E **117**
Wetstone La. *Wir* —5C **112**
Wexford Av. *Hale V* —5D **149**
Wexford Clo. *Pren* —5E **95**
Wexford Rd. *Pren* —5E **95**
Weybourne Clo. *Wir* —2A **94**
Weyman Av. *Whis* —3E **85**
Weymoor Clo. *Wir* —5F **141**
Weymouth Av. *St H* —2F **67**
Weymouth Clo. *Liv* —1F **103**
Weymouth Clo. *Murd* —4E **169**
Weymouth Rd. *Btnwd* —5F **69**
Whaley La. *Wir* —1F **137**
Whalley Av. *St H* —1E **45**
Whalley Ct. *Boot* —1D **19**
Whalley Gro. *Wid* —1D **133**
Whalley Rd. *Birk* —4D **97**
Whalley St. *Liv* —5F **99**
Wharfedale. *Run* —4B **168**
Wharfedale Av. *Birk* —2B **118**
Wharfedale Dri. *Rain* —3D **87**
Wharfedale Dri. *Wir* —5F **163**
Wharfedale Rd. *Wall* —5F **51**
Wharfedale St. *Liv* —2E **145**
Wharford La. *Run* —4E **155**
Wharf Rd. *Birk* —5F **73**

Wharf Rd. *Newt W* —5E **49**
Wharf St. *Wir* —2B **142**
Wharf, The. *Pres B* —4F **169**
Wharmby Rd. *Hay* —2E **49**
Wharncliffe Rd. *Liv* —3A **80**
Wharton Clo. *Wid* —3B **93**
Wharton St. *Sher I* —2B **66**
Whatcroft Clo. *Halt L* —4D **167**
Wheatcroft Rd. *Liv* —2C **124**
Wheatear Clo. *Liv* —5E **105**
Wheatfield Clo. *Boot* —2B **20**
Wheatfield Clo. *Wir* —2F **93**
Wheatfield Rd. *Wall* —4C **108**
Wheatfield Vw. *Liv* —3B **18**
Wheat Hill Rd. *Liv* —2E **105**
Wheathills Ind. Est. *Liv* —3E **105**
Wheatland Bus. Pk. *Wall* —4D **75**
Wheatland Clo. *Clo F* —2C **88**
Wheatland La. *Wall* —3D **75**
Wheatland Rd. *Wir* —3C **158**
Wheatlands. *Halt B* —1E **167**
Wheatley Av. *Boot* —3E **35**
Wheatsheaf Av. *Sut L* —5D **67**
Wheeler Dri. *Liv* —2B **22**
Whelan Gdns. *St H* —1E **87**
Whernside. *Wid* —1C **130**
Whetstone La. *Birk* —4D **97**
Whickham Clo. *Wid* —1F **131**
Whimbrel Clo. *Beech* —5F **167**
Whimbrel Pk. *Liv* —3E **127**
Whinbury Ct. *Clo F* —2C **88**
Whincraig. *Liv* —4C **60**
Whinfell Gro. *Beech* —5E **167**
Whinfell Rd. *Liv* —1B **80**
Whinfield Rd. *Cros* —4A **10**
Whinfield Rd. *Walt* —2F **35**
Whinhowe Rd. *Liv* —1A **58**
Whinmoor Clo. *Pren* —3D **95**
Whinmoor Rd. *Walt* —1A **38**
Whinmoor Rd. *W Der* —1C **80**
Whinney Gro. E. *Liv* —4C **12**
Whinney Gro. W. *Liv* —4C **12**
**Whiston. —3E 85**
**Whiston Cross. —3D 85**
Whiston La. *Huy* —2A **84**
**Whiston Lane Ends. —4E 85**
Whitburn Rd. *Liv* —1A **24**
Whitby Av. *Wall* —1E **73**
Whitby Rd. *Run* —1A **166**
Whitby St. *Liv* —5D **57**
Whitchurch Way. *Halt L* —4D **167**
Whitcroft Rd. *Liv* —3D **79**
Whitebeam Clo. *Liv* —4F **15**
Whitebeam Clo. *Wind H* —1C **168**
Whitebeam Dri. *Liv* —5D **39**
Whitebeam Gdns. *St H* —5C **64**
Whitebeam Wlk. *Wir* —2B **114**
Whitechapel. *Liv* —5D **77** (6E **4**)
Whitefield Av. *Liv* —3E **55**
Whitefield Clo. *Wir* —1B **116**
Whitefield Dri. *Liv* —3B **22**
Whitefield La. *Tarb G* —4A **106**
Whitefield Rd. *Dent G* —3D **45**
Whitefield Rd. *Liv* —2A **78**
Whitefield Sq. *Liv* —3C **22**
Whitefield Way. *Liv* —2A **78**
Whitegate Clo. *Know* —4D **41**
Whitehall Clo. *Liv* —2E **55**
Whitehall Pl. *Frod* —5B **172**
(in two parts)
Whitehart Clo. *Liv* —2B **56**
Whiteheath Way. *Wir* —3F **71**
Whitehedge Rd. *Liv* —5B **124**
White Ho. Clo. *Hay* —2B **48**
Whitehouse Ind. Est. *White I*
—1E **175**
Whitehouse La. *Hes* —1C **158**
Whitehouse Rd. *Liv* —4B **80**
Whitelands Mdw. *Wir* —4E **93**
White Lodge Av. *Liv* —3D **83**

White Lodge Clo. *Wir* —5D **163**
Whitely Gro. *Liv* —5F **15**
White Mdw. Dri. *Liv* —4A **10**
White Oak Lodge. *Liv* —5F **123**
White Rock Ct. *Liv* —2B **78**
White Rock St. *Liv* —2B **78**
Whiteside Av. *St H* —3E **47**
Whiteside Clo. *Liv* —1D **77**
Whiteside Clo. *Wir* —5A **94**
Whiteside Rd. *Hay* —2B **48**
Whitestone Clo. *Know* —1C **60**
White St. *Liv* —1D **99**
White St. *Wid* —2A **152**
Whitethorn Dri. *Liv* —3B **60**
Whitewell Dri. *Wir* —3F **93**
Whitewood Pk. *Liv* —2D **37**
Whitfield Ct. *Birk* —5D **97**
Whitfield Gro. *Hay* —2A **48**
Whitfield La. *Wir* —1A **158**
Whitfield Rd. *Walt* —3A **36**
**Whitfields Cross. —2F 133**
Whitfield St. *Birk* —5D **97**
(in two parts)
Whitford Rd. *Birk* —5C **96**
Whitham Av. *Liv* —2F **17**
Whithorn St. *Liv* —1D **101**
Whitland Rd. *Liv* —2D **79**
Whitley Clo. *Run* —2F **165**
Whitley Dri. *Wall* —1C **74**
Whitley St. *Liv* —2B **76**
Whitman St. *Liv* —2E **101**
Whitmoor Clo. *Rain* —5E **87**
Whitney Pl. *Liv* —2C **126**
Whitney Rd. *Liv* —1C **126**
Whitstable Pk. *Wid* —5E **109**
Whitstone Clo. *Liv* —2E **125**
Whittaker Clo. *Liv* —5F **79**
Whittaker St. *St H* —2D **67**
Whittier St. *Liv* —2C **100**
Whittle Av. *Hay* —3A **48**
Whittle Clo. *Liv* —5E **55**
Whittle St. *Liv* —5E **55**
Whittle St. *St H* —2D **65**
Whittlewood Ct. *Liv* —1F **23**
Wicket Clo. *Liv* —3D **39**
Wickham Clo. *Wall* —4D **75**
Wicksten Dri. *Run* —5C **152**
Widdale Av. *Rain* —3D **87**
Widgeons Covert. *Wir* —5F **159**
Widmore Rd. *Liv* —5C **104**
**Widnes. —4B 132**
*Widnes Cricket Club Ground.*
—5B **110**
Widnes Eastern By-Pass. *Wid*
—1F **109**
*Widnes Golf Course. —2E 131*
Widnes Rd. *Wid & Cuer* —2B **133**
*Widnes Vikings R.L.F.C. —4F 131*
(off Sinclair Av.)
Wiend, The. *Birk* —3D **119**
Wiend, The. *Wir* —2A **142**
Wightman St. *Liv* —3B **78**
Wignall Clo. *Liv* —1E **39**
*Wignall Pk. —1F 39*
Wilberforce Rd. *Liv* —2B **56**
Wilbraham Pl. *Liv* —1D **77**
Wilbraham St. *Birk* —3E **97**
Wilbraham St. *Clo F* —3E **89**
Wilbraham St. *Liv* —1D **77**
Wilburn St. *Liv* —2F **55**
Wilbur St. *St H* —4E **67**
Wilcock Clo. *Liv* —1D **77**
Wilcote Clo. *Wid* —5C **110**
Wildbrook Dri. *Birk* —4D **73**
Wildcherry Gdns. *St H* —4C **64**
Wilde St. *Liv* —4E **77** (3G **5**)
Wilding Av. *Run* —5B **152**
Wild Pl. *Boot* —1E **35**
Wilfer Clo. *Liv* —1C **100**
Wilfred Owen Dri. *Birk* —2E **95**

Wilkes Av. *Wir* —3B **72**
Wilkie St. *Liv* —2D **101**
Wilkinson Clo. *Wid* —2A **152**
Wilkinson Ct. *Liv* —1D **101**
Wilkin St. *Liv* —4E **55**
Willan St. *Pren* —5B **96**
Willard St. *Boot* —2D **35**
**Willaston. —5A 170**
Willaston Dri. *Liv* —1A **148**
Willaston Grn. M. *Will* —5A **170**
Willaston Rd. *Liv* —2B **56**
Willaston Rd. *More* —5D **71**
Willaston Rd. *Thor H* —5D **161**
Willedstan Av. *Liv* —2E **17**
William Brown St. *Liv* —4D **77** (3F **5**)
William Harvey Clo. *Boot* —2F **19**
William Henry St. *Boot* —1B **54**
William Henry St. *Liv* —3E **77** (1H **5**)
William Morris Av. *Boot* —3E **35**
William Moult St. *Liv* —1D **77**
William Rd. *Hay* —2F **47**
William Roberts Av. *Liv* —3C **22**
*William Roberts Recreation Cen.*
—2E **57**
Williams Av. *Boot* —3E **35**
*Williamson Art Gallery & Mus. —4B 96*
Williamson Ct. *Liv* —3C **126**
Williamson Sq. *Liv* —5D **77** (5E **5**)
Williamson St. *Liv* —5D **77** (5E **4**)
Williamson St. *St H* —4C **46**
Williamson Student Village. *Liv*
—5A **78**
Williams St. *Prsct* —5D **63**
William St. *Birk* —3E **97**
William St. *St H* —4A **46**
William St. *Wall* —4E **75**
William St. *Wid* —2C **132**
William Wall Rd. *Liv* —3B **18**
Willingdon Rd. *Liv* —5E **81**
Willington Av. *Wir* —2E **171**
Willink Rd. *St H* —1C **46**
Willis Clo. *Whis* —4D **85**
Willis La. *Whis* —4D **85**
Williton Rd. *Liv* —4E **103**
Willmer Rd. *Birk* —4C **96**
Willmer Rd. *Liv* —4B **56**
Willoughby Dri. *St H* —3B **64**
Willoughby Rd. *B'grn* —4E **81**
Willoughby Rd. *Wall* —2F **73**
Willoughby Rd. *Wat* —4E **17**
Willow Av. *Huy* —1E **105**
Willow Av. *Kirkby* —2C **22**
Willow Av. *Whis* —3E **85**
Willow Av. *Wid* —2B **132**
Willowbank Clo. *Liv* —1C **82**
Willowbank Rd. *Birk* —1D **119**
Willowbank Rd. *Wir* —1B **142**
Willow Clo. *Run* —3B **166**
Willowcroft Rd. *Wall* —3C **74**
Willowdale Rd. *Moss H* —4F **101**
Willowdale Rd. *Walt* —4A **36**
Willow Dene. *Liv* —2D **39**
Willow Grn. *Liv* —5F **103**
Willow Gro. *Prsct* —1E **85**
Willow Gro. *W'tree* —1A **102**
Willow Gro. *Wir* —2D **93**
Willowherb Clo. *Liv* —2D **127**
Willow Hey. *Liv* —3E **13**
Willow Ho. *Liv* —2A **34**
Willow Lea. *Pren* —5A **96**
Willowmeade. *Liv* —5B **38**
Willow Moss Clo. *Wir* —4B **72**
Willow Pk. *Wir* —5C **92**
Willow Rd. *Hay* —1E **49**
Willow Rd. *Liv* —1D **101**
Willow Rd. *St H* —5C **44**
Willows, The. *Clo F* —2C **88**
Willows, The. *Frod* —5C **172**
Willows, The. *Wall* —4E **51**
Willow Tree Av. *Clo F* —2D **89**

Willow Way. *Cros* —5E **9**
Willow Way. *Crox* —3D **39**
Wills Av. *Liv* —5C **6**
Willsford Av. *Liv* —2B **22**
Wilmere La. *Wid* —4A **110**
Wilne Rd. *Wall* —5A **52**
Wilsden Rd. *Wid* —3B **130**
Wilson Av. *Wall* —2E **75**
Wilson Bus. Cen. *Liv* —5A **84**
Wilson Clo. *St H* —5E **45**
Wilson Clo. *Wid* —3D **133**
Wilson Gro. *Liv* —1C **144**
Wilson Rd. *Huy* —4F **83**
Wilson Rd. *Prsct* —2D **85**
Wilson Rd. *Wall* —2E **75**
Wilson's La. *Liv* —5B **18**
Wilstan Av. *Wir* —2D **141**
Wilton Grange. *Wir* —2A **112**
Wilton Gro. *Liv* —4A **80**
Wilton Rd. *Birk* —3A **120**
Wilton Rd. *Liv* —5D **83**
Wilton's Dri. *Know* —5C **40**
Wilton St. *Liv* —3E **77** (2H **5**)
Wilton St. *Wall* —2B **74**
Wiltshire Dri. *Boot* —2D **19**
Wiltshire Gdns. *St H* —1F **65**
Wimbledon St. *Liv* —2E **101**
Wimbledon St. *Wall* —1B **74**
Wimborne Av. *Wir* —2A **138**
Wimborne Clo. *Liv* —5B **60**
Wimborne Pl. *Liv* —1B **82**
Wimborne Rd. *Liv* —5A **60**
Wimborne Way. *Wir* —5D **115**
Wimbrick Clo. *Wir* —1F **93**
Wimbrick Hey. *Wir* —1F **93**
Wimpole St. *Liv* —4B **78**
Winchester Av. *Ain* —2D **21**
Winchester Av. *Liv* —3C **16**
Winchester Clo. *Wltn* —4B **126**
Winchester Dri. *Wall* —2F **73**
Winchester Pl. *Wid* —4C **130**
Winchester Rd. *Liv* —5C **56**
Winchester Wlk. *Huy* —2A **84**
Winchfield Rd. *Liv* —3F **101**
Windbourne Rd. *Liv* —2B **122**
Windermere Av. *St H* —5A **30**
Windermere Av. *Wid* —5B **110**
Windermere Ct. *Birk* —4C **96**
  (off Penrith St.)
Windermere Dri. *Kirkby* —1D **23**
Windermere Dri. *Liv* —5E **7**
Windermere Dri. *W Der* —2C **58**
Windermere Pl. *St H* —5A **30**
Windermere Rd. *Hay* —2B **48**
Windermere Rd. *Pren* —4C **94**
Windermere St. *Liv* —5A **56**
Windermere St. *Wid* —5B **110**
Windermere Ter. *Liv* —4B **100**
Windfield Clo. *Liv* —4F **15**
Windfield Grn. *Liv* —4C **144**
Windfield Rd. *Liv* —4C **144**
Windle Ash. *Liv* —5C **6**
Windle Av. *Liv* —1A **18**
Windlebrook Cres. *Wind* —2B **44**
Windle City. *St H* —2F **45**
Windle Gro. *Wind* —2C **44**
Windle Hall Dri. *St H* —1E **45**
**Windlehurst.** —1F **45**
Windlehurst Av. *St H* —2E **45**
**Windles Green. —5C 10**
Windleshaw Rd. *Dent G* —3D **45**
Windle St. *St H* —3F **45**
Windle Va. *Dent G* —3E **45**
Windmill Av. *Liv* —5F **9**
Windmill Clo. *Liv* —5E **15**
Windmill Gdns. *Pren* —1C **94**
Windmill Gdns. *St H* —4D **47**
**Windmill Hill. —5C 154**
Windmill Hill Av. E. *Wind* —5D **155**

Windmill Hill Av. N. *Run* —4D **155**
Windmill Hill Av. S. *Wind* —1C **168**
Windmill Hill Av. W. *Wind* —5C **154**
Windmill La. *Pres H* —4F **169**
Windmill Shop. Cen. *Wid* —4B **132**
Windmill St. *Run* —5A **152**
Window La. *Liv* —3C **144**
Windsor Av. *Liv* —5A **18**
Windsor Clo. *Boot* —5F **11**
Windsor Clo. *Grea* —1D **115**
Windsor Clo. *New F* —5A **120**
Windsor Ct. *Boot* —3E **35**
Windsor Dri. *Huy* —3A **82**
Windsor Gro. *Run* —2B **166**
Windsor M. *Wir* —5A **120**
Windsor Pk. Rd. *Liv* —2E **21**
Windsor Rd. *Boot* —3E **35**
Windsor Rd. *Cros* —5D **9**
Windsor Rd. *Huy* —4A **82**
Windsor Rd. *Mag* —1C **12**
Windsor Rd. *Prsct* —2F **85**
Windsor Rd. *St H* —5D **45**
Windsor Rd. *Tue* —5D **57**
Windsor Rd. *Walt* —2A **36**
Windsor Rd. *Wid* —5A **120**
Windsor St. *Liv* —2E **99**
Windsor St. *Pren* —4C **96**
Windsor St. *Wall* —2B **52**
Windsor Vw. *Liv* —2B **100**
Windus St. *St H* —5E **45**
**Windy Arbor. —1C 106**
Windy Arbor Brow. *Whis* —1C **106**
Windy Arbor Clo. *Whis* —5D **85**
Windy Arbor Rd. *Whis* —4D **85**
Windy Bank. *Port S* —1A **142**
Wineva Gdns. *Liv* —2F **17**
Winfield Way. *Wid* —4B **132**
Winford St. *Wall* —3D **75**
Winfrith Clo. *Wir* —4F **141**
Winfrith Dri. *Wir* —5F **141**
Winfrith Rd. *Liv* —5C **104**
Wingate Av. *St H* —5D **65**
Wingate Clo. *Pren* —5E **95**
Wingate Rd. *Aig* —2E **123**
Wingate Rd. *Kirkby* —1F **23**
Wingate Rd. *Wir* —5E **163**
Wingate Towers. *Liv* —2D **83**
Wingate Wlk. *Liv* —2F **23**
Wingfield Clo. *Liv* —2D **11**
Wingrave Way. *Liv* —2B **58**
Winhill. *Liv* —5A **104**
Winifred Rd. *Liv* —1B **38**
Winifred St. *Liv* —5B **78**
Winkle St. *Liv* —4F **99**
Winmoss Dri. *Liv* —5F **15**
Winnington Rd. *Wir* —1A **112**
Winnows, The. *Halt B* —1D **167**
Winser St. *Wir* —1B **142**
Winsford Clo. *Hay* —1F **49**
Winsford Dri. *Btnwd* —4E **69**
Winsford Rd. *Liv* —5E **57**
Winsham Clo. *Liv* —5E **23**
Winsham Rd. *Liv* —5E **23**
Winskill Rd. *Liv* —2A **58**
Winslade Ct. *Liv* —1B **56**
Winslade Rd. *Liv* —2B **56**
Winslow Clo. *Wind H* —2D **169**
Winslow St. *Liv* —2F **55**
*Winstanley Ho. Wir —5B 120*
  (off Winstanley Rd.)
Winstanley Rd. *Liv* —3E **17**
Winstanley Rd. *Wir* —5B **120**
Winster Dri. *Liv* —5A **106**
Winston Av. *St H* —1B **68**
Winston Dri. *Pren* —4C **94**
Winstone Rd. *Liv* —2A **82**
Winston Gro. *Wir* —1E **93**
Winterburn Cres. *Liv* —4C **58**
*Winterburn Heights. Liv —4D 59*
  (off Winterburn Cres.)

*Winter Gdns., The. Wall —3A 52*
  (off Atherton St.)
Winter Gro. *St H* —5B **48**
Winterhey Av. *Wall* —3B **74**
Winterley Dri. *Liv* —1A **148**
Winter St. *Liv* —3A **78**
Winthrop Pk. *Pren* —4E **95**
Winton Clo. *Wall* —3F **51**
Winton Gro. *Wind H* —1D **169**
Winwick Vw. *C Grn* —2D **69**
Winwood Hall. *Liv* —3A **126**
Wirral Bus. Cen. *Birk* —4C **74**
Wirral Bus. Pk., The. *Wir* —1F **115**
Wirral Clo. *Wir* —4F **141**
*Wirral Country Pk. —5F 135*
Wirral Gdns. *Wir* —4F **141**
*Wirral Ladies Golf Course, The.*
  —3E **95**
Wirral Leisure Pk. *Wir* —4E **143**
Wirral Mt. *Wall* —1F **73**
Wirral Mt. *Wir* —4D **113**
*Wirral Tennis Cen. —4D 73*
Wirral Vw. *Liv* —5F **123**
Wirral Vs. *Wall* —5E **51**
Wirral Way. *Pren* —4C **94**
Wirral Way. *Wir* —2D **157**
Wisenholme Clo. *Beech* —1E **173**
Wisteria Way. *St H* —4A **68**
Witham Clo. *Boot* —1A **20**
Withburn Clo. *Wir* —4E **93**
Withensfield. *Wall* —5B **52**
Withens La. *Wall* —5B **52**
Withens Rd. *Liv* —4D **7**
Withens, The. *Liv* —4B **60**
Withert Av. *Wir* —4D **119**
Withington Rd. *Liv* —4F **147**
Withington Rd. *Wall* —3C **74**
Withins Rd. *Hay* —1E **49**
Withnell Clo. *Liv* —4B **80**
Withnell Rd. *Liv* —4B **80**
Withy Clo. *Frod* —5C **172**
Witley Av. *Wir* —5E **71**
Witley Clo. *Wir* —5E **71**
Witney Clo. *Wir* —1C **114**
Wittenham Clo. *Wir* —5F **93**
Wittering La. *Wir* —2D **157**
Witton Rd. *Liv* —5D **57**
Witt Rd. *Wid* —5A **132**
Wivern Pl. *Run* —4B **152**
Woburn Clo. *Hay* —1F **49**
Woburn Clo. *Liv* —1F **79**
Woburn Dri. *Cron* —3D **109**
Woburn Grn. *Liv* —2F **79**
Woburn Hill. *Liv* —2F **79**
Woburn Pl. *Birk* —2F **119**
Woburn Rd. *Wall* —5B **52**
Wokefield Way. *St H* —4C **44**
Wokingham Gro. *Liv* —1E **105**
Wolfenden Av. *Boot* —3E **35**
Wolfe Rd. *St H* —1E **67**
Wolferton Clo. *Upt* —2B **94**
Wolfe St. *Liv* —4E **99**
Wolfrick Dri. *Wir* —1B **162**
Wolseley Rd. *St H* —3F **45**
Wolsey St. *Liv* —2C **54**
Wolstenholme Sq. *Liv* —1D **99** (7F **5**)
Wolverton Dri. *Wind H* —1D **169**
Wolverton St. *Liv* —5B **56**
Woodall Dri. *Run* —1B **166**
Wood Av. *Boot* —3E **35**
Woodbank Clo. *Liv* —1F **103**
Woodbank Pk. *Pren* —5E **95**
Woodberry Clo. *Liv* —4F **15**
Woodberry Clo. *Pren* —5D **95**
Woodbine St. *Liv* —4D **55**
Woodbourne Rd. *Liv* —2D **81**
Woodbridge Av. *Liv* —2D **127**
Woodbrook Av. *Liv* —1F **35**
Woodburn Boulevd. *Wir* —4E **119**
Woodburn Dri. *Wir* —4F **157**

**Woodchurch. —2C 116**
Woodchurch Ct. Birk —1C 118
Woodchurch La. Birk —2B 118
Woodchurch La. Upt —4C 116
*Woodchurch Leisure Cen. —1C 116*
Woodchurch Rd. Birk —1C 118
Woodchurch Rd. Liv —2A 80
Woodchurch Rd. Upt & Pren
          —3B 116
Wood Clo. Birk —2D 97
Wood Clo. Liv —3D 23
Woodcote Bank. Birk —5F 119
Woodcote Clo. Liv —1A 24
Woodcotes, The. Wir —4D 163
Woodcot La. Wir —1F 157
Woodcroft Dri. Wir —4E 119
Woodcroft La. Wir —4E 119
Woodcroft Rd. Liv —2D 101
Woodcroft Way. Clo F —2C 88
**Woodend. —1B 152**
Woodend. Hals P —1E 107
Woodend. Murd —3E 169
Woodend. Wir —2F 137
Woodend Av. Cros —4E 9
Woodend Av. Hunts X & Speke
          —1C 146
Woodend Av. Mag —3C 12
Woodend Ct. Wid —2D 133
Woodend La. Liv —3C 146
**Wood End Park. —5F 123**
Woodene Clo. Liv —1A 40
Woodfarm Hey. Liv —3A 60
Woodfield Av. Wir —4E 119
Woodfield Rd. Beb —4A 142
Woodfield Rd. Hes —3E 137
Woodfield Rd. Huy —4C 82
Woodfield Rd. Walt —3F 35
Woodford Clo. Run —4B 166
Woodford Rd. Liv —2E 81
Woodford Rd. Wind —2C 44
Woodford Rd. Wir —4B 120
Woodgate. Liv —3C 104
Woodger St. Liv —2C 144
Wood Grn. Pren —1C 94
Wood Grn. Prsct —5C 62
Woodgreen Rd. Liv —2A 80
Wood Gro. Liv —4F 79
Woodhall Av. Wall —2D 75
Woodhall Rd. Liv —3A 80
Woodhatch Rd. Brook —5A 168
Woodhead Rd. Wir —1C 142
Woodhead St. Wir —5B 120
Woodhey Ct. Wir —4F 119
Woodhey Gro. Wir —5F 119
Woodhey Rd. Liv —4A 124
Woodhey Rd. Wir —5F 119
Woodhill. Wir —5B 94
Woodhouse Clo. Liv —4E 55
Woodin Rd. Birk —4A 120
Woodkind Hey. Wir —5A 142
Woodland Av. Wid —3F 131
Woodland Av. Wir —2D 91
Woodland Dri. Wall —4C 52
Woodland Dri. Wir —1A 116
Woodland Gro. Birk —4F 119
Woodland Rd. Birk —4F 119
Woodland Rd. Halew —5E 127
Woodland Rd. Mell —1A 22
Woodland Rd. S'frth —1F 33
Woodland Rd. Upt —1A 116
Woodland Rd. Walt —3C 56
Woodland Rd. W Kir —4E 113
Woodlands Dri. Wir —3C 138
Woodlands Pk. Liv —1A 80
Woodlands Rd. Aig —2E 123
Woodlands Rd. Faz —1D 37
Woodlands Rd. Huy —4B 82
Woodlands Rd. Irby —2D 137
Woodlands Rd. St H —2B 46
Woodlands Sq. Liv —5F 105

Woodlands, The. Birk —4D 97
Woodlands, The. Prsct —4F 63
Woodlands, The. Wir —4F 93
Woodland Vw. Liv —3A 10
Woodland Wlk. Cas —1A 168
Woodland Wlk. Wir —1C 162
Wood La. Brook —4C 168
Wood La. Grea —4D 93
Wood La. Huy —4B 84
Wood La. N'ley —4F 105
Wood La. Prsct —1B 84
Wood La. Sut W —1F 173
Wood La. Wall —5E 51
Wood La. Will —4A 170
Wood Lea. Liv —5E 39
Woodlea Clo. Wir —5D 163
Woodlee Rd. Liv —5C 104
Woodleigh Clo. Liv —2B 6
Woodley Rd. Liv —4C 12
Woodpecker Clo. Liv —2F 59
Woodpecker Av. Wir —4D 93
Woodpecker Dri. Liv —2E 127
Woodridge. Wind H —1C 168
Wood Rd. Liv —5E 127
Woodrock Rd. Liv —2B 126
Woodruff St. Liv —5F 99
Woodside Av. St H —5F 29
Woodside Av. Wir —2E 93
Woodside Bus. Pk. Birk —2F 97
Woodside Clo. Liv —3B 58
Woodside Ferry App. Birk —2F 97
Woodside Rd. Hay —1E 49
Woodside Rd. Wir —1E 137
Woodside St. Liv —5B 78
Woodside Way. Liv —5F 15
Woodsorrel Rd. Birk —2F 95
Woodsorrel Rd. Liv —2B 102
Woodstack St. St H —4E 67
Woodstock Gro. Wid —2D 131
Woodstock Rd. Wall —3A 74
Woodstock St. Liv —1D 77
Wood St. Birk —2D 97
Wood St. Gars —1C 144
Wood St. Hoy —4B 90
Wood St. Liv —5D 77 (6F 5)
Wood St. Port S —2B 142
Wood St. Prsct —5D 63
Wood St. St H —4C 46
Wood St. S'frth —1B 34
Wood St. Wid —3C 132
Woodthorn Clo. Dar —3F 155
Wood Va. St H —5E 65
Woodvale Clo. Pren —1C 94
Woodvale Ct. Wir —3A 116
Woodvale Rd. W Der —5F 39
Woodvale Rd. Wltn —2B 126
Woodview. Know —5E 41
Woodview Av. Wall —4D 75
Woodview Cres. Wid —4A 130
Wood Vw. Rd. Liv —5F 103
Woodview Rd. Wid —4A 130
Woodville Av. Liv —2D 17
Woodville Pl. Wid —3D 131
Woodville Rd. Birk —5C 96
Woodville St. St H —4B 46
  (in two parts)
Woodville Ter. Liv —1B 78
Woodward Rd. Birk —4A 120
Woodward Rd. Know I —1C 24
Woodway. Wir —5E 93
Woodyear Rd. Wir —3E 163
Woolacombe Av. Sut L —1C 88
Woolacombe Rd. Liv —3D 103
Wooler Clo. Wir —1C 92
Woolfall Clo. Liv —2B 82
Woolfall Cres. Liv —2B 82
**Woolfall Heath. —1C 82**
Woolfall Heath Av. Liv —1C 82
Woolfall Heights. Liv —1C 82
Woolfall Ter. Liv —2A 34

Woolhope Rd. Liv —1B 56
Woolley Clo. Frod —3D 173
Woolston Rd. Hay —1D 49
**Woolton. —2A 126**
*Woolton Golf Course. —4B 126*
**Woolton Hill. —5F 103**
Woolton Hill Rd. Liv —5E 103
Woolton M. Liv —2F 125
Woolton Mt. Liv —1A 126
**Woolton Park. —5A 104**
Woolton Pk. Liv —5A 104
Woolton Pk. Clo. Liv —1A 126
Woolton Rd. Gars & Aller —1C 144
Woolton Rd. W'tree —3B 102
Woolton Rd. Wltn —4E 125
Woolton St. Liv —2A 126
  (in two parts)
*Woolton Swimming Pool. —2A 126*
Woolton Views. Liv —4D 127
Worcester Av. Old S —4D 57
Worcester Av. Wat —3C 16
Worcester Clo. St H —1F 65
Worcester Ct. Boot —5D 35
Worcester Dri. Liv —4D 57
Worcester Dri. N. Liv —4D 57
Worcester Rd. Boot —4D 35
Worcester Rd. Pren —1D 95
Wordsworth Av. Birk —3F 119
Wordsworth Av. Sut M —3A 88
Wordsworth Av. Wid —4F 131
Wordsworth St. Boot —3A 34
Wordsworth St. Liv —2B 100
Wordsworth Wlk. Wir —1B 134
Wordsworth Way. Liv —5F 83
*World of Glass Mus. —5A 46*
Worrow Clo. Liv —5B 38
Worrow Rd. Liv —5B 38
**Worsley Brow. —3E 67**
Worsley Brow. St H —3E 67
Worsley St. Hay —2F 47
Worthing St. Liv —3C 16
Worthington Clo. Pal —3A 168
Worthington St. Liv —3D 99
Wortley Rd. Liv —1E 37
Wray Av. Clo F —2D 89
Wrayburn Clo. Liv —1C 100
Wray Ter. Liv —5B 126
Wrekin Clo. Liv —3B 126
Wrekin Dri. Liv —3E 21
Wrenbury Clo. Pren —2F 117
Wrenbury Clo. Sut W —1F 173
Wrenbury St. Liv —4C 78
Wren Clo. Pal —4A 168
Wrenfield Gro. Liv —2C 122
Wren Gro. Liv —3E 127
Wright Cres. Wid —2A 152
Wrights La. Cuer —2F 133
Wrights Ter. Liv —2A 102
Wright St. Liv —1D 77
Wright St. Wall —2D 75
Wrigley Rd. Hay —2E 49
Wroxham Clo. Wir —5A 94
Wroxham Ct. Wir —4A 94
Wroxham Dri. Wir —5A 94
Wroxham Way. Wir —5A 94
Wryneck Clo. St H —4B 64
Wrynose Rd. Old I —2E 163
Wulstan St. Liv —4D 55
Wycherley Rd. Birk —1D 119
Wycherley St. Prsct —5D 63
Wycliffe Rd. Hay —1E 49
Wycliffe Rd. Liv —4C 56
Wycliffe St. Birk —2F 119
Wye Clo. Birk —1F 119
Wyedale Rd. Hay —1C 48
Wye St. Liv —5F 55
Wykeham St. Liv —3D 55
Wykeham Way. Liv —4D 55
Wyken Gro. St H —3C 46
Wyke Rd. Prsct —1E 85

Wyllin Rd. *Liv* —3A **24**
Wylva Av. *Liv* —2A **18**
Wylva Rd. *Liv* —5A **56**
Wyncroft Clo. *Wid* —5C **130**
Wyncroft Rd. *Wid* —5C **130**
Wyncroft St. *Liv* —5A **100**
Wyndale Clo. *Liv* —1B **124**
Wyndcote Rd. *Liv* —4B **102**
Wyndham Av. *Liv* —4F **81**
Wyndham Rd. *Wall* —1D **73**
Wyndham St. *Liv* —1F **55**
Wynne Rd. *St H* —3E **45**
Wynnstay Av. *Liv* —4D **7**
Wynnstay St. *Liv* —3A **100**
Wynstay Rd. *Wir* —3C **90**
Wynwood Pk. *Liv* —4C **82**
Wyre Rd. *Liv* —4F **55**
Wyrescourt Rd. *Liv* —1D **81**
Wyresdale Av. *St H* —1E **45**
Wyresdale Rd. *Liv* —1B **36**
Wysall Clo. *St H* —3D **47**
Wyswall Clo. *Liv* —2E **127**
Wythburn Cres. *St H* —5B **30**
Wythburn Gro. *Beech* —5E **167**
Wyvern Rd. *Wir* —1F **93**

**Y**anwath St. *Liv* —2B **100**
Yarcombe Clo. *Liv* —3F **127**
Yardley Dri. *Wir* —1A **162**
Yardley Rd. *Know I* —4C **24**
Yarrow Av. *Liv* —5F **7**
Yates Ct. *Prsct* —1D **85**

Yates St. *Liv* —4E **99**
Yates Wlk. *Liv* —4E **99**
Yeadon Wlk. *Liv* —4B **146**
Yelverton Clo. *Liv* —3F **127**
Yelverton Rd. *Birk* —1D **119**
Yelverton Rd. *Liv* —4C **56**
Yeoman Cotts. *Wir* —5C **90**
Ye Priory Ct. *Liv* —3E **125**
Yew Bank Rd. *Liv* —2D **103**
Yewdale Av. *St H* —4B **30**
Yewdale Pk. *Pren* —5B **96**
Yewdale Rd. *Liv* —4B **36**
Yew Tree Av. *Newt W* —4F **49**
Yew Tree Av. *St H* —5C **66**
Yew Tree Clo. *Liv* —5E **59**
Yew Tree Clo. *Wir* —2A **116**
Yew Tree Grn. *Liv* —1B **22**
Yew Tree La. *Liv* —1E **81**
Yewtree La. *Wir* —3B **112**
Yew Tree Rd. *Aller* —1D **125**
Yew Tree Rd. *Beb* —3E **141**
Yew Tree Rd. *Hunts X* —4C **126**
Yew Tree Rd. *Huy* —5D **83**
Yew Tree Rd. *More* —4F **71**
Yew Tree Rd. *Walt* —4F **35**
Yew Way. *Wir* —5F **71**
Yorkaster Rd. *Liv* —3C **124**
York Av. *Cros* —1D **17**
York Av. *Liv* —5D **17**
York Av. *Seft P* —3D **101**
York Av. *Wall* —3D **75**
York Av. *Wir* —1B **134**
York Clo. *Boot* —5F **11**

York Clo. *St H* —4F **45**
 (in two parts)
York Cotts. *Liv* —5B **104**
York Ho. *Liv* —4D **101**
York Pl. *Liv* —5D **17**
York Pl. *Run* —5B **152**
York Rd. *Cros* —1E **17**
York Rd. *Huy* —3A **84**
York Rd. *Mag* —3D **13**
York Rd. *Wall* —4D **75**
York Rd. *Wid* —4C **130**
Yorkshire Gdns. *St H* —1F **65**
York St. *Gars* —3C **144**
York St. *Liv* —1D **99** (7E **5**)
York St. *Run* —5A **152**
York St. *Walt* —5F **35**
York St. *Wat* —5D **17**
York St. *Wir* —2D **143**
York Ter. *Liv* —5E **55**
York Way. *Gars* —3C **145**
York Way. *Huy* —3A **84**
Youatt Av. *Prsct* —2E **85**
Youens Way. *Liv* —2E **81**

**Z**ander Gro. *Liv* —5F **39**
Zara Ct. *Hay* —1C **48**
Zetland Rd. *Liv* —4F **101**
Zetland Rd. *Wall* —4F **51**
Zig Zag Rd. *Liv* —1D **81**
Zig Zag Rd. *Wall* —5B **52**
Zircon Cres. *Liv* —5C **18**

# HOSPITALS and HOSPICES
## covered by this atlas.

N.B. Where Hospitals and Hospices are not named on the map, the reference
given is for the road in which they are situated.

ALDER HEY CHILDREN'S HOSPITAL —2C **80**
Eaton Rd.
West Derby
LIVERPOOL
L12 2AP
Tel: 0151 2284811

ARROWE PARK HOSPITAL —3A **116**
Arrowe Park Rd.
WIRRAL
Merseyside
CH49 5PE
Tel: 0151 6785111

ASHTON HOUSE HOSPITAL —5B **96**
26 Village Rd.
Oxton
BIRKENHEAD
Merseyside
CH43 5SR
Tel: 0151 653 9660

BROADGREEN HOSPITAL —4C **80**
Thomas Dri.
LIVERPOOL
L14 3LB
Tel: 0151 7062000

CARDIOTHORACIC CENTRE (BROADGREEN HOSPITAL)
—4C **80**
Thomas Dri.
LIVERPOOL
L14 3PE
Tel: 0151 2281616

CLAIRE HOUSE CHILDREN'S HOSPICE —1E **161**
Clatterbridge Rd.
WIRRAL
Merseyside
CH63 4JD
Tel: 0151 3344626

CLATTERBRIDGE HOSPITAL —1E **161**
Clatterbridge Rd.
WIRRAL
Merseyside
CH63 4JY
Tel: 0151 3344000

FAIRFIELD HOSPITAL —3E **29**
Crank Rd., Crank
ST HELENS
Merseyside
WA11 7RS
Tel: 01744 739311

HALTON GENERAL HOSPITAL —4F **167**
Hospital Way
RUNCORN
Cheshire
WA7 2DA
Tel: 01928 714567

HALTON HAVEN. —5C **168**
Barnfield Av.
Murdishaw
RUNCORN
Cheshire
WA7 6EP
Tel: 01928 719454

HIGHFIELD HOSPITAL —2A **132**
Highfield Rd.
WIDNES
Cheshire
WA8 7DJ
Tel: 0151 4242103

HOYLAKE COTTAGE HOSPITAL —3C **90**
Birkenhead Rd., Meols
WIRRAL
Merseyside
CH47 5AQ
Tel: 0151 6323381

KEVIN WHITE UNIT —3D **101**
Smithdown Rd.
LIVERPOOL
L9 7JP
Tel: 0151 3308074

LIVERPOOL UNIVERSITY DENTAL HOSPITAL —4F **77** (4J **5**)
Pembroke Pl.
LIVERPOOL
L3 5PS
Tel: 0151 7062000

LIVERPOOL WOMEN'S HOSPITAL —1A **100**
Crown St.
LIVERPOOL
L8 7SS
Tel: 0151 708 9988

LOURDES HOSPITAL —4F **101**
57 Greenbank Rd.
LIVERPOOL
L18 1HQ
Tel: 0151 7337123

MARIE CURIE CENTRE, LIVERPOOL —2B **126**
Speke Rd., Woolton
LIVERPOOL
L25 8QA
Tel: 0151 4281395

MARTLEW DAY HOSPITAL —1C **86**
Elton Head Rd.
ST HELENS
Merseyside
WA9 5BZ
Tel: 0151 4263465

MOSSLEY HILL HOSPITAL —5E **101**
Park Av.
Mossley Hill
LIVERPOOL
L18 8BU
Tel: 0151 2503000

MURRAYFIELD BUPA HOSPITAL —2D **139**
Holmwood Dri., Heswall
WIRRAL
Merseyside
CH61 1AU
Tel: 0151 6487000

PARK LODGE DAY HOSPITAL —1D **79**
Orphan Dri.
LIVERPOOL
L6 7UN
Tel: 0151 2876934

# Hospitals and Hospices

RATHBONE HOSPITAL —4A **80**
Mill La.
Old Swan
LIVERPOOL
L13 4AW
Tel: 0151 2503000

ROYAL LIVERPOOL UNIVERSITY HOSPITAL —4F **77** (3J **5**)
Prescot St.
LIVERPOOL
L7 8XP
Tel: 0151 7062000

SCOTT CLINIC —1C **86**
Rainhill Rd.
ST HELENS
Merseyside
WA9 5BD
Tel: 0151 4306300

SIR ALFRED JONES MEMORIAL HOSPITAL —1C **144**
Church Rd., Garston
LIVERPOOL
L19 2LP
Tel: 0151 2503000

ST BARTHOLOMEW'S DAY HOSPITAL —4C **82**
Station Rd.
Huyton
LIVERPOOL
L36 4HU
Tel: 0151 4896241

ST CATHERINE'S HOSPITAL (BIRKENHEAD) —5D **97**
Church Rd.
BIRKENHEAD
Merseyside
CH42 0LQ
Tel: 0151 6787272

ST HELENS HOSPITAL (MERSEYSIDE) —2C **66**
Marshalls Cross Rd.
ST HELENS
Merseyside
WA9 3DA
Tel: 0151 4261600

ST JOHN'S HOSPICE IN WIRRAL —1E **161**
Mount Rd.
Higher Bebington
WIRRAL
Merseyside
CH63 6JE
Tel: 0151 3342778

ST JOSEPH'S HOSPICE. —3A **10**
Ince Rd.
LIVERPOOL
L23 4UE
Tel: 0151 9243812

UNIVERSITY HOSPITAL AINTREE —1E **37**
Longmoor La.
LIVERPOOL
L9 7AL
Tel: 0151 525 5980

VICTORIA CENTRAL HOSPITAL —2B **74**
Mill La.
WALLASEY
Merseyside
CH44 5UF
Tel: 0151 6785111

WALTON HOSPITAL DAY SURGICAL UNIT & OUTPATIENTS
—5F **35**
Rice La.
LIVERPOOL
L9 1AE
Tel: 0151 529 4895

WATERLOO DAY HOSPITAL —4E **17**
Park Rd.
Waterloo
LIVERPOOL
L22 3XR
Tel: 0151 9287243

WHISTON HOSPITAL —2F **85**
Warrington Rd.
PRESCOT
Merseyside
L35 5DR
Tel: 0151 4261600

WILLOWBROOK HOSPICE —4A **64**
Portico La.
PRESCOT
Merseyside
L35 7JS
Tel: 0151 4308736

WILLOW HOUSE RESOURCE CENTRE FOR THE ELDERLY.
—3E **85**
168 Dragon La.
PRESCOT
Merseyside
L35 3QY
Tel: 0151 4306048

WOODLANDS DAY HOSPICE —2D **37**
Longmoor La.
LIVERPOOL
L9 7LA
Tel: 0151 5292299

ZOE'S PLACE - BABY HOSPICE. —1E **81**
Yew Tree La.
LIVERPOOL
L12 9HH
Tel: 0151 2280353